中央财政支持高等职业学校提升专业服务能力项目成果教材

农业企业管理

刘 欣 主编

中国农业大学出版社
· 北京 ·

内 容 简 介

本教材以农业企业经营管理过程为主线，构建了12个项目、35个任务，使学生在完成任务中熟悉农业企业经营管理知识、掌握农业企业经营管理技能。学生分组组成模拟公司，扮演各种角色，在比较接近真实的情况下，亲身体验企业的各种业务运作流程，从而达到在实践中巩固知识、掌握技能的目的。

本书可作为高职院校农业经济管理专业学生教材，也可作为有关管理课程的参考教材，还可以供有关专业人员和广大农业企业管理人员学习与参考。

图书在版编目(CIP)数据

农业企业管理/刘欣主编.—北京：中国农业大学出版社，2014.5(2019.8重印)
ISBN 978-7-5655-0945-2

Ⅰ.①农… Ⅱ.①刘… Ⅲ.①农业企业管理 Ⅳ.①F306

中国版本图书馆CIP数据核字(2014)第075443号

书　　名　农业企业管理
作　　者　刘　欣　主编

策划编辑　康昊婷　　**责任编辑**　李丽君
封面设计　郑　川　　**责任校对**　王晓凤　陈　莹
出版发行　中国农业大学出版社
社　　址　北京市海淀区圆明园西路2号　　**邮政编码**　100193
电　　话　发行部 010-62818525,8625　　读者服务部 010-62732336
　　　　　编辑部 010-62732617,2618　　出　版　部 010-62733440
网　　址　http://www.cau.edu.cn/caup　　**e-mail** cbsszs@cau.edu.cn
经　　销　新华书店
印　　刷　北京时代华都印刷有限公司
版　　次　2014年5月第1版　　2019年8月第2次印刷
规　　格　787×1 092　　16开本　　17印张　　420千字
定　　价　33.00元

编写人员

主　编　刘　欣

副主编　梁　晰

顾　问　李立祥

前　言

本教材为中央财政支持高等职业学校提升专业服务能力项目成果教材。

农业企业管理是农业经济管理专业的一门重要课程。随着市场经济的发展及现代农业的崛起，对农业企业经营管理理论与实践提出了更高、更新的要求，对人才的需求也呈现出实用性、创造性与技能型的要求。面向这一需求，近年来我国高职高专教育得到蓬勃发展。高职教育的人才培养目标就是为社会经济发展培养高素质技能型应用人才。但现阶段农业企业管理教材普遍为本科教材或原有本科体系传承而来，注重系统性和理论知识的阐述，未能从职业能力培养的角度出发，真正实现将管理学原理与农业企业管理实践有机结合，不能满足职业教育培养人才的要求。因此，必须改变传统的教学模式，采用理实一体化教学方式。本教材正是在这一背景下采用了项目导入、任务驱动的形式组织课程教学内容，以农业企业经营过程为逻辑主线，以岗位能力培养为内容选取依据，将农业企业管理理论和实际密切结合起来，着力于培养学生的职业操守，提高学生的职业岗位能力与可持续发展能力。

本书根据农业企业管理过程，设计了 12 个项目、35 个任务，12 个项目分别是农业企业创立、企业制度建设、农业企业战略管理、农业企业人力资源管理、农业企业新产品开发、农业企业物流管理、农业企业生产管理、农业企业质量管理、农业企业财务管理、农业企业营销管理、农业企业文化管理、农业企业扩张与发展。学生按 5～8 人组成模拟公司，让学生扮演各种角色，在比较接近真实的情况下，亲身体验企业的各种业务运作流程，从而达到在实践中巩固知识、掌握技能的目的。

本书在编写上突出了以下特色：

1. 理实一体化。本书按项目、任务、知识链接、案例的体例，本着从准备到实际操作的原则，每个任务都由学生组成小组实践完成，较为全面地演示和模拟了农业企业经营管理的整个过程。

2. 情景训练，角色转化。在任务中，大多采用情景训练的方式，让学生成立模拟公司，扮演各种角色，在不同的管理岗位上发挥不同的管理职能，实现了实训效果仿真化。

3. 校企合作。本书由北京农业职业学院教师执笔，有企业一线高管做顾问。北京繁花世金天然香料有限公司副总经理李立祥对教材给予了精心的指导。

北京农业职业学院刘欣编写了项目 2 至项目 9，哈尔滨商业大学梁晰编写了项目 1、项目 10 至项目 12。农业企业顾问为北京繁花世金天然香料有限公司李立祥。

本书在编写过程中，北京农业职业学院经管系及相关部门的领导与老师给予了有力的指导与帮助，在此表示衷心的感谢！同时，本书参阅和引用了不少专家、学者的有关著述，从中汲取了许多有益的东西,在此谨向他们表述诚恳的谢意!

由于编者能力有限,编写时间仓促,书中疏漏与错误之处在所难免,恳请广大读者和有关专家学者不吝批评指正,以便不断修订完善。

编　者

2013 年 10 月

目　录

项目1 农业企业创立

任务1 组建模拟企业

◈ 任务目标

了解企业创立的条件与过程及经营范围的确立。

◈ 任务内容

1. 学生按5～8人进行分组，每组组建一个模拟农业企业，并以模拟企业的名称作为实训小组的名称(后面的实训都按此名称)。每个企业选择一名总经理，负责协调组织工作。

2. 确定农业企业的经营方向和市场定位，选择一些产品或服务，进行市场调查。搜集相关资料，如《企业经营范围登记管理规定》等，熟悉规定的事项，组织成员讨论，根据讨论结果确定企业经营范围。

3. 确定农业企业类型。

4. 派代表在全班宣读企业经营范围、类型和选择理由，全班讨论决策。

◈ 成果检验

每个实训小组上交一份企业创立策划书，由老师进行总结、点评并给出成绩。

◈相关知识链接

一、农业企业概述

(一)农业企业的概念

农业企业有广义和狭义之分。广义的农业企业是以“大农业”概念为基础的所有从事农业或涉农企业的总称，既包括以土地为投入要素直接经营农、林、牧、副、渔业的经济组织，也包括从事农业产前、产中、产后各环节的加工、服务等相关活动的农业企业。广义的农业企业按行业可分为种植业企业、林业企业、畜牧业企业、副业企业和渔业企业。不同行业的农业企业生产经营或加工不同类型的农产品。在实际的经济活动中，一些大型的农业企业可能会生产经营畜牧、鱼类、蔬菜，从事多元化经营策略。广义的农业企业按生产的环节和经营活动的功能或性质又可分为：与农业产前服务相关的要素投入品公司，如种子公司、农资公司；以生产农业设施、设备和各种农机具为主要产品的乡镇农业制造企业；为农业生产过程提供服务的企业，如农机服务公司、植保公司、农业科技咨询公司；农业产后服务相关的公司，如农产品储藏加工企业、农业销售合作企业、农业市场销售服务公司；生态与功能型农业企业，如生态农业园区、观光农业企业、休闲旅游业等。

狭义的农业企业，通常也称之为农业经营组织。狭义的农业企业具有自己的特点：第一，农业企业的经营对象是农产品。这是农业企业区别于其他工商企业的最显著的特征。农产品的生产涉及多种自然因素和经济因素，有些因素可以控制，有些因素则无法控制。农产品具有生产资料和消费资料的双重属性。作为生产资料，农产品一般是农业加工企业的原材料，农产品的品质至关重要，将会直接影响加工企业下一个再生产过程中产品的质量和产量。而作为消费资料的农产品，其生产与增值过程则是在生物体内进行和完成的，农业经营与生产企业的主要对象直接表现为生物体，其经济再生产与自然再生产交织在一起。第二，农业企业是一个生产的基本单位，这个单位可大可小，可以是一个家庭、几个家庭的联合或公司等，可以是法人企业(公司)，也可以是非法人企业(业主制和合伙制企业)，但这并不意味着对企业规模没有要求，在经营规模十分小的情况下，经营规模适度扩大是必要的。第三，农业企业是一个独立的、具有相当自决权进行独立经济核算、自负盈亏的经济实体。第四，农业企业不只是从事单独的农产品自然生产过程，还包括生产前后的一系列活动。另外还须指出，农业企业不同于农业产业化中的"龙头企业"。"龙头企业"并不直接兴办农场，而是通过经营农业生产前后购销、信贷等活动来控制农业，"企业＋农户"的结合只是基于市场交易的外部组织形式。

(二)农业企业的特征

农业企业作为社会生产的基本经济单位，有着与其他企业一样的规定，并具有如下特征：

1.农业企业必须是动植物产品或服务的直接提供者

动植物产品是满足人们生活需要，在一定的时间、空间和一定的生产技术条件下，通过有目的的生产劳动而创造出来的物质资料，服务则是指为满足社会需要而提供的劳务活动。这些产品和服务都是可供销售的，等价交换是产品流通和有偿服务的基本要求。

2.农业企业的经营目的是获得利润

农业企业与其他企业一样，作为一种营利机构，创造利润是其生存和发展的条件。利润是产品或服务价格与其成本之间的差额，是企业经济效益的集中反映。

3.农业企业必须独立核算、自负盈亏

企业在利润动机下，实行独立核算，以尽可能少的投入，获得尽可能多的赢利。企业赢利，才能得到发展；企业亏损，必须扭亏为赢，否则就会倒闭、破产。企业经营的结果如何取决于许多因素，其中居首位的是企业经营管理水平。农业企业采用现代生物科技和现代经营管理技术，带动农业转向知识型产业，就有机会获得高赢利，并造福于农民。

4.农业企业是纳税单位

当今的农业企业都是独立的商品生产者和经营者，国家是宏观经济管理职能的行使者，企业必须照章向国家纳税，这是企业和国家间的法定关系。

5.农业企业拥有经营自主权,行使企业应有的职能

企业经营自主权包括:产品决定权、产品销售权、人事权、分配权。企业有权决定生产什么,生产多少,以什么样的价格出售,雇佣什么样的员工从事生产和管理,税后利润如何分配等。不拥有这些自主权,就不能称其为企业,充其量是不完全的企业。企业的职能包括对企业生产经营活动的计划、组织、指挥和控制。企业不能行使政府的职能,反过来也是一样。

(三)农业企业的类型

1.按生产经营范围划分

农业企业可以分为以下四种类型:

(1)以生产农产品为主要业务的各种专业化企业和综合性企业。

(2)农产品生产与加工相结合的农工联合企业。

(3)农产品生产、加工和运销结合在一起的农工联合企业。

(4)为农业服务的服务性企业,如农用生产资料供应企业、科技服务企业、咨询及信息服务企业。

2.按资产所有制划分

农业企业可以分为以下四种类型:

(1)国有企业或国家控股企业,如国有农垦企业、国有畜牧业、国有水产企业、国有农产品加工贸易企业、国有农产品进出口企业、国有购销企业、国有试验农场。

(2)集体企业,如乡办、村办农业企业,集体养殖加工贸易企业,农村社区农业服务性企业。改制前的乡镇企业大多是所谓的集体企业,然而集体企业是产权最为模糊的一种企业。

(3)民营企业,通常指非公有制企业,主要是个人或家族所有的农业企业,如民营养殖加工贸易企业。"民营企业"称谓其实是不确切的,将其改称为"民有企业"似乎更能与"国有企业"的叫法相对称。但问题不在于称谓,而在于需要重新界定。

(4)合作社企业,是劳动者个人产权私有基础上的约定共营经济组织。这里需要把握住两个要点:第一,承认社员个人资产所有权是合作社的基础;第二,合作社企业内约定共营是有限度的、有组织的联合体。

从经济关系上看,合作社并非单一的经济形态,它可包容不同的经济类型。合作社体现的是生产要素的组合方式,而非特定的所有制形式。可以说,合作社企业是介于私有企业和公有企业之间的中性企业,仅实行部分约定共有和部分共同经营。合作社的固有优点使其既适应资本主义市场环境,也适应社会主义市场经济体制。

3.按企业资产的所有者形式划分

这里"所有者"与"所有制"是两个不同的概念。不同的所有制有着不同的所有者,但同一种所有制也有不同的所有者形式。采用企业资产所有者形式作为划分企业的基本标准,农业企业可以划分为三种基本形态:个人业主制企业、合伙制企业和公司制企业。

(1)个人业主制企业是由自然人个人出资兴办,完全归个人所有和控制的企业。

(2)合伙制企业是指由两个以上企业主共同出资,为了利润而共同经营,并归由若干企业主共同所有的企业。

(3)公司制企业是指由许多人集资创办并且组成一个法人的企业。公司是法人,在法律上具有独立人格,这是此类企业与独资企业、合伙企业的重要区别。在农业领域,公司制企业是最主要、最普遍的企业形态。

4.从企业组成方式考察

农业企业可以分为单厂(场)制企业和公司制企业两种类型。

(1)单厂(场)制企业是指以机器体系为主要生产手段,不同工种的劳动者进行分工协作,直接从事养殖和加工生产的基本经济组织,具有法人资格,独立核算,自主经营,自负盈亏的企业。

(2)公司制企业是由两人或两人以上集资联合组成经济实体的经济组织。公司是"联合体"形态的企业。这里"两人",既可以是自然人,也可以是法人。"集资",既可以是资金联合,也可以是财产或其他无形资产的联合。

按照上述分类划分的各种企业,都有各自的适宜范围或领域,自然都各有其优点和缺点,没有十全十美的企业。

二、农业企业管理概述

(一)农业企业管理的内涵

农业企业作为一个赢利性经济组织,服从于企业经营管理的一般规律。企业管理是指在一定的生产方式和文化背景下,由管理机构按照客观规律的要求,对企业生产经营活动进行计划、组织、指挥、协调和控制,充分合理地开发和优化利用各种可以支配的资源,创造和增进社会福利并实现自身赢利目标的过程。在现代市场经济条件下,企业对其生产经营活动进行决策与行为的全过程,主要是对内部生产技术活动进行有效组织与管理,以及对充分利用外部市场机会和协调环境关系等活动进行有效分析与决策两个方面。

(二)农业企业管理的任务

农业企业管理是人们为实现企业目标而有效利用人力、物力、财力等资源的活动。为实现企业目标,企业管理应完成如下工作任务:

1.合理组织生产经营活动

生产经营活动是企业活动的中心,管理是为生产经营服务的。为保证生产经营活动的顺利进行,企业必须建立高效的组织结构,制定科学的管理制度,使上下级之间、各部门之间、各环节之间职责分明、权责一致、信息畅通、协调配合。

2.有效利用人力、物力、财力等各种资源

人、财、物是企业构成的基本要素,也是企业管理的基本对象,只有有效地利用这些资源,才能降低成本,节约费用,提高企业的经济效益。经济效益提高了,才能为社会提供价廉物美的产品和服务,更好地满足社会需求。

3.促进技术进步,不断提高企业竞争实力

"科学技术是第一生产力。"企业管理应不断地促进企业进步。尽快地把科学技术发展的新成果转换成企业的直接生产力,开发新产品,发展新市场,不断提高企业的竞争实力。

4.加强职工教育，开发人力资源

企业管理的核心是对人的管理。人的力量是无穷的。人力资源是企业财富的源泉。加强职工教育，不断提高职工的科学知识和业务水平，不仅是开发企业人力资源的有效途径，而且是企业发展的根本战略。

5.协调内外关系，增强企业的环境适应性

企业是社会经济系统的一个子系统，企业外部的政治、经济、社会、科学技术等环境因素都会对企业的生存和发展产生极大的影响。而且，企业是一个开放的动态系统，它与外部环境之间进行着广泛的物质、能量和信息交换。在这些影响和交换中，必然会产生各种各样的矛盾，这就需要通过企业的管理活动进行内外关系的协调，并不断调整内部结构，使企业适应外部环境的变化。

三、农业企业的创办

(一)业主制企业的创办

1.业主制企业的创办条件

业主制企业指由业主个人投资兴办、业主自己直接经营的企业。业主享有企业的全部经营所得，同时对企业的债务负有完全责任。如果经营失败，出现资不抵债的情况，业主要用自己的家产来抵偿。申请设立业主制企业必须具备一系列法定条件：

(1)必须有与生产经营和服务规模相适应的资金。具备必要的资金是企业进行生产经营活动的基础。规定企业必须有一定数额的固定资金和流动资金，对于保证企业经营活动的合法性和保障债权人的利益十分必要。

(2)有固定的经营场所和必要的设施。固定的经营场所是企业作为经营实体从事生产经营活动的所在地。一个企业可以有多个场所，但必须要确定一个固定场所为企业住所，以利于国家对企业的监督管理。设施是指在生产经营活动中所需要的器械和装置。

(3)有符合国家法律、法规和政策规定的经营范围。企业的经营范围是指企业从事生产经营活动的内容和方式，即企业生产经营什么和怎样进行生产经营。法律规定设立企业必须有明确的经营范围，一是为了使国家能够从宏观上调整和控制产业结构；二是防范和打击各种非法经营活动。企业确定了经营范围后，就必须在核定的经营范围内进行经济活动，超越了经营范围从事经营活动，即属违法经营，就要承担相应的法律责任。

(4)具有业主企业主资格。凡有经营能力的农村村民、乡镇待业人员、辞职人员、离休人员以及国家法律、法规和政策允许的其他人员，可以申请设立业主制企业。为了防止官员腐败和保障市场主体之间的公平竞争，凡有公职的人员不得设立业主企业。

2.业主制企业的创办程序

申请设立业主制企业经营的，必须向企业所在地工商行政管理机关提出设立申请。申请设立登记时，须持身份证明。城镇居民须持居民身份证或本人户口所在地的户籍证明，农村村民须持身份证和所在村民委员会的证明，辞职人员须持单位同意的辞职证明，退休职工和离休干部须持原单位证明。申请经营下列经营活动之一者，申请登记时，除户籍证明外，还应当出具有关证明：

(1)申请从事机动车船客货运输的,应当出具车船牌照,保险凭证。

(2)申请从事饮食业、食品加工和销售业的,应当出具食品卫生监督机关核发的证明。

(3)申请从事资源开采、工程设计、建筑、制造和修理简易计量器具、药品销售、烟草销售等,应提交有关部门批准文件或资格证明。

(4)申请从事旅游业、刻字业、信托寄卖业、印刷业的,应提交所在地公安机关的审查同意证明。

受理业主申请的工商行政管理部门,对符合条件的申请人,给予登记,发给营业执照,设立人取得经营的合法地位,即享有法律规定的权利并承担相应的义务。其营业执照除工商行政管理部门可以依法扣缴或吊销外,其他任何单位或个人均无权对其扣缴或吊销。

申请人凭营业执照刻制有关印章。然后到当地技术监督局办理组织机构代码证。凭营业执照和组织机构代码证在银行(或信用社)申请开户。业主自领取营业执照30日内,向当地税务机关申报办理税务登记。

(二)合伙制企业的创办

1.合伙制企业的创办条件

合伙制企业是指两人以上为了共同的经济目的,自愿签订合同,共同出资、共负盈亏、共担风险,各合伙人对合伙的债务承担无限连带责任的联合。合伙企业与业主企业一样,同属于自然人企业。设立合伙企业的条件:第一,设立合伙企业必须有两个以上的公民;第二,必须达成合伙协议,即要签订合伙协议,并由全体合伙人签名盖章;第三,必须有与合伙企业生产经营和服务规模相适应的实物、资金、技术等;第四,必须有固定的场所和必要的设施;第五,必须有合法的生产经营范围。合伙企业各合伙人的资格和生产经营范围同业主企业相同。

2.合伙制企业的设立程序

合伙制企业必须向所在地工商行政管理局办理登记,登记的主要事项包括:企业名称、地址、合伙负责人姓名、生产经营范围、生产经营方式、资金数额、合伙人数及雇工人数等。受理合伙制企业登记申请的工商行政管理局,对符合法定条件的予以登记,发给营业执照,合伙企业即告成立。

合伙人出资可以是金钱、实物、技术或技术性劳务,出资数额不一定相等,出资的种类也不一定相同,但都必须将出资按其价值折为若干股份,以计算各合伙人对合伙财产应享有的份额,确定合伙人之间分配收益和分担债务的比例。

合伙制企业凭营业执照刻制印章,办理组织机构代码证,银行开户和税务登记。未起字号的合伙制企业须有书面合伙协议,并具备合伙的其他条件,虽未向工商行政管理局申请登记,而从事生产经营的仍视为合伙企业成立。

(三)有限责任公司的创办

有限责任公司是指由符合法定人数组成,每个股东以其出资额为限对公司承担责任,公司以其全部资产对公司的债务承担责任的企业法人,属于法人企业。有限责任公司具有以下几方面的特征:第一,有限责任公司的股东,仅以其出资额为限对公司负责。第二,有限责任公司的股东一般都有最低和最高人数的限制。第三,有限责任公司股东的出资及出资转让体现出资合性与人合性的双重性质。有限责任公司股东的出资仅限于货币、实物、工业产权、非专利技术、土地使用权等,而不得以信用和劳务作为出资;有限责任公司不得向社会公开募集股份,不得发行股票。第四,有限责任公司设立程序比较简便,组织管理机构比较灵活,经营状况和财务账目也不需要公诸于众,因而在社会生产的某些领域有更大的灵活性和适应性,适于中小企业采用。

1.有限责任公司的创办条件

(1)股东要符合法定人数。我国公司法规定,除国有独资公司外设立有限责任公司应当由2个以上50个以下股东共同出资。

(2)股东出资达到法定最低资本限额。我国公司法规定最低资本限额为:以生产经营和以商品批发为主的公司人民币50万元,以商业零售为主的公司人民币30万元,科技开发咨询、服务性公司人民币10万元。设立公司时,公司实际收到的资产只有达到上述规定时,才能予以登记,否则公司不能设立。

(3)股东共同制定公司章程。公司章程是公司从事一切活动的行动纲领,同时又是审计机关和登记机关审查公司设立合法性的重要依据。我国公司法将股东共同制定公司章程作为有限责任公司设立的必备条件。

(4)有公司的名称。有限责任公司的名称是指有限责任公司进行经营活动时所采用的,并与其他经济组织进行区别的特定符号标志,是有限责任公司人格化的称呼。公司有名称是公司设立的必要条件。设立公司还必须有符合有限责任公司要求的组织机构。没有公司名称和符合要求的组织机构的,公司不能设立。

(5)有固定的住所。生产经营场所和必要的生产经营条件有限责任公司住所是指公司主要办事机构所在地,董事会是主要办事机构,因此,董事会所在地就是公司的住所地。经营场所是指公司进行生产经营活动的所在地。生产经营条件指厂房、机器设备、管理人员、技术人员等。

在我国有限责任公司的设立依主体不同采取两种方式:第一种是发起设立,规定股东人数为2人以上50人以下;第二种是国家单独出资设立。

2.有限责任公司的设立程序

(1)取得设立许可。法律、行政法规规定,设立有限责任公司必须报经审批,或者公司经营范围中有法律、行政法规规定必须报经审批的项目,应当首先报送有关部门申请批准。只有获得批准后,有限责任公司方可设立,否则,设立便无效。

(2)订立公司章程。章程是设立公司的关键,也是设立有限责任公司的必须程序。有限责任公司章程的订立,须经全体股东同意后,签名盖章,股东每人各执一份。

(3)确立公司机构。有限责任公司设立股东会,作为公司的权力机构,由全体股东组成。但是,明确规定国有独资公司不设股东会。关于有限责任公司的董事会,可依公司人数多少和规模大小来确定。公司可以设董事会,也可以不设董事会,仅设一名执行董事,执行董事兼任公司经理,为公司的法定代表人。经营规模较大的有限责任公司设立监事会。

(4)股东缴纳出资。股东缴纳出资是有限责任公司设立的前提和必须程序。股东应当足额缴纳公司章程中规定的各自所认缴的出资额,否则将承担违约责任。只有在股东全部缴纳出资后,才能向公司登记机关申请设立登记。

(5)设立登记公司股东定额缴纳出资后，应向工商行政管理部门提交登记申请书，申请设立登记。企业登记部门经审查认为符合法定条件的，即核准登记，公司宣告成立。从而取得法人资格，从事民事活动。

(四)股份有限公司的创办

股份有限公司是指依法由一定人数的股东发起设立，全部资本划分为等额股份，股东仅以其所认购的股份对公司的债务承担责任的公司。同有限责任公司相比，股份有限公司具有如下法律特征：第一，发起人符合法定最低人数。发起人即股份有限公司最初的股东。第二，股份有限公司全部资本分为等额股份并以股票形式表现出来。第三，股份公司的股票可以依法自由转让。第四，股份有限公司股东对公司债务负有限责任。股东仅以其认购的股份对公司债务承担责任，公司以其全部资产对公司债务承担责任。

1.股份有限公司的设立条件

(1)发起人要符合法定人数。我国公司法规定，设立股份有限公司应有 5 人以上为发起人；国有企业改建为股份有限公司发起人可以少于 5 人，但应采取募集设立，因而其股东人数必然超过 5 人以上。公司法对发起人最低人数的规定，是设立股份有限公司必备的法定条件。

(2)发起人认缴和社会公开募集的资本达到法定资本最低限额。股份有限公司注册资本的最低限额为人民币 1 000 万元。股份有限公司注册资本最低限额需高于上述所定限额的，由法律、行政法规另行规定。

(3)股份发行。以股份发行方式募集资金是股份有限公司区别于其他形式的公司的最显著特征。

(4)有公司章程。发起人制定公司章程，并经创立大会通过章程是公司的基本行为规范，它由全体发起人同意订立并签名盖章，创立大会通过。

(5)有公司名称，建立符合股份有限公司要求的组织机构。股份有限公司必须有自己的名称，并依据有关规定进行登记，获准登记的名称才是合法的，具有法律效力并受法律保护，公司对其才享有专用权。股份有限责任公司的组织机构包括：股东大会、董事会、总经理、监事会。

(6)有固定的生产经营场所和必要的生产经营条件。

2.股份有限公司的设立方式

股份有限公司的设立方式，按股份的认购是否向社会公开募集，分为发起设立和募集设立两种。发起设立是指由发起人认购公司应发行的全部股份而设立公司。全体发起人所认缴的资本总额即为公司成立时的资本总额，公司不向外募集股份。募集设立是指由发起人认购公司应发行股份的一部分，其余部分向社会公开募集而设立公司。采取何种方式设立股份有限公司，由发起人相互约定，自行选择，并载于公司章程。

3.股份有限公司的发起人

股份有限公司的发起人是指依法认购其应认购的股份，制定公司章程，并承担公司筹办事务的人。

发起人的权利表现在以下两个方面：

(1)发起人有权选择对公司的出资方式，出资方式可以是货币、实物、工业产权、非专利技术或土地使用权。但以工业产权、非专利技术作价出资的金额不超过股份有限公司注册资本的20%;其他股东或发起人对另80%的出资只能以货币认购。

(2)股份有限公司依法成立,发起人有权将其所支出的设立公司的费用经创立大会审核列入公司费用。

发起人的法律责任包括:

(1)公司不能成立时,对设立行为产生的债务和费用负连带责任。

(2)公司不能成立时,对认股人已缴纳的股款负返还股款并加算银行同期存款利息的连带责任。

(3)在公司设立的过程中,由于发起人的过失致使公司利益受到损害的,应当对公司承担赔偿责任。

(4)未按法定日期召开创立大会或在招投说明书规定的截止期届满尚未募足发行股份时,应认股人要求返还其新缴股款并加算银行同期存款利息的连带责任。

(5)因募股不符合法定条件被主管部门撤销原批准,应以募集股份认股人的请求返还其已缴股款并加算银行间期存款利息的连带责任。发起人在股份有限公司设立中的法律责任均为发起人全体的连带责任。

4.股份有限公司的创办程序

发起设立的程序较募集设立的程序简单一些,具体包括:

(1)发起人订立章程。与股份有限公司相同。

(2)发起人认足其应认购的股份。发起人应以书面认足公司章程规定发行的股份。

(3)发起人缴纳股款。发起人全部股款缴齐后,应由注册会计师或审计师出具验资证明。

(4)发起人选任公司机关。发起人认足公司部分股份并缴纳股款后,应当选举董事会和监事会,由董事会办理设立公司的全部手续。

(5)公司设立登记。董事会向公司登记机关申请公司设立登记。申请设立登记时,董事会应向公司登记机关报送设立公司的批准文件、公司章程、验资证明等文件,公司登记机关经对上述文件进行审核后,对符合条件的予以核准,发给营业执照,股份有限公司即告成立。

(6)公告。公司成立后,应当进行公告,公告的方式由公司章程规定。

募集设立股份有限公司,其程序十分复杂,具体步骤如下:

(1)发起人订立公司章程。

(2)发起人认购股份。发起人认购的股份不得少于公司股份总数的35%。

(3)发起人向社会募股。发起人认购股份后,其余股份应向社会公开募集。发起人向社会公开募集股份时,必须向国家证券管理部门递交募股申请,报送有关文件,经批准后才能公开募集股份。

(4)认股和缴纳股款。发起人向社会公开募集股份,必须公布招股说明书,并制作认股书,以供认股人填写。认股人填写所认股数、金额、住所等,并签名、盖章、缴纳股款。缴纳股款是每个认股人的出资义务,认股人应在确定的时间和地点办理股款缴纳事宜。若认股人没有缴纳股款,发起人应确定一定的期限催告认股人缴纳,并声明逾期缴纳将丧失权利及其他法律后果。

(5)召开创立大会。创立大会是在股份有限公司未成立前的设立过程中,由全体认股人组成的决议机关。发起人拟募的全部股份募足并缴纳股款以后，应在 30 日内召开创立大会。发起人应在创立大会召开 15 日前将会议日期通知各认股人或者予以公告。创立大会至少应有代表股份总数 112 以上的认股人出席方可举行。创立大会审议发起人的筹办报告，通过公司章程，选举董事会、监事会成员，审核公司设立费用等。

(6)申请设立登记。董事会应于创立大会结束后 30 日内，向公司登记机关申请设立登记，同时报送有关文件。公司登记机关自接到股份有限公司设立登记申请之日起 30 日内做出是否予以登记的决定。对符合法律规定条件的，予以登记，发给营业执照。

(7)公告。股份有限公司成立后应进行公告。

四、企业经营范围的确定

(一)经营范围

经营范围是指企业的经营方向和市场地位，即企业采用哪种技术和资源、生产什么产品、提供什么服务、面向哪些市场以及满足哪些顾客的需要等一系列问题的总和。

(二)确定企业经营范围的主要原则

1. 资源导向与市场导向相结合的原则

在创业初期，企业的资源是极其有限的。在选择经营范围时，企业必须注重资源导向，充分考虑资源的有效利用，发挥自身的优势。而市场是企业生存的基础和前提，企业的经营过程实际就是满足市场、满足顾客需要的过程。没有市场的企业是没有生命力的，市场导向同样是企业选择经营领域的重要影响因素。因此，企业在确定经营领域时，必须坚持资源导向与市场导向相结合的原则。

2. 行业生命周期原则

在一定时期，不同行业有不同的发展前景。企业在确定经营范围时，要对行业的发展状况进行全面分析，尽量选择“朝阳行业”。

3. 关联性原则

企业应尽量选择与其在市场和技术上有关联的行业，以减少经营风险。

4. 专业化原则

企业的经营范围不能过宽，尤其是在不具备条件的情况下，绝不能开展多元化经营，而应尽量进行某一方面的专业化生产，并培育自己在这一领域的优势。

5. 发挥优势原则

企业要寻找最能发挥自己优势的领域，不要选择陌生的行业。

6. 符合国家、地方相关政策原则

企业要选择符合国家和地区有关政策的行业，尽量争取政府的支持。

(三)确定企业经营范围的途径

在确定经营范围时，企业必须重视市场调研，充分研究市场发展趋势。认真分析买方和供应方的状况以及众多竞争者对企业的威胁，明确自身的优势和劣势，在全面分析的基础上进行定位。确定经营范围的途径很多，这里列举以下几种方法：

1. 攻人之短，从竞争对手的缺陷中捕捉机遇

市场上的产品都可能有缺陷，企业若能分析并找出这些缺陷，就可能形成新的市场和商机。例如，中小企业可以从分析大企业和竞争对手的缺陷入手，捕捉机遇，确定经营范围。

2. 市场细分

将未满足的市场作为经营范围。市场越是细分，由一个大企业来控制市场的可能性就越小，其他企业参与竞争的机会就越多。企业在确定经营范围时可在对市场进行深入研究和细分的基础上发现未被满足的市场空白点，及时推出相应产品，这种经过精心市场细分而产生的冷门产品与市场上的热门产品不同，只要对它稍作宣传，马上就能引起人们的注意，从而成为同类产品市场上的一匹“黑马”，为企业带来丰厚的利润。

3. 拾遗补缺，从市场缺口中寻找阵地

企业应首先研究别人不经营什么，然后把自己的触角伸到那些领域。

4. 技术创新

不断发现和满足新的需求。对于技术型企业而言，技术创新是确定经营范围的有效途径。随着时代的不断发展，人们会产生许多新的需求。如果企业能及时捕捉到这些需求，进行技术创新，开发出相应的新产品，就能开辟一块新的市场。

任务2 进行工商登记

◈ 任务目标

掌握公司申请营业执照、进行工商登记的流程。

◈ 任务内容

1. 学生按5～8人成立小组，每个小组创业一个模拟公司。

2. 每个团队进行角色划分，由两名同学扮演工商行政管理机关相关工作人员，一名同学扮演银行工作人员，一名同学扮演会计师事务所工作人员，其余同学扮演申请人。

3. 申请人向工商行政管理机关企业注册处领取企业名称预先核准申请书，同时准备相关资料。

4. 申请人提交全体投资人签署的企业名称预先核准申请书，企业注册处工作人员受理、审查，处长核准。

5. 核准后，申请人领取企业名称预先核准通知书，同时领取公司设立登记申请书等相关表格。

6. 申请人到经工商局确认的银行开立入资专户，并将认缴的注册资金存入该账户。

7. 申请人到经工商行政管理机关确认的会计师事务所办理验资手续。

8. 申请人向工商行政管理机关提交相关文件，材料齐全、符合法定形式的，等候领取准予设立登记通知书。

9. 申请人领取准予设立登记通知书后，按照准予设立登记通知书确定的日期到工商行政

管理机关交费并领取营业执照。

10. 角色互换，重复步骤 2～9。

◆ 成果检验

老师根据学生的个人表现、工作态度及对相关专业知识的综合运用能力等几方面进行评定。

◆相关知识链接

一、企业设立登记的程序

设立公司应当依法向公司登记机关申请设立登记，依法设立的公司。由公司登记机关颁发企业法人营业执照。企业法人营业执照应当载明公司的名称、住所、注册资本、实收资本、经营范围、法定代表人姓名等事项。企业设立登记的一般程序如下：

(1)由集团公司下发关于成立新公司的批复，包括新公司的注册名称、法定代表人、投资结构等情况。其中，名称一般由四部分依次组成：行政区划＋字号＋行业特点＋组织形式。申请人除了直接到企业登记场所提出申请外，还可以通过邮寄、传真、电子数据交换和电子邮件等非固定形式提出申请。

(2)到注册地工商登记部门领取企业名称预先核准申请书，办理名称预先核准(工商局一般在 7 个工作日内回复核准情况)。申请人除直接到企业登记场所提出申请外，还可以通过邮寄、传真、电子数据交换和电子邮件等非固定形式提出申请。

(3)公司名称通过核准后，到银行开设临时账户。开设临时账户需要准备的资料包括出资协议书、法定代表人身份证件复印件。

(4)股东划款到临时账户，请会计师事务所验资并出具验资报告。验资需要准备的资料包括出资协议书、出资方的企业法人营业执照或者自然人的身份证件复印件、法定代表人的任职文件和身份证件复印件、企业名称预先核准通知书复印件、公司章程，以及住所使用证明。

(5)收集整理工商注册登记资料，并提交工商登记部门，领取营业执照。申请办理有限责任公司的设立、变更、注销登记和备案，凡材料齐全、符合法定形式的，工商行政管理机关当场做出登记决定，并在 5 个工作日内核发营业执照或其他登记证明。申请人以非固定形式提交行政许可申请的，受理审核时限按国家工商行政管理总局《企业登记程序性规定》执行。

(6)刻制公司所需的印章。公司所需的印章一般包括公司公章、财务专用章、收款专用章、业务专用章等。而合同专用章和发票专用章需要在开设银行基本账户后才能刻制。

(7)办理组织机构代码证。组织机构代码证需要申请人到技术监督局领取申请表格，填写并加盖公章后，与营业执照副本复印件和法定代表人身份证复印件一起交技术监督局办理。

(8)办理国税登记证和地税登记证。国税登记证和地税登记证需要申请人到税务局领取申请表。填写并加盖公章后，与营业执照复印件、组织机构代码复印件和法定代表人身份证复印件一起，分别交国税局和地税局进行办理。

(9)开设银行基本账户。开设银行基本账户需要准备的资料有营业执照正本复印件、组织机构代码证正本复印件、国税登记证和地税登记证正本复印件，以及法定代表人身份证件复印件。

(10)办理注册资金划转手续。

二、工商登记管辖

我国企业工商登记的管辖按分级管理的原则进行,国家工商行政管理总局负责下列公司的登记:国务院授权部门批准设立的股份有限公司;国务院授权投资的公司;国务院授权投资的机构或者部门单独投资或者共同投资设立的有限责任公司;外商投资的有限责任公司;依照法律的规定或者按照国务院的规定,应当由国家工商行政管理总局登记的其他公司。

省、自治区、直辖市工商行政管理局负责本辖区内下列公司的登记:省、自治区、直辖市人民政府批准设立的股份有限公司;省、自治区、直辖市人民政府授权投资的公司,国务院授权投资的机构或者部门与其他出资人共同投资设立的有限责任公司;省、自治区、直辖市人民政府授权投资的机构或者部门单独或者共同投资设立的有限责任公司;国家工商行政管理总局委托登记的公司。

市、县工商行政管理局负责本辖区内除上述公司以外的其他公司的登记,具体登记管辖由省、自治区、直辖市工商行政管理局规定。

三、工商登记事项

企业进行工商登记时,需要办理的登记事项包括:名称、住所、法定代表人、注册资本、企业类型、经营范围、营业期限、有限责任公司股东或股份有限公司发起人的姓名或者名称。企业在登记时应将相应资料准备充分。

1. 名称预先核准

企业登记首先应确定的事项是公司名称。《公司登记管理条例》第十一条规定:公司名称应当符合国家有关规定。公司只能使用一个名称,经公司登记机关核准登记的公司名称受法律保护。设立公司应当申请名称预先核准,公司名称不能与其他企业已经拥有的名称重复和相似。对于一些企业,公司名称应当反映企业的注册类型和经营特色。《公司登记管理条例》第十八条规定:设立有限责任公司,应由全体股东指定的代表或者共同委托的代理人向公司登记机关申请名称预先核准;设立股份有限公司,应当由全体发起人指定的代表或者共同委托的代理人向公司登记机关申请名称预先核准。

申请名称预先核准应提交下列文件:

(1)有限责任公司的全体股东或股份有限公司的全体发起人签署的公司名称预先核准申请书。

(2)全体股东或者发起人指定代表或者共同委托代理人的证明。

(3)国家工商行政管理总局规定要求提交的其他文件。

公司登记机关应当自收到上述文件之日起 10 日内做出核准或驳回的决定。公司登记机关决定核准的,应当发给企业名称预先核准通知书。《公司登记管理条例》第十九条规定:预先核准的公司名称保留期为 6 个月。预先核准的公司名称在保留期内,不得用于从事经营活动,不得转让。

2.公司的住所

《公司登记管理条例》第十二条规定:公司的住所是公司主要办事机构所在地。经公司登记机关登记的公司的住所只能有一个。公司的住所应当在其公司登记机关辖区内。公司的住所是企业决定在何处进行登记的重要因素,企业在进行登记之前应准备好住所证明。住所证明可以是自有或租赁证明,但它必须是能够证明公司对其住所享有使用权的文件。

3.公司的注册资本

《公司登记管理条例》第十三条规定:公司注册资本和实收资本应当以人民币表示,法律、行政法规另有规定的除外。

无论注册何种类型的公司,在《公司法》中都规定了注册资本的最低限额,企业在准备注册资本时要按《公司法》要求达到法律规定的最低限额。

任务3　进行开业税务登记

◈ 任务目标

熟练掌握开业税务登记的流程,能够在实际生活中办理好开业税务登记事务。

◈ 任务内容

1.学生按5～8人划分小组,每个团队进行角色划分,由两名同学扮演税务机关人员,其余同学扮演纳税人。

2.纳税人到税务机关领税务登记表。

3.填写税务登记表。

4.准备相关资料和证件。

5.纳税人向税务机关报送税务登记表及有关资料,等待审核。

6.税务机关审核,并核定纳税事项。如果资料完整、内容齐全、手续齐全,则审核通过;反之,由纳税人补全资料或等待税务机关核实。

7.税务机关建立分户档案税务登记证。

8.纳税人缴纳工本费,领取税务登记证。

9.角色互换,重复步骤2～8。

◈ 成果检验

教师根据学生的个人表现、工作态度,以及对突发事件的处理能力等进行评定。

◈ 相关知识链接

一、办理开业税务登记的时间

从事生产、经营的纳税人应当自领取营业执照之日起30日内,主动依法向国家税务机关申报办理登记。

按照规定不需要领取营业执照的纳税人，应自有关部门批准之日起 30 日内或者自发生纳税义务之日 30 日内，主动依法向国家税务机关申报办理税务登记。

二、办理开业税务登记的地点

纳税企业和事业单位向当地主管国家税务机关申报办理税务登记。

纳税企业和事业单位跨县(市)、区设立的分支机构和从事生产经营的场所，除总机构向当地主管国家税务机关申报办理税务登记外，分支机构还应当向所在地主管国家税务机关申报办理税务登记。

有固定生产经营场所的个体工商业户向经营地主管国家税务机关申报办理税务登记；流动经营的个体工商户，向户籍所在地主管国家税务机关申报办理税务登记。

对未领取营业执照从事承包、租赁经营的纳税人，向经营地主管国家税务机关申报办理税务登记。

三、办理开业税务登记的手续

1. 提出申请，提供证件、资料

纳税人必须提出书面申请报告，并提供下列有关证件、资料：

(1)工商营业执照副本或其他核准执业证件原件及复印件。

(2)有关章程、合同、协议书复印件。

(3)银行账号证明。

(4)法定代表人或业主居民身份证、护照或者回乡证等其他合法证件。

(5)总机构所在地国家税务机关证明。

(6)国家税务机关要求提供的其他有关证件、资料。

2. 填报税务登记表

纳税人领取税务登记表或者注册税务登记表后，应按规定内容逐项填写，加盖企业印章；经法定代表人签字或业主签字后，将税务登记表或注册税务登记表报送主管国家税务机关。企业在外地设立的分支机构或者从事生产、经营的场所，还应按规定内容逐项填报总机构名称、地址、法定代表人、主要业务范围、财务负责人等。

3. 等待税务机关审核

税务机关对纳税人填报的税务登记表、提供的证件和资料，应当在收到之日起 30 日内审核完毕。纳税人提交的证件和资料齐全且税务登记表的填写内容符合规定的，税务机关予以登记，及时发放税务登记证；纳税人提交的证件和资料不齐全或税务登记表的填写内容不符合规定的，税务机关应当场通知其补正或重新填报，纳税人提交的证件和资料明显有疑点的，税务机关应进行实地调查，核实后予以发放税务登记证件。对不符合规定的不予登记，也应在 30 日内予以回复。税务机关通过对税务登记申请的审核，可以掌握实际办理税务登记户数，进而掌握申报办理税务登记户的行业构成等税务管理信息。

4. 领取税务登记证件

纳税人报送的税务登记表或者注册税务登记表和提供的有关证件、资料经主管国家税务机关审核后，报有关国家税务机关批准予以登记的，应当按照规定的期限到主管国家税务机关领取税务登记证或者注册税务登记证及其副本，并按规定缴付工本管理费。

四、税务登记表的填写

税务登记表分为三种，分别适用于单位纳税人、个体经营纳税人和临时税务登记纳税人。以单位纳税人为例，单位纳税人自领取营业执照，或者自有关部门批准设立之日起 30 日内，或者自纳税义务发生之日起 30 日内，到税务机关办税服务厅领取税务登记表，联合办证的还需领取房屋、土地、车船情况登记表。纳税人填写完相关内容后，在相关位置盖上单位公章、法人代表章，然后将税务登记表及其他相关资料送交税务登记窗口。

项目 2　企业制度建设

任务 1　构建现代企业制度

◈ 任务目标

了解现代企业制度的内容。

◈ 任务内容

1. 学生按 5～8 人进行分组，每组构建一个有限责任公司。每个公司选择一名总经理，负责协调组织工作。

2. 建立模拟公司的法人治理结构及管理制度。

3. 完成法人治理结构及管理制度书。

◈成果检验

每个实训小组上交一份模拟公司法人治理结构及管理制度书，由老师进行总结、点评并给出成绩。

◈相关知识链接

一、现代企业制度

(一)现代企业制度的概念与特征

企业制度是以财产组织形式体现的、用于调节生产要素所有者之间权利和利益分配关系的"契约"。企业制度包括三个方面的内容：一是企业资产的生成制度。规定了企业生产要素的性质和形成方式，这是其他制度建立的前提。二是企业的权益组织制度。它明确了企业的权益构成、企业权益的所有者、权益分配的原则和方法。三是企业的经营管理制度。它规定了企业管理机制和组织构成，谁负责企业的经营管理，如何开展企业的经营管理等。

现代企业制度是指以完善的法人财产权为基础，以有限责任为基本特征，以专家为中心的法人治理结构为保证，以公司制为主要形态的企业制度。现代企业制度的内容包括现代企业法人制度、企业组织制度及现代企业管理制度。所谓法人是指具有民事权利能力和民事行为能力，依法独立享有民事权利和承担民事义务的社会组织。企业法人制度是通过赋予本来不具备主体资格的社会组织以“人格化”的做法，使企业等社会组织获得了独立的生命，能以自己的名义在市场上交易。

现代企业制度基本特征主要表现在如下四个方面：

1. 产权明晰

产权明晰就是要明确企业的出资人与企业组织的基本财产关系。现代企业制度下，所有者与企业的关系变成了出资人与企业法人的关系，将出资人所有权与企业法人财产权进行合理分解，使出资人与企业法人各自拥有独立的财产权利。

出资人以所有者的身份享有资产收益权，对企业经营方针、长期投资计划、年度预决算、利润分配、资本金变动、重大财产权变动等重大问题拥有决策权，对企业管理者的选择具有确定权。企业法人则享有对出资人注入企业的资本金及其增值形成的资产的占有、使用和处分权。

2. 权责明确

权责明确是指在产权关系明晰的基础上，通过法律来确定出资人与企业法人各自应履行的义务和应承担的责任。出资人一旦把资本金注入企业，即与出资人的其他财产区分开来，成为企业的法人财产，不能再直接支配，并以其出资额为限，对企业债务承担有限责任。企业法人则依法自主经营、自负盈亏，以独立的法人财产对其经营活动负责，以其全部资产对企业的债务承担责任，并受到出资人财产所有权的约束和限制，必须依法维护出资人权益，对出资人承担资产保值增值的责任。同时，还应明确企业内部所有者、经营者以及生产者的义务和责任，使这些利益主体之间关系分明，利益分配合理，既相互制衡，又协同一致。

3. 政企分开

政企分开是指在产权关系明晰的基础上，实行企业与政府的职能分离，理顺政府与企业的关系。政府的职能是通过经济手段、法律手段及中介组织对企业的生产经营活动进行调节、引导、服务和监督。企业作为市场经济活动主体，则按照价值规律、市场经济规律的要求自主组织生产和经营。

4. 管理科学

管理科学是指企业内部的领导体制和组织管理制度科学合理、符合市场经济体制要求。

(二)现代企业制度的基本形式

现代企业制度是现代化大生产的产物，是现代市场经济中企业组建、管理、运营等一系列行为的制度和规范。建立现代企业制度是社会主义市场经济的客观要求。建立和完善社会主义市场经济体制，就必须用现代企业制度来改造我们的企业。现阶段我国现代企业制度已基本形成，其主要形式有以下几点：

1. 有限责任公司

有限责任公司是由两个以上股东共同出资设立，股东只承担有限责任的法人企业。有限公司的主要特征是：

(1)公司股东以其出资额为限，对公司债务负有限清偿责任，公司以其全部法人财产对其债务承担全部责任。

(2)公司不对外发行股票，股东的出资额不要求等额。

(3)公司的股份一般不得任意转让，若要转让，必须经全体股东同意，并优先转让给公司原有股东。

(4)公司股东人数较少，而且规定了人数的上、下限(我国公司法规定为 2 人以上 50 人以下)。

主要优点:设立程序比较简单;经营规模较小,组织机构简单;股东人数少而稳定,便于沟通与管理。

不足之处:由于股东只负有限责任,故公司信用程度不高;不能公开发行股票,筹集资金的范围和规模较小,难以适应大规模生产经营活动的需要。

有限责任公司一般适宜于中小型企业。

2. 股份有限公司

股份有限公司是指全部注册资本由等额股份构成,并通过发行股票筹集资本,公司以其全部财产对公司债务承担责任的法人企业。按照公开程度,可分为上市的股份公司和不上市的股份公司两种。股份有限公司的基本特征是:

(1)公司全部资本分为等额股份,股份以股票形式公开发行并可自由转让,股份是股份有限公司最重要的条件之一。

(2)股东以其认购的股份对公司承担有限责任,公司则以其全部资产对公司债务承担责任。

(3)股东人数不得少于法定数目,我国《公司法》规定,应当有5人以上的发起人。

(4)公司的账目必须公开,以供股东和债权人查询。

主要优点:一是有利于吸收资本,能以各种形式发行股票,吸收各种大小资本,迅速集聚起巨额资本,从而扩展企业规模,增强企业市场竞争力;二是股东人数众多,大大分散了经营风险,加之有限责任制度,便于保护股东利益;三是实行了资本证券化,易于进行股票转让,提高了资本的流动性;四是实行所有权与经营权分离,有利于管理水平和效率的提高;五是本公司职工可以通过购买股票成为股东,有利于更好地调动职工的工作积极性。

不足之处:公司设立程序复杂,组建和歇业不像其他类型公司那样方便;公司要定期公布财务状况,保密性差;所有权与经营权的分离程度大,产生了较为复杂的委托-代理关系,股东流动性大,公司不易控制等。

股份有限公司是现代市场经济中最适合于大中型企业的组织形式。

3. 国有独资公司

国有独资公司是指由国家授权投资的机构或者国家授权的部门单独投资设立的有限责任公司,是所有者与经营者合一或所有者直接经营企业的形式。

国有独资公司是在借鉴现代公司体制来改革我国国有企业的进程中确立的一种全新的企业组织形式。从《公司法》的规定来看,这种企业形式的主要特征是:

(1)投资主体单一,即国家授权投资的机构或国家授权的部门。实际上是国家出资,授权有关机构或部门作为其代表,以股东身份对企业进行监督和管理,也就是说国有公司是唯一股东。出资者具有特定性,且对公司的债务仅以其出资额为限承担有限责任。国有独资公司是特殊的一人公司,它与西方国家的"一人公司"是有区别的。在我国,除国家授权投资的机构或国家授权的部门外,不允许其他任何单位或个人单独投资设立国有独资公司。

(2)国有独资公司的出资人须经国家特别授权。代表国家设立国有独资公司的投资人必须是经国家授权投资的机构或者经国家授权的部门,其中包括国家投资公司、国家控股公司、国有资产经营公司、经营管理制度健全和经营状况较好的大型国有独资公司、企业集团中的集团公司等投资机构及经国家批准的如国有资产管理部门、行业主管部门等。

(3)国有独资公司适用于生产特殊产品(如造币厂、黄金加工等)的公司或属于特定行业如涉及国家安全、国防尖端技术、具有战略意义的稀有金属开采以及必须由国家专卖的产品的公司。

(4)公司章程由国家授权投资的机构或国家授权的部门依照公司法制定或者由董事会制定,报国家授权投资的机构或国家授权的部门批准。

(5)公司不设股东会,由国家授权投资的机构或者国家授权的部门授权公司董事会行使股东会的部分职权,决定公司的重大事项。公司的合并、解散、增减资本和发行公司债券必须由国家授权投资的机构或国家授权的部门决定。

(6)公司设董事会,每届任期为3年,成员为3~9人,由国家授权投资的机构或国家授权的部门按照董事会的任期委派或更换,董事会成员中应当有由公司职工民主选举产生的职工代表。董事会设董事长1人,视需要可设副董事长,皆由国家授权投资的机构或国家授权的部门从董事会成员中指定。董事长为法定代表人,董事长、副董事长、董事、经理未经同意,不得兼任其他公司或组织负责人。

(7)公司设经理,由董事会聘任或解聘,董事会成员可兼任经理。

(8)国有独资公司的资产转让,依照法律、行政法规的规定,由国家授权投资的机构或国家授权的部门办理审批和财产转移手续。经营管理制度健全、经营状况较好的大型国有独资公司,可由国务院授权,行使国有资产所有者的权利。

二、企业管理制度

(一)企业管理制度的内容

企业管理制度是指用文字的形式对各项管理工作和技术操作的具体要求所做的制度规定。它是企业全体成员的工作准则和行为规范,也是保证企业生产经营活动顺利进行的必要条件。企业的管理制度很多,但归纳起来主要有三类:基本制度、工作制度和责任制度。

1. 基本制度

基本制度即具有全局性、根本性的制度,主要指企业领导制度。企业组织形式不同,领导体制也不同。现代企业制度的主要组织形式是公司制,公司制的企业领导体制实行董事会领导下的总经理负责,未实行公司制的企业领导制度主要是厂长(经理)负责制。

(1)未实行公司制企业的领导制度。未实行公司制的企业领导制度主要是厂长(经理)负责制,职工代表大会制和党对企业的监督、保证制度。

厂长(经理)负责制。在实行厂长负责制的企业里,建立以厂长为首的生产经营管理系统,厂长在企业中处于中心地位,对企业的物质文明和精神文明建设负有全面责任。厂长负责制最明显的特征是:明确了厂长为企业的法人代表,负责代表法人行使职权,对本企业的生产指挥和经营管理工作统一领导,全权负责。厂长既然是企业法人的代表,就要对国家、企业和职工负责。根据责权对等的原则,又必须赋予厂长相应的权力,保证厂长行使企业经营管理工作的决策权、生产指挥和干部任免权。为了使厂长尽职尽责,要实行厂长任期目标责任制。实施任期目标责任制是对厂长进行考核、监管的主要依据之一。同时厂长要自觉接受群众的民主监督,防止滥用职权、独断专行。

职工代表大会制度。这一制度是保障农业企业全体职工行使民主管理权利,并能以各种方式参与企业管理工作,使广大职工充分发挥主人翁作用的一种管理制度。企业实行厂长负责制的同时,必须建立和健全职工代表大会制度。职工代表大会是企业实行民主管理的基本形式,是职工行使民主管理权利的机构。职工代表大会的工作机构是企业的工会委员会。该委员会负责职工代表大会的日常工作,组织职工参加民主管理和民主监督。

加强党的建设。企业中党组织要积极支持厂长行使统一指挥生产经营活动的职权。保证、监督党和国家各项方针、政策的贯彻执行。加强对企业中党的思想建设和组织建设,加强对企业工会、共青团组织的领导,做好思想政治工作。

(2)实行公司制企业的领导制度。公司制企业实行董事会领导下的总经理负责制。其常设机构有:股东大会、董事会、监事会和总经理。

股东大会　股东大会是由全体股东组成,是公司的最高权力机构。股东会的职权有:第一,人事权,选举和更换公司的董事和由股东代表出任的监事;第二,重大事项决策权,如批准和修改公司章程,审议、批准公司年度财务预算方案和决算方案,决定公司的投资计划等;第三,收益分配权,股东会审议、批准公司的利润分配方案和亏损弥补议案;第四,股东财产处置权,如公司增加或减少注册资本,公司的合并、分立解散或破产清算等涉及股东财产的重大变动,需由股东会做出决议。

股东会会议分为定期会议和临时会议两种。定期会议即全体股东参加的例会,通常每年召开一次,故称股东年会。临时会议即在股东闭会期间临时召开的会议。临时会议由董事会或监事会认为有必要时,或由超过代表一定百分比表决权的股东请求召开,一般都是讨论、决议公司的一些特别重要事项,故又称股东特别大会。股东的表决权以每股一票为原则。

董事会　董事会是现代企业的执行机构和经营决策机构,它负责贯彻执行股东会的决议,具体管理企业的日常业务活动。董事会对全体股东负责。董事长是公司的法定代表人,他代表公司对外开展各种业务活动,对内主持股东大会和董事会会议。

董事会依照法律、法规或章程规定,行使下列职权:制定公司的经营目标、重大方针和管理原则;选举、委任、监督及解聘经理人员并决定他们的报酬和奖惩,提出盈利分配方案供股东大会审议;执行股东会的决议:决定召开股东大会会议并向其报告工作,拟订公司合并、分立、组织变更、解散和清算方案。

监事会　监事会是指现代企业中对执行机构活动进行监督的机构。监事会在企业中对股东会负责。监事会成员可由股东代表和一定比例的职工代表组成,职工代表由工会或职工民主选举产生。监事会的职权范围包括:向企业权力机构报告工作;参加股东会或董事会会议;审核、查阅公司财务会计报告和其他财务会计资料;检查公司业务经营和财务状况;对董事会和经理行使职权的活动进行监督;提议召开临时股东大会;对董事和经理在执行公司职务中违反法律、行政法规和公司章程的行为进行调查,并向股东会和董事会提出报告。为了保证监事会工作的独立性,监事会成员不得由董事、经理、财务负责人兼任。

总经理　公司一般实行董事会领导下的总经理负责制,总经理负责公司的日常经营管理事务,对董事会负责。总经理可以是公司的股东,也可以从外部聘任,也可经公司董事会决定由董事长或董事兼任。

总经理的职责是:组织实施股东会和董事会的决议,并将实施情况向董事会报告:全面负责公司的日常行政和业务活动;拟订公司的发展规划,年度生产经营计划和年度财务预算、决算方案、税后利润分配方案、税后利润分配方案;任免和调配包括公司管理部门负责人在内的管理人员和工作人员;决定对本公司职工的奖惩、升降级、增减薪、聘任、解聘、辞退;代表公司处理对外业务;董事会授予的其他职权。

公司日常经营活动的管理班子包括总经理、副总经理、部门经理、总经济师、总会计师、总工程师和公司秘书等。

共产党组织　公司党组织是党在公司中的战斗堡垒,发挥政治核心作用,保证、监督党和国家的方针、政策在本企业的贯彻执行,加强企业的精神文明建设。党组织的负责人可以通过法定程序进入企业的董事会、监事会和经理班子,参与企业重大决策,发挥党组织的政治核心作用。

职工代表大会和工会　职工代表大会简称职代会。在以公司制为主体的现代企业中,职代会是企业职工行使民主管理权力的机构。工会是依法在企业建立的职工群众组织,是职代会的常设机构。工会应在党委领导下独立开展工作。工会工作的基本职能是组织职工参与企业的民主管理,对企业实行民主监督,维护职工的合法权益,代表职工与公司就工资、劳动制度等进行谈判,签订集体合同。

2.农业企业工作制度

工作制度也叫职能制度,是有关业务管理、生产技术、生活后勤等各方面工作的制度。这类制度是农业企业中种类最多、内容最广、要求最具体、执行最直接的一类制度。主要内容有:

(1)生产技术规程,包括工艺规程、操作规程、产品技术检验规程、设备使用和维修规程、安全技术规程等。

(2)营销管理制度,包括确定销售计划、编制程序、销售合同、管理制度、技术服务制度、商标设计和广告制度等。

(3)财务管理制度,包括成本管理制度、资金管理制度、经济活动分析制度、财务计划制度、收益制度和利润分配制度等。

(4)会计核算制度,主要是确定符合有关会计法律规定的会计核算制度和审计制度等。

(5)物资管理制度,包括确定物资采购及验收管理制度、仓库收发管理制度、物资限额发料管理制度等。

(6)生产制度,包括生产作业计划制度、生产产业准备制度、生产调度工作制度、在制品管理制度等。

(7)计划制度,包括各级、各单位在计划工作中的职责范围、计划执行情况的检查与考核制度等。

(8)劳动人事制度,包括定员管理制度、职务考勤制度、职教制度和劳保福利制度等。

此外,还可根据企业具体情况制定基建管理制度、治安保卫制度等。制定工作制度要根据企业的规模和特点灵活掌握。

3.农业企业责任制度

这是农业企业依据社会化大生产对劳动分工和协作的要求,按照生产和工作岗位规定企业内部各类人员的工作范围、应负的责任以及相应地拥有的权限,并以此作为标准来衡量和考核他们的工作,做出奖惩的裁决。责任制度主要有两个大的方向:

(1)岗位责任制。岗位责任制的具体形式很多,但无论何种岗位责任制,都包括岗位专责、岗位的工作方法和要求、完成岗位专责的利益三项基本内容。

(2)经济责任制。经济责任制是企业以提高经济效益为目的,以正确处理国家、企业和职工之间的经济关系为原则,实行经济责任、经济权力和经济利益紧密结合的生产经营管理制度。经济责任是指规定应完成的生产经营任务、工作范围及活化劳动和物化劳动的消耗标准，它是经济责任制的中心内容。经济权力是指完成一定生产经营和承担一定的经济责任应有的权力，它是完成生产经营任务和承担经济责任的必要条件。经济利益是完成生产经营任务和尽到经济责任所应获得的经济利益，它是完成生产经营任务的物质保证。

(二)企业管理制度的制定与执行

1.管理制度的制定原则

制定或修订农业企业管理制度必须根据企业自身的特点、考虑以下原则：

(1)合法性。在制定和修订农村企业管理制度时，要经过合法程序，并保证制度的条文不违背国家的法令和政策。

(2)实效性。管理制度的制定必须从本企业的实际出发，以能够调动广大成员的积极性，发挥群众的智慧和创造性为根本点，以能够改善和规范企业及其成员行为作为检验标准。

(3)民主性。在制定或修订管理制度时，必须充分发挥企业成员民主管理的作用，广泛征求生产人员、供销人员、技术人员和职能管理人员的意见，使制定的各项制度既能代表绝大多数成员的意见，又科学而实用。

(4)整体性。管理制度必须体现生产责任、技术责任、经济责任和政治责任的统一；定性内容和定量内容的有机结合；企业内部各类制度责、权、利相对平衡。

(5)简明性。制度的条文简明扼要，易于理解，便于执行。

2.管理制度的制定程序

(1)调研和草拟。由企业高层领导决定制定管理制度的种类、期限和基本标准后，在总经理的统一领导下，组织相关的生产技术，经济管理人员进行必要的调查研究，收集资料，在此基础上组织起草初稿。

(2)论证和修正。对起草的初稿，总经理组织有关人员进行论证，必要时可聘请社会上的技术管理专家参加，进行科学论证。根据论证结果修改方案，使之符合生产技术和经营管理的需要。

(3)审核和通过。管理制度初稿形成后，须经总经理办公会议审核和通过。重要的规章制度必须报请董事会审核，方能生效。

3.管理制度的执行

制定制度的目的是为了执行，在执行制度时必须满足下列要求：

(1)领导带头示范。各级领导既是制度的制定者，也是制度的执行者。领导者应以身作则，带头示范，严格按照制度的要求来约束自己的行为，并以此来强化制度的严肃性及约束力。

(2)坚持考核，严格落实。实践证明，执行制度往往比制定艰巨得多。因此，对制度的执行情况要坚持考核，严格落实。依据考核情况，实行奖罚制度，优者奖、差者罚、劣者惩。

(3)保持制度的相对稳定性。制度的相对稳定性是指对于既定的制度不能采取朝令夕改的轻率态度，更不宜全盘否定或急“刹车”，以保持制度的严肃性和连续性。

(4)在执行中不断完善。强调制度的稳定性，并非说制度一经确定，就不能更改。农业企业必须根据企业内外环境的变化，生产经营活动中不断发展的趋势以及在制度执行中显露出来的缺点加以充实、修正和完善。对于制度的充实、完善必须坚持先立后破、定期充实的原则。

三、农业企业经营形式

农村实行经济体制改革以来，按照生产资料所有权与经营权适当分离的原则，我国农业企业的经营形式由单一的集体经营形式转变为家庭经营与集体经营相结合的双层经营、承包经营、租赁经营、联合经营和国际化经营等多种形式。

(一)统分结合的双层经营

统分结合的双层经营是指统一经营(集体经营)与分散经营(承包制家庭经营)相结合的双层经营。

1. 家庭经营

集体经济组织中的分散经营(承包制家庭经营)是在坚持土地等主要生产资料公有制的基础上，在集体经济组织的统一管理下，将集体的土地发包给农户耕种，实行自主经营，包干分配，家庭经营的责、权、利是借助于承包合同来规定的。其责任是完成按家庭人口和劳力确定包干任务；其权利是在完成包干任务的前提下，获得土地的使用权与经营的自主权；其利益是完成包干任务后的生产收益，即“保证国家的，完成集体的，剩下就是自己的”。

2. 统一经营

统一经营是集体经济组织的另一个经营层次，是以生产资料集体所有制为基础的集体经营。它主要从事不适于家庭经营的以及为家庭经营提供产前、产中、产后的服务项目，如农田水利设施、农产品加工、储运、销售、农机修理、信息服务等。

统一经营大都存在于机械化程度高、不便分散操作的专业化企业或公司中，如国有、集体经济中的机械化鸡场、猪场以及农业中的加工企业。它具有两大特点：一是共同协作劳动，统一经营核算；二是按一定的形式计算劳动成果的数量和质量并以此分配劳动报酬。在这种经营方式下，生产资料的所有权、经营权及产品分配权结合在一起，统一筹划一切生产经营活动。

统一经营与家庭经营构成农业经营的两个层次相互依存，相互补充，相互促进。这种经营形式把集体和家庭的优势有机地综合起来，把农业社会化生产与专业化管理有机地结合起来，既保留了家庭经营的长处，调动农民生产、投入的积极性，又有利于在更大范围内合理配置生产资源，实行宏观决策和调控，弥补了小生产的局限性；既克服了过去集体管理过分集中的缺点，又发挥了集体统一经营的优势。双层经营符合农业生产的特点，适应当前我国农业生产力发展和农业企业管理水平。

(二)承包经营

承包经营是在所有权与经营权分离的前提下，企业投资主体把所有的资产经营权按约定条件，承包给承包人经营的一种特定经营形式。

承包经营由发包方和承包方构成，发包方把自己所拥有的一部分生产资源交给承包方经营；承包方对承包经营的资源和财产安全负责，并按承包合同规定的责任、指标，完成上缴任务。

承包经营方式在目前相当普遍。无论是国有经济中农牧场的“大套小”形式或是集体经济中的双层经营形式，都是以这种经营方式为基础的。它的特点是：按照所有权与经营权分离的原则，以承包合同形式，确定发包方与承包方的权责利关系，使承包者能按约定条件自主经营、自负盈亏。通常，在承包合同中必须规定双方的责任、权力和利益三方面内容，以便共同遵守和执行。承包方的责任：一是对承包资产进行合理使用，保证资产不受侵犯，保护资产安全；二是全面完成承包任务指标；三是遵纪守法，合法经营。发包方的责任一般包括：赋予承包人以经营自主权、生产指挥权、用人自主权和利益分配权等各种权力；为承包方提供各种有效服务。由于通过合同明确了双方的经济关系，利于调动承包者的生产经营积极性，有所不足的是短期行为比较严重。

（三）租赁经营

租赁经营是指在不改变财产所有权的前提下，资产所有者将其资产出租给承租者使用，并定期收取租金的一种经营方式。租赁经营的对象是企业资产。租赁程序和方法，一般是通过公开招标、投标确定中标者。

租赁经营一般适用于小型微利、亏损或濒临倒闭的企业。它是指资产所有者将其资产出租给承租者使用，并定期收取租金的一种经营方式。其特点：一是通过签订租赁合同，在一定时期内，出租人将资产经营权有偿让渡给承租人自主经营；二是租赁以后，原有法人代表应让位于承租人，由承租人任法人代表；三是原有资产仍归出租方，但承租期间，承租者享受充分的经营自主权，人事制度和分配办法全由承租者自行确定。因此，形成了利益更直接的激励机制。

（四）联合经营

联合经营是指把不同所有制性质的单位共同投资组成新的经济实体，从事经营活动。其特点是：参加经营的单位基本上保持原有的独立经营者的地位，不改变各自所有制性质，按平等、自愿、互利的原则联合经营。联营的内容有生产联营、产销联营、购销联营、科技生产联营等；联营的对象有劳力、资金、技术、设备和土地等；联营的方式有紧密联营和松散联营等。近些年来，农村中推行的农业产业一体化，也是一种联营形式，它包括产供销、贸工农和农科教等相互结合而形成的一条龙经营方式，并以“公司＋农户”的特有方式，引导农民发展生产，进入流通领域。

（五）股份合作经营

股份合作经营是融合作制因素和股份制因素为一体，实行劳动联合和资金联合，以财产共同占有和个人所有相结合为基础而形成的一种经济组织形式。股份合作经济组织是由两人以上的劳动群众或其他经济组织自愿组合，以资金、实物、技术等入股，按照股份合作制原则运行，并依法登记，取得法人资格的经济实体。其本质特点是实行劳动联合与资本联合相结合、按劳分配与按股分红相结合。与其他类型的农民合作经济组织类型不同的是，资本在股份合作企业的生产经营活动和收益分配中占有比较重要的地位，这类组织一般也是实体型和紧密型的，全国各地都有，尤其在东部较多。山东周村最早出现股份合作型企业，很快扩展到农业领域。农民、农村在兴办龙头企业进行农产品加工、销售、运输、储藏、资源开发和水利建设等方面，多采用这种形式。

股份合作经济组织以其灵活的组织制度优势，在一些有条件的农村地区得到前所未有的发展，但作为非稳态的中间型企业组织形式，其发展很不稳定。

（六）集团化经营

集团化经营是在生产力发展到一定水平，企业经营规模进一步扩大，向多元化结构、多角化经营、多功能性质、国际化方向发展的基础上，建立起来的一种开发性的经济联合体。其典型的集团化经营形式是企业集团或集团公司。企业集团一般以生产要素为纽带，以扩大生产能力为着眼点，由规模不等的多个法人企业联合组成，实行资产一体化经营。在我国比较成功的农业集团公司是泰国的正大集团，它在我国不少省份建立了成员企业，重点进行养鸡、饲料加工的综合经营，包括选育优良品种、孵化种鸡供应、肉鸡蛋鸡生产和各种型号配合饲料的生产等。

四、企业之间的关系研究

企业之间往往会形成各种复杂的关系。这些关系可能是正式的，也可能是非正式的。下面主要讨论企业关系中最为常见的三种模式：战略联盟、特许经营和合资。

(一)战略联盟

战略联盟就是两个或两个以上的企业或跨国公司为了达到共同的战略目标而采取的相互合作、共担风险、共享利益的联合行动。有的观点认为战略联盟为巨型跨国公司采用，但这绝不仅限于跨国公司，作为一种企业经营战略，它同样适用于小规模经营的企业。

当然，由于产品的特点、行业的性质、竞争的程度、企业的目标和自身优势等因素的差异，企业间采取的战略联盟形式自然也呈现出多样性，如联合技术开发、合作生产与后勤供应、分销协议、合资经营等。

自从美国 DEC 公司总裁简·霍普兰德(J. Hopland)和管理学家罗杰·奈杰尔(R. Nigel)提出战略联盟的概念以来，战略联盟成为管理学界和企业界关注的焦点。目前管理学界和企业界对企业战略联盟的概念仍有争议，但总结战略联盟的各种形式，可以把它归纳成一个相对合适的定义，即战略联盟是两个或两个以上的经济实体为了实现特定的战略目标而采取的任何股权或非股权形式的共担风险、共享利益的长期联合与合作协议。

在农业行业里，独立经营的模式运作起来越来越困难，很多独立运作的农业企业面临越来越大的压力：减少成本，提供更高、更稳定的产品质量，减少存货数量，缩短订货部门和研发部门的交付时间等，这迫使他们不得不和其他企业结成联盟。有一个例子可以说明农业行业的战略联盟，那就是奥利恩食品公司(旗下拥有众多的食品店)和桑德特酒店公司(是一家大型的酒店连锁企业，旗下有著名的霍华德·约翰逊酒店建立的合作关系，根据此联盟协议，奥利恩食品公司成为桑德特酒店公司的首选食品供应商。

(二)合资企业

合资企业是一种正式的联盟关系，两家或两家以上的公司正式结盟，共同势力创造利润。例如，康尼格拉公司和家乐氏公司共同建立了一家合资企业，生产并销售一种名为“健康选择”的谷类食品。一般情况下，合资企业都是不存在竞争关系的企业共同建立的，这样就可以把每个企业的资源都集中起来加以利用，各个企业的发展资本汇集到一起，资金实力得以增强，这样对合作双方都有好处。如上所示，康尼格拉公司提供“健康选择”的品牌，而家乐氏公司则负责产品的生产和销售。

合资企业可以选择合伙企业、股份有限公司、有限责任公司或合作社等所有权组织形式。很多小型企业具有独一无二的研发能力，他们可以选择与大型企业合作建立合资企业，大企业能够提供资金和营销支持，有助于把新产品向市场推广。合资企业在全球市场上也十分常见，很多中国公司与外国公司合作建立合资企业，从而让自己的产品得以在海外市场上销售。

(三)特许经营

特许协议是一种专利使用权转让合同,通过签订这种协议,所有者(授予特权者)将专利产品或服务通过附属经销商(特许经营者)进行分销。特许经营协议可以在任何所有权组织形式下运作,但是在绝大多数情况下通过以股份有限公司和有限责任公司的形式进行,特许权授予者允许特许经营者在一段特定的时期内、在限定的地理区域内使用其业务系统、商标品牌以及标志。

特许经营协议是建立在特许授予者和特许经营者之间互助关系基础上的。双方通过签订特许经营协议形成特许经营关系,该协议受到相关法律的约束。在特许经营协议中,特许权授予者会建立一整套统一的商业流程,而特许经营者必须严格遵守这一流程,其中包括商标、设备、店面、操作流程以及标准化的产品和服务。

作为回报,特许经营者同意遵守特许权授予者制定的标准业务程序,并向其支付初始特许经营费和一定比例的销售利益。

任务2 农业企业组织管理

◈ 任务目标

了解企业组织管理,掌握企业组织结构设计技能。

◈ 任务内容

1. 学生按5~8人进行分组,每组组建一个模拟农业企业。

2. 为模拟企业设计组织结构,划分各职能部门并明确其业务。

3. 画出模拟公司组织结构图,进行优缺点分析。

4. 撰写组织结构及部门职责设计方案,具体包括公司简介、组织结构、职务设计及各部门的责任等内容。

◈成果检验

每个实训小组上交一份企业组织结构图、部门职责设计方案,由老师进行总结、点评,并给出成绩。

◈相关知识链接

一、企业组织结构设计概述

(一)企业组织结构的概念

所谓企业组织结构,是指企业内部组织机构按分工协作关系和领导隶属关系有序结合的总体。它的基本内容包括明确组织结构的部门划分和层次划分,以及各个结构的职责、权限和相互关系,由此形成一个有机整体。科学合理的组织结构,能使员工在组织的不同岗位上,各得真所、各施其才,形成一种满足感,并影响组织行为。

(二)企业组织结构设计

所谓组织结构式设计，就是把为实现组织目标而需完成的工作，不断划分为若干性质不同的业务工作，然后再把这些工作组合成若干部门，并确定各部门的职责与职权。总之，组织结构设计就是对组织内的层次、部门和职权进行合理的划分。

组织结构设计工作的结果通常体现在两份书面文件上：一是组织机构系统图，是描述组织的所有部门以及部门之间的关系的框图。它描述了组织的职权分配、信息传递方式，部门划分以及组织的集权分权程度。二是职务说明书，是描述管理岗位上的管理者的工作内容、职责权力、任务性质与其他部门以及管理者之间的关系、管理者应当具备的基本素质、资历等内容的文件。

(三)企业组织结构设计的程序

1.分析制约组织结构设计的因素

(1)企业目标。企业目标是开展组织工作的出发点。企业目标及其保证体系是建立企业组织结构的依据。

(2)企业外部环境。企业所处的环境可以分为微观环境和宏观环境。微观环境主要由企业的供应商、竞争者、相关企业、顾客、社会公众等构成。企业的宏观环境主要包括人口环境、经济环境、自然环境、技术环境、政治环境、社会环境等。宏观环境影响着微观环境，并通过微观环境体现出对企业的强大制约力量。环境的变化是永恒的，但不同的企业或企业在不同的时期所处的外部环境变化都是不同的。

一般而言，在外部环境比较稳定的环境下，企业的预测可信度较高，企业内部的部门划分可以较细一些，可以较多地运用规范的手段实现部门之间的协作关系，权力分配关系可以体现集权的特点；在外部环境变化较大时，企业内部各部门的划分适当粗一些，可以采用灵活手段加强部门之间的配合，适当分析以发挥职工的专长，增强应付由于预测准确度降低而产生的企业目标调整的能力问题；当企业处于剧烈变化的环境中，企业应采用更加灵活的方式加强部门之间的协作，通过建立一些临时性的部门、通畅的信息传递、分权程度的提高，发挥职工的潜力，减少外部环境对企业的不利影响。总之，外部环境变化不大时，企业组织结构可以体现较强的刚性；外部环境变化较大时，结构弹性应该大一些，以应付外部环境不确定性造成的生产不确定性。

(3)企业内部因素。不同行业的企业，或同行业但资源状况不同的企业，其自身的特点决定了企业组织结构的特点。企业拥有的资源数量与水平也影响企业组织结构的选择。

2.职能分解与设计

职能分解与设计，是对企业的任务及其各项职能进行设计并层层分解到各部门、各岗位的工作。职能设计的主要内容有：

(1)基本职能设计。把国内外相关企业的企业基本职能与本企业的客观情况相结合，确定本企业应具备的基本职能。

(2)关键职能设计。根据企业实际情况，在众多基本设计中找出一两个起关键作用的职能，把关键职能置于企业组织结构的中心地位，确保企业目标的实现。

(3)职能分解。将所确定的基本职能和关键职能逐步细分为各部门、各岗位的职能。这种职能的分解，实际就是按企业业务活动的性质与技能的相似性，把管理活动分类，再依分类划分出生产、采购、财务、人事等部门。

(4)横向协调设计。企业经营活动分解为若干部分,形成专业化分工体系。横向设计是将这些部分连接成一个整体,保证各部门为实现企业总目标而建立良好的协作关系。

3. 组织结构的框架设计

组织结构的总框架是在企业纵向部门层层划定,横向协调方式明确的基础上,统筹考虑企业的权责划分关系,寻求优化的分工协作关系。在组织结构的总框架设计中应结合现存的组织结构模式,结合企业实际加以确定,其主要内容包括:

(1)企业高层权责关系的形式。

(2)企业各部门、岗位的责权划分。

4. 组织运行保障设计

(1)管理规范设计。管理规范包括企业管理中的各种规章制度、方式方法等,是使企业组织结构能够按照设计要求正常运行的重要保障。管理规范设计可以说是组织结构设计的继续,内容较广,贯穿于企业管理的全过程。

(2)人员配备与训练设计。这是人事组织职能的实施。相应的人员配备是实现结构设计目标的保障,尤其是对主要从事协调工作的管理人员的培训,是结构设计的进一步细化。

5. 反馈与修正

组织设计的科学性需要通过组织的运行来体现,及时接受反馈信息有助于及时发现问题并进行必要的修正。组织与环境的动态适应关系要求组织保持修改的弹性。组织与人一样也有寿命周期。组织结构设计工作与新产品开发一样,需要不断地推陈出新,在反馈中不断修正、完善。

二、企业组织结构设计理论

(一)管理幅度与管理层次

1. 管理幅度的概念与影响因素

管理幅度指的是一名管理人员直接管理的下属人数的多少。现代管理学证明,一个管理人员直接管理的下属人数是有限的。如果超过了这个限度,管理的效率就会下降。管理幅度的有限性直接源于管理人员时间、精力、能力的有限性。不同的管理人员的管理幅度是不同的。在实际管理过程中,管理幅度的决定因素是:

(1)管理者的个人能力。管理者的管理能力越强,能够迅速地把握问题的关键,对下属的请示提出恰当的指导建议,并且能够使下属明确地理解,从而缩短与每一位下属接触所占的时间,其管理的幅度就会扩大。

(2)下属的工作能力。下属的工作能力的强弱对上级的管理幅度也有着直接的影响。下属的工作能力强,能够很快明白上级的指令,在工作中能够独立地处理所遇到的困难和问题,就会减少对上级的时间的占用。而事事向上级指示、汇报,上级触一下动一下的下级,就必然制约上级的管理幅度。

(3)工作的内容与性质。管理者工作的性质越复杂,涉及面越广,对管理者的时间、精力的占用就越多,其管理的幅度就不会太大。如在组织中,高层管理者所承担的是非程序性和战略性的决策任务,所需的时间和精力很大;而基层的管理者所承担的是程序性、执行性的决策,所需的时间和精力相对而言要少得多。因此,一般情况下,高层管理者的管理幅度要大大小于基层管理者的管理幅度。此外，下属工作的同一性程度对管理者的管理幅度也有着直接的影响。同一性越高，管理者碰到同类问题的概率就越大，就可以采用程序性的方法解决，管理的幅度就可以大一些；反之就要小一些。还有，下属工作地点也是一个影响因素。同一地点工作的下属比较容易控制，而分散的下属则难以控制，前一种情况下，管理的幅度可以大一些，而在后一种情况下，管理的幅度就会小一些。

(4)计划的详尽程度。计划是对工作的一种事前安排。如果计划制订得十分详尽，下级也已经透彻地了解并且接受，管理工作就相对容易，管理的幅度就可以大一些；反之就要小一些。

(5)管理手段的先进程度。在管理中，管理手段对管理幅度的影响也十分明显。其中信息传递、管理手段的影响特别显著。随着电子计算机和信息网络等先进的管理工具在管理中的运用，使得管理幅度有很大的提高。西方企业的组织结构由过去多层次的金字塔结构向少层次的扁平式结构转变，这意味着管理幅度的扩大。

(6)管理环境的稳定性。管理环境越是稳定，组织与环境之间适应性工作就相对简单，新问题比较少，经常性的问题可以按照既定的程序来解决，管理幅度就可能大一些；反之，环境变化快，新问题多，管理者的时间和精力就必须用来应付出现的各种问题，管理幅度就会受到限制。

2. 管理幅度与管理层次的关系

管理层次是指一个组织设立的行政等级的数目。当组织的规模一定，管理幅度与管理层次之间就呈反向变化关系，或者说是相互制约的关系。管理中管理者的管理幅度大，组织的层次就少；管理幅度小，管理层次就多。

随着组织规模的扩大，进行一定的管理层次划分是十分必要的，但层次过多，会给组织带来如下一些问题：

(1)信息传递速度慢，时间长，效率低，并且容易失真。

(2)增加管理人员和费用开支。

要减少管理层次，在规模既定的前提下，出路就是提高管理人员的管理能力，扩大管理幅度。其中最重要的是要提高主管人员处理人际关系的能力和下属理解执行任务的能力。因为一个主管人员直接管理的人数若以算术级数增加的话，他(她)要协调、处理的关系数就要以几何级数增加。一个人即使能力很强，能直接领导、指挥的人数也不可能很多。由于管理幅度还受下属能力和自觉性的影响，那么扩大管理幅度的另一条途径就是要启用能力强、素质高的人才。此外，当一个人的能力限制难以扩大幅度时，可以配备一个班子，通过多个管理者的能力互补扩大管理幅度，减少管理层次。

3. 常用确定管理幅度的方法

(1)格兰丘纳斯的上下级关系法。格兰丘纳斯是法国人，1933 年他发表了一篇论文，着重分析了上下级关系数与管理幅度的关系，并且提出了一个计算一定管理幅度下存在的人际关系的数学公式：

$$C=N\times(\frac{2^N}{2}+N-1)\text{或}C=N\times(2^{N-1}+N-1)$$

式中：C 为人际关系数；N 为管理幅度。

从这些关系数不难看到，当管理幅度呈算术级数增加，人际关系数则会呈几何级数增加。

因此,上级的管理幅度不能太大,否则要处理的关系太多,会顾此失彼,影响管理的效率。

(2)变量依据法。这是洛克希德导弹与航天公司研究出的一种确定管理幅度的方法。该方法认为,影响管理者的管理幅度的因素有六个关键的变量,分别是:职能的相似性、地区的相似性、职能的复杂性、指导与控制的工作量、协调的工作量、计划的工作量。这些变量又划分为五级,并加权使其反映影响的重要程度,最后按照组织的情况加以修正,决定每一个管理岗位的管理幅度。根据得分的多少,就可以确定管理岗位的管理制度。

(二)部门的划分

部门是指组织中主管人员为完成规定的任务有权管辖的一个特定的领域。部门划分的目的,在于确定组织中各项任务的分配与责任的归属,以求分工合理、职责分明,有效地达到组织的目标。

1. 部门划分的主要标志与方法

(1)按人数划分。这种按人数划分部门的方法是抽取一定数量的人在主管人员的指挥下去执行一定的任务。

(2)按时间划分。它是在正常的工作不能满足工作需要时所采用的一种划分部门的方法。例如,许多工业企业按早、中、晚三班进行生产活动,那么部门设置就可以是三个。这种划分方法给管理带来的主要问题是监督、效率以及中晚班的费用比较高。

(3)按职能划分。按职能划分部门是许多组织广泛采用的一种方法。这种方法是根据生产专业化的原则,以工作或任务的性质为基础来划分部门的。这些部门可以被分为基本的职能部门和派生的职能部门。基本的职能部门处于组织机构的首要一级,在每一个基本职能部门之内一般还需进一步的细分。细分的结果就形成了派生的职能部门。细分的前提是基本职能部门的主管人员感到其管理幅度太大,不能保证有效的管理时,才需要派生的职能部门。

按职能划分部门的优点在于,它遵循分工和专业化原则,因而有利于充分发挥专业职能,使主管人的注意力集中在组织的基本任务上,有利于目标的实现。同时它简化了训练工作,为上层主管部门提供了进行严格控制的手段。但这种划分容易使各职能部门的专业人员产生"隧道视野",即除了自身领域外,其他什么也看不见,从而给各部门之间的横向协调带来一定的困难。

(4)按地区划分。对于在地区分散的组织来说,按地区划分部门是一种比较普遍采用的方法。这种方法是在当组织地理位置分布于不同地区,各地区的政治、经济、文化等因素影响到组织的经营管理时,把某个地区区域内的业务工作集中起来,委派一位经理来主管其事。其目的是为了调动各个地区的积极性,从而取得地方化经营的优势效益。

这种按地区划分部门的方法,责任下放到基层,有利于改善地区间的协调,取得地区经营的经济效益,同时也有利于主管人员的培养和训练。但是,这种方法的缺点是,需要更多的具有全面管理能力的人员,增加了最高主管部门控制的困难,而且地区之间往往不易协调,集中的经济服务工作也不容易进行,等等。

(5)按产品划分。这种方法是按产品或产品系列来组织业务活动的一种方法。它一般能够发挥个人的技能和专长,发挥专用设备的效率,有利于部门内的协调。同时,它还使各部门的主管人员把注意力集中在产品上,这对产品的改进和发展是十分重要的。但是,这种方法要求更多的人具有全面管理的能力,各产品部门的独立性比较强而整体性则比较差,这就加重了主管部门在协调和控制方面的困难。

(6)按服务对象划分。这是一种多用于最高主管部门以下的一级管理层次中的划分部门的方法。它根据服务对象或顾客的需要,在分类的基础上来划分各个部门。这种方法最大的优点就是能满足各类对象的要求,社会效益比较好。但按这种方法组织起来的部门,主管人员常常要求给予特殊的照顾,从而使这些部门和按照其他方法组织的各部门之间的协调发生困难。此外,这种方法可能使专业人员和设备得不到充分的利用。

(7)按设备划分。这种方法常常和其他划分方法结合起来使用。它的优点在于能够经济地使用设备,充分发挥设备的效益,使设备的维修、保管以及材料供应等更为方便,同时也为发挥专业技术人员的特长以及为上级主管的监督管理提供了方便。

除上述划分部门的方法外,还有一些方法如按市场销售渠道划分、按工艺划分、按字母或数字划分,等等。总而言之,设计组织的横向结构,即划分各层次的业务部门,是为保证组织目标的实现而对业务工作进行安排的一种手段。所以,在实际的运用中,每个组织都应该根据自己的特定条件,选择能取得最佳效果的划分方法。划分方法的选择不是唯一的,并不一定要求各层次的业务部门都整齐划一。在很多的情况下,常常采用混合的方法来划分部门,即在一个组织内或同一组织层次上采用两种或两种以上的划分方法。这种混合划分部门的方法,常常能够更有效地实现组织的目标。

2.部门划分的原则

(1)力求维持最少部门。组织结构是由管理层次、部门结合而成的。组织结构要求精简,部门必须力求最少。但这是以有效地实现组织目标为前提的,建立机构的目的的不是供人欣赏,也不是控制,而是为了有效地实现目标。

(2)组织机构应具有弹性。划分部门应随业务的需要而增减,其增设和撤销应随业务工作而定。可设立临时部门或工作组来解决临时出现的问题。

(3)确保目标的实现。必要的职能均应具备,以确保目标的实现。在企业中其主要职能是生产、销售和财务等,当某一个职能与两个以上部门有关联时,应将每一个部门所负责的部分,加以明确规定。

(4)各部门职务的指派应达到平衡,避免忙闲不均、工作量分摊不均。

(5)检查职务与业务部门分设。考核和检验业务部门的人员,不应隶属于受其检查评价的部门,这样就可以避免检查人员的"偏心",真正发挥检查职务的作用。

(三)职权的种类

1.直线职权

直线职权是指下达命令及执行决策的权力。命令的传达是沿着组织层次由上而下,形成一条命令链。作为命令链中一个环节的管理人员有指挥下级工作的权力,反过来说,他们又受上级管理人员的指挥和控制。每个管理人员都要按"直线"向上级汇报工作情况,向上级负责。如董事会向总经理下达命令,总经理再向部门经理传达命令,部门经理传达和执行总经理的命令,并向总经理汇报工作。这样,从组织的上层到下层的主管人员之间,便形成一个权力线,这条权力线被称为指挥链,通过指挥链的信息传递,由上而下或由下而上地进行。

2.参谋职权

参谋职权是指顾问性或服务性的权利。参谋职权只起参谋、提建议的作用,没有下命令和做出决策的权力。其功能主要是为了减轻上层管理人员的负担。常见的方法就是聘请个人助理或设立专门的参谋机构。因此,参谋可分为个人参谋和专门参谋。个人参谋是经理人员个人的参谋人员,协助经理人员处理一般性的业务。专门参谋是指协助处理整个组织的专业技术问题的参谋,如管理顾问、财务顾问、技术顾问、法律顾问等。

个人参谋与专门参谋虽然都是参谋人员,但两者又有所区别。个人参谋的业务比较广泛,其职责随着业务的不同而不同,只服务于某一经理人员或某一部门。专门参谋的业务范围比较窄,只局限于专业范围,提供专家意见和建议,但可服务于整个组织。

3. 职能职权

职能职权是指参谋人员或某部门的主管人员所拥有的原属直线主管的那部分权力。在纯粹参谋的情形下,参谋人员所具有的仅仅是辅助性职权,并无指挥权,但是随着管理活动的日益复杂,主管人员不可能是完人,也不可能通晓所有的专业知识,仅仅依靠参谋的建议还很难做出最后的决定,这时,为了改善和提高管理效率,主管人员就可能将职权关系做某些变动,把一部分本属自己的直线职权授予参谋人员或某个部门的主管人员,这便产生了职能职权。

职能职权大部分是由业务或参谋部门的负责人来行使的,这些部门一般都是由一些职能管理专家所组成。职能职权是组织职权的一个特例,可以认为它介于直线职权和参谋职权之间。

4. 直线职权、参谋职权和职能职权的关系

(1)直线职权和参谋职权的关系。为了维护命令统一和指挥统一的原则,确定了直线职权和参谋职权的关系为主导和从属的关系,直线职权具有下命令的权力,参谋职权只有咨询和建议的权力,从属于直线职权。

但是,在实际工作中,直线管理人员和参谋人员经常发生冲突。直线管理人员抱怨参谋人员削弱了直线管理人员的职权,职责不明确。而参谋人员认为直线管理人员没有听取他们的意见,独断专行。为避免产生冲突,就应处理好直线管理与参谋的关系。

首先,应明确设立参谋职位的目的。如果不需要参谋的协助,那么取消它当然是最精明的做法。但是,随着管理科学的发展和管理环境的快速变化,管理工作越来越复杂,直线管理人员需要专家或参谋的帮助。因此,直线管理人员应明确设立参谋职位的目的,向参谋人员提供情况,倾听参谋人员的意见,发挥参谋人员的作用。

其次,应明确直线管理人员和参谋人员的关系。直线管理人员执行具体的管理工作,可以下命令。参谋人员协助直线管理人员做好工作,但只能提建议,在组织中充当配角,当建议没被采纳时,也应继续努力工作下去。

另外,参谋和直线管理之间的界限是模糊的。作为一个主管人员,他既可以是直线管理人员,也可以是参谋人员,这取决于他所起的作用及行使的职权。当他处在自己所领导的部门中,他行使直线管理职权,是直线管理人员;而当他同上级打交道或同其他部门发生联系时,他又成为参谋人员。例如,医院院长在医院内是直线管理人员,但在卫生局进行计划或决策而征询他的意见时,他便成为参谋人员了。

(2)直线职权和职能职权的关系。职能职权是由直线管理人员授予参谋人员特定职能范围之内的权力,这种权力只是其直线上级职权的一部分。由于参谋人员行使其职能职权,必然出现多头领导,因此,职能职权应严格限制在特定的职能范围内,维护命令统一的原则。为了协调直线职权与参谋职能职权的关系,确保职能职权有效,应注意下列几个方面:①职能职权存在的目的,是根据与一定领域有关的专业知识向直线管理人员提供服务。②凡属于参谋部门管理的事项,如果其他部门要作决定,应同参谋部门的领导协商。③必须保证参谋部门的方

针政策能在其管辖的各个部门执行。④在已做出决定执行参谋部门的方针政策的情况下，其他管理人员必须服从。⑤参谋部门的职能职权应严格限制在直线上级授予的特定职能范围内。参谋部门在履行自己的职权时，不能直接向其他部门负责人的下属下达指示，否则命令统一的原则就会被破坏。如果需要下达指示，应通过其他部门的负责人来进行。

(四)集权与分权

1.组织中的职权分布

职权在整个组织中的分布可以是集中化的，也可以是分散化的。职权的分散化即称为“分权”，是指决策权在很大程度上分散到处于较低管理层次的职位上。职权的集中化即“集权”，则是指决策权在很大程度上向处于较高管理层次的职位集中的这样一种组织状态和组织过程。

在现实中，既不存在绝对的分权，也不存在绝对的集权。因为绝对的集权意味着职权全部集中在一个人手中，这样的人不需要配备下级管理者，管理组织设计也就成为多余；而绝对的分权也不可能，因为上层管理者一旦没有了监督和管理的权利与义务，那也就没有必要设置这样的职位。管理组织的存在必然意味着某种程度的分权。集权和分权是两个彼此对立但又互相依存的概念，它们只能存在于一个连续统一体中。

2.影响集权与分权程度的主要因素

(1)经营环境条件和业务活动性质。如果组织所面临的经营环境具有较高的不确定性，处于经常变动之中，组织在业务活动过程中必须保持较高的灵活性和创新性，这种情况就要求实行较大程度的分权；反之，面临稳定的环境和按常规开展业务活动的组织，则可以实行较大程度的集权。

(2)组织的规模和空间分布广度。组织规模较小时，实行集权化管理可以使组织的运行取得高效率。但随着组织规模的扩大，其经营领域范围甚至地理区域分布可能相应地扩大，这就要求组织向分权化的方向转变。

(3)决策的重要性和管理者的素质。一般而言，涉及较高的费用支出和影响面较大的决策，宜实行集权，重要程度较低的决策可实行较大的分权。组织中管理人员素质普遍较高，则分权具备比较好的基础。

(4)对方针政策一致性的要求和现代控制手段的使用情况。鉴于集权有利于确保政治方针政策的一致性，所以在面临重大危机和挑战时，组织往往会采取集权的办法。另外，拥有现代化通信和控制手段的组织，在职权配置上经常会呈现两个方向的变动：重要和重大问题的决策可以实行更大程度的集权，而次要问题的决策则倾向于更大程度的分权。

(5)组织的历史和领导者个性的影响。严格地说，这些是对组织集权或分权程度的现实影响因素。如果组织是在自身较小规模的基础上逐渐发展起来，并且发展过程中亦无其他组织的加入，那么集权倾向可能更为明显。因为组织规模较小时，大部分决策都是由最高主管直接制定和组织实施的，这种做法可能延续下来。相似地，组织中个性较强和自信、独裁的领导者，往往喜欢其所辖部门完全按照自己的意志来运行，这时集权就是该类组织经常会出现的状态。

3.分权的标志

(1)所涉及决策的数目和类型。组织中低层管理者可以自主做决定的事项，如果数目越多，则分权程度就越大。同时，低层管理者所做的决策越具有重要性，影响范围越广泛，组织的分权程度也越大。趋于将较多和较大的决策权集中到高层的组织是集权化的，而只集中少量重大问题决策的组织则是相对分权化的。

(2)整个决策过程的集中程度。组织中如果有不同的部门参与了决策信息的收集，或者决策方案的拟定和评价与决策方案的选择是相对分离的，决策制定和执行的过程受到了其他方面力量的监督，则这种组织中的决策权限就相对说来是比较分散的。而如果所有这些决策步骤都由某主管一人来承担，这样的决策就较为集权。在决定做出之后、付诸执行之前，如果必须报请上级批准，那么分权程度就降低，而且被请示的人越多且其所处层次越高，分权程度就越小。

(3)下属决策受控制的程度。主管人员如果对下属的活动进行高密度的监督和控制，则分权程度比较低。如果组织制定出许多细致的政策、程序、规则来对成员的决策行为施加前提影响，这样分权程度也降低。如果说下属的决策不受规章制度的约束，或者虽有规章制度，但内容较粗，给予人们的自由度较大，则分权程度就比较高。

4.分权的实现途径

分权可以通过两种途径来实现：一是改变组织设计中对管理权限的制度分配；二是促成主管人员在工作中充分授权。前者是对组织中职权关系的一种再设计，是在组织变革过程中实现的；后者则是在组织运行中，通过各层领导者的权力委让行为，系统地将决策权授予中下层管理者，使他们切切实实地得到组织制度所规定的权力。

所谓授权，是指上级管理者随着职责的委派而将部分职权委让给对其直接报告工作的部属的行为。授权的本质含义就是：管理者不要去做别人能做的事，而只做那些必须由自己来做的事。任何一个管理者，其时间、精力、知识和能力都或多或少是有限度的，一个人不可能事必躬亲去承担实现组织目标必须的全部任务。授权可以使管理者的能力在无形中得以延伸。真正的管理者必须知道如何可以有效地借助他人的力量去实现组织的目标。

三、企业组织结构形式

(一)直线制组织形式

直线制组织形式是最早、最简单的一种组织结构形式，如图2-1所示。

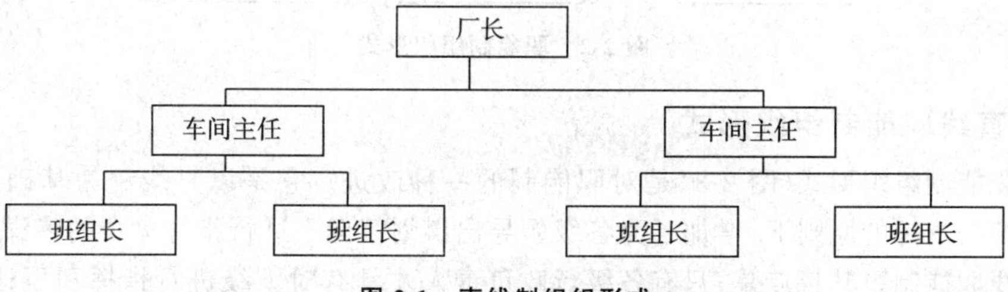

图2-1　直线制组织形式

直线制组织形式的特点是：组织中各种职务按垂直系统直线排列，各级主管人员对所属下级拥有直接的一切职权，组织中每一个人只能向一个直接上级报告，即“一个人，一个头儿。”不设专门的参谋人员和机构，组织日常管理任务的分配和运作都是在厂长(或经理)的直接指挥下完成的。

直线制组织的优点是管理结构简单，管理费用低，指挥命令关系清晰、统一，决策迅速，责任明确，反应灵活，纪律和秩序的维护较为容易。但是，这种组织形式要求企业的各级领导者精明能干，具有多种管理专业知识和生产技能知识。现实中，每个管理人员的精力毕竟有限，依靠主管个人的力量很难能对问题做出深入、细致、周到的思考。因此，管理工作就往往显得比较简单和粗放。同时，组织中的成员只注意上情下达和下情上达，成员之间和组织单位之间的横向联系比较差。另外，原胜任的管理者一旦退休，他的经验，能力无法立即传给继任者，再找到一个全能型又熟悉该单位情况的管理者立即着手工作也面临困难。直线制组织的缺点就源于它对管理工作没有进行专业化分工。

(二)职能制组织形式

职能制组织形式(图 2-2)的主要特点是，采用专业分工的职能管理者，代替直线制的全能管理者。为此，在组织内部设立各专业领域的职能部门和职能主管，由他们在各自负责的业务范围内向直线系统直接下达命令和指示。各级单位负责人除了要服从上级行政领导的指挥外，还要服从上级部门在其专业领域内的指挥。

职能制的主要优点是：每个管理者只负责一方面的工作，有利于充分发挥专业人才的作用；专业管理工作可以做得细致、深入，对下级工作指导比较具体。职能机构的作用如若发挥得当，可以弥补各级行政领导人管理能力的不足。

但是，这种职能制组织有一个明显的缺点，那就是“上头千条线，下边一根针”，容易形成多头领导，削弱统一指挥。有时各职能部门的要求可能相互矛盾，造成下级人员无所适从。

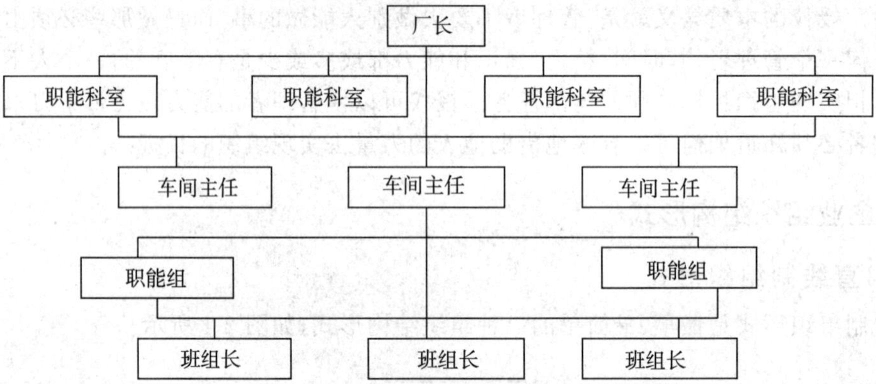

图 2-2　职能制组织形式

(三)直线职能制组织形式

直线职能制组织形式(图 2-3)是对职能制的一种改进。它是以直线制为基础，在保持直线制组织统一指挥的原则下，增加了为各级领导出谋划策但不进行指挥命令的参谋部门，所以称之为直线职能制。其特点是，只有各级行政负责人才具有对下级进行指挥和下达命令的权利，而各级职能机构(参谋机构)只是作为行政负责人的参谋发挥作用，对下级只起到业务指导作用。有些机构如人事、财务等部门，只有当行政负责人授予他们直接向下级发布指示的权利时，才拥有一定程度的指挥命令权，这也即前面所说的职能职权。这时的组织结构实际上演化为直线参谋制与职能制的混合形态，有些时候为准确起见而称之为“直线职能参谋制”。

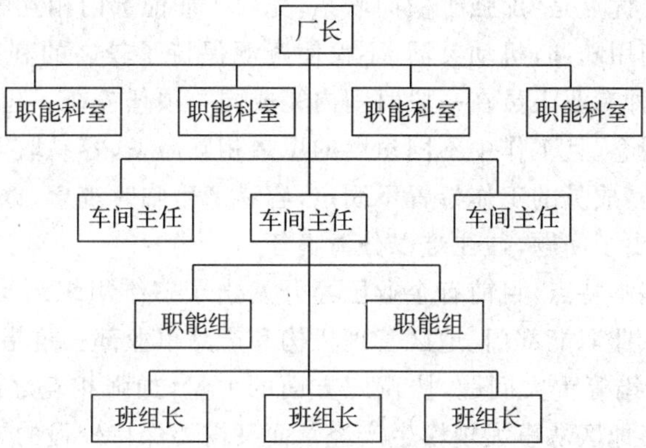

图 2-3　直线职能制组织形式

直线职能制组织形式是在综合直线制和职能制各自优点的基础上形成的，因而既有利于保证集中统一的指挥，又可发挥各类专家的专业管理作用。它的缺点是，各职能单位自成体系，往往不重视工作中的横向信息沟通，加上狭窄的隧道视野和重视局部利益的本位主义思想，可能引发组织运行中的各种矛盾和不协调现象，对企业生产经营和管理效益造成不利的影响。而且，如果职能部门被授予的权力过大、过宽，则容易干扰直线指挥命令系统的运行。另外，按职能分工的组织通常弹性不足，对环境变化的反应比较迟钝。同时，职能工作不利于培养综合型管理人才。尽管直线职能制组织形式有这些潜在的缺点，但它目前在我国绝大多数企业尤其是面临较稳定环境的中小型企业中得到了广泛应用。

(四)矩阵制组织形式

矩阵制组织形式是在直线职能制垂直指挥链系统的基础上，再增设一种横向指挥链系统，形成具有双重职权关系的组织矩阵，所以称之为矩阵制组织，如图 2-4 所示。为了完成某一项目，从各职能部门中抽调完成该项目所必需的各类专业人员组成项目组，配备项目经理来领导他们的工作。这些被抽调来的工作人员，在行政关系上仍旧归属于原所在的职能部门，但工作过程中要同时接受项目经理的指挥，因此他们实际上同时拥有两个上级。项目任务完成以后，便宣告解散，各类人员回到原属部门等待分派新的任务。此时，原项目组不复存在，但新的项目组随时都可以产生，所以矩阵制通常亦被称为“非长期固定型组织”。

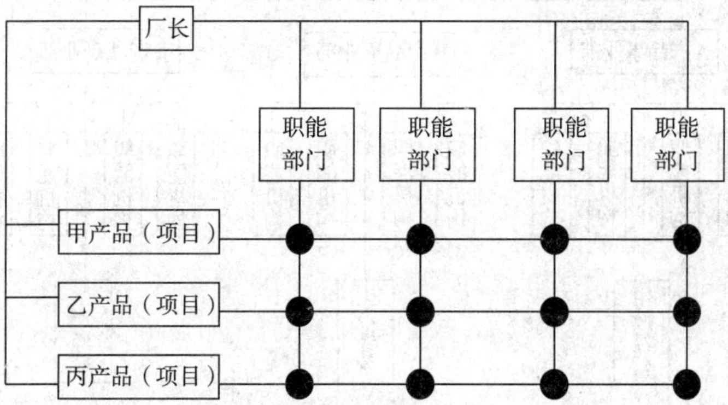

图 2-4　矩阵制组织形式

矩阵制组织的主要优点是:加强了横向联系,克服了职能部门相互脱节、各自为政的现象;专业人员和专用设备随用随调,机动灵活,不仅使资源保持了较高的利用率,也提高了组织的灵活性和应变能力;各种专业人员在一段时间内完成同一项任务在一起共同工作,易于培养他们的合作精神和全局观念,且工作中不同角度的思想相互激发,容易取得创新性成果。

矩阵组织的缺点是:成员的工作位置不固定,容易产生临时观念,也不易树立责任心;组织中存在双重职权关系,出了问题,往往难以分清责任。

根据矩阵结构的基本特点,目前有企业已经开发出了多维组织结构形式。其中一种便是三维组织结构。它由专业职能部门、地区管理机构和产品事业部三重指挥链所构成,围绕某种产品的研发、生产和销售等重大问题,协调三方面的力量,加强相互之间的信息沟通和联系。这种三维结构适用于跨地区从事大规模生产经营而又需要保持较强的灵活反应能力的大型企业中。

(五)事业部制组织形式

事业部制组织形式(图 2-5)是在多个领域或从事多种经营的大型企业所普遍采用的一种典型的组织形式。它最初由美国通用汽车公司副总裁斯隆创立,故称之为“斯隆模型”。有时也称之为“联邦分权化”,因为它是一种分权制的企业内部组织形式。

事业部制是在一个企业内对具有独立产品市场或地区市场并拥有独立利益和责任的部门实行分权化管理的一种组织结构形式。其具体做法是,在总公司下按产品或地区分设若干事业部或分公司,使它们成为自主经营、独立核算、自计盈亏的利润中心。总公司只保留方针政策制定、重要人事任免等重大问题的决策权,其他权力尤其是供、产、销和产品开发方面的权力尽量下放。这样,总公司就成为投资决策中心,事业部是利润中心,而下属的生产单位则是成本中心,并通过实行“集中政策下的分散经营”,将政策控制集中化和业务运作分散化思想有机地统一起来,使企业最高决策机构能集中力量制定公司总目标、总方针、总计划及各项政策。事业部在不违背公司总目标、总方针和总计划的前提下,充分发挥主观能动性,自主管理其日常的生产经营活动。

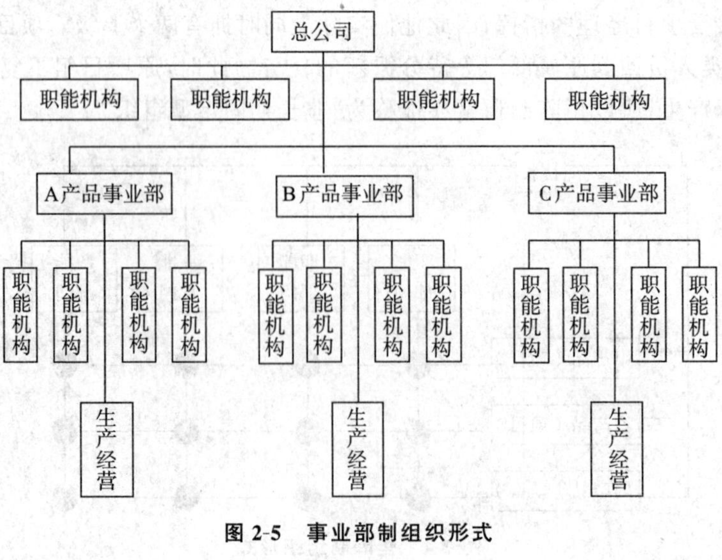

图 2-5　事业部制组织形式

事业部制组织形式的优点是：公司能把多种经营业务的专门化管理和公司总部的集中统一领导更好地结合起来，总公司和事业部间形成比较明确的责、权、利关系；事业部制以利润责任为核心，既能够保证公司获得稳定的收益，也有利于调动中层经营管理人员的积极性；各事业部门能相对自主、独立地开展生产经营活动，从而有利于培养综合型高级经理人才。

事业部制形式的主要缺点是：对事业部经理的素质要求高，公司需要有许多对特定经营领域或地域比较熟悉的全能型管理人才来运作和领导事业部内的生产经营活动；各事业部都设立有类似的日常生产经营管理机构，容易造成职能重复，管理费用上升；各事业部都拥有各自独立的经济利益，易产生对公司资源和共享市场的不良竞争，由此可能引发不必要的内耗，使总公司协调的任务加重；总公司和事业部之间的集分权关系处理起来难度较大也比较微妙，容易出现要么分权过度，削弱公司的整体领导力；要么分权不足，影响事业部门的经营自主性。

事业部制组织形式在欧美和日本大型企业中得到了广泛采用。但成功的经验表明，采用事业部制应当具备以下一些基本条件：

(1)公司具备按经营的领域或地域独立划分事业部的条件，并能确保各事业部在生产经营活动中的充分自主性，以便能担负起自己的盈利责任。

(2)各事业部之间应当相互依存，而不能互不关联地硬拼凑在一个公司中。这种依存性可以表现为产品结构、工艺、功能类似或互补，或者用户类同或销售渠道相近，或者运用同类资源和设备，或者具有相同的科学技术理论基础等。这样，各事业部门才能互相促进，相辅相成，保证公司总体的繁荣发达。

(3)公司能有效保持和控制事业部之间的适度竞争，因为过度的竞争可能使公司遭受不必要的损失。

(4)公司要能利用内部市场和相关的经济机制(如内部价格、投资、贷款、利润分成、资金利润率、奖惩制度等)来管理各事业部门，尽量避免单纯使用行政的手段。

(5)公司经营面临较为有利和稳定的外部环境。可以说，事业部制组织形式利于公司的扩张，但相对不利于整体力量的调配使用，因此不适宜在动荡、不景气的环境下使用。

(六)模拟分散制组织形式

模拟分散制组织形式是介于直线职能结构和事业部结构之间的一种组织结构(图2-6)。

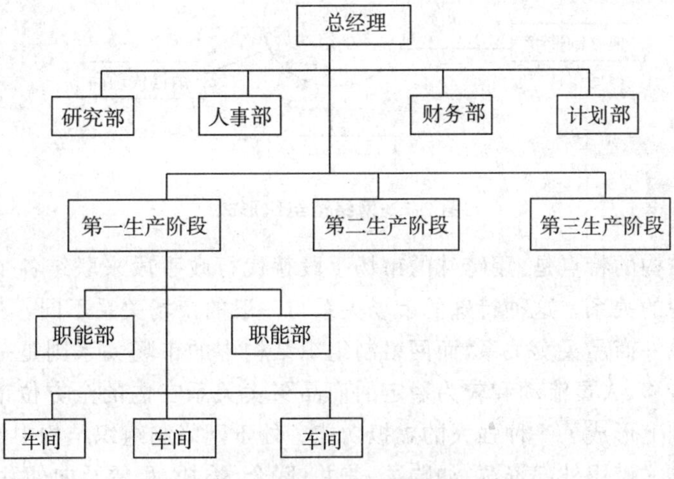

图2-6 模拟分散制组织形式

事业部结构是由于企业规模不断扩大而发展起来的一种组织形态。但是,有许多大企业,比如,连续生产的化工企业,由于产品品种或生产过程所限,根本无法分解成几个独立的事业部门。然而企业的规模又是如此之大,以致最高层管理人员感到采用其他组织形态都无法管理,这时就出现了模拟分散结构组织。

模拟分散结构是模仿事业部结构的形式进行分权,它与事业部结构的主要差别是:这种结构的组成单元并不是真正的事业部,实际上是生产阶段;这些生产阶段有自己的管理层,自己的利润指标,这种指标是按整个企业的内部价格确定的,而不是来源于市场;这些生产阶段都没有自己独立的外部市场,并且生产阶段之间关系相当密切,一个生产阶段出现障碍,可能导致其他生产阶段出现障碍。

模拟分散结构的优点是:解决了企业规模过大不易管理的问题。在这种结构下,最高层管理人员可以在可能的范围内把权力分给生产阶段一级的管理人员,减少了自己的行政工作,从而把精力集中于战略问题上来。

模拟分散结构的缺点是:无法使组织中每一个成员都能明确自身的任务,各个部门领导人也不易了解整个企业的全貌,在沟通效率、决策权力方面还存在较大的缺陷。此外,这种结构要求各个生产阶段的负责人有较强的容忍力,将本单位和个人的利益交给上级处理。尽管模拟分散结构有上述缺陷,但对于大型材料工业企业,如玻璃、钢铁、化工等企业解决组织结构问题,它是唯一可以采用的结构。

(七)网络型组织形式

网络型组织形式是利用现代信息技术手段而建立和发展起来的一种新型组织结构(图 2-7)。它使管理当局对于新技术、时尚或者来自于海外的低成本竞争能具有更大的适应性和应变能力。这是一种只有很小的中心组织,依靠其他组织以合同为基础进行制造、分销、营销或其他关键业务经营活动的结构。

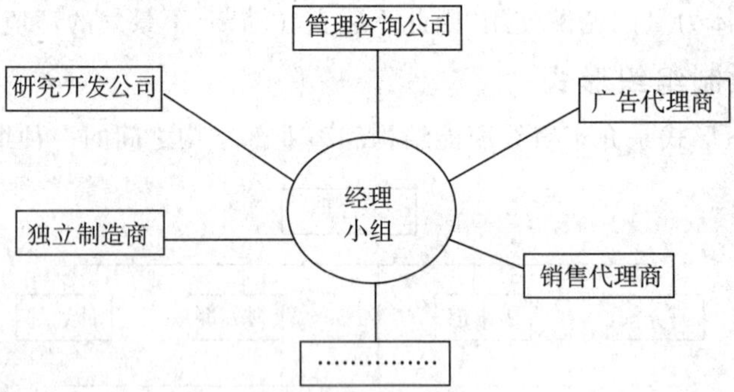

图 2-7 网络型组织形式

网络型组织结构的特点是:用特殊的市场手段替代行政手段来联结各个经营单位之间及其与公司总部之间的关系。这种特殊的市场关系与一般的市场关系不同。一般的市场关系是一种并不稳定的单一商品买卖关系,而网络制组织结构中的市场关系则是一种以资本投放为基础的包含产权转移、人员流动和较为稳定的商品买卖关系在内的全方位市场关系。在组织结构网络化的基础上形成了一种强大的虚拟功能。处于网络制组织结构中的每一个独立经营实体都能以各种方式借用外部资源,如购买、兼并、联合、委托、租赁及向外发包等,对外部资源进行重新整合，从而制造出巨大的竞争优势。通过这种虚拟功能，企业可以在短时间内获得诸如设计、生产、营销等具体的职能，但并不一定拥有与上述功能相应的完体组织，它是通过外部的资源和力量来实现上述功能的。

网络型组织结构的优点是：当有一个非常好的主意或推测到某一市场有突然的增大时，利用这种网络结构可迅速地把握机会，并且中心机构精干，节约资源。

网络型组织结构的缺点是：缺乏传统组织那样紧密的控制力，供应品的质量也难以控制。

（八）企业组织结构变化趋势

随着经济的全球化和知识经济时代的到来，企业的组织结构也在发生深刻的变化。上面的组织结构基本上是传统的工业经济时代占主导地位的组织结构。在发达的市场经济国家，企业的组织结构正在发生一些明显的变化。这些变化的趋势是：

1. 重心两极化

买方市场的形成，技术进步的加快，使得企业解决生存发展问题的关键不再是企业的生产问题，而是企业的产品的更新换代的快慢以及如何打开市场的问题。企业的研究开发能力如何，就决定着企业产品更新换代的速度。品牌竞争已经成为基本的手段，如何占领市场、扩大市场成为企业的最重要的任务。随着买方市场的形成和竞争加剧，企业的重点部门由过去的生产转向研究开发和市场销售，从企业经营的过程来看，企业的结构特征正在形象地由“橄榄型”转变为“哑铃型”。

2. 外形扁平化

随着电子计算机和互联网络在企业生产经营中的应用，企业的信息收集、整理、传递和经营控制手段的现代化，金字塔式的传统层级结构正在向少层次、扁平式的组织结构演进。在当今的企业组织结构的变革中，减少中间层次，加快信息传递的速度，直接控制是一个基本的趋势。

3. 运作柔性化

柔性的概念最初起源于柔性制造系统，指的是制造过程的可变性、可调整性，描述的是生产系统对环境变化的适应能力。后来，柔性就应用到企业的组织结构，指企业组织结构的可调整性，对环境变化、战略调整的适应能力。在知识经济时代，外部环境变化以大大高于工业经济时代的变化数量级的速率变化，企业的战略调整和组织结构的调整必须及时，因此柔性组织结构就应运而生，使得组织结构的运作带有柔性化的特征。

4. 团队组织

在知识型企业中，一种称之为团队的小集体是倍受赞誉的结构。这里的团队指的是在企业内部形成的具有自觉的团结协作精神、能够独立作战的集体。团队组织与传统的部门不一样，它是自觉形成的，是为完成共同的任务，建立在自觉的信息共享、横向协调基础上的。在团队中，没有拥有制度化权力的管理者，只有组织者。

5. 学习型组织

学习型组织的概念是由彼德·M·圣吉提出的。近年来在企业界得到了广泛的重视。他认为，组织与幼儿的学习和成长一样，伴着成长过程，认知在不断持续。组织也是在不断学习的过程中提高了自身的能力，并发展成为它们真正想要发展的那样。学习型组织需要五种新技能：系统思考、个人控制、思维方式、建立共同的远见和团队学习，圣吉称之为“五律”。系统思考要求全面地观察事物并有效地改变它们；个人控制强调个人远见、专注、耐心以及客观性等品性；思维方式与假设、总结推广和想象以及行动有关；共同的远见是团队成员要求学习的真实意愿的基础；团队则是组织的最基本的学习单位。

四、农业企业组织创新

（一）组织创新的概念

根据熊彼特的经典创新理论，创新是将一种从未有过的关于生产要素的新组合引入生产体系。具体而言，企业创新包含以下内容：引进新产品；引用新技术；开辟新市场；控制原材料新的供应来源；实现工业的新组织（实现工业的新组织指的就是组织创新）。企业组织创新作为企业创新的一个重要组成部分，随行社会经济、技术的不断发展而不断变迁，随着技术创新、管理创新的不断变化而变化。

企业的组织创新是一个以知识战略为导向、组织结构为载体、企业文化为底蕴、组织学习为机制的企业知识交流、积累与创新的过程。企业寻求组织创新的实质是企业目标、战略、结构规范和文化等要素之间的重新选择与优化，从而提高核心能力，而这可以通过其运作过程中的知识共享、积累与创新来实现。

（二）影响和推动组织创新的因素

1. 组织内部影响因素

（1）组织结构因素。灵活的有机式组织结构对组织创新有着正面的影响。富足的组织资源是实现组织创新的主要基础。多向的组织沟通有利于克服组织创新的潜在障碍。

（2）组织文化因素。创新型组织通常具有独特的组织文化，例如鼓励试验、赞赏失败、注重奖励等。研究表明，创新型组织的文化以创新导向为核心，通常具有鼓励多样思路、减少组织监控、鼓励承担风险、容忍群体冲突、注重结果导向等特征。

（3）人才资源因素。人才资源是组织创新的基本保证。创新型组织积极地对其干部员工开展培训和发展。同时，通过职业生涯设计，给员工提供高工作保障，鼓励员工成为创新能手。一旦产生新思想，创新者会主动而热情地将新思想深化提高并克服阻力，以确保组织创新方案得到推行。有研究表明，创新型企业家具有共同的个性特征：自信性、坚持性、精力旺盛、敢冒风险等。另外，他们一般处于拥有相当大决策自主权的职位，这使他们能在组织中引入并推行所提倡的组织创新。

2. 组织外部影响因素

（1）产品与服务市场变化。市场变化是组织创新的首要外部因素，其中最重要的是需求变化。组织作为市场中的供给方是为满足需求而存在的。另一重要的市场变化是竞争变化，激烈的竞争往往使组织更倾向于成为适应市场的创新型组织，并通过更低成本和更高质量取得竞争优势。此外，资本与劳务市场变化也能激发创新。例如，许多农业发达国家的资本市场结构最适于激发创新，某些风险资本专门寻找有发展前途的小型创新公司，实行高风险、高回报的投资策略。

（2）政治经济及社会文化因素。政治经济与社会文化因素是推动管理创新的重要外部因素。企业经营规模的不断扩大和技术层次的不断提高，使得管理理念与文化价值观的更新日趋急迫，成为组织创新的必要条件。而管理理念与文化价值观在很大程度上受到政治经济与社会文化国家变化的制约，例如政府的政策、法令、法律、规划、战略等，都直接对组织创新行为具有指导意义和约束力。

组织创新过程是一个系统,不仅会受到组织内部个体创新特征、群体创新特征和组织特征的影响,还要受到整个社会经济环境的制约;组织创新行为又会直接影响组织绩效,包括市场绩效、竞争能力、盈利情况、员工的态度等。同时,组织创新是一个渐进过程,往往从技术与产品开发入手,逐步向生产、销售系统、人力资源、组织结构发展,进而进入战略与文化的创新,表现为一种渐进创新的过程。

(三)农业企业组织创新的主要内容

1.职能结构的变革与创新

组织设计的一个基本原理就是“战略决定结构”。但是,人们无法从战略直接推导出具体的组织结构,只有经过分析企业及其管理组织实现战略目标所必须具备的基本职能,并从这些基本职能中寻找确定对实现战略目标起着决定作用的关键职能,然后再进一步设计执行这些职能的机构,战略才能切实找到组织上的落脚点。

2.管理体制(组织体制)的变革与创新

所谓管理体制就是指以集权和分权为中心的、全面处理企业纵向各层次特别是企业与三级单位之间的责权利关系的体系,亦称为企业组织体制。管理体制关系到企业能否既保持必要的统一性,又具有高度的灵活性,因而是企业纵向结构设计的重大问题。

3.组织机构的变革与创新

组织变革不仅要正确解决上述管理体制等企业纵向组织结构问题,还要同时考虑向上每个层次应设置哪些部门,部门内部应设置哪些职务和岗位,怎样处理好它们之间的关系,以保证彼此间的协调配合,这些都属于企业横向组织结构范畴。长期以来,很多农业企业横向结构普遍存在分工过细、过死,机构过多,人浮于事,矛盾多、扯皮多、效率低、效益差的现象,问题十分突出。

对于机构设置,改革的方向之一是贯彻“一贯管理”原则,推行机构综合化,即针对分工过细、分段管理的问题,适当简化专业分工,力求在管理方式上实现每个部门对其管理的物流或业务流,能够做到从头到尾、连续一贯的管理,达到物流畅通、管理过程连续。具体做法就是把相关性强的职能科室归并到一起,做到一个基本职能设一个部门、一个完整流程设一个部门。其次是推选领导单职制,即企业高层领导尽量少设副职,中层和基层领导基本不设副职。

4.横向协调的变革与创新

横向协调所要解决的问题是采取哪些组织形式和办法,使各个部门之间既有分工、又能密切配合。现代组织设计给我们提供了三大类协调方式,这就是制度性协调方式、结构性协调方式和人际关系协调方式。针对中国农业企业横向协调存在的突出问题,应特别强调在以下三个方面有所突破,并采取行之有效的具体方式:

(1)突破单纯依靠上级协调、权力服从,实行自我协调、工序服从制度。

(2)突破传统的责任制单纯强调划清责任的僵化倾向,实行主动协作、工作渗透的专业搭接制度。有意识地安排一些必要的重叠与交叉,有关科室分别享有决定、确认、协助、协商等不同责权,以保证同一业务流程中的各个部门能够彼此衔接和协作。

(3)突破单纯凭个人经验办事、“一个将军一个令”的不统一、不协调的落后管理状态,对大量常规性管理业务制定相关标准,大力推选规范化管理制度。这对于巩固和发展成功的管理经验、提高队伍素质、提高组织效能具有极为显著的作用。

5.管理流程的变革与创新

管理流程是企业管理制度的核心部分，它是把各个管理业务环节，按照管理工作的程序联结起来而形成的管理工作网络。对管理流程进行设计与优化，实际上就是要建立健全以业务流程为中心的一整套管理制度。

6.跨企业组织联系的变革与创新

现代信息技术的应用，一方面能够使企业与企业之间因需要进行信息沟通、合作、谈判以及签订和履行契约等而发生的市场交易成本大大降低；另一方面又能够使组织内部信息沟通、业务协调、监督控制等管理活动变得十分快捷、方便，费用也大大降低。因此，在企业发展战略指导之下，加快应用现代信息技术的步伐，重新调整农业企业与市场的边界，重新整合农业企业之间的优势资源，推进农业企业与其他企业组织联系的网络化，这是经济全球化新世纪农业企业组织创新的一个重要方向。

项目 3　农业企业战略管理

任务 1　战略环境分析

◈ 任务目标

了解企业战略环境，掌握企业战略环境分析方法。

◈ 任务内容

1. 学生按 5～8 人进行分组，每组组建一个农业企业。

2. 为这一农业企业进行环境分析。

3. 制作企业环境分析报告。

◈ 成果检验

每个实训小组上交一份企业环境分析报告，由老师进行总结、点评并给出成绩。

◈ 相关知识链接

一、企业战略管理

企业战略管理是指在企业总体战略的形成过程中以及在企业运行时贯彻落实这些战略的过程、制定的决策和采取的行动。

(一)企业战略构成要素

1. 经营范围

经营范围是指企业从事生产经营活动的领域。一般应根据企业所处的宏观外部环境、行业环境、企业自身资源等来确定经营范围，尤其要着重考虑与企业最密切相关的环境。

2. 资源配置

资源配置是指企业过去和目前对资源和技能进行配置、整合的能力与方式。如果企业的资源匮乏或缺少有效配置，企业对外部机会的反应能力会大大削弱，企业的经营范围也会受到限制。

3. 竞争优势

竞争优势是指企业通过资源配置模式与经营范围的决策，在市场上形成的优于竞争对手的竞争地位。竞争优势既可以来自企业在产品和市场上的地位，也可以来自企业对特殊资源的正确运用。产品和市场的定位对于企业总体战略非常重要。

4. 协同作用

协同作用是指企业从资源配置和经营范围的决策中所能寻求到的各种努力的效果，就是说，分力之和大于各分力简单相加的结果，即企业总体资源的收益大于各部分资源收益之和。协作不仅可以产生积极作用，也可以产生消极作用。企业可以通过评价由于联合经营而使企业成本下降的程度，或由于联合经营而使企业纯收入增加的程度，来衡量协作的效果。

(二)战略管理层次

1. 总体战略

总体战略或称公司战略，是企业的战略总纲，是企业最高管理层指导和控制企业一切行为的最高行动纲领。总体战略的对象是企业整体。从企业战略管理的角度看，总体战略的侧重点有以下三个方面：

(1)企业使命的确定，即企业最适合从事哪些业务领域，为哪些消费者服务以及企业应向哪些领域发展。

(2)战略业务单位的划分以及其发展规划。

(3)关键的战略业务单位的战略目标。

2. 战略业务单位战略

战略业务单位战略又称事业部战略，它是在企业总体战略的指导下，经营管理某一个战略业务单位的战略计划，是企业总体战略之下的子战略，为企业的整体目标服务。战略业务单位一般有着自己独立的产品和细分市场。

战略业务单位战略的重点是要改进一个战略业务单位在它所从事的行业中，或某一待定的细分市场中所提供的产品和服务的竞争地位。也涉及该企业在某一个行业领域中扮演什么样的角色，以及在战略业务单位里如何有效地利用好分配给业务单位的资源等问题。资源配置与竞争优势通常是战略业务单位中最重要的组成部分。

3. 职能部门战略

职能部门战略是为贯彻、实施和支持总体战略与经营业务单位战略而在企业特定的职能管理领域制定的战略。它是企业内主要职能部门的中短期战略计划，使职能部门的管理人员可以更加清楚地认识到本职能部门在实施企业总体战略中的责任和要求，有效地运用研究开发、营销、生产、财务、人力资源等方面的经营职能，保证实现企业目标。职能战略一般分为营销战略、人力资源战略、生产战略、研发战略、财务战略等。从战略管理的角度来说，职能战略的侧重点在于：如何贯彻企业的总体目标，职能目标的论证及其细化，确定职能部门战略的战略重点、战略阶段和主要战略措施，战略实施中的风险分析和应变能力分析。

二、农业企业战略管理

(一)农业企业战略的概念及特点

农业企业战略是农业企业在预测和把握环境变化的基础上做出的有关企业发展方向、经营范围和经营结构变革的远景规划。它通过在不断变化的环境中调整资源来取得竞争优势，从而实现利益相关方的期望。农业企业战略与战略决策具有如下特点：

(1)农业企业战略关注的是企业的长期发展方向。农业企业战略是在对环境发展趋势分析的基础上，对企业长远发展方向进行长期规划。虽然企业也关注近期目标，但关注近期目标的最终目的是为了更好地应对未来发展。

(2)获取竞争优势是农业企业战略决策的主要内容。农业企业战略不仅注重未来的发展目标，更注重实现这些目标的方式，而建立竞争优势便是其重要内容之一。因此，企业的战略决策也是寻找有效竞争优势来源的过程。

(3)农业企业战略决策关注企业的活动范围。例如，企业是应该关注一个活动领域还是多个领域？是只向市场提供肉鸡还是同时提供肉鸡制品？活动范围对企业战略的制定很重要，因为它影响企业的管理者如何界定企业的"界限"及他们对企业现状的认识和未来期望的判断，它还会涉及有关产品范围和覆盖地域等一些重要决策。

(4)农业企业战略通常是以企业的资源和能力为基础，并通过对资源与能力的加强来创造新的竞争优势与机会。显然企业所拥有的资源和能力决定着企业战略空间的大小，即企业可以做什么，战略必须以此为基础和出发点。

(5)农业企业战略不仅受到环境和其拥有的资源与能力的影响，还受到企业关键人物价值观和期望的影响，从某种角度看，战略反映了那些对企业具有影响力的人的态度和信念。因此，农业企业的战略决策通常是在不确定的环境中做出的，既要考虑企业内部资源与能力，同时还需要管理或改变组织外部的关系网络。

(二)农业企业战略管理过程

确定使命是战略管理的起点，它提供了战略制定的背景和框架。使命陈述包括四个主要部分：公司存在的理由，即公司的使命；关于某种预期状态的陈述，即愿景；核心价值与行为标准，用来指导和塑造公司员工的行为；主要目标和目的。

战略管理的第二步是战略分析。外部环境分析的主要目的是在企业环境中找出可能影响企业达成使命的战略机会与威胁，重点分析宏观环境、产业环境和直接竞争对手环境。内部分析旨在找出企业的优势和劣势，确定企业竞争优势的主要来源。

战略管理的第三步是战略选择。战略决策者通过内外环境分析，明确组织的优势和劣势，研究判断外部环境的机会与威胁，并据此制定适应和匹配公司资源和能力的战略，以适应环境的需求。战略管理者对不同的战略进行比较，分析其中哪一个战略最有利于实现主要目标，并最终找出能够创建和保持竞争优势的战略组合。

在选择一个旨在实现竞争优势和提高企业绩效的战略之后，战略管理者的下一步工作即是战略实施。战略实施不仅包括制定职能战略，还包括设计最佳组织结构、组织文化和控制系统，从而将战略转化为战略行动。

在企业战略管理过程中有效的控制是必需的。战略一旦进入实施阶段，管理层必须时刻注意它的执行情况，监督企业真正实现了哪些目标以及企业在多大程度上创造并保持了竞争优势。这方面的信息通过反馈回路传递给战略决策层，战略管理者由此对整个战略管理过程进行监督并及时纠正实施中可能出现的偏差，同时也为下一次战略提供依据。

三、农业企业战略环境分析

战略环境分析的主要目的是评价影响企业目前和今后发展的关键因素，并由此选择企业的战略。企业战略环境分析主要包括外部环境分析和内部环境分析。

(一)农业企业外部环境分析

外部环境的变化会影响对农产品和服务需求的变化，例如被开发产品的类型，市场定位和细分战略的性质，所提供服务的类型，对收购企业或出售企业的选择，以及供应商和分销商的选择等。

1.农业企业的宏观环境

(1)政治、政府、法律因素。国内外政府是企业的主要管制者、解除管制者、补贴者、雇佣者和消费者。政治、政府、法律因素对企业构成重要的机会和威胁，尤其是对于严重依赖政府合同或补贴的产业和公司来说，政治预测成为外部分析中重要的组成部分。

(2)经济因素。经济因素可直接影响各种经营战略的潜在吸引力。例如，如果利率上升，资本扩张所需要的资金就更加昂贵或更不容易得到。利率的上升还使可支配收入和对非必需品的需求下降，股价上升时，以发行股票作为开发市场的融资渠道的愿望就会变得更为强烈。市场的高涨也会使消费者和企业的财富增加。

(3)技术因素。变革性的技术进步正在对企业产生巨大的影响，这些技术包括：超导、计算机工程、智能计算机、机器人、无人工厂、特效药品、太空通讯、太空制造、激光、克隆、卫星网络、光导纤维、生物统计及电子资金转移等。在战略制定过程中必须考虑技术因素所带来的机会与威胁。技术的进步可以极大地影响到企业的产品、服务、市场、供应商、分销商、竞争者、用户、制造工艺、营销方法及竞争地位。

(4)社会、文化、人口及环境因素。社会、文化、人口及环境因素变化实际上对所有的产品、服务、市场和消费者都会产生重大的影响。所有产业中的组织都会受到这些变化带来的机会与威胁的震撼与挑战。社会、文化、人口及环境因素的变化趋势正在重塑着人们的生活、工作、生产和消费方式。新趋势正产生着新一类的消费者，进而要求有新的产品、服务和新的企业经营战略。

2.农业产业环境分析

产业环境分析的目的是弄清产业中成功的关键因素和产业特征；确定产业面临或将要面临的机会和威胁并确定产业吸引力；弄清竞争对手的实力及其发展变化可能给企业带来的机会和威胁。迈克尔·波特认为一个行业的潜在吸引力是由五种竞争力决定的，由此提出了五种竞争力分析模型，这五种力量分别是供应商讨价还价的能力、购买商讨价还价的能力、新加入者的威胁、替代品的危险和在位厂商的竞争,图 3-1 表明了这种分析工具的运用。

对企业管理者来说,在研究产业力量结构后需做出如下决策:是否留在或新进入某一产业;留在或进入某一产业后,在该产业中的定位;制定竞争策略。

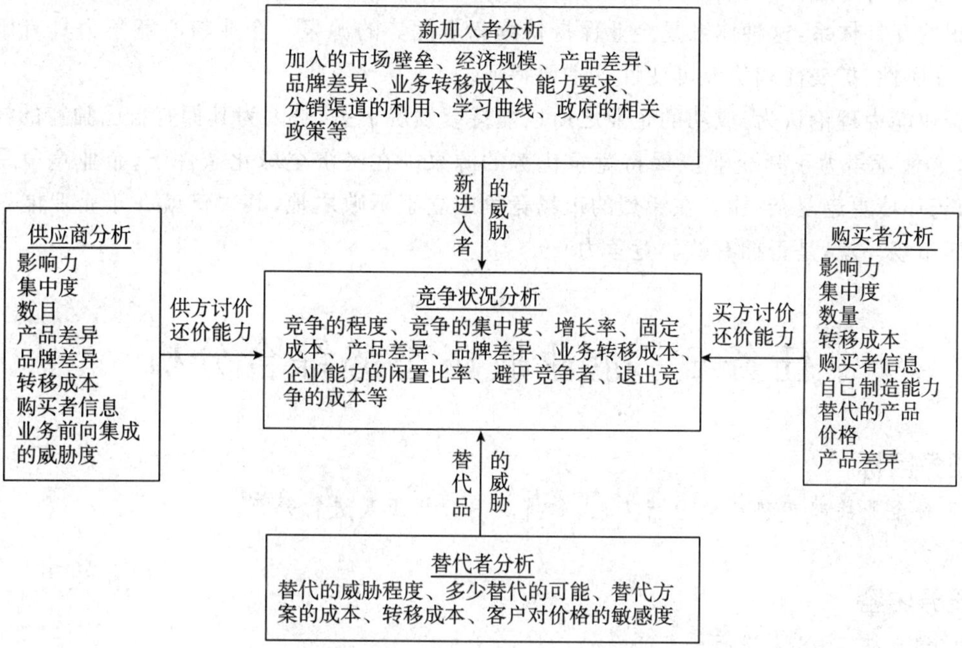

图 3-1　波特的五种竞争力分析模型

(二)农业企业内部环境分析

在一个用户偏好极易变化的世界中,用户的特征是在不断变化的,为满足用户需求,所需要的技术也在不断的发展之中。以外部因素为中心并不能为制定长期战略奠定牢固的基础。当外部环境处于多变状态时,公司本身的资源和能力可能会成为决定企业特征的更为稳定的基础。因此,用有能力做什么来定义企业,比用要满足什么需求来定义企业可为战略的制定提供更为持久的基础。

1. 企业资源分析

企业的经济活动必须建立在自身的资源禀赋基础上。所谓资源是指企业所控制或拥有的有效要素的总和。企业资源分析主要包括:现有资源分析,以确定企业拥有的资源量和可能获得的资源量;资源利用情况分析;资源应变能力分析,确定一旦环境变化,企业资源对环境变化的适应程度;资源平衡分析。

对企业资源进行分析的主要目的不仅仅是列出企业资源的数量、种类和品质清单,更主要的是分析和判断相对竞争对手的资源优势和弱势,进而确定企业竞争优势来源的战略资源,并围绕这些资源制定企业的战略,强化企业的资源强势,全面提高企业的资源基础。

2. 企业核心竞争力分析

企业核心竞争力是管理学与经济学交叉融合的理论成果,主要源于战略管理理论、经济学理论、知识经济理论、创新理论对持续竞争优势之源与逻辑的探索。

核心竞争力是企业能力理论的核心概念。所谓企业核心竞争力是指企业获取、整合资源、并形成企业竞争优势的能力。具体而言,它是以企业技术能力为核心,通过企业战略决策、生产制造、市场营销、组织管理的相互作用,获取企业所必需的各种资源,并进行有效整合,以开发企业的独特产品和市场营销手段的能力,是企业在发展过程中建立与发展起来的一种资产与知识的互补体系,这种体系是企业保持持续竞争优势的源泉。企业核心竞争力具有用户价值性、异质性、扩展性和价值可变性等主要特征。

企业能力理论认为,成功的企业之所以能持续发展下去,是因为其拥有自己独特的核心竞争力,这种竞争力正是企业能保持竞争优势的源泉。在经济全球化条件下,企业竞争是动态的,市场环境更趋复杂,能否在激烈的市场竞争中立于不败之地,其关键就在于企业能否较好地适应市场环境,是否拥有核心竞争力。

任务2 企业战略态势综合分析

◈ 任务目标

了解企业战略态势综合分析方法,熟练运用分析工具进行分析。

◈ 任务内容

1. 学生按5～8人进行分组。

2. 对一家农业企业进行调研。

3. 对运用SWOT组合分析法对这家企业进行分析。

◈成果检验

每个实训小组上交一份分析报告,由老师进行总结、点评并给出成绩。

◈相关知识链接

一、企业战略的类型

一个典型的企业总体战略又称公司战略,是对企业全局的长远性谋划,由最高管理层负责制定和组织实施。一般来说,公司战略可分为稳定型战略、增长型战略和紧缩型战略。

(一)稳定型战略

稳定型战略是在企业的内外部环境约束下,企业准备在战略规划期使企业的资源分配和经营状况基本保持在目前状态和水平上的战略。按照稳定型战略,企业目前所遵循的经营方向及其正在从事经营的产品和面向的市场领域、企业在其经营领域内所达到的产销规模和市场地位都大致不变或以较小的幅度增长或减少。

从企业经营风险的角度来说,稳定型战略的风险是相对小的,对于那些曾经成功地在一个处于上升趋势的行业和一个不大变化的环境中活动的企业来说会很有效。稳定型战略从本质上追求的是在过去经营状况基础上的稳定，它具有如下特征：

(1)企业对过去的经营业绩表示满意，决定追求既定的或与过去相似的经营目标。例如，企业过去的经营目标是在行业竞争中处于市场领先者的地位，稳定型战略意味着在今后的一段时期里依然以这一目标作为企业的经营目标。

(2)企业在战略规划期内所追求的绩效按一定的比例递增。这里的增长是一种常规意义上的增长，而非大规模的和非常规的迅猛发展。例如，稳定型增长可以指在市场占有率保持不变的情况下，随着总的市场容量的增长，企业的销售额也随之增长，而这种情况并不能算增长型战略。

实行稳定型战略的企业，总是在市场占有率、产销规模或总体利润水平上保持现状或略有增加，从而稳定和巩固企业现有的竞争地位。

(3)企业准备以过去相同的或基本相同的产品和劳务服务于社会。这意味着企业在产品上的创新较少。

采取稳定型战略的企业一般处在市场需求及行业结构稳定或者较小动荡的外部环境中，因而企业所面临的竞争和发展机会都相对较小。但是，有些企业在市场需求以较大幅度增长或是外部环境提供了较多发展机遇的情况下也会采用稳定型战略。这些企业一般来说是由于资源状况不足使其无法抓住新的发展机会，而不得不采用相对保守的稳定型战略。稳定型战略根据其目的和资源分配方式不同分为以下几点：

1.抽资战略

抽资战略或直译为收获战略，又称利润战略，它是指企业暂时维持现状，不再追加投资以求发展，而是将企业的利润或现金流量储存起来，等待机会再用出去。采用这种战略的原因主要是产业已进入成熟期，市场前景不太乐观，或者外部环境正在快速变化，预测困难，只好静观其变。

抽资战略也常被企业用于其下属的某一战略经营单位、产品线或特定的产品，即不再对他投资，而将它的利润或现金流量抽出来，暂时储存或用以支援其他急需资金去发展的战略经营单位或产品。下列情况就可能成为采用抽资战略的对象：①企业内部某领域正处于稳定或开始衰退的市场中。②企业的某领域不能带来满意利润，但暂时还不能放弃。③企业的某领域并非公司经营中的主要部分，不能对公司做出很大贡献。④如不再对其追加投资，其市场份额和销售额下降的幅度不大。

2.暂停战略

在一段较长时间的快速发展后，企业有可能会遇到一些问题，使得效率下降，这时就可采用暂停战略，即在一段时间内降低企业的目标和发展速度。例如在采用购并发展的企业中，往往会在新收购的企业尚未与原来的企业很好融合在一起时，先采用一段时间的暂停战略，以便有充分的时间来重新实现资源的优化配置。从这一点来说，暂停战略可以充分达到让企业积聚能量，为今后的发展作准备的功能。

执行暂停战略时，应当时刻注意外部环境的变化，不能延续时间过长。外部环境是快速变动，难以预测的，它可能会带来许多新的机会，必须即时抓住，也可能带来许多新的威胁，必须尽快回避。不管怎样，高层领导者都应及时做出新的决策，改变维持现状的暂停战略，否则就会使企业错过机会或遭受原本可以避免的损失。

3.谨慎实施战略

如果企业外部环境中的某一重要因素难以预测或变化趋势不明显,企业的某一战略决策就要有意地降低实施进度,步步为营,这就是所谓谨慎实施战略。比如,某些受国家政策影响比较大的行业中的企业,在面临国家的一项可能的法规公布之前,就很有必要采用谨慎实施战略,一步步稳固地向前发展,而不是不问青红皂白就大干快上,置政策于不顾。

(二)增长型战略

增长型战略又称扩张型战略或发展型战略,是最为广泛采用的总体战略。增长型战略是一种使企业在现有的战略基础水平上向更上一级目标发展的战略。它以发展作为自己的核心内容,引导企业不断地开发新产品、开拓新市场、采用新的生产方式和管理方式,以便扩大企业的产销规模,提高竞争地位,增强企业的竞争实力。

从企业发展的角度来看,任何成功的企业都应当经历过长短不一的增长型战略实施期,因为本质上来说只有增长型战略才能不断地扩大企业规模,使企业从竞争力弱小的小企业发展成为实力雄厚的大企业。

增长型战略具有如下特征:

(1)实施增长型战略的企业不一定比整个经济的增长速度快,但它们往往比其产品所在的市场增长得快。市场占有率的增长可以说是衡量增长的一个重要指标,增长型战略不仅包含绝对市场份额的增加,还应包含在市场总容量增长的基础上相对份额的增加。

(2)实施增长型战略的企业往往取得大大超过社会平均利润率的利润水平。由于发展速度较快,这些企业容易获得较好的规模经济效益,从而降低生产成本,获得超额的利润率。

(3)采用增长型战略的企业倾向于采用非价格的手段来同竞争者抗衡。由于采用了增长型战略的企业不仅在开发市场上下功夫,而且在新产品的开发、管理模式上都力求具有优势,因而其竞争优势的确立不会依赖于损伤自身利益的价格战,而一般来说总是以相对更为创新的产品、劳务及管理上的高效率作为竞争手段。

(4)增长型战略鼓励企业发展立足于创新。这些企业经常开发新产品、新市场、新工艺和旧产品的新用途,以把握更多的发展机会,谋求更大的风险回报。

(5)与简单的适应外部环境的变化不同,采用增长型战略的企业倾向于通过创造以前并不存在的事物或对事物的需求来改变外部环境使之适合于自身。

增长型战略可分为以下几种类型:

1.单一经营战略

单一经营战略就是集中生产单一的或少数几种产品或服务,面向单一的市场,或采用单一的专业技术,不开发或很少开发新产品或新服务。企业的发展主要通过市场渗透和市场开拓,扩展市场或提高市场占有率,来实现生产规模的扩大和利润的增长。采用这种战略时,企业的扩张速度随着产业发展的不同阶段有所不同,例如产品正处于成长期,速度可能很快,反之。如已进入成熟期,速度就可能放慢,扩张速度还因企业采用的市场营销策略不同而不同,如策略正确而有效,则速度可望加快。美国著名的电焊机制造商林肯电器公司和工程机械制造商卡特彼勒公司就长期奉行这种战略。

2. 同心多元化战略

同心多元化战略的主要特点是新增的产品或服务与原有产品或服务在大类别上、生产技术上或营销方式上是相似的、相关联的，可以继续利用本企业的专门技能和技术经验、设备或生产线、销售渠道或顾客基础，所以这种战略又称为相关多样化。采用这种战略一般不会改变企业原来所属的产业部门。

世界上许多著名的公司，如通用汽车、福特汽车、丰田汽车等汽车公司，松下、索尼、东芝、日立等家用电器，杜邦化学品，默克、强生、辉瑞等医药公司，都在执行同心多元化战略。

3. 复合多元化战略

复合多元化战略也是通过开发新产品或新服务，从事多种经营，来扩大企业规模，增加企业利润，但它与同心多元化战略的区别在于：新增加的产品或服务与原有的产品或服务毫不相关，不能利用企业原有的专门技能、设备、生产线等，所以这种战略又称为不相关的多元化，采用这种战略，一般就是跨产业经营。

国外更有为数众多的大型企业选择了复合多样化战略。例如，以生产万宝路香烟驰名的美国菲利浦·莫里斯公司收购了米勒啤酒公司，还兼营软饮料（七喜牌）、专用纸张、包装材料、房屋建造和设计等业务。美国可口可乐公司除在全球经营名牌软饮料外，还收购了哥伦比亚电影公司等。

4. 纵向一体化战略

这是一种在供、产、销的不同方向上扩大企业生产经营规模的增长模式。纵向一体化又可分为前向一体化和后向一体化两种类别。前向一体化是指企业的业务向消费它的产品或服务的行业扩展，而后向一体化是指企业向为它目前的产品或服务提供作为原料的产品或服务的行业扩展。

采用纵向一体化的优点是显而易见的，企业不但能通过规模经济降低成本，而且能以某种垄断来缓解竞争。但是企业若采用了纵向一体化之路，由于投资巨大，"脱身"亦难，并且面对的发展机遇也不多。

5. 横向一体化战略

横向一体化或称水平一体化战略是指企业通过收购其同行业竞争对手去扩张经营业务的一种战略。由于是同行业的企业，收购的结果并不改变企业原来所属的产业。但企业规模得以扩大，产品品种可能增多，产销量将增大，盈利也将增长。横向一体化与同心多元化有相似之处，但同心多元化主要通过组织内部开发来发展，而横向一体化则是通过收购较为直接的竞争对手企业来获得。

（三）紧缩型战略

紧缩型战略是在外部环境对企业不利，企业面临严重困难时所不得不采用的向后退却的战略。由于市场经济充满风险，优胜劣汰，处于逆境状态的企业如能及时退却，则可减少损失，还可等待时机东山再起。一般来说，企业采用紧缩型战略只是短期性的。紧缩型战略根据紧缩的方式和程度不同，可分为三种类型：

1. 转向战略

转向战略是企业在现有的经营领域不能维持原有的产销规模和市场面，不得不采取缩小产销规模和市场占有率，或者企业存在新的更好的发展机遇的情况下，对原有的业务领域进行压缩投资、控制成本，以改善现金流量，从而为其他业务领域提供资金的战略方案。此外，在企业财务状况下降时也有必要采取转向战略，这一般发生在物价上涨导致成本上升或需求降低使财务周转不灵的情况下。转向战略的实施需要有以下措施来配合进行：

(1)调整企业组织，包括改变企业的关键领导人，在组织内重新分配责任和权利等，这样可以使管理人员适应变化了的环境。

(2)降低成本和投资，包括压缩日常开支、实行更严格的预算管理，减少一些长期投资项目等，也可以是适当减少培训、广告、研究开发、公共关系等活动，缩小或减少某些管理部门或降低管理费用。在必要的时候，裁员也可以作为压缩成本的方法。

(3)减少资产，包括出售与企业基本生产活动关系不大的土地、建筑物和设备；关闭一些工厂或生产线；出售某些在用的资产，再以租用的方式获得使用权；出售一些盈利产品，以获得急需使用的资金等。

(4)加速收回企业资产，包括缩短应收账款的回收期，派出讨债人员收回应收账款、降低企业的存货量、尽量出售库存产成品等。

转向战略会使经营主方向转移，这有时会涉及经营的基本宗旨的变化，其成功的关键是管理者明晰的战略管理概念，即必须决断是坚持现存业务还是重新确定企业的基准宗旨。

2.放弃战略

放弃战略就是企业卖掉其下属的某个战略经营单位(子公司或事业部)、某个生产部门或某条生产线，以求获得资金来解救自身的财务困难。

采用放弃战略是一个困难的决策。因为存在着许多障碍：

(1)技术或经济结构上的障碍，例如卖掉某个下属单位，就会影响企业技术上的成套性和经济结构的合理性，对生产经营不利。

(2)总体战略上的障碍。企业内部各单位之间的紧密联系和战略依存关系，可能不允许放弃某个经营单位。

(3)管理上的障碍。放弃是失败的象征，会使管理者的自尊心受到伤害，并威胁着他们的前程。有时，放弃还同社会目标(如环境保护)相冲突。

为了克服上述障碍，同样要求企业管理者态度坚定。要用充足的理由来说服员工特别是准备放弃的单位的员工，并选好选准放弃的单位，使对企业技术、经济、战略上的负面影响减少到最低限度。还要同放弃单位的购买者充分协商，妥善安排该单位员工包括其管理者，使他们能各得其所。

3.清算战略

清算是指通过卖掉其资产或停止整个企业的运行而终止一个企业的存在。显然，清算战略对任何企业来说都不是最有吸引力的战略，而且通常只有当所有其他战略都失败时才启用它。然而对一个企业来说，及时撤销也许比亏损运行要合适得多。亏损运行的结果只能导致不可避免的破产，而撤销留给人们去清理的东西要少得多。

二、企业战略分析工具

(一)波士顿咨询集团矩阵(BCG矩阵)法

该方法是由波士顿咨询集团(Boston Consultmg Group,BCG)在20世纪70年代初开发的。BCG矩阵将组织的每一个战略事业单位标在一种二维的矩阵图上,从而显示出哪个战略事业单位提供高额的潜在收益,以及哪个战略事业单位是组织资源的漏斗。BCG矩阵的发明者、波士顿公司的创立者布鲁斯认为:“公司若要取得成功,就必须拥有增长率和市场份额各不相同的产品组合。组合的构成取决于现金流量的平衡。”如此看来,BCG的实质是为了通过业务的优化组合来实现企业的现金流量平衡。

BCG矩阵法根据行业增长率和相对市场占有率区分出四种业务组合,如图3-2所示。

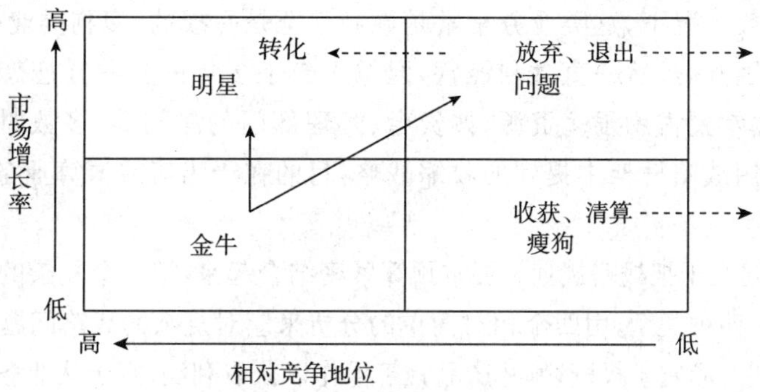

图3-2　矩阵(BCG矩阵)法

1. 问题类业务(question marks,高增长、低市场份额)

处在这个领域中的是一些投机性产品,带有较大的风险。这些产品可能利润率很高,但占有的市场份额很小,这往往是一个公司的新业务。为发展问题类业务,公司必须建立工厂,增加设备和人员,以便跟上迅速发展的市场,并超过竞争对手,这就意味着大量的资金投入。“问题”非常贴切地描述了公司对待这类业务的态度,因为这时公司必须慎重回答“是否继续投资发展该业务?”这个问题。只有那些符合企业发展长远目标、企业具有资源优势、能够增强企业核心竞争力的业务才能得到肯定的回答。得到肯定回答的问题型业务适合于采用战略框架中提到的增长战略,目的是扩大战略事业单位的市场份额,甚至不惜放弃近期收入来达到这一目标。因为问题型业务要发展成为明星型业务,其市场份额必须有较大的增长。得到否定回答的问题型业务则适合采用收缩战略。如何选择问题型业务解决方案是用BCG矩阵制定战略的重中之重,也是难点,这关乎企业未来的发展。

2. 明星类业务(stars,高增长、高市场份额)

这个领域中的产品处于快速增长的市场中,并且占有支配地位的市场份额。但也许会或也许不会产生正现金流量,这取决于新工厂、设备和产品开发对投资的需要量。明星型业务是由问题型业务继续投资发展起来的,可以视为高速成长市场中的领导者,它将成为公司未来的金牛类业务。但这并不意味着明星业务一定可以给企业带来源源不断的现金流,因为市场还在高速成长,企业必须继续投资,以保持与市场同步增长,并击退竞争对手。企业如果没有明星业务，就失去了希望，但群星闪烁也可能会闪花企业高层管理者的眼睛，导致做出错误的决策。这时必须具备识别行星和恒星的能力，将企业有限的资源投入在能够发展成为金牛类的恒星上。同样的，明星型业务要发展成为金牛类业务适合于采用增长战略。

3. 金牛类业务(cash cows，低增长、高市场份额)

处在这个领域中的产品产生大量的现金，但未来的增长前景是有限的。这是成熟市场中的领导者，是企业现金的来源。由于市场已经成熟，企业不必大量投资来扩展市场规模，同时作为市场中的领导者，该业务享有规模经济和高边际利润的优势，因而给企业带来大量现金流。企业往往用金牛类业务来支付账款并支持其他三种需大量现金的业务。金牛类业务适合采用战略框架中提到的稳定战略，目的是保持战略事业单位的市场份额。

4. 瘦狗类业务(dogs，指低增长、低市场份额)

这个剩下领域中的产品既不能产生大量的现金，也不需要投入大量现金，这些产品没有希望改进其绩效。一般情况下，这类业务常常是微利甚至是亏损的，瘦狗类业务存在的原因更多的是由于感情上的因素，虽然一直微利经营，但像人养了多年的狗一样恋恋不舍而不忍放弃。其实，瘦狗类业务通常要占用很多资源，如资金、管理部门的时间等，多数时候是得不偿失的。瘦狗类业务适合采用战略框架中提到的收缩战略，目的在于出售或清算业务，以便把资源转移到更有利的领域。

BCG 矩阵的精髓在于把战略规划和资本预算紧密结合起来，把一个复杂的企业行为用两个重要的衡量指标来分为四种类型，用四个相对简单的分析来应对复杂的战略问题。该矩阵帮助多种经营的公司确定哪些产品宜于投资，哪些产品宜于操作以获取利润，宜于从业务组合中剔除哪些产品，从而使业务组合达到最佳经营成效。波士顿矩阵四种类型业务的对照见表 3-1。

表 3-1　波士顿矩阵四种类型业务的对照表

业务类型	市场增长率	相对市场份额	业务特征
问题业务	高	低	处在这个领域中的是一些投机性产品，带有较大的风险，这些产品可能利润率很高，但占有的市场份额最小
明星业务	高	高	这个领域中的产品处于快速增长的市场中，并且占有支配地位的市场份额，但也许会或也许不会产生正现金流量，这取决于新工厂、设备和产品开发对投资的需要量
金牛业务	低	高	处在这个领域中的产品产生大量的现金，但未来的增长前景是有限的。这是成熟市场中的领导者，是企业现金的来源。企业往往用金牛类业务来支付账款并支持其他三种需大量现金的业务。金牛类业务适合采用稳定战略，目的是保持 SBUs(战略事业单位)的市场份额
瘦狗业务	低	低	该领域中的产品既不能产生大量的现金，也不需要投入大量现金，这些产品没有希望改进其绩效，一般情况下，这类业务常常是微利甚至是亏损的。瘦狗类业务适合采用收缩战略，目的在于出售或清算业务，以便把资源转移到更有利的领域

(二)SWOT 分析矩阵

SWOT 分析矩阵是进行企业外部环揽和内部条件分析,从而找出二者最佳可行战略组合的一种分析工具。表 3-2 表明了这种工具的分析思路。

表 3-2 分析矩阵

	优势	劣势
机会	增长型战略	扭转型战略
威胁	多种经营战略	防御型战略

我国农业企业发展面临诸多机会,但与此同时也面临着来自国际国内市场的巨大威胁与挑战。

1. 日趋激烈的国际化竞争

随着经济全球化和生产国际化进程在全球范围的加快,越来越多的外国农业企业以直接或间接的方式进入我国市场,我国农业企业外部竞争环境呈现出越来越明显的动态特点。尤其是中国加入 WTO 后,对中国农业的强烈冲击使农业企业首当其冲,面对日益开放的市场,面对发达国家农业企业技术先进、资金雄厚和长期积累的国际市场营销经验和能力等诸多优势,我国农业企业在 WTO 原则下失去政策支持与保护后,在市场竞争中面临严峻挑战。

2. 对外贸易面临绿色壁垒的严峻挑战

由于全球日益严重的生态灾难,消费者的安全消费意识和绿色环保意识日益增强,世界绿色浪潮日益高涨。在这种情况下,许多国家尤其是发达国家以保护生态环境、自然资源和人类健康为借口对产品制定严格的环境保护技术标准、复杂的卫生检疫制度或采用绿色环境标志、绿色包装制度以及绿色补贴限制等,形成了出口国家难以逾越的绿色壁垒。绿色壁垒实质上是发达国家对其农业部门实施保护的一种新形式。中国作为世界上最大的发展中国家,农产品对外贸易正面临越来越多来自发达国家绿色贸易壁垒的挑战。近年来,我国农业企业在农产品国际贸易中因农产品质量问题而被退货和索赔的事件屡屡发生,已严重影响了我国农产品的声誉及对国际市场的开拓。

3. 技术进步加快使农业企业面临技术创新的巨大压力

20 世纪 90 年代以来,全球化已经成为企业的共同发展趋势,其深刻背景就是第二次世界大战后尤其是近十年来在技术和市场两方面发生的重大变化。技术变化主要表现在技术进步加快,技术创新的学科交叉性加强,复杂度和成本增加,新技术、新产品开发的速度不断提高,这些都大大地增加了企业之间的互动和竞争优势变化的速度。当前,世界农业正掀起一场新科技革命,主要是生物工程以及计算机技术等高新技术在农业生产领域的广泛应用,使农业生产日益趋向智能化、自动化、信息化、市场化。许多发达国家由于农业科技先进,农业产业化程度高,既有资源优势,又有科技优势,在今后相当长的时期内,仍将是国际市场竞争中的强者。与之相比较,我国的技术环境还比较落后,农业科技进步对农业增长的贡献率不及发达国家的一半,农业科研经费投入长期不足,农业科研投资强度低。

4. 走新型工业化道路对未来农业企业发展提出了新要求

根据新型工业化道路的要求,我国农业企业未来的发展必须着眼于农村和农业的长远发展，着眼于农民的现实利益，充分发挥农村人力资源的优势，合理利用农业资源，提高产品的科技含量，加强环境保护，提高农业企业的经济效益，实现农业企业的可持续发展，有效地促进和推动农村新型工业化的发展。

任务3 战略决策

◈ 任务目标

了解企业战略决策的制度与实施过程，根据企业所处的环境进行战略评价、战略选择。

◈ 任务内容

1. 学生按5～8人进行分组。
2. 找一个企业决策案例进行分析、决策。
3. 制作决策方案。
4. 对每组方案进行评价。

◈ 成果检验

每个实训小组上交一份企业决策方案，由老师进行总结、点评并给出成绩。

◈ 相关知识链接

一、企业战略的制定

战略的制定是企业的决策机构组织各方面的力量，按照一定的程序和方法，为企业选择适宜的经营战略的过程。制定企业战略是企业战略管理过程中的核心部分，也是一个复杂的系统分析过程。

（一）企业战略的制定程序

1. 识别和鉴定企业现行战略

在企业运营过程中，随着外部环境的变化和企业自身的发展，企业的战略也应进行相应调整和转变，但在制定新的企业战略前，首先要对企业现行的战略进行识别和鉴定，认清其存在的缺陷和不足。

2. 分析企业环境条件

企业战略的制定必须建立在充分的、有价值的信息资料链基础上，这就需要对企业内外部经营环境和条件进行分析判断，认清自身优势和劣势。

3. 确定战略目标

战略目标是企业制定战略的基本依据和出发点，是在分析经营问题的基础上，确定解决问题的目标。

4.形成战略方案

战略方案是企业战略的核心部分，是把战略目标、战略重点和实现目标的主要对策、战略阶段等加以综合，通过协调平衡而形成的。企业应根据其发展要求和经营目标，依据所面临的机遇和挑战，列出所有可能达到的经营目标的战略方案。企业战略方案一般包括以下内容：战略思想、战略目标、战略方向、战略重点、战略对策、战略阶段等。

5.评价和比较战略方案

根据股东、管理人员以及相关利益群体的价值观和期望目标，确定评价标准，并依照标准对各备选方案进行评价和比较。方案的产生与评价过程往往是相互交叉的。通过这个过程把可能解决问题的方案逐渐集中到可选方案上。

6.确定战略方案

在评价和比较的基础上，选择一个最满意的战略方案作为正式的战略方案。有时，企业为了增强战略的适应性，往往还要选择一个或多个方案作为备选。

(二)企业战略的制定方法

1.自上而下的方法

先由企业最高管理层制定企业的总体战略，然后由下属各部门根据自身的实际情况将企业的总体战略具体化，形成系统的战略方案。

该方法最大的优点是领导层高度重视战略，能够牢牢地把握住整个企业的发展方向，同时也便于集中管理。缺点是如果高层领导没有深思熟虑，或不了解下情，对中下层就不能提出详尽的指导，另外也难以充分发挥中下层管理人员的积极性。

2.自下而上的方法

这是一种先民主后集中的方法，先由下级提交战略方案，最后由最高管理层加以协调和平衡。

这种方法的优点是能集思广益，充分发挥基层管理人员的积极性和创造性，在实施中易于贯彻和落实。不足之处是各部门之间的战略方案较难协调，会影响企业整个战略计划的系统性和完整性。

3.上下结合的方法

该方法对以上两种方法进行了结合，由企业最高层领导和下属各部门管理人员共同参与，通过相互沟通和协商，制定出适宜的战略，可以产生较好的协调效果，所制订方案也具有更强的操作性。

4.战略小组的方法

这种方法是由企业负责人与其他高层管理人员组成一个战略小组，共同处理企业所面临的问题。这种方法通常具有较强的目的性和较高的效率，特别适宜制定产品开发战略、市场营销战略等特殊战略和处理紧急事件。

二、企业战略的选择与实施

(一)企业战略的选择

战略选择是指选定某一战略方案的决策过程。在大多数情况下，战略制定过程提供的并不是唯一的战略方案，而是多个可行的备选方案，决策者必须考虑各种因素，进行多方权衡，选择最优的战略方案。具体而言，影响决策者决定的因素主要有以下几方面：

1. 企业过去战略的影响

对大多数企业来说，过去的战略是企业战略选择过程的起点。由于现在的战略决策者往往也是过去战略的缔造者，他们会自然地倾向于选择与过去战略相似的战略或增长型战略。

2. 企业对外部环境的依赖程度

在战略选择中，企业必然会面临它所赖以生存的各种外部环境，企业对外界的依赖程度越大，其战略选择的范围和灵活性就越小。

3. 管理层对待风险的态度

一般来说，如果管理者认为风险对于成功是必不可少的，并乐于承担风险，因而常选择进攻性的战略，如果管理者认为冒较高风险可能会毁灭整个企业，则会倾向在稳定的产业环境中经营，因而常选择防御型的或稳定型发展的战略。

4. 企业文化的影响

企业文化与企业战略选择是一个动态平衡、相互影响的过程。当企业文化与企业战略协调一致时，就能形成企业的巨大优势；反之，则会对企业战略实施起反作用。

5. 时间因素

战略决策通常需要有足够的时间进行分析和论证，如果时间紧迫，管理者往往会不得已选择防御性战略。此外，一个好的战略也需要好的出台时机，如果出台时机不当，同样难以收到好的效果。

6. 竞争者的反应

企业在选择战略方案时还要对竞争者的反应做出恰当的估计，要全面考虑到其反应的方式、强度以及对战略实施可能产生的影响。

(二)企业战略的实施

企业在选定最优化的战略方案后，随即进入战略的实施阶段，这一阶段的任务就是通过一系列行政、经济等手段将战略的构想转化为战略行动。

1. 战略实施模式

(1)指挥型。该模式具有明显的集中指导倾向，又称为指令型模式。在这种模式里，企业高层管理人员工作的重点是考虑战略的制定，一旦选定满意的战略，便交给下层管理人员去执行，而自己并不介入战略实施的过程。

(2)变革型。与指挥型模式相反，在变革型模式中，企业高层管理人员的工作重点在战略的实施上，他的角色是为有效地实施战略而设计适当的行政管理系统。为此，高层管理人员要在其他方面的帮助下，根据环境的变化不断进行变革，如建立新的组织结构、新的信息系统、兼并或合并经营范围，增加成功实施战略的机会。

(3)合作型。在这种模式里，负责制定战略的高层管理人员启发其他管理人员共同考虑战略制定与实施的问题，管理人员可以充分发表自己的意见，提出各种不同的方案。这时，高层管理人员的角色是一个协调员，确保其他管理人员提出的所有好的想法都能够得到充分的讨论和调查研究。

(4)文化型。文化型模式扩大了合作型模式的范围,将企业基层的职工也包括进来。在这种模式里,企业高层管理人员先提出关于企业发展总方向的设想,然后广泛邀请全体员工献计献策,提出自己的战略实施方案。在这里,高层管理人员的角色就是指引方向,而在战略执行中放手让每个人做出自己的决策。

(5)增长型。在这种模式里,企业高层管理人员只提出有限几个量化的指标,鼓励中下层管理人员制定与实施自己的战略,然后从中选优。这有利于促使管理者在日常工作中不断寻求创新的机会,充分挖掘企业内部的潜力,从而使企业获得增长。

以上五种战略实施模式在制定和实施战略中的侧重点不同,指挥型与合作型更侧重于战略的制定,把战略的实施作为事后行为,而文化型与增长型则更多地考虑战略的实施问题。五种模式各有利弊,可以互相补充,但是没有哪种模式可以运用于所有的企业。实际上在企业实践中,这五种模式往往是交叉或混合使用的,其采用主要取决于企业多种经营的程度、发展变化的速度、规模的大小以及目前的文化状态等。

2.战略实施的内容

(1)调整组织结构。经过几十年的管理实践,人们已经总结出了若干种可行的组织结构类型,包括直线制组织结构、职能制组织结构、事业部制组织结构、矩阵制组织结构等。采取何种组织结构主要取决于企业决策者和执行者对组织战略的理解,取决于企业自身的条件和战略类型,也取决于对组织适应战略发展标准的认识。

(2)设定计划体系。企业经营计划作为一个体系,按其所计划的期限长短可分为长期计划、中期计划和短期计划。长期计划为5年以上的计划,短期计划是年度计划,中期计划介于两者之间,是衔接性计划。

按计划内容分,有策略计划和职能计划。策略计划是实现战略目标对策的计划;职能计划是各个职能部门编制的计划,如商品采购计划、商品销售计划等。

按计划对象分,有单项计划和综合计划。前者是为解决某一特定问题而制订的计划,后者则是在前者的基础上综合而成的计划。

按计划的作用分,有进入计划、撤退计划和应急计划。进入计划是为了开辟新市场所制订的计划;撤退计划是为了从某个市场退出而制订的计划;应急计划是为了应付意外情况发生而制订的计划。

(3)合理配置资源。企业战略资源是指企业用于战略行为及计划推行的人力、物力、财力等资源的总和。它具体包括企业的采购与供应实力、生产与促销实力、技术开发实力、财务实力、人力资源实力、经营管理实力以及对时间、信息等无形资源的把握能力。

(4)营造企业文化。企业文化是企业生存和发展的基本条件之一,每个企业都有自己独特的文化,这种文化是一种无形的力量,影响并规定着企业成员的思维和行为方式,从而对落实企业战略产生重大影响。在战略管理过程中,企业内部新旧文化的协调和更替是战略实施获得成功的重要保证,营造富有活力的企业文化是实施战略的重要内容。

(5)提供信息保障。无论战略的制定还是战略的实施,每一个环节,每一个行动,都必须以信息作为基础,否则就会无法把握住方向。同时,战略实施的每一个行动都会产生相应信息,只有及时反馈这些信息,各级管理者才能做出科学的分析和正确的判断。

三、企业战略的评价与控制

在战略实施过程中，既定战略常与变化着的企业内外环境发生矛盾，战略实施效果也常会与预定的战略目标发生偏差。为保证战略目标的实现和战略执行计划的完成，除需要不断增强战略的应变性外，还必须切实加强战略控制。

战略控制离不开战略评价，评价可以说是战略控制的关键所在。只有通过评价，才能弄清战略实施的业绩及偏离战略目标的差距，并通过分析寻找影响因素，从而找到纠正的措施。战略评价与控制是交叉进行、滚动前进、互为融合的过程，二者共同保证战略目标的顺利实现。因此，本情境将战略评价与战略控制合二为一进行阐述。

(一)战略控制的过程

1.制定评价标准

在定性评价标准方面，主要有以下六种标准：

(1)战略内部各部分内容具有统一性。

(2)战略与环境保持平衡性。

(3)战略执行中注重评估其风险性。

(4)战略在时间上保持相对稳定性。

(5)战略与资源保持匹配性。

(6)战略在客观上保持可行性和可操作性。

在定量评价标准方面，可用以下项目制定出具体指标：销售额、销售增长、净利润、资产、销售成本、市场占有率、价值增值、产品质量和劳动生产率等。

2.衡量实际效益

在这一步骤中，企业主要是判断和衡量实现企业效益的实际条件。管理人员需要搜集和处理数据，进行具体的职能控制，并且监测环境变化时所产生的信号。环境变化产生的信号主要可分为外部环境信号和内部环境信号。其中，外部环境信号较重要，但较难预测到，其影响也比较难于确定；内部环境信号则较易控制，而且时间也较短。

3.评价实际效益

在这一步骤里，企业要用实际的效益与计划的效益相比较，确定两者之间的差距，并尽可能分析出形成差距的原因。如果实际效益在计划效益范围内，表明实现了预期的战略目标，这时应当总结成功的经验，必要时将其升华为企业内部的惯例或行为规范。如果实际效益与计划效益出现偏差，则要进一步分析形成偏差的原因和制定对策。原因可以从战略本身、战略环境、战略执行等多个方面进行分析。

4.纠正措施和权变计划

具体而言，企业采取纠正措施的方式主要有以下三种：

(1)常规模式，企业按照常规的方式去解决所出现的差距，这种模式花费的时间较多。

(2)专题解决模式，企业就目前所出现的问题进行重点解决，这种模式反应较快，节约时间。

(3)预先计划模式，企业事先对可能出现的问题有所计，从而减少反应的时间，增强处理战略意外事件的能力。

权变计划是指企业在战略控制过程中为了应对发生的重大意外情况，必须采用的备用应变计划。这种计划也是一种及时的补救措施，帮助企业管理人员处理不熟悉的情况。

(二)战略控制的方法

1. 预算

预算是在企业内各单位之间分配资源的主要手段，同时也是实施控制的重要方法，而且可能是使用最广泛的控制方法。预算通过财务部门的开支记录、定期报表等来表明预算的实际收支以及两者的差额，然后报给涉及的不同层次的负责人进行偏差分析，找出原因，采取纠正措施。

2. 审计

审计是由有关审计人员客观地获取与所评价的经济活动和事件判断有关的论据，经过评价弄清这些判断与实际状况之间的相符程度，并把结果告知用户或相关负责人，采取纠正措施。

3. 现场观察

现场观察算得上是一种最古老、最直接的控制方法。企业各级管理人员亲临生产、经营现场，实地视察，可以直接发现和解决可能出现的问题。视察时间可以定期或不定期，视察方式可以是“走马观花”或“下马看花”。

4. 目标管理

目标管理(MBO)既是战略实施的有力工具，又是战略控制的有效方法。企业通过定期对战略实施过程进行审查，按目标管理的内容将实际成果与标准或目标进行比较，及时发现偏差并采取纠正措施，从而实现控制功能。

项目 4　农业企业人力资源管理

任务 1　制订企业年度人力资源计划

◆ 任务目标

掌握分析企业人力资源现状、需求，制订企业年度人力资源计划的技能。

◆ 任务内容

1. 学生按 5～8 人进行分组，每组组建一个模拟公司。
2. 分析模拟公司人力资源现状。
3. 根据企业总体发展目标制订企业年度人力资源计划。
4. 完成企业年度人力资源计划书。

◆ 成果检验

每个实训小组上交一份企业年度人力资源计划书，由老师进行总结、点评并给出成绩。

◆ 相关知识链接

一、农业企业核心能力与人力资源

人力资源管理是指一个组织对人力资源的获取、使用、开发和保留的全部管理过程与活动。从企业运作的角度来讲，人力资源管理的内容主要表现在：人力资源日常事务管理、人力资源规划、工作分析、员工招聘管理、员工培训管理、员工绩效管理、员工薪酬与福利管理等。

（一）人力资源是企业的核心能力要素

随着知识经济时代的到来和全球化竞争的加剧，人力资源日益成为形成企业核心能力的基础。人力资源之所以成为企业的核心能力要素，是因为它具有下面的特征：

1. 价值有效性

人力资源的价值有效性主要表现在核心人力资源是企业价值创造的主导要素，人力资源

能够为企业持续性地赢得客户和市场，人力资源在企业的战略与组织变革、质量管理、商机开拓、生产率提高、成本节约等诸多方面发挥至关重要的作用。

2. 人力资源的稀缺性与独特性

人力资源的稀缺性是指一定时期内劳动力市场上具有某一特性的人才供给数量绝对不足或由于人力资源某种特性呈非均衡分布状态而导致企业人力资源出现结构性失衡。人力资源的独特性是指人力资源无法从市场上随意获取，不能购买和转让，难以模仿和复制等。

3. 人力资源的难以模仿性

员工独特的价值观、核心专长与技能，具有高度的系统性和一体化特征，使得竞争对手难以准确地加以识别，更难以简单地模仿。

4. 人力资源的组织化特征

人力资源已经与整个企业的战略、经营模式、组织结构、管理方式等相融合，体现出高度组织化的特征。

（二）制约农业企业，通过人力资源管理形成企业核心能力的因素

制约农业企业，通过人力资源管理形成企业核心能力的因素主要有：

1. 缺乏人力资源管理技术

农业企业缺乏如何将先进的人力资源管理思想转化为适合中国企业特点的、可运作的制度和措施的技术手段、途径、方法。很多企业缺乏可操作的人力资源规划与相关政策，人力资源管理的体系尚未建立起来，仍有许多人力资源管理的功能远未发挥出来。

2. 人力资源政策缺乏执行力

农业企业人力资源管理系统难以支撑企业战略目标的实现，人力资源的政策缺乏执行力。

3. 人力资源管理缺乏直线部门的参与和配合

农业企业中很多部门管理者和员工将人力资源管理工作看成是一种额外工作，甚至是一种负担，以至于不太配合人力资源部门开展人力资源管理工作。

4. 人力资源管理者缺乏企业经营知识和能力

人力资源管理人员对组织的战略规划、发展方向、生产经营等方面的知识和信息缺乏了解。因此，人力资源管理人员只能为业务部门提供后勤服务，而不能像业务部门那样成为组织活动的中心，成为业务部门的一个平等的伙伴。这就使得人力资源管理无法进一步发挥它在企业战略上的作用。

5. 劳资关系问题依然紧张和突出

6. 企业投入与产出的失衡

企业人员和资源不断投入，但业绩并未相应提高，人员和资源流失严重。

7. 企业矛盾复杂突出

企业老板与职业经理人的矛盾、“空降部队”与“地面部队”的矛盾、职业忠诚与企业忠诚的矛盾、老板人本思想与员工职业道德的矛盾、理性与人性的矛盾。

(三)增强农业企业核心能力的人力资源管理新角色

1.管理专家

管理目标:帮助组织建立一个高效并适应组织发展需要的管理运作体系。

主要任务:①帮助和指导各部门管理人员进行组织岗位设置及人力资源规划、岗位分析、员工招聘管理、人力资源日常事务管理、员工培训管理、员工职业生涯规划、员工绩效考核与管理、员工激励管理,等等。②人力资源部门协助组织通过组织重组、流程改造、业务外包,去除不必要的流程或工作,只留下核心的流程和工作。③改变人力资源管理者的旧有观念,由控制员工到服务员工,确保提供客户至上的员工服务。引导员工积极参与企业的各项活动,使其活动方向与企业的战略目标保持一致。

2.教练专家

管理目标:人力资源的激励、心态、潜能,人力资源的自我改变,创建学习型组织、教练培育团队精神。

3.心理专家

管理目标:在企业没有专职心理咨询师和专业咨询机构的情况下,人力资源部可以建立员工心态分析体系,展开多种形式的心理辅导活动,达到稳定职工队伍、提升员工士气、挖掘员工潜能、更好地为公司服务的目的。

主要任务:①新进员工辅导,澄清新进员工模糊认识,解决新进员工的实际困难。②离职员工辅导,发现和弥补公司管理制度的漏洞,提高干部的管理水平。③在职员工辅导,释放员工的心理压力,设计员工的职业生涯并为此提供指导和资源,组织员工对内对外联谊、交流、学习活动。

4.策略伙伴

管理目标:通过资源整合、人力开发和企业诊断的形式来实施企业最高经营战略。

主要任务:①根据组织的年度经营战略,预测人力需求和供给,加强培训和开发,优化人力结构。②使组织各部门的工作重点与公司的经营战略保持一致。③将公司的经营战略转换为可执行的计划和行为。

二、人力资源规划

(一)人力资源规划的内容

狭义的企业人力资源规划包括两个层次:

(1)人力资源总体规划是指在计划期内人力资源管理的总目标、总政策、实施步骤和总预算的安排。

(2)人力资源业务计划则包括人员补充计划、分配计划、提升计划、教育培训计划、工资计划、保险福利计划、劳动关系计划、退休计划,等等。

这些业务计划是总体规划的展开和具体化,每一项业务计划都由目标、政策、步骤及预算等部分构成,如表4-1所示。这些业务计划的结果应能保证人力资源总体规划目标的实现。

表4-1　人力资源规划内容一览表

计划类别	目　标	政　策	步　骤	预　算
总规划	总目标(绩效、收缩、保持稳定)	基本政策(扩大、收缩、保持稳定)	总步骤(按年安排,如完善人力信息系统)	总预算:××万元
人员补充计划	类型、数量、层次,对人力素质结构及绩效的改善等	人员素质标准、人员来源范围、起点待遇	拟定补充标准,广告吸引、考试、面试、笔试、录用、教育上岗	招聘挑选费用
人员分配计划	部门编制,人力结构优化及绩效改善,人力资源能位匹配,职务轮换幅度	任职条件,职位轮换范围及时间	略	按使用规模、差别及人员状况决定的工资、福利预算
人员接替和提升计划	后备人员数量保持,提高人才结构及绩效目标	全面竞争,择优晋升,选拔标准,提升比例,未提升人员的安置	略	职务变动引起的工资变动
教育培训计划	素质及绩效改善,培训数量类型,提供新人力,转变态度及作风	培训时间的保证,培训效果的保证(如待遇、考核、使用)	略	教育培训总投入产出,脱产培训损失
工资激励计划	人才流失减少,士气水平,绩效改进	工资政策,激励政策,激励重点	略	增加工资奖金额预算
劳动关系计划	降低非期望离职率,改进干群关系,减少投诉和不满	参与管理,加强沟通	略	法律诉讼费
退休解聘计划	编制、劳务成本降低及生产率提高	退休政策及解聘程序	略	安置费、人员重置费

(二)人力资源规划的步骤

(1)调查、收集和整理涉及企业战略决策和经营环境的各种信息。影响企业战略决策的信息有:产品结构、消费者结构、企业产品的市场占有率、生产和销售状况、技术装备的先进程度等企业自身的因素。企业的外部环境包括社会、政治、经济、法律环境等。这些外部因素是企业制定规划的“硬约束”,企业人力资源规划的任何政策和措施均不得与之相抵触。例如,《劳动法》规定:禁止用人单位招用未满16周岁的未成年人。企业拟订未来人员招聘计划时,应遵守这一原则。否则将被追究责任,计划亦无效。

(2)根据企业或部门实际确定其人力资源规划的期限、范围和性质,建立企业人力资源信息系统,为预测工作准备精确而翔实的资料。

(3)在分析人力资源供给和需求影响因素的基础上,采用以定量为主,结合定性分析的各种科学预测方法对企业未来人力资源供求进行预测。它是一项技术性较强的工作,其准确程度直接决定了规划的效果和成败,是整个人力资源规划中最困难,同时也是最关键的工作。

(4)制订人力资源供求平衡的总计划和各项业务计划,通过具体的业务计划使未来组织对人力资源的需求得到满足。

(三)规划流程

人力资源规划过程还可以归纳为三个:评价现有的人力资源,预估将来需要的人力资源,制订满足未来人力资源需要的行动方案。

1.当前评价

管理当局要对现有人力资源的状况作一考察。这通常以开展人力资源调查的方式进行。在计算机系统高度发达的年代,对于绝大多数组织来说,要形成一份人力资源调查报告并不是一项困难的任务。这份报告的数据来源于员工填写的调查表。调查表可能开列姓名、最高学历、所受培训、以前就业、所说语种、能力和专长等栏目,发给组织中的每一个员工。此项调查能帮助管理当局评价组织中现有的人才与技能。

当前评价的另一内容是职务分析。人力资源调查主要告诉管理当局各个员工能做些什么,职务分析则具有更根本的意义,它确定了组织中的职务以及履行职务所需的行为。例如,在博伊斯-凯斯凯德公司(Boise Cascade)中工作的第三级采购专业人员,其职责是什么?若其工作取得绩效,最少需要具备什么样的知识、技术与能力?对第三级采购专业人员与对第二级采购专业人员或者采购分析员的要求,有些什么异同之处?这些是职务分析能明确问题之所在,职务分析将决定各项职务适合的人选,并最终形成职务说明书说明职务规范。

2.未来评价

未来人力资源的需要是由组织的目标和战略决定的。

人力资源需求是组织的产品或服务需求状况的一种反映。基于对总营业额的估计,管理当局要为达到这一营业规模配备相应需要数量和知识结构的人力资源。在某些情况下,这种关系也可能相反,当一些特殊的技能为必不可少而又供应紧张时,现有的符合要求的人力资源状况就会影响营业的规模。例如,税务咨询公司就可能出现这种情况。它常发现经营机会远比自己所能处理的业务大得多。其扩大营业的唯一限制因素可能就是该咨询公司能否雇佣和配备具有满足特定客户要求所必需的工作人员。不过,大多数情况之下是以组织总目标和基于目标规定的营业规模预测作为主要依据,来确定组织的人力资源需要状况。

3.制订面向未来的行动方案

在对现有能力和未来需要做出全面评估以后,管理当局可以测算出人力资源的短缺程度(在数量和结构两方面),并指出组织中将会出现超员配置的领域。然后,将这些预计与未来人力资源的供应推测结合起来,就可以拟订出行动方案。可见,人力资源规划不仅为指导现时的人力配备需要提供了指南,同时也预测到未来的人力资源需要和可能。

任务2 员工招聘

任务目标

初步掌握员工招聘的基本流程与方法，能够灵活运用面试的方法招聘合适的"员工"。并学会总结与修正招聘方案，能够制作个人简历，完成应聘工作。

任务内容

1.各团队准备企业简介、招聘广告、招聘岗位的工作说明书、招聘表格等资料，个人准备应聘资料。

2.撰写招聘计划方案，包括招聘岗位、时间、形式、方法、程序和预算等内容。

3.派代表介绍企业，进行招聘宣传，发布招聘信息，模拟现场招聘。

4.现场招聘第一阶段，各团队分为两部分，一部分同学扮演招聘人员，搭台进行招聘；另一部分同学扮演应聘角色。第二阶段，角色互换，由应聘的同学扮演招聘人员，而原先招聘的来应聘。

5.综合两个阶段的现场招聘情况，进行讨论，确定录用人员，当场宣布招聘结果。

6.总结招聘工作，派代表上台发言，并上交招聘材料、应聘材料。

成果检验

考核学生参加实训的出勤和纪律情况，实训过程中的工作态度、团队协作精神与沟通能力，对突发事件的应急能力。每个小组上交一份招聘计划方案，由老师进行总结、点评并给出成绩。

相关知识链接

人才招聘是指企业为了发展的需要，根据人力资源规划和工作分析，寻找并吸引有能力又有兴趣到本企业工作的人员，并从中选出适宜人员予以录用的过程。

一、人员配备的原则与内容

人员配备是对企业组织中全体人员进行恰当而有效的选拔、培训和考核，其目的是为了配备合适的人员去充实组织机构中所规定的各项职务，以保证组织活动正常进行，进而实现组织既定目标。传统观点一般把人员配备作为人事部门的工作，即按照组织手册的要求配备各部门、各岗位所需的人员。现代观点认为，人员配备不但包括选人、评人、育人，而且包括如何使用人才，以及如何增强组织凝聚力来留住人才。

（一）人员配备的原则

1.职务要求明确原则

职务要求明确原则强调，对管理人员的要求越明确，培训和评价人员的方法及其工作质量就越有保证。

首先，由于人员配备目的是以合适的人员去充实组织结构中所规定的各项任务，如果职务不明确，人员配备就没有了依据，就不能以合适的人员去充实这些职务，就不能做到因事设人，也就不能发挥各个管理人员的特长，不能做到量才录用，人尽其才，才尽其用。其次，职务不明确，就无法了解管理人员在组织中某个特定职务的相对重要性及其任务，无法考证他所取得的成果，也无法对管理人员有目的地进行培训。

2. 责权利一致原则

责权利一致原则强调，组织越是想保证目标实现，就越要使主管人员责权利相一致。管理人员必须有足够的权力才能担当他应负的责任，才能实施他的计划。这个权力很大程度上表现为自主程度。职责是管理人员的工作任务，也是义务。职责是考评有相应权力管理人员的主要内容，因为职务必须由人来填补，显然，在规定职责时必须把那些诱导人们去工作的许多因素，如薪金、地位、权力、自主权限和完成职责的可能性等考虑进去。管理人员必须也应当得到与其权责相应的待遇，既包括物质上的，也包括精神上的。这种“利”不仅是管理人员完成任务的保证，也是对其本人及周围人的激励因素。只有责权利一致，才能使管理人员盯紧目标，竭尽全力地完成组织赋予他的使命，真正发挥管理人员的作用，从而避免有职无权、职责不明的现象和权、责、利不相应的情况。调动管理人员的积极性是实现组织目标的重要环节。

3. 公开竞争原则

公开竞争原则强调，组织越是想要提高管理水平，就越是要在培养选拔管理接班人时鼓励公开竞争。实行公开竞争时，空缺的职位是对任何人都开放的，它不仅要求候选人能够胜任职务，而且要求它有可能选到最合适的人选。公开竞争无论对组织内部或外部的人都应一视同仁，机会均等。要进行公开竞争，前提是人才必须能够流动，人才不流动，也就无所谓公开竞争。必须指出，这种流动不是指那种只顾本组织利益而不顾国家利益和需要的盲目流动，这种流动应当是在国家政策指导下，为使每个人的才能都在合适的条件下充分发挥的合理流动。在人才合理流动的前提下，鼓励组织内外所有能人进行公开竞争，这对组织有效地进行人员配备具有极其重要的意义。

4. 用人之长原则

用人之长原则强调，管理人员越是处在最能发挥其才能的职位上，就越能使组织得到最大的收益。作为管理人员应明白，一个人只有处在最能发挥其才能的职位上，才会干得最好，才能使组织得到最大的收益。因此，在进行人员配备时，必须根据职务的明确要求，寻找最合适的人选。所谓最合适的人选，并不是指那些在各方面都完美无缺的人，而是相对于某个特定职务来看候选人的长处适合于这个特定的职务。所谓样样都是，必然是一无是处。才能越高的人，其缺点也往往越明显。有高峰必有低谷，谁也不可能十全十美。与人类现有的博大的知识、经验、能力的汇集总和相比，任何伟大的天才都不能及格。世界的确没有什么都能干的全才，只是在哪方面能干而已。

在进行人员配备时，不仅在选拔时以候选人能力为基础，注意候选人的长处，在培训时，也要将重点放在怎样发挥候选人的长处，扬其长而避其短；在考评时，还要对其做出更客观的评价，既不能只讲其长处，一好遮百丑，也不能只抓住其缺点不放，说得一无是处。要明确人员配备的目的是为了实现组织目标,要做到知人善任,关键不在于如何减少人的短处,而在于如何发挥人的长处,各得其所,各得其志,人尽其才,才尽其用。

5.不断培养原则

不断培养原则强调任何一个组织,越是想要使其管理人员能胜任其承担的职务,就越是需要他们去不断地接受培训和进行自我培养。由于在现代社会中,科学技术突飞猛进,人类知识更新的速度空前加快,据推算19世纪时知识更新周期为80～90年,现今已缩短为15年,而某些领域缩短为5～10年。同时,各门学科的分支层出不穷,边缘性、交叉性学科随着发展形成了人类知识结构综合化、整体化的新趋向。一个管理人员,即使他是一位刚从大学出来的毕业生,他在校所获得的知识也只是他一生中所需知识的10%左右,只要一两年不学习,知识就会老化。遵从终身教育理念,管理人员必须注意对下级的培养,本人也要寻求培养的机会和进行自我培养。以适应社会的发展,这是人员配备过程始终要牢记的。

(二)人员配备的内容

1.选聘

人员选聘主要解决人与事的配置问题:要根据组织的职位需要,选择适当人员来担任相应职务;要明确各类人员的职权、职责,以及相互关系,并加以规范化。

2.人员组合

人员组合主要解决人与人的配合问题:按照组织目标要求,结合人员的专业与素质条件,实现各类人员的科学组合;研究各类人员社会心理类型与特点,实现最佳社会心理组合,以形成有效激励的氛围,增强组织凝聚力。

3.人力资源开发

人力资源开发主要解决人的素质提高问题:通过各种形式的培训,进行智力开发,提高各类人员的业务素质和职务(岗位)技能;通过各种激励形式,最大限度地调动各类人员的积极性和创造性,提高工作效率和质量。

二、人员选聘

(一)选聘条件

为了获得合适的人员来充实组织中的职位,就必须进行选聘。那么人员应具备什么样的条件呢?具体来说,就是要看候选人是否具有管理愿望,是否具有管理能力或管理的本领。

1.管理愿望

成功地履行管理职能最基本的要求是有强烈的管理愿望。一个管理人员良好的工作成效和他所具备的通过下属协同努力而达到目标的强烈愿望之间,有着密切的联系。所谓管理愿望就是指希望从事管理的主观要求。由于人不是生活在真空中,他的各种想法与所处的外部环境有着千丝万缕的联系,负责选拔人才的主管人员必须摸清候选人之所以想从事管理工作的真正理由。有些人想从事管理,想到的只是管理部门工作任务之艰巨、责任之重大和所要经受的挫折。有些人却是因为具有远大的抱负,具有强烈的责任心,具有吃苦耐劳、不达目的誓不罢休的坚强毅力,他的管理愿望是建立在对管理工作性质的透彻理解和对自己能力充分自信的基础上,而不是建立在对某种地位和物质利益追求的基础上,是为了组织目标贡献自己的才能。这就是我们所反映的强烈的管理愿望,正是这种人才,才是我们寻找的人选。一个人只有对管理工作有愿望,才能将其全部才能充分发挥出来,才能积极地去学习一切与此有关的知识和技能,才能真正成为一个合格的主管人员。没有对所从事工作的强烈愿望,是不能干好这个工作的。

2. 管理能力

能力通常是指完成一定活动的本领,包括完成一定活动的具体方式以及顺利完成一定活动所必需的心理特征。例如,从事音乐活动既要掌握歌唱、演奏的具体方式,又要具有曲调感、节奏感,以及音乐听觉表象等心理特征。各种活动所必需的心理特征在各个人身上的发展程度和结合方式是不同的,因而能力特征也是各不相同的。能力是在人的生理素质基础之上,经过教育和培养,并在实践活动中吸取人民群众的智慧和经验而形成和发展起来的。

所谓管理能力,也就是指完成管理活动的本领。贝尔电话公司前任经理巴纳德认为:为使主管人员能理解一个复杂的组织机构的各个方面,能分析各组织之间正式的相互关系,把技术、经济、财务、社会以及法律等学识恰当地结合起来,把这些问题向别人解释清楚,这就要求他有精确的识别、分类、逻辑推理能力,这一点是不辨自明的。由于能力是在实践中形成和发展起来的,因此,我们在以是否具有管理能力这一标准来选拔管理人员时,必须从管理人员在工作中认识问题、分析问题以及综合处理问题时表现出来的管理能力来评价。

(二)选聘方式

选拔管理人员的方式,可考虑从内部提升,也可考虑从外部招聘。但不管是从内部提升,还是外部招聘,都要鼓励公开竞争。

1. 内部提升("内升制")

从内部提升是指从组织内部提拔那些能够胜任的人员来充实组织中的各种空缺职位。内部提升意味着由较低职位提升到较高职位。实行内部提升一般要求在组织中建立详尽的人员工作表现的调查登记资料,以便在需要填补空缺时,即可据此进行研究分析,以找出合适人选。

优点:由于对机构中的人员有较充实可靠的资料,可了解候选人的优缺点,以判断其是否适合新的工作;组织内成员对组织的历史和现状比较了解,能较快地胜任工作;可激励组织成员的进取心,努力充实提高本身的知识和技能。理论上讲,组织成员会毫无疑问地赞同从内部提升的途径。

缺点:所能提供的人员有限,当组织内有大量空缺职位时,往往发生"青黄不接"的情况;会造成"近亲繁殖",因为组织成员习惯了组织内一脉相承的做法,不易带来新的观念,而创新对组织是不可缺少的要素。

2. 外部招聘("外求制")

外部招聘是从企业外部设法得到急需的人员,特别是那些关键性作用的人员。从外部招聘可通过广告、就业服务机构、学校、组织内成员推荐等途径进行。它的对象可以是外部单位有经验的管理人员,也可以是初出茅庐的大学毕业生,甚至可以是没有任何背景、但能胜任的其他各种人员,只要他们对空缺的职务感兴趣,并有能力胜任。要使这项工作得以有效实施,吸引人们前来应聘,就必须将空缺职务的有关情况真实地告诉应聘者,如职务的性质和要求、工作环境的现状和前景及报酬和福利条件等。这里提的报酬,不仅限于薪金的多少和职位的高低，还有工作是否有意义，是否具有挑战性，能否按其意愿行使权力，以及由此而给应聘者带来的威信、名誉和成功等精神上的报酬。因而，用于鼓励人们应聘的最好办法必须是既广泛包含了人们的共同愿望，又包含了个人需要。同样，从外部招聘也有其优缺点。

优点：有较广泛的来源满足组织的需求，并有可能招聘到一流的人才；可避免“近亲繁殖”，给组织带来新鲜血液；可避免组织内没有提拔到的人的积极性受挫，避免造成因嫉妒心理而引起的情绪不快和组织成员间的不团结；由于大多数应聘者有一定的经验，可节省在培训上所花费的大量时间和费用。

缺点：由于不了解应聘者的实际情况，不容易对应聘者做出客观评价，有时会导致很大的失望；应聘者对组织的历史和现状不了解，需要有一个熟悉的过程；如果组织中有胜任的人未被选用，从外招聘会使他们感到不公平，对自己的前途失去信心。

两种方法孰优孰劣，还要看具体情况来定。一般来说，当组织内有能够胜任空缺职位的人才时，应先从内部提升；当空缺的岗位不很重要且组织有一个持续发展的既定战略时，应当考虑从内部提升；然而当组织急需个关键性的管理人员来对原定的战略进行重大修改，而组织内又无胜任这一重大岗位的人员时，就要从外部招聘。否则，如果勉强地提拔内部人员将会造成不良后果，人为这样做会使组织处于停顿状态。在实际工作中，通常采用的往往是内部提升和外部招聘相结合的途径，将从外部招聘来的人员先放在较低的岗位上，然后根据其表现再进行提升。

(三)选聘步骤

选聘过程和步骤，其顺序安排可视具体情况而定，同时要参照所设立的选聘标准和选聘方法。一般来说，选聘的步骤是按初次面试—审查申请表—测试—录用面试—人才评价—新员工上岗教育这一系列程序进行。

1.初次面试

初次面试多半是根据招聘的一些标准与条件来进行筛选，决定对哪些人进行进一步考核，淘汰明显不符合职务要求的应聘者。在这一阶段，招聘者所提的问题大多直截了当，比如，受过什么教育、接受过哪些培训等。初次面试可大大减少进一步选拔的工作量和费用，使选拔工作得以顺利进行。

2.审查申请表

申请表是普遍使用的选拔手段，目的是为了帮助招聘人员对应聘者有具体了解，并根据其条件，决定是否还有必要对其进行进一步考核。申请表的内容依不同组织、不同招聘职务而定。一般来说，申请表的内容包括：姓名、年龄、性别、家庭情况、受教育情况、特长、简历等。在申请表的具体编排上，应依据企业及职务的要求而定，尽量做到与职务密切相关。同时，在用词上也应做到清晰明了，应使招聘者通过申请人所填的具体内容即可做出有效的初步判断。

3.测试

测试是运用系统的统一的标准及科学的规范化的工具，对不同人员的各种素质力进行公正而客观的评价。它是选聘过程中重要的辅助手段，特别是对于那些其他手段无法确定的个人素质，如能力、个性特征、实际技能等。测验法是不可或缺的补充手段，因而逐渐被企业关注和应用。最常用的测验包括智力测验、知识测验、个性测验和兴趣测验等。

4.录用面试

录用面试是最常用的一个选拔步骤,有些企业可能不对应聘者进行选择测试,但几乎所有的企业在录用某人之前,都要经过面试这一程序。面试的目的是进一步获取应聘者的信息,在初次面试和审查申请表的基础上,加深对应聘者的认识,有助于对应聘者合格与否做出判断。同时,计划得当的面试还可以达到使应聘者了解企业和宣传企业形象的目的。

5.人才评价

人才评价是让候选人参加一系列管理情境模拟活动,让评价人员观察和分析受试者在一个典型的管理环境中如何工作,以考察其实际管理技能。这些活动除了上面介绍的常规的笔试、面试和心理测试外,大都是工作情境模拟测试,"公文处理模拟测试"、"无领导小组讨论"和"企业决策模拟竞赛"等。参加评估的人员通常是评估专家和经过培训的企业领导者,通常可由待选聘岗位的顶头上司参与最后结论评估,并由评估小组集体讨论做出,作为上级审批人员聘任的依据。

6.新员工上岗教育

上岗教育包括向新员工介绍企业的职能、任务、制度和人员等情况。常规教育一般由企业人力资源部门来担任,但是对新管理人员进行上岗教育的责任,应是他们顶头上司的任务。上岗教育的另一个或许更为重要的方面是,如何使新管理人员适应工作。有组织地使新员工适应工作的上岗教育主要有三个方面:学习工作所需要的知识和能力;执行任务采取的合适态度;适应本单位的准则和价值观念。

三、农业企业人才招聘

大多数农业企业是人员密集型企业,人才招聘是为农业企业发展提供合格人才的重要保障。能否招聘到德才兼备的人才,是农业企业生存发展的关键。

(一)农业企业人才招聘存在的问题

1.对招聘人员的选择存在问题

许多农业企业的招聘人员在职业素养和行为方式上都存在欠缺,整个招聘过程中就是忙着收简历。实际上招聘人员的选择、搭配和组织是一门艺术,招聘人员的素质直接影响到招聘的质量,也会影响候选人对整个企业的评价与判断。

2.招聘计划不完整

大多数中小农业企业都是从家族式的小企业发展而来,没有完整的招聘计划。不少企业"唯亲近者是用""唯家族成员是用",没有充分考虑到企业人员的整体结构,使企业发展受到严重的制约。

3.缺少完整的招聘程序

许多农业企业以为招聘就是收集简历、面试和把人员安排在用人部门。其实招聘工作是一个循环,包括更多内容,如招聘前资料的收集、招聘规程、招聘的宣传、应聘者背景调查、拟聘后结果的及时反馈等。

4.招聘渠道唯一

农业企业在人才招聘时,招聘渠道往往过于单一。常见的招聘形式是利用报纸、广播电视进行广告招聘或者通过企业员工、客户等推荐人选。

5.面试过程存在误差

面试过程中，面试人员往往对面试目的不明确，对合格者应具备的条件界定不清，对偏见影响缺少认识和控制。有的企业还以招聘经理个人的感觉为基础进行人员招聘。

(二)对农业企业实施科学招聘的建议

1.选择适合的招聘人员

在进行人才招聘之前，农业企业对招聘人员进行选择及有针对性的培训是十分必要的。选择时要考虑候选人是否具备招聘人员应具备的素质，如表达能力、观察能力、协调沟通能力、自我认知能力、专业技能、知识面、诚实公正、热情等。在招聘时，招聘人员要做好以下几方面的工作：及时向应聘者提供反馈；避免做出会导致应聘者对企业产生错误印象的行为，用团队的方式进行人员招聘。

2.做好分析工作

农业企业在招聘之前，应该利用以往在工作中获得的信息，分析、编写出关于招聘职位的工作说明书。工作说明书会说明该工作需要完成哪些工作职责以及任职者应该具备的知识、技能、能力、经验等。工作说明书能够帮助企业确定需要什么样的人，把其作为招聘的依据有助于企业把最符合条件的应聘者招聘到企业里来，保证人与工作的匹配，提高招聘的信度和效度，降低人力资源选择成本。

3.建立完善的人力资源规划

为了确保在适当的时间，为适当的职位配备适当数量和类型的人员，农业企业应当制订年度或周期更长的人力资源规划。具体包括制定人力资源数量规划、人力资源结构规划以及人力资源素质规划。其中在制订人力资源数量规划时要确定企业目前有多少人，未来需要多少人；在制订人力资源、结构规划时要依据行业特点、企业规模、未来战略重点发展的业务，对企业的人力资源进行分层分类，同时设计各层各类的功能、职责、权限等。制订人力资源素质规划时要设计企业的各种工作人员的任职资格要求，包括素质、行为及行为标准等。通过人力资源规划，企业可以将其组织发展目标转化为需要通过哪些人才来实现这个目标。人力资源规划可以为企业人才招聘录用工作提供客观的依据、科学的规范，能够避免人才招聘录用过程中的盲目性和随意性。

4.建立完整的招聘流程

能否建立完整的招聘流程在很大程度上决定了企业人才招聘是否成功，完整的招聘流程，主要包括：人员需求调查、人力资源规划、选择招聘渠道、实施招聘、筛选简历、确定面试人选、实施面试与甄选、人事决策和确定录用人员。在建立招聘流程时，每个环节都要有详细的计划、操作方式，以保证招聘工作有条不紊地进行，提高招聘质量和效果。

5.建立完善的招聘渠道

除了广告招聘、推荐之外，农业企业还可以通过校园招聘、人才交流会、网络招聘、猎头公司招聘等多种渠道进行招聘信息的发布和人才的吸引。学校是人才高度集中的地方，大学毕业生的素质较高，具有一定的专业知识，并具有发展的潜力，所以企业可以定期到各农业院校或涉农专业进行宣传，开招聘会，吸引优秀人才。农业企业通过参加人才交流会可以直接接触大量应聘者，并获得大量信息，既节省招聘费用又节省时间，招聘的效率和效果都能得到提高。网络招聘是当前人才市场的一大热点，网上招聘范围广，使得企业有更大的人才选择余地，从而避免出现因应聘人数过少而降低录用标准的现象。网络招聘还具有速度快、招聘成本低的优势。当农业企业需要招聘高层管理人才和高级技术人才时，可以寻求猎头公司的帮助。猎头公司掌握着大量人才供求的信息，拥有自己的人才数据库。农业企业通过猎头公司招聘高级人才的成功率较高，素质也能够得到保证。

6. 防止面试过程的误差

农业企业要从多角度、多侧面了解应聘者，面试时需要由人力主管、业务经理等多名面试官参与面试，防止只由一个人做决定。可以采取非结构化面试、结构化面试、压力面试、情景面试等方式对应聘者的个人能力和素质做出判断。面试时，可以从以下几方面克服面试错误：不要凭借第一印象做出判断；克服刻板效应、类我效应；着重了解工作所要求的知识、技术、能力和其他特点，要基于职位要求选择候选人；审查应聘者个人简历和申请表时主要关注以下内容：与工作要求相符的关键词、反映申请者是否满足工作要求的形容词和数量词、在原工作中所掌握的技术和新工作所需的技术之间转换的难易程度；经历空档；职位跳跃性等。

任务 3 员工培训

◈ 任务目标

能够制订员工培训计划；完成培训全过程的组织工作。

◈ 任务内容

1. 学生按 5～8 人进行分组，每组组建一个模拟公司。

2. 为模拟公司制定员工培训计划，包括培训人员、培训内容、培训方式、培训教师、教材、培训地点的选择，培训效果的评价等。

3. 每组选代表在全班宣读员工培训计划。

◈ 成果检验

每个实训小组上交一份员工培训计划，由老师进行总结、点评并给出成绩。

◈ 相关知识链接

一、员工培训

员工培训是指一定组织为开展业务及培育人才的需要，采用各种方式对员工进行有目的、有计划地培养和训练的管理活动。其目标是使员工不断地更新知识，开拓技能，改进员工的动机、态度和行为，使企业适应新的要求，更好地胜任现职工作或担负更高级别的职务，从而促进组织效率的提高和组织目标的实现。主要培训方法有：

1. 讲授法

属于传统培训方式，优点是运用起来方便，便于培训者控制整个过程。缺点是单向信息传递，反馈效果差。常被用于一些理念性知识的培训。

2. 视听技术法

通过现代视听技术（如投影仪、DVD、录像机等工具），对员工进行培训。优点是运用视觉与听觉感知方式，直观鲜明。但学员的反馈与实践较差，且制作和购买的成本高，内容易过时。多用于企业概况、传授技能等培训内容，也可用于概念性知识的培训。

3. 讨论法

按照费用与操作的复杂程序又可分成一般小组讨论与研讨会两种方式。研讨会多以专题演讲为主，中途或会后允许学员与演讲者进行沟通交流。优点是信息可以多向传递，与讲授法相比反馈效果较好，但费用较高。而小组讨论法的特点是信息交流方式为多向传递，学员参与程度高，费用较低。多用于巩固知识，训练学员分析、解决问题的能力与人际交往的能力，但运用时对培训教师的要求较高。

4. 案例研讨法

通过向培训对象提供相关的背景资料，让其寻找合适的解决方法。这一方式使用费用低、反馈效果好，可以有效训练学员分析解决问题的能力。另外，近年的培训研究表明，案例、讨论的方式也可用于知识类的培训，且效果更好。

5. 角色扮演法

受训者在培训教师设计的工作情况中扮演其中角色，其他学员与培训教师在学员表演后作适当的点评。由于信息传递多向化、反馈效果好、实践性强、费用低，多用于人际关系能力的训练。

6. 自学法

这一方式较适于一般理念性知识的学习，由于成人学习具有偏重经验与理解的特性，让具有一定学习能力与自觉的学员自学是既经济又实用的方法，但此方法也存在监督性差的缺陷。

7. 互动小组法

互动小组法也称敏感训练法，此法主要适用于管理人员的人际关系与沟通训练。让学员在培训活动中的亲身体验来提高他们处理人际关系的能力。其优点是可明显提高人际关系与沟通的能力，但其效果在很大程度上依赖于培训教师的水平。

8. 网络培训法

这是一种新型的计算机网络信息培训方式，投入较大。但由于使用灵活，符合分散式学习的新趋势，节省学员集中培训的时间与费用。这种方式信息量大，新知识、新观念传递优势明显，更适合成人学习。因此，特别为实力雄厚的企业所青睐，也是培训发展的一个必然趋势。

二、人力资源开发

人力资源开发是指企业在组织团体现有人力资源基础上，依据企业战略目标、组织结构变化，对人力资源进行调查、分析、规划、调整，提高组织或团体现有的人力资源管理水平，使人力资源管理效率更好，为团体（组织）创造更大的价值。人力资源开发方法主要包括以下几点：

1.在职开发方法

(1)工作轮换。

(2)指导/实习。让将要被取代的人与被开发人员一起工作,并对其进行指导。

(3)初级董事会。让经过选拔的中级管理人员组成一个初级董事会,使其面对目前公司所存在的问题并要求其对整个公司的政策提出建议的一种开发方法。

(4)行动学习。让被开发者将全部时间用于分析和解决企业内部实际问题或其他组织机构问题,承担企业内外组织的某个具体任务或项目,定期开会并就各自的研究成果展开讨论。

2.脱岗开发方法

(1)正规教育,包括专门为公司雇员设计公司外教育计划、由大学及咨询公司开设的短期课程、高级经理人员的工商管理硕士培训计划、大学课程教育计划等。

(2)研讨会或大型学者会议。这种方法既进行思想、政策和程序等交流,也对一些没有定论或答案的问题展开讨论,包括对某些未来趋势进行探讨。研讨会通常与大学或咨询公司合办。该方法既能借鉴其他公司或学者的一些最新实践模式或研究成果,也能捕捉到一些有关未来走向的敏感信息。

(3)周期性休假。企业借鉴学术界的通行做法,给员工提供6个月甚至更长的带薪休假时间,以参加社会公益项目,开发自身并重获活力。

(4)企业内部开发中心。这是让有发展前途的管理人员到企业自己建立的基地去做实际练习,从而进一步开发其管理技能的方法。

(5)文件筐技术。这是指在被开发人员的桌面上摆放有需要处理的各种各样的文件,参加者要阅读这些文件,并提出相应的解决办法,如分派任务、书面或电话回复、安排会议时间表或置之不理等。

三、职业发展管理

职业发展管理即职业发展规划,是指以员工的个人成长、发展计划与组织要求的计划相结合的方式,对员工职业生涯的设计与开发。企业职业发展管理的主要途径包括以下几点:

1.协调企业目标与员工个人目标

企业要牢固树立人力资源开发的思想,真正把职业管理看成培养人的重要途径。同时,准确把握员工的主要需求,才能采取针对性措施满足其需求,企业在制定目标时,要使企业目标包含员工个人目标,还要通过有效沟通使员工了解企业目标,让他们看到实现企业目标给自己事业带来的利益,使企业与员工结合为利益共同体。

2.帮助员工制订职业计划

根据员工个人的能力、兴趣爱好和职业发展目标的要求,进行分析和评估,进行职业咨询指导,对员工工作技能和潜能做出客观、公正的评价,帮助员工共同设计职业发展规划表,使员工瞄准自己的目标,在经验人士、主管经理的指导下正确选择自己的职业道路。

3.帮助员工实现职业计划

企业招聘时审视应聘者的职业兴趣并提供较为现实的发展机会,提供阶段性的工作轮换,以及多样化、多层次的培训。为员工提供职业发展咨询,开展以职业发展为导向的考核、晋升与调动管理等方式帮助员工实现职业计划。

四、农业企业人力资源培训

近些年来，全球经济一体化格局给农业企业提供了前所未有的发展机遇；农业企业由传统走向现代，由一般阶段向更高阶段发展；农业企业越来越重视"绿色"环保，追求经济效益、社会效益和生态效益同步提高。但是，在我国农业企业的发展过程中还存在着一个瓶颈——人才严重匮乏。农业企业必须建立人力资源培训体系，培养自己的业务人才及骨干力量，才能突破其"人才"瓶颈，提高内在的技术含量和管理水平，发展成为现代农业企业。

（一）农业企业人力资源培训中存在的问题

1.培训工作缺乏与企业发展战略的紧密结合

企业主要按照市场竞争的要求和压力来制定发展战略。农业企业在对员工进行培训时，培训对象、培训数量、培训所需资金、培训项目的开发等方面往往与企业的发展战略相脱节。培训工作流于形式，没有培训出适应激烈的市场竞争，适应企业长远发展的人才。

2.轻视专业技能培训，培训针对性差

农业企业中的每一位员工都有一个确定的职位，这就要求员工要具备一定的知识和技能来履行和完成每一个职位的职责。每一个职位的知识和技能结构可以分为三类：一是专业知识和技能，这是员工工作中使用的最主要的知识和技能，是员工的专长；二是相关知识与技能，这是员工工作经常要用到的，但并非员工的专长；三是基础知识，这是员工应该了解的背景知识。

农业企业是农业扩大再生产中最活跃的细胞，各种涉农交易活动主要是由农业企业承担，农业企业的实力、活力和经营效率，直接决定着农业的经济状况，进而影响国民经济的整体状况。许多农业企业在对员工进行培训时，没有从业务流程出发，轻视对员工的专业技能培训，不能满足为企业培养实用人才，提升产品品质和生产效率的要求。

3.培训对象是少数员工

许多农业企业在培训员工时缺乏对培训资格的控制，造成培训对象只是少数员工。这里有两个误区：一是有的领导认为应该重点培训那些经过挑选、有发展潜力的人员，每次不管培训什么内容都让他们参加，从而忽视了大多数员工的培训；二是认为单位的现时工作最主要，因此，只让那些没什么事的员工参加培训，于是培训就集中在某些人身上，造成了"闲人培训，忙人没时间培训，急需人员不培训"的结果，这样的培训没有任何效果。

4.培训体系不健全

大多数农业企业的培训工作都是刚刚开始，没有建立健全培训体系。课程设置、教案教材建设、师资管理、培训档案管理等都处于空白。新员工只接受基本的岗位培训，时间一般为1周左右，然后就自己开始独立工作，进入公司后完全依靠个人的自觉性学习。

5.学员实践应用能力差

经调查，农业企业的员工经过培训后，受工作环境的影响，不能有效地将在培训中所学到的知识、技能和行为应用到实际工作中去。许多培训项目在进行过程中，缺乏示范和学员的参与，学员基本没有模拟和操演的机会；培训结束后，由于工作任务的安排，受训者往往没有机会使用培训中获得的新技能和行为方式;实际应用过程中缺乏专家的指导。这些都造成了受训者实践应用能力差。

6. 忽视对培训效果的评估

农业企业已经认识到培训的重要性,并且着手进行培训工作。但是对于培训的效果,对于通过培训是否真正提高了企业的绩效这个问题并没有认真思考和研究。

培训评估是对整个培训活动实施成效的评价与总结。农业企业培训的目标是提高企业和员工的绩效,培训工作的每一步以及培训结束后都要关注这个目标。如果只重视培训过程,不重视培训结果,这种培训势必只会浪费大量的时间和人力,不会提高企业的效益。

(二)构建农业企业培训系统

农业企业要从培训需求分析、培训计划制订、培训活动组织实施以及培训效果评估四个方面构建培训系统。

1. 对培训需求进行有效分析

培训需求分析是整个培训了作流程的出发点,其准确与否直接决定了整个培训工作有效性的大小。培训需求分析是我国农业企业培训开发工作中十分突出的一块“短板”。作为农业企业,在进行培训需求分析时,要明确培训目的、培训内容和受训对象。农业企业在进行培训需求分析时,可以选择使用观察法、问卷调查法、专家访谈法、绩效考察法等技术。

2. 制订明确的培训计划

培训计划是指具体确定培训项目的形式、学制、课程设置方案、课程大纲、教科书与参考教材、任课教师、教学方法、考核方式、辅助培训器材与设施等。农业企业制订培训计划时,要明确并把握如下原则:培训计划制订以培训发展需求为依据;培训计划制订以企业发展计划为依据;培训计划制订以各部门的工作计划为依据;培训计划制订以可以掌控的资源为依据。

3. 组织实施培训活动

在组织实施培训过程中,农业企业要把握控制如下几个关键环节:

(1)培训师资的管理。担任企业培训活动的老师可以从企业内部挑选并经过相应的培训而成为培训讲师,还可以直接聘请大学老师、企业经理人员、专职培训讲师等。老师在授课时.授课内容要有针对性,对企业发生的实际情况进行讲解、剖析,帮助学员解决实际问题,提高学员学以致用的能力。

(2)培训技术与方法的选择。目前,农业企业进行培训时主要采用的培训方法有讲座、讨论、专家传授法等。随着对培训方法的深入研究,企业可以根据培训的内容选择使用更多的培训方法,例如案例研究、角色扮演、情境模拟、商业游戏、多媒体培训、网络培训、智能化辅导系统等。

4. 培训效果评估

培训效果是检验培训活动成败的主要标准,培训效果评估可以对已经结束或正在实施的培训效果做出恰当的评价,而且评估过程能够帮助管理者发现培训环节中的具体问题,从而改进培训计划和措施。培训评估总结的经验不仅有助于培训质量的提高,而且对企业的战略决策的选择具有指导和借鉴意义。

任务4 绩效考核

◈ 任务目标

掌握企业绩效管理的方法。

◈ 任务内容

1.学生按5～8人进行分组,每组组建一个农业企业。

2.为模拟企业制定绩效考核方案。

3.派代表在全班宣读。

◈ 成果检验

每个实训小组上交一份绩效考核方案,由老师进行总结、点评并给出成绩。

◈相关知识链接

一、绩效考核

(一)绩效管理的含义

绩效反映的是人们从事某一种活动所产生的成绩和成果。企业绩效指的是企业管理活动的效果和效率。企业绩效可以从两个层面去理解:一是组织绩效,就是组织最终运营管理的成果;二是个人绩效,就是个人是否按照规则去做事。

关于绩效管理的观点大致有三种:一是绩效管理是管理组织绩效的一种体系;二是绩效管理是管理雇员绩效的一种体系;三是绩效管理是把对组织的管理和对雇员的管理结合在一起的一种体系。本书采用第三种观点来理解绩效管理。

绩效考核也叫绩效评估,是企业人力资源管理的重要组成部分,也是每个管理者必须承担的工作。

(二)绩效考核的目的

绩效考核的目的是提供资料作为晋级与薪金评定的根据,给管理人员及其部属提供检讨工作行为的指标。大多数人极想知道他们的职业表现,绩效考核提供这种反馈信息,决定培训需求。使管理人员及其下属知道工作表现与绩效标准要求的差距,以便改进。实际上,绩效考核的真正目的是改进绩效。绩效考核的结果可以作为发放薪金和提拔晋升的依据。考核的真正作用是强化管理,保证工作过程符合要求,最终提高绩效。

由于考核的目的不同,考核的侧重点也不一样。一般来讲,绩效考核要从能力、态度和绩效三个方面来衡量。当考核结果用于不同目的时,这方面的权重也有差异。如果考核结果是用来确定工资和奖金,那么考核的重点应该是绩效;若考核结果是为了决定职务的晋升与否,那么除绩效外还应重点考察能力。

(三)绩效考核的方式

传统的绩效考核是由上级考核下级,管理者考核员工。显而易见,这种考核方式不利于组织整体绩效水平的提高。目前常用的绩效考核方式有员工自我考核、员工相互考核、主管考核、员工对上司考核及客户考核等。

1. 员工自我考核

员工自我考核是员工对自己的实际工作表现予以评价的一种方式。员工本身是最了解自己工作情况的人,工作的努力与否自己最清楚,自我考核可以避免由他人考核带来的偏见和不公平。员工自我考核的优点在于可以减少其对考核制度的抵制,增加工作的参与感;了解组织对自己的期望和要求,鼓励自我改进和自我发展。其不足之处在于员工可能出于私利夸大自己的工作业绩,不能保证考核结果的客观性。

2. 员工相互考核

由在一起工作的同事彼此相互考核,以了解员工在团体内的为人处世态度及工作表现。其优点在于可得到有信度的考核结果,增加员工的协作精神。不足之处是容易引起员工之间的相互联合或报复现象。若员工之间工作上的联系不多,考核结果容易失去准确性。

3. 上级考核

上级考核是传统的考核方式,由分派工作任务的上司直接考核其下属的工作表现。其优点是主管人员比较了解下属,可以保证考核结果的准确性,考核标准容易把握。缺点是上司个人的主观性容易影响考核结果,使上级与下属的关系对立。

4. 下属对上司的考核

下属既要接受上司的指导和监督,也要了解上司的工作情况。下属对上司的考核,其优点在于增加员工的参与感,多个下属考核一个上司,可以保证考核结果的客观性。缺点是人多嘴杂,上司的有些工作下属并不了解。

5. 客户考核

有些公司对市场销售人员采用客户考核办法,让客户评价公司员工的绩效。其好处是强化“服务观念”和“客户是上帝”的意识,直接了解客户对公司的看法。不足之处是客户往往从个人的立场和角度来评价员工的工作。

6. 其他考核

为了避免上述考核方式的缺陷,有的公司采用了二级考核和360°考核的方式。所谓二级考核是指上司考核后,再由上司的上司进行复核,以保证考核结果的客观和公正。所谓360°考核是指由员工的上司、下属、同事及服务对象同时进行考核,把各方面的考核结果综合起来,作为对这个人的考核成绩,这样可以保证考核结果的全面、客观和公正,但操作起来较复杂。

(四)绩效考核的一般程序

绩效考核的效果很大程度上取决于考核系统的设计、考核方法的选择和实施过程的安排。一般而言,完整的绩效考核程序包括:

1. 规划、设计

一旦要对员工进行考核，单位领导人和人事主管部门应着手制订考核活动的实施规划，明确考核的目的、要求和内容，考核方案和具体执行办法，发布相应文件。

2. 组织、动员

成立相应组织机构和工作小组，指定工作人员，明确职权划分在考核对象或全体工作人员范围内进行实际操作前的动员，说明考核目的、内容、方法、要求及考核结果的运用方式，以端正态度、消除有意无意的抵制情绪和抗拒心理。

3. 技术准备和人员培训

根据工作分析的结果确定具体的考核标准、制备考核所需的各种表格和工具。对考核人员进行特别的培训，提高他们的业务能力，减少评定中的人为的非正常误差。

4. 收集绩效信息、填报表格

按照拟订的考核方案，收集考核所需的绩效信息；安排有关人员填写各种表格，以期全面反映考核对象的绩效情况。

5. 审核

对收集和填报的初始信息资料进行审查与核实，剔除虚假信息，修正有误差的资料。

6. 分项统计与评定

对不同的考核指标，按标准或专门设计的方法进行分项计数或计量统计计数。对不可直接统计分析的指标项目，由特定的评议小组按照标准系统设计的规划和数据加以评定。

7. 信度检验

对分项统计和评定质量进行检查和验证，提高统计的准确性和评定的一致性。如发现统计和评定质量不符合要求，应及时反馈调整，复核统计或重新评定。

8. 数据处理

按一定的规划，将分项统计和评定的结果加以综合运算，根据运算结果区分绩效水平的优劣、等级，作为相关决策的依据。

9. 考核结果的确认和通告

对排序得出的人员考评初步结果加以确认，对不合理的考评结果与排序需通过复议予以调整或重新评定和分析。然后将最终结果在一定范围进行通告，如有人对考评结果不服，可以再次进行复议。

10. 结果运用

按最终确定的考评结果，对考核对象的职务、职称、工资、奖惩、培训等做出合理的安排。

二、农业企业绩效管理

(一)农业企业实施绩效管理的意义

1. 绩效管理为改善组织与个人的绩效提供了保证

绩效管理作为一种管理思想，渗透在企业管理的整个过程之中，涉及企业文化、战略和计划、人力资源、领导和控制等各个方面，为持续改善组织和个人的绩效，最终实现企业战略目标提供了保证。

2. 绩效管理为科学决策提供了重要参考依据

在制定重要决策时，绩效管理可以使管理者及其下属在制订初始计划过程中及时纠偏，减少工作失误，为科学决策提供必要的行动支持。

3. 绩效管理为组织发展提供了重要支持

绩效管理的重要目标之一就是持续提高员工的业绩，为员工指明努力的方向，使其能够跟上组织的变化和发展。绩效评估的结果可以提供相关信息，作为奖励或处分员工、提升或降级、职务调动以及进一步培训的依据，这是绩效管理最主要的作用。

4. 绩效管理有助于员工全面了解自己

绩效管理使员工有机会了解自己的优缺点以及组织对自己工作情况的评价。当这种评价比较客观时，员工可以在上级的帮助下有效发挥自己的潜能，顺利完成绩效指标。

5. 绩效管理为确定员工的工作报酬提供了依据

实际工作报酬必须与员工的实际能力和贡献相结合，这是组织分配制度的一条基本原则。为了鼓励员工出成绩，组织必须设计和执行一个公正合理的绩效评估系统，对那些最富有成效的员工和小组给予明确的加薪奖励。

6. 绩效管理为相关人事调整提供了依据

通过绩效管理，企业可以考察员工在一定时间内的工作业绩，评估他们的现实能力和发展潜力，看其是何符合现任职务所具备的素质和能力要求，是否具有担负更重要工作的潜能。对能力不足的员工安排到力所能及的岗位上，而对能力较强的员工应提供更多的晋升机会，对另一些能力较为平衡的员工则可保持其现在的职位。

（二）农业企业实施绩效管理的过程

1. 绩效目标和计划的制订

制订绩效目标和计划是绩效管理实施过程的起点，其实质是管理者与员工共同讨论，就实现目标的时间、责任、方法和过程进行沟通，以确定员工以什么样的流程、完成什么样的工作和达到什么样的绩效目标的一个管理过程。企业、部门和员工的目标和计划构成了组织的目标体系。确立目标体系的主要依据是企业的战略，部门的目标责任书、员工的考核表都是常见的目标设置方式。

2. 绩效监控

绩效监控是指考核者通过对被考核者绩效指标完成情况进行分析找到问题，同时给予辅导以保证被考核者绩效目标和计划的完成。绩效监控的重点放在关键业绩指标上。

3. 绩效考评的实施

绩效考评是对绩效结果进行衡量、评价和反馈的过程。绩效考核的目的不仅仅是为了给出一个分数，更重要的是通过充分的沟通，使得组织或者员工的绩效得以改进。

4. 绩效结果的反馈

绩效结果反馈是与员工就本次绩效评估的目的和评估标准进行沟通，肯定员工的工作成就及其优点，指出员工工作中有待改进的方面，制订绩效改进计划，协商下一个绩效管理周期的目标与绩效标准。

任务5　薪酬管理

◈ 任务目标

掌握企业薪酬管理的方法。

◈ 任务内容

1. 学生按5～8人进行分组，每组组建一个农业企业。
2. 为模拟企业设计薪酬体系。
3. 派代表在全班宣读。

◈ 成果检验

每个小组上交一份薪酬体系方案，由老师进行总结、点评并给出成绩。

◈相关知识链接

一、薪酬管理

在人力资源管理中，薪酬是一个界定比较宽泛的概念，有两种理解：一种是薪酬是员工由于完成了自己的工作而获得的各种内在报酬和外在报酬；一种是薪酬是员工因为雇佣关系的存在而从雇主那里获得的各种形式的经济收入以及有形服务和福利。薪酬管理，是在组织发展战略指导下，对员工薪酬支付原则、薪酬策略、薪酬水平、薪酬结构、薪酬构成进行确定、分配和调整的动态管理过程。

(一)薪酬的分类

1. 货币性薪酬

货币性薪酬包括直接货币薪酬、间接货币薪酬和其他货币薪酬。其中直接薪酬包括工资、福利、奖金、奖品、津贴等；间接货币薪酬包括养老保险、医疗保险、失业保险、工伤保险、住房公积金、餐饮等；其他货币薪酬包括有薪假期、休假日、病事假等。

2. 非货币性薪酬

非货币性薪酬包括工作、社会和其他方面，其中工作方面包括工作成就、工作有挑战感、责任感等的优越感觉；社会方面包括社会地位、个人成长、实现个人价值等；其他方面包括友谊关怀、舒适的工作环境、弹性工作时间等。

(二)总薪酬的构成

1. 基本薪酬

基本薪酬是指一个组织根据员工所承担或完成的工作或者员工所具备的完成工作的技能或能力而向员工支付的相对稳定的报酬。在企业支付能力一定的情况下，尽量将基本薪酬水平紧密地与竞争性劳动力市场保持一致，以保证组织能够获得高质量的人才。

2. 可变薪酬

可变薪酬是薪酬系统中与绩效直接挂钩的部分，有时也被称为浮动薪酬或奖金，能够对员工所达成的有利企业成功的绩效提供灵活奖励。可变薪酬包括群体可变薪酬、经营计划利润分享、一次性奖励、个人可变薪酬等多种方式。它具有针对动态环境的变化做出反应的灵活性，尤其是面向较大员工群体实行的可变薪酬能够针对员工和组织所面临的变革和较为复杂的挑战做出灵活反应。可变薪酬以一种积极的方式将员工与企业联系在一起，从而为在双方之间建立起伙伴关系提供了便利。

3. 福利

员工福利不是以员工为企业工作的时间为计算单位的，它一般包括带薪休假、健康计划、补充保险、住房补贴等形式，福利对于企业吸纳和保留人才起到越来越重要的作用。农业企业为迎接未来的挑战，要创新性地使用福利计划。

(三)企业主要法定福利项目

1. 法定社会保险

法定社会保险是指国家强制性社会保险项目。

(1)养老保险，是国家和社会根据一定的法律和法规，针对退出劳动领域或无劳动能力的老年人实行的社会保护和社会救助措施。

(2)医疗保险，是劳动者因患病而暂时失去劳动能力和收入来源，国家和社会给予其一定的医疗服务、假期和收入补偿，以促其恢复劳动能力，尽快投入劳动过程的社会机制。

(3)工伤保险，是指国家和社会为在生产、工作中遭受事故伤害和患职业性疾病的劳动者及亲属提供医疗救治、生活保障、经济补偿、医疗和职业康复等物质帮助的一种社会保障制度。

(4)失业保险，是指国家法律确定的，由社会集中建立基金，对因失业而暂时中断生活来源的劳动者提供物质帮助，使其享有基本生活水平。

(5)生育保险，是国家通过立法，对怀孕、分娩女职工，给予生活保障和物质帮助的一项社会机制。其宗旨在于通过向职业妇女提供生育津贴、医疗服务和产假，帮助她们恢复劳动能力，重返工作岗位。

2. 住房公积金

住房公积金是指单位及其在职职工缴存的长期住房储金，包括员工个人缴存的住房公积金和员工所在单位为员工缴存的住房公积金，它属于员工个人所有。

二、农业企业薪酬管理

农业企业针对所有员工所提供的服务来确定他们应当得到的报酬总额以及报酬结构和报酬形式。在这一过程中，企业必须就薪酬形式、薪酬体系和薪酬构成、薪酬水平及薪酬结构、特殊员工群体的薪酬等做出决策。农业企业的薪酬管理必须达到以下四个方面的要求：

1. 薪酬的外部公平性和外部竞争性

员工会将自己的薪酬与外部劳动力市场或其他企业中从事相同工作的员工所获得的薪酬进行比较。为避免员工产生强烈的不公平感从而做出跳槽或放弃到企业工作的决定，农业企业要借助市场薪酬调查来确定薪酬。

2. 薪酬的内部公平性或内部一致性

员工常常把自己的薪酬与比自己等级低的职位、等级相同的职位或等级更高的职位上的员工所获得的薪酬相对比。为避免员工产生不公平感从而影响他们的工作态度，农业企业可以通过职位评价来强化员工对薪酬的内部公平性的认可。

3. 绩效报酬的公平性

如果企业中从事相同或类似工作的员工的绩效无论是优秀、一般还是不良，都能够得到大体相当的薪酬，那么员工就会产生不公平感，因此，农业企业在设计薪酬时，要采用绩效奖金等方式来体现企业对业绩水平优秀的员工的认可。

4. 薪酬管理过程的公平性

薪酬制度调查、制定、运作和反馈的过程要公开、透明，这样有利于员工对企业薪酬公平性形成认同，提高薪酬系统的有效性。

项目5　农业企业新产品开发

任务1　产品寿命周期分析

◈ 任务目标

运用产品寿命周期理论分析产品所处寿命周期阶段。

◈ 任务内容

1. 搜集各种资料。

2. 每位学生完成一份产品寿命周期分析报告。

◈ 成果检验

根据每位同学的产品寿命周期分析报告，由老师进行总结、点评并给出成绩。

◈ 相关知识链接

一、产品整体概念

研究产品，首先应明确产品的概念。产品不仅仅指通常在市场上供出售的物质实体，而且指能提供给市场、用于满足人们某种欲望和需要的任何事物，包括实物、服务、环境、组织、技术、观念等，这就是产品整体概念，它包括：

1. 核心产品

核心产品是指消费者购买某种产品时所追求的基本效用和利益，它是顾客真正要买的东西，是产品整体概念中最基本、最主要的部分。消费者购买某种产品，并不是为了占有或获得产品本身，而是为了获得能满足某种需要的效用或利益。因此，企业在开发、宣传产品时应明确指出该产品所能提供的效用，以提高产品的吸引力。

2. 形式产品

形式产品是核心产品借以实现的形式，是企业向顾客提供的产品实体和服务外观。形式产品有五个基本特征，即质量、特色、款式、品牌和包装等。通常，一个产品的基本效用必须通过某些具体的形式才得以实现。例如,对于汽车而言,其形式产品包括颜色、外观式样、品牌名称、排量等。市场营销者应首先着眼于顾客购买产品时所追求的利益,以求更完美地满足顾客需要,从这点出发再去寻求利益得以实现的形式,进行产品设计。

3.期望产品

期望产品是指购买者购买某种产品通常所希望和默认的一组产品属性和条件。一般情况下,顾客在购买某种产品时会根据以往的消费经验和企业的营销宣传,对所欲购买的产品形成一种期望。例如,对于购买洗衣机的人来说,一般的期望是合适的价格、优良的质量、洗涤和甩干功能以及使用安全等,而另外一些顾客可能还有其他的期望,如用洗衣机洗红薯、洗龙虾、打酥油等。

4.附加产品

附加产品是指顾客购买产品时所获得的全部附加服务和利益,包括提供信贷、免费送货、质量保证、安装调试、售后服务等。附加产品的概念来源于企业对市场需要的深入认识,因为购买者的目的是满足某种需要,同时他们希望得到与满足该项需要有关的一切。美国学者西奥多·莱维特曾经指出:“新的竞争不是发生在各个公司的工厂生产什么产品,而是发生在其产品能提供何种附加利益(如包装、服务、广告、顾客咨询、融资、送货、仓储及具有其他价值的形式)。目前,我国大部分家用电器产品部提供免费送货、安装调试、提供售后服务等附加产品。

5.潜在产品

潜在产品是指现有产品包括所有附加产品在内的,可能发展成为未来最终产品的潜在状态的产品。潜在产品是产品整体概念中的最高层次,如果企业能够做到这个层次将形成绝对竞争优势,从而彻底击败所有竞争对手。这要求企业有超强的预测能力与长远的战略眼光,不断寻求满足顾客的新方法,不断将潜在产品变成现实产品,这样才能使顾客得到更多的意外收获,更好地满足顾客的需要。如果做不好这个层次,企业也可能陷入困境。例如,胶卷业的柯达因为对本来摄影预测的失误从而拱手把大片摄影市场留给了数码业公司,损失惨重。

二、产品生命周期的概念

产品生命周期是指产品从研制成功投入市场开始,经过成长、成熟阶段,最终到衰退、被淘汰为止所经历的时间,它一般经历四个阶段,即投入期、成长期、成熟期和衰退期。

产品在其生命周期的四个阶段呈现出不同的市场特征,企业的策划思路要以各阶段的特征为基点来制订和实施。

(一)投入期

投入期是产品首次正式上市的销售期,其特征是产品销量少,促销费用高,制造成本高,销售利润低甚至亏本,价格决策难。因此,在产品投入期,企业的策划重点应放在促销和价格方面。具体可以选择以下策略:

1.快速撇脂策略

快速撇脂策略是一种先声夺人的策略,即以高价格、高促销推出新产品。它的目的是迅速扩大销售量,加强市场渗透和扩张,迅速收回产品成本。

2. 缓慢撇脂策略

缓慢撇脂策略是一种愿者上钩的策略，即以高价格、低促销推出新产品。它的目的是以尽可能低的费用开支求得更多的利润。

3. 快速渗透策略

快速渗透策略是一种密集渗透策略，即以低价格、高促销推出新产品。它的目的在于先发制人，先以最快的速度打入市场，取得尽可能大的市场占有率；然后随着销量和产量的扩大，降低单位成本，取得规模效益。

4. 缓慢渗透策略

缓慢渗透策略是一种以廉取胜策略，即以低价格、低促销推出新产品。因为低价格可扩大销售，低促销可降低成本、增加利润。

(二)成长期

在成长期消费者对产品已经熟悉，此时产品的销售量迅速增长、成本逐步降低，企业利润快速上升。但是规模化生产和高利润也吸引新的竞争者不断进入市场，导致竞争加剧。这一时期可采取以下策略：

(1)改善产品质量，增加产品特色和样式，满足顾客更广泛的需求。

(2)寻求新的细分市场，吸引更多消费者，扩大市场份额。

(3)拓宽分销渠道，扩大营业网点销售，适时降低价格，吸引对价格敏感的消费者。

(4)建立品牌形象，加强消费者品牌信赖度。

(三)成熟期

市场需求趋向饱和，销售额增长缓慢直到转而下降，销量大但利润逐渐降低，市场竞争异常激烈，标志着产品进入了成熟期。这一时期宜采取主动出击的策略。

1. 改进市场

通过发现产品的新用户来扩大产品的销售量。例如，2004 年，北京现代汽车有限公司在市场竞争非常激烈的情况下，挺进政府用车及出租车市场，使得当年前 10 个月的销量达到 11.09 万辆，同比增长 162%，轿车销售排名超过上海通用和广州本田，排在一汽大众和上海大众之后，位列第三名。

2. 改进产品

通过产品自身的调查来吸引消费者，如提高产品的质量，增加产品的使用功能，改进产品的款式、包装，提供新的服务等。

3. 改进营销组合

通过对市场营销组合的四要素，包括产品、定价、渠道、促销，进行综合调整，刺激销售量的回升。常用的方法有降价、加大促销等。

(四)衰退期

衰退期是产品销售迅速下降的阶段。在这个阶段，企业的利润很低，大量的竞争者退出市场，大部分消费者的购买行为发生变化。面对衰退期的产品，企业需要认真研究采取哪种策略退出市场，常用的有立即放弃策略、逐步放弃策略、自然淘汰策略。

任务2 制订新产品开发策略和开发计划

◈ 任务目标

学会利用各种资源进行产品开发。

◈ 任务内容

1.学生按5～8人进行分组，每组组建一个模拟农业企业，并确定一名总经理。

2.根据企业的经营方向和市场定位制定新产品开发策略和制订新产品开发计划。

3.各组组织讨论，每位组员为模拟公司设计一份产品策划方案。

◈ 成果检验

根据每位同学产品策划方案，由各模拟企业总经理和老师共同评定成绩。

◈相关知识链接

一、农业企业新产品开发的内涵

新产品是指比原有产品在工作原理、功能、技术、工艺、材料、结构、体积、质量、用途、品质和花色等方面具有明显改进，或利用新发明、新方法有所创新的产品。对一个企业来说，新产品可以是在某一方面有创新特征的产品，也可以是在功能或形态上发生改进，与原有产品存在差异，能为顾客带来新利益的产品。

农业企业新产品开发是指农业企业从新产品设想开始到上市的整个管理过程。新产品开发的出发点是不断满足消费者需求，开发部门必须在整体上配合企业的发展目标，其实质是从产品本身、包装、品牌和服务等方面进行整体开发，重点是使企业获得合理长久的利润。

二、农业企业新产品开发的必要性

产品生命周期的缩短，迫使企业必须进行新产品开发。据统计，近30年出现的新技术和新产品，已远远超过了过去2 000年的总和。根据各个时期一些有代表性的产品由于生命周期缩短所导致的产品更新来看，在19世纪大约要花70年的时间，在20世纪的两次世界大战期间缩短为40年，战后到60年代中期缩短为20年，到70年代则为5～10年，80年代更缩短至3年，现在只要1年甚至几个月。产品生命周期的缩短，还导致了产品开发周期的缩短。

市场需求的变化，迫使企业必须进行新产品开发。消费者的需求日益发展变化，其对产品的选择和挑剔也越来越严格。企业为了适应市场需求的变化，必须适时或提前推出新产品，否则将丧失原有市场。新产品是企业在市场上获胜的秘密武器，也是企业获得高额利润的关键。现在的企业只要稍具规模，都不惜在研究与开发上投入巨资。但是，新产品开发不一定能给企业带来效益，因为新产品开发具有很大的风险，其主成功率很小。据美国的一项研究显示，新产品开发的失败率，消费品为40%，产业用品为20%，服务项目为18%。

三、农业企业新产品开发的原则

1. 面向市场，以市场需求为导向

从社会实际情况出发，深入进行市场调查和市场预测，依靠科技进步，不断创新，努力根据市场需求动态进行新产品开发。

2. 使新产品开发达到技术上的先进性

新产品开发要比原产品性能好、效率高，在技术上有较大改进，要达到安全、可靠、低耗、耐用、高效等特点。

3. 保持新产品开发的连续性

新产品开发既要多样化，又要保持前后的衔接，使企业能持续地以新颖、适销对路的产品供应市场。

4. 提高新产品开发的通用化、标准化和系列化

新产品开发的通用化、标准化和系列化水平的提高，既能减少设计、制造的工作量，加速新产品开发和制造的进程，也便于使用、维护和保养，从而降低开发制造和使用过程的费用。

5. 符合国家的法律和法规

企业若不注意国家颁布的相关法律和法规，会使其付出巨大人力和财力开发出的新产品，因不符合国家的能源、环保、安全卫生、技术等方面的规定而被扼杀在摇篮之中，使企业遭受难以弥补的损失。

四、农业企业新产品开发的程序

（一）新产品构思

新产品构思又称新产品创意，是指为满足某一种新需求而进行的新产品开发的设想，它是新产品开发的首要阶段。一个好的新产品构思是新产品开发成功的关键。新产品构思的内容包括产品使用目的、基本功能、产品大致轮廓和大概创造方法等。企业通常可从企业内部和企业外部寻找新产品构思的来源。公司内部人员包括：研究开发人员、市场营销人员、高层管理者及其他部门人员。这些人员对公司提供的产品有更多的了解与关注，因而往往能针对产品的优缺点提出改进或创新产品的构思。企业可寻找的外部构思来源有顾客、中间商、竞争对手、企业外的研究和发明人员、咨询公司、营销调研公司等。

（二）新产品构思筛选

新产品构思筛选是采用适当的评价系统及科学的评价方法对各种构思进行分析比较，从中把最有希望的设想挑选出来的一个过滤过程。其本质是一个“过滤器”，从众多的创意中找出最具成功希望的构思获得一个成功的新产品需要高昂的成本，因此，需要权衡多种评价指标，发现潜在收益，辨别可能存在的风险，对原有构思进行修改和完善。

新产品构思筛选应遵循如下标准：

1. 市场成功的条件

包括产品的潜在市场成长率、竞争程度和前景，企业能否获得较高收益。

2.企业内部条件

主要衡量企业的人、才、物资源，企业的技术条件及管理水平是否适合市场这种产品。

3.销售条件

企业现有的销售结果是否适合销售这种产品。

4.利润收益条件

产品是否符合企业的营销目标，其获利水平及新产品对企业原有产品销售的影响。其主要任务是剔除不适当的新产品构思。

(三)新产品初步设计和测试

新产品构思抽象地提出了开发新产品的方向和途径，构思虽经筛选但仍是抽象产品，需要从原理、结构、外形、性能等方面，对筛选出来的产品构思进行初步的产品设计，以达到产品构思所提出的目标。

新产品设想为新产品开发指明了方向，可以依据未来市场的潜在容量、投资收益率、销售产值率、生产能力以及对企业设备、资源的充分利用等，对形成的新产品进行测试，通过了解目标消费者对产品具体特点的反应来进一步改进新产品。

(四)拟定营销规划

在企业选择了最佳的新产品之后，必须制订把这种新产品引入市场的初步市场营销计划，并可以在后面各阶段中不断完善。一般应包括三个部分：①描述新产品的目标市场及其规模、消费者的购买结构和行为，确立其市场定位，预计销售量、市场占有率、利润率等。②描述新产品的预期价格、分销策略和第一年的营销预算。③描述预期的长期销售盘和利润目标，以及不同时期的营销组合。

(五)商业分析

商业分析就是从经济效益分析新产品概念是否符合企业发展目标，主要包括详细分析新产品开发方案在商业上的可能性，审核预测销售额，推算成本与利润。如果符合企业既定目标，就可以进行新产品开发。

(六)新产品研制

通过商业分析的新产品概念将进入新产品研制阶段，主要是将新产品概念交送研究开发部门或技术工艺部门试制成为新产品原型，同时进行包装的研制和品牌的设计。这是新产品开发的一个重要步骤。大多数情况下，新产品开发主要是由跨职能部门小组来完成的，必要时需要各有关部门的配合，甚至还会涉及外部供应商的配合与支持。新产品原型开发是一个关键阶段，只有通过投入资金、设备和劳力的新产品研制，才能使新产品概念实体化，才能发现新产品概念的不足和问题，才能继续改进设计，满足新产品概念在技术和商业上的可行性。有统计资料表明，新产品质量的好坏，60%～70%取决于新产品设计工作。新产品开发的周期都较长，但在不同公司存在差别。

(七)市场试销

新产品的市场试销也称营销测试，是指运用一种或几种营销策略，确定在某一目标市场营销环境下潜在消费者的反应，获取试用率、重复购买率、购买数量等方面的数据，确定市场定位、分销渠道、广告宣战、价格、品牌、包装及预算方面的资料，成为日后营销决策的重要依据。

一般新产品的市场试销选择在2～3个有代表性的城市模拟全国投放的情况。这些城市要具有典型的人口统计学特征和中等规模，在测试地，公司应有良好的分销渠道，媒体的覆盖面和影响力对测试地以外的地域影响较小。否则，广告会吸引测试地以外大量消费者前来购买，而使数据失真。市场试销经常需要进行很长时间，还会面临最大风险——新产品和其营销策略的情报会暴露给竞争对手。

在新产品进行市场试销前，应对以下问题做出决策：①确定试销地区和地点。试销市场应是企业目标市场的缩影。②确定试销时间。试销时间的长短一般应根据该产品的平均重复购买率决定，再购率高的新产品，试销的时间应当长一些。③试销中所要取得的资料。一般应了解首次购买情况（试用率）和重复购买情况（再购率），用户对新产品质量、性能、规格、款式、包装等方面的意见。④确定试销所需的费用开支。⑤确定试销的营销策略及试销，成功后应进一步采取的战略行动。

（八）批量上市

新产品市场试销成功后，就可以正式批量生产，全面推向市场。批量上市需要进行大量投资，用于购置设备和原材料，支付大量广告费、包装费及人员培训费用等，而新产品投放市场初期的利润微小，甚至亏损，因此企业应在此阶段对新产品投放市场的时机、区域、目标市场及营销组合等方面做出慎重决策。一般应考虑如下几个方面：

1. 何时推出新产品

新产品批量上市要选择最佳时机，以引起顾客的兴趣，主要是指企业高层管理者要决定在什么时间将新产品投放市场最适宜。例如，如果某种新产品是来替代老产品的，就应等到老产品的存货被处理完再将这种新产品投放市场，以免冲击老产品的销售，造成损失。若竞争对手的新产品开发工作即将完成，就需要在首先进入、平行进入、推迟进入之间做出正确的选择。

2. 何地推出新产品

新产品批量上市还要选择适当的范围和地点，然后逐步拓展，主要是指企业高层管理者根据企业的实力、新产品的适用性和竞争状况等方面因素，决定在什么地方（某一地区、某些地区、全国市场或国际市场）推出新产品最适宜。选择市场时通常要从市场潜力、企业在该地区的声誉、投放成本、该地区调查资料质量的高低、对其他地区的影响力以及竞争渗透能力等方面来考察。

3. 向谁推出新产品

新产品批量上市要选择最佳的目标顾客，即指企业高层管理者要把分销和促销目标而向最优秀的顾客群。其目的是利用最优秀的顾客群带动一般顾客，以最快的速度、最少的费用，扩大新产品的市场占有率。

4. 如何推出新产品

新产品批量上市要选择最优的营销组合，即企业管理部门要制定开始投放市场的营销战略。对于不同地区、不同市场和顾客，应选择有差异的营销组合策略。企业应选择新产品上市的最适宜时间，在最适宜的地点，向最需要新产品的顾客，以最恰当的方式推出新产品。如法国白兰地通过给艾豪威尔总统做寿，借势生势，集广告、公关等手段于一体，将市场渗透、开拓、扩张并行，成功进入并占有了相当份额的美国市场。

五、农业企业新产品开发的组织形式

农业企业新产品开发属于企业的长远战略决策，是一项复杂的技术经济活动，它不仅要求企业的各管理机构协调工作，加强各个生产环节的管理，保证开发工作的顺利进行，而且要求企业建立有效的管理体制、制订有远见的新产品开发规划和充分运用新产品开发战略，只有这样，才能使新产品开发不断获得成功，促使企业长远的发展。

农业企业在开发新产品时，往往会安排一个高效的组织结构来激励和协调新产品开发，有时企业会与独立的设计公司签订新产品开发协议，但是大多数企业多采用设立一个或多个职能组织来负责新产品开发。众多新产品开发的成功案例也证明了采用跨职能新产品开发组织结构形式的有效性。实践中，可供选择的跨职能新产品开发组织结构形式有以下几种：

1.新产品开发委员会

新产品开发委员会是一种由最高管理层和各主要部门的代表组成的新产品开发的参谋和管理的组织形式，它聚集了公司营销、制造、工程、研究与财务等多个职能部门的专家，主要负责新产品开发的计划、组织、审核和管理实施，其主要职能并非是为了形成自己的新产品计划，而是为了审批其他部门提出的新产品计划。由于新产品开发委员会的成员在公司的各职能部门担任着重要职务，所以这些成员对于任何新产品计划的支持，极可能预示着该新产品计划将获得进一步的实施。然而，新产品委员会的缺点在于决策速度慢，观念保守以及为了维护常规职责而发生的妥协。

2.新产品开发部

许多企业设有独立的、正式的新产品开发部负责新产品开发的全过程。新产品开发部克服了新产品委员会组织体制的局限性，将新产品开发作为一种持久的、专职的职能，因为新产品开发部的经理拥有实权，可向首席执行官或业务经理进行汇报，所以这种组织结构形式便于纵向协调。不过，新产品开发部的缺点是横向协调能力相对较弱。

3.新产品开发经理组

新产品开发经理通常负责新产品开发计划的制订，支持并能在一定范围内协调相关职能部门的新产品营销活动。新产品开发经理这种组织形式常常被用来开发针对大众消费市场的新产品，但随着大众消费市场的不断细分，很多企业对这种组织形式进行了重新考虑，新产品开发经理组就是对新产品开发经理这种组织形式的一种改进，将新产品开发经理与研究、制造和营销等部门的经理组成团队共同工作，以便更好地应对经营环境的变化。

4.新产品开发专家组

新产品开发专家组是由公司内部不同领域的专家所组成的临时性组织，他们相互合作以开发新产品。新产品开发专家组提出的新产品开发计划必须使一项新产品的商业潜力满足投资收益率、产品独特性、与现有生产技术的匹配度，以及专利保护的可获性等方面的标准，得到市场证实后，新产品开发专家组一般将该产品交由其他部门来经营。与新产品开发委员会不同，新产品开发专家组成员将新产品开发任务看做其主要职责，且拥有计划和实施一系列行动所必要的权力，为鼓励产品创新，新产品开发专家组通常与最高管理层直接交流意见，并作为独立于基层组织的机构行使职能。

六、农业企业新产品开发的策略

农业企业新产品开发策略若采用恰当，就能在国内外竞争中取胜，获得良好的经济效益和社会效益。采用何种策略则要根据企业自身的实力、市场和竞争对手的情况而定。

1. 先发制人策略

先发制人策略是指企业率先推出新产品，利用新产品的独特优点，占据市场上的有利地位。采用先发制人策略的企业应具备强烈的占据市场的意识。因为对于广大消费者来说，对企业和产品形象的认知都是先入为主，他们认为只有第一个上市的产品才是正宗的产品，其他产品都要以此为参照标准。因此，采取先发制人策略，就能够在市场上捷足先登，利用先入为主的优势，最先建立品牌偏好，从而取得丰厚的利润。而且，从市场竞争的角度看，如果企业能抢先一步，其竞争对手就只能跟在后面追，而企业连续不断地更新换代，开发以前没有的新产品、新市场，竞争对手就会疲于奔命。一个不断变化的目标要比一个固定的靶子更让人难以击中，这样就会取得竞争优势。

先发制人策略的优点主要有以下几个方面：①在产品投放期内无竞争者介入，可以自由采取多种定价策略；②市场占有率较高，经济效益好；③创新产品可以申请专利保护，在一定时期内还可以独占市场；④可以通过出售产品生产许可证，从技术转让中获取效益；⑤成功的创新产品，可以成为扩展产品线的基础，促进企业成长，从而获取更大的经济效益。

采用先发制人的策略，企业必须实力雄厚，且科研实力、经济实力兼备，并具备对市场需求及其变动趋势的超前预判能力。

2. 模仿式策略

模仿式策略就是等别的企业推出新产品后，立即加以仿制和改进，然后推出自己的产品。这种策略是不把投资用在抢先研究新产品上，而是绕过新产品开发这个环节，专门模仿市场上刚刚推出并畅销的新产品，进行追随性竞争，以此分享市场收益，所以，此策略又称为竞争性模仿，既有竞争，又有模仿。竞争性模仿不是刻意追求市场上的领先，但它绝不是纯粹的模仿，而是在模仿中创新。企业采取竞争性模仿策略，既可以避免市场风险，又可以节约研究开发费用，还可以借助竞争者领先开发新产品的声誉，顺利进入市场，更重要的是，它通过对市场领先者的创新产品做出许多建设性的改进，有可能后来居上。

3. 反向式开发策略

反向式新产品开发，就是运用逆向思维，不循常规，反其道而行之，来开发新产品。逆向思维改变了人们的固定的常规的思维模式和轨迹，可以提供全新的思维方式和切入点，从而发现正向思维所看不到的事物。在采用逆向思维时往往需要与顺向思维交替进行，在交替使用这两种思维方法时，不断变化解决问题的重点途径。

4. 类比式开发策略

所谓类比式新产品开发策略，实为移植参合法，即指将某一领域的原理、方法、技术或构思移植到另一领域从而形成新事物的方法。农业企业采用该策略开发新产品时，就需要运用类比思维，举一反三，触类旁通，由已有的技术、工艺、原材料产品去类推另外的新产品。如日本日消食品公司首先发明了方便面，根据此技术、工艺，许多企业开发出了方便米饭、方便米粉、方便粥等。又如矿泉水问世后，许多企业围绕“水”字，开发出了纯净水、太空水，进而又有茶水、维生素水等。

5. 系列式开发策略

系列式产品开发策略就是围绕产品向上下左右前后延伸，开发出一系列类似的，但又各不相同的产品，形成不同类型不同规格，不同档次的产品系列。采用该策略开发新产品，企业可以尽量利用已有的资源，设计开发更多的相关产品。如海尔围绕客户需求开发的洗衣机系列产品，适合了城市与农村、高收入与低收入、多人口家庭与少人口家庭等不同消费者群的需要。

在选择不同策略的基础上，企业应根据具体情况选择相应的新产品开发方式：

(1)独立研制方式。针对国外市场要求或对现有产品存在的问题，从根本上探讨其原理与结构，开展基础理论及有关新技术、新材料等方面的研究，从而研制出具有本企业特色的新产品或换代、全新产品。

(2)自行研究与技术引进。包括企业改进技术与引进技术结合、在原有引进技术的基础上进一步发展等。有利于迅速提高企业的技术水平，减少企业科研费用和力量，是目前企业发展新产品采用较多的方式。

(3)技术引进。采用科研单位、院校新技术，工艺标准，包装研制和技术含量高的品种。这种方式可争取时间，有利于企业的技术发展或缩短与竞争者的技术差距，用于生产周期短、见效快、能盈利的产品。

(4)仿制方式。按照外来样机或专利技术产品，仿制国内外的新产品，是迅速赶上竞争者的一种有效的新产品开发方式。

七、种植业产品开发

种植业产品开发是指以土地为依托，引进新技术、新品种、优化种植结构，开发高效、优质的农产品。

(一)种植业产品开发的科学论证

1. 面向市场、加强调查研究，及时开发市场需要的农产品

随着农村市场经济的发展，农民种植农产品，不仅仅是满足自身生活的需要，农村专业化水平、农产品商品率在不断提高。如果种植的产品没有市场，农业再生产就面临困难。因此，种植业产品开发要立足本地市场，面向全国、考虑国际，适应内外贸易需要，发展订单农业。

2. 有利于发挥自然优势

自然条件(光、热、水、土等)对农产品的形成有极大关系。随着人民生活水平的提高，对农产品质量要求也越来越高，农产品朝着无污染、营养化方向发展，无公害食品、绿色食品、有机食品日益摆上餐桌。这些食品的生产成本相对较低，而价格相对较高，生产的重要条件就是必须符合国家规定的大气环境质量标准。因此，优越的自然条件和无污染的生态环境就成为种植业产品开发的资源优势。

3. 发挥相对区域

优势农产品开发一旦找准市场，就要按照区域流域进行集中连片、大规模开发，才能充分

发挥规模效应。

4. 充分考虑技术上的可行性

种植业产品开发要依靠科技进步，通过品种改良和新品种开发，把先进实用技术普及到农村。先进技术的推广应用要注意技术上的可行性，由于气候环境条件的变化，引种会发生一定的变异，需要做好科技示范、应用和推广工作。

5. 考虑经济效益

农户是自主经营、自负盈亏的经营主体，在经营过程中，必须讲究经济效益。经济效益的最低界限是农民投资利润率必须大于或等于同期银行贷款利率，不然的话，农民还不如把钱放在银行吃利息。

(二)种植业产品开发的趋势

当前农产品卖难问题突出，究竟以什么品种、哪种规格、何种形式进入市场才能保证农产品既能卖得出，又能卖出好价钱呢？农产品开发将呈现下面一些趋势：

1. 错季节

由于消费市场的变化，农产品生产的季节性与市场需求的均衡性矛盾日益突出，由此带来的季节性差价蕴藏着巨大的商机。因此，实施错季节供给，效益会更加显著。其主要途径有三种：一是实行设施化种植，使农副产品提前或延后上市；二是通过储藏保鲜，使农产品拉长销售期，变生产旺季销售为生产淡季销售或消费旺季销售；三是开发适应不同季节生产的农副产品新品种，实行多品种错季节上市。

2. 嫩乳

如今的消费习惯正在悄悄发生着变化，粮食当作蔬菜吃，玉米要吃嫩玉米，小麦要吃嫩麦粒，黄豆要吃青毛豆，猪仔要吃乳猪，鸡要吃仔鸡，出现了崇尚鲜嫩食品的新潮流。因此，农产品开发也必须适应这一新的变化趋势，发展鲜嫩农产品，市场前景广阔。

3. 高品质

人们不再只满足于吃饱，而是更注重吃好，吃出营养和品味来，无污染、富营养优质农产品的市场前景十分看好。因此，要实现农业高效必须实现农产品优质，把选育、引进和推广优质农产品作为抢占市场的一个重要措施，彻底淘汰劣质品种和落后的生产技术，不失为以质取胜、以优发财的明智之举。

4. 多品种

根据市场要求，引进、开发和推广一些名、优、稀、特新品种，以新品种来引导新需求，开拓新市场。如比常规品种提前百天上市的扁豆新品种问世后，不仅备受广大消费者的青睐，也获得很高的经济效益，同时还应按照市场的需求生产适销对路的产品。如西瓜要生产大、中、小三种不同类型的瓜来适应和满足宾馆、家庭及旅游等多层次、多方位的消费需求。

5. 求新、求异以满足消费者日益增长的求新、求异的猎奇和审美心理

为适应人们在生活、工作、送礼中对农产品的这一需求，一些奇形、异色农产品相继问世，如香蕉型的小番茄，齿轮似的飞碟南瓜，黑色花生、黑色玉米、红色玉米等农产品上市就引起消费者的极大兴趣。

(三)种植业产品开发方式

1. 市场拉动型开发

根据市场需要开发农产品。这是种植业产品开发的主要形式。

2. 良种引进型开发

大面积推广优良品种,达到开发农产品的目的。

3. 产业推动型开发

依托某一龙头产业企业或加工企业推动种植业产品开发。

4. 科技带动型开发

用科学技术改造原有老产品品种。

5. 养殖业拉动型开发

通过大力发展养殖业带动种植业产品开发。

八、养殖业产品开发

(一)畜禽产品的开发

1. 畜禽产品开发的方向

畜产品开发的方向是根据消费者对畜产品需求的现状及其良好的发展趋势确定的,今后畜产品开发具有以下趋势:

(1)畜产品的科技含量不断提高的趋势。为适应消费者对畜产品现代化的追求,企业在畜产品开发过程中将投入更多的科技含量,力求以最快的速度实现科研成果向生产力转化,并在食品的原料、口味、食用方便等方面不断增加科技含量,从而使产品更加完美。例如现在人们生活水平提高了,在肉食品消费方面越来越喜欢瘦肉型的猪肉,科技工作者应在畜种改良方面培育瘦肉率高的品种。

(2)畜产品的"绿色化"趋势。随着世界公众对环境危机的关切,以及消费者环保意识的提高,"绿色"消费在各国兴起,并得到迅速发展,"绿色"消费要求企业在畜产品开发中,要注意维护人类健康,保护环境不受污染、节约能源及维护生态平衡等,从而不断开发出"绿色食品"。因此,顺应环境保护和"绿色消费"的需要,畜产品无药物和生长激素的残留,是人们追求健康和维持生态平衡的一种必然趋势。

(3)畜产品多样化趋势。随着消费者物质文化生活水平的提高,以及科学技术的进步,消费者对畜产品的需求更加复杂和多样化,表现为品种多样化、产品系列化。

2. 畜产品开发的程序

畜产品开发是一项复杂的系统工程,它一般要经过搜集资料、构思科研、商品分析以及最后投放市场的连续过程。每一过程都要有严密的组织和科学的管理才能顺利达到预期目标。

(二)肉产品的开发

畜牧业的发展为人们提供了大量的肉食品,随着城乡人民生活水平的不断提高,对肉产品的消费在品种和方式上有了更高的要求,特别是农村养殖企业如何提高畜产品的产值和增加经济效益，是企业管理者经常关注的焦点。因为畜产品大多是鲜活物资，在储藏、运输过程中容易损失和腐烂变质，因此，养殖企业要特别注意做好畜产品的冷冻、储藏、加工、运输工作以及市场调查与市场预测工作，使畜禽生产能够符合市场的需要，让消费者购买到新鲜的畜禽产品。肉产品的开发主要是以畜禽肉的深加工，达到产品的增值，消费者食用方便为目标。目前市场上消费的肉产品主要有：

猪肉产品有腌腊制品，属于我国传统肉制品之一。以猪肉作为原料生产的腌腊制品主要有中式火腿、咸肉、腊肉等。腌腊制品一般具有外观色泽金黄，而肉色红润、脂肪洁白，肉质紧密，口感鲜美，营养丰富而储藏性能好的特点。腌腊制品加工方法简便，对机械设备要求不高。另外，猪肉还可加工成种类较多的香肠。肉松是我国著名的特产，具有营养丰富，味美可口，耐保存，携带方便。肉干是用切碎的瘦肉加入调料，烘烤脱水而成，可分为条、片、粒三种形状，按其原料与配料的不同，又可分为咖喱肉干、五香肉干、麻辣肉干等品种。肉脯是呈半透明状的薄片，深酱红色，脆而甜，味美可口。制品完全是烘烤而成，不经过蒸煮。牛肉产品有牛肉三明治，烤牛肉加工、软包装牛肉加工、牛肉灌肠加工、牛肉火腿肠加工、牛肉啤酒火腿加工、牛肉干加工、牛肉松加工、原汁牛肉罐头加工等。

(三)禽蛋产品的开发

蛋品中因含丰富营养物质，又是味易消化的食品，所以在人们日常生活中是不可缺少的。但因鲜蛋在储藏过程中会受微生物的侵入而变质腐败，也受蛋本身各种酶的作用，使其内容物产生一系列变化而失去食用价值。为了延长蛋品的储藏时间和增加禽蛋制品的风味，往往对鸡、鸭蛋等进行各种加工。一类是腌蛋制品，主要原料是不去壳的鲜蛋，经腌制成松花蛋、咸蛋和茶蛋等；另一类是蛋制品，以鸡蛋做原料，根据加工方法不同，可分为冰蛋、干蛋和湿蛋等制品。目前国内湿蛋制品很少生产，而主要生产用于食品工业和其他工业用途的干蛋制品。

1.开拓蛋制食品新领域

随着生活的多元化，在发挥传统制作工艺的同时，更要利用鸡蛋的特性，开拓新的蛋制食品领域，利用鸡蛋的乳化性、热凝固性、胶着性、起泡性等特性，称之为食品加工中“多面手”。利用鸡蛋的乳化性，可加工蛋黄酱、色拉调味酱、汁、冰淇淋等。利用鸡蛋的热变性及凝固性，在火腿、腊肠、鱼糜制品等的生产中可用作黏结剂、面类的增强剂、食品的脱水防止剂，如今一些方便面厂家已开始利用鸡蛋这一特性增强面的弹性和韧性并大力宣传。利用蛋白的胶着性，在鱼糜制品中能保持水产品的原有风味，用于畜禽肉食品可改善其弹性及质地。

采用最新科技方法，将鲜蛋加工成蛋粉工艺问世后，深受众多消费者的欢迎，从鲜蛋中取出蛋白、蛋黄，经过发酵、巴氏消毒和干燥，不加任何添加剂，就可制成蛋粉，还可分别制成蛋白粉和蛋黄粉。蛋粉不仅保持了鲜蛋原有的全部营养成分和风味，而且便于大批量运输和储存，在干燥通风的条件下，保鲜期可长达1年。若将各种蛋粉加入一定比例的水还原后，可同鲜蛋一样进行食用，并可用作糕点、饼干、面条及冷饮制品等食品的配料，起调味、发酵、乳化作用。同时，蛋白粉和蛋黄粉将蛋白和蛋黄分开，可适应人的不同需要。

2.利用新科技，拓展鸡蛋的潜在价值

当今，一种可以从蛋黄中提取的高级补品“卵磷脂”风靡世界各国，被称为和蛋白质、维生素并列的第三营养素，它主要有八大功能：血管清道夫、肝脏保护神、糖尿病患者的福音，能有效化解胆结石，是胎儿、婴儿神经发育的必需品，可消除青春痘、雀斑并滋润皮肤，可预防老年痴呆症的发生，是良好的心理调和剂，卵磷脂的开发已为鸡蛋的开发利用开辟了一条新路，也为鸡蛋开发和科技的结合找到了新路。科技工作者还分别对蛋壳、蛋膜、蛋清、蛋黄进行深度开发，研制成生物溶菌酶、蛋黄油、柠檬酸钙等制品，广泛用于医疗、保健、美容食品等各个领域。

(四)乳产品的开发

现代乳牛业的重要产品是鲜乳及乳制品，目前常用的有鲜奶的软包装，是将鲜奶经巴氏消毒后灌装的软包装，可直接上市；另一种是酸牛奶的加工，利用乳酸菌发酵再配以糖、柠檬酸、防腐剂等原料加工而成，对老年人和有慢性肠胃病的人具有很好的食疗保健作用；奶粉加工在各地都普遍进行，对婴幼儿食用很方便；我国少数民族地区生产的酥油主要以牦牛奶为原料制成的。开发乳产品可提高养牛业的综合效益。

项目 6　农业企业物流管理

任务 1　制订物资采购计划

◈ 任务目标

了解物资采购计划的处理程序,掌握物资采购计划相关表格的编制方法。

◈ 任务内容

1. 每个团队组建一个农业企业,并设置销售人员、生产部门人员、物料计划人员等角色。

2. 销售人员进行销售预测,制订销售计划,预计下个月公司产品的市场需求量。

3. 生产部门人员根据销售计划制订生产计划,计划好下个月的生产活动,使企业在满足需求的同时又能够保证生产成本最小化(假定目前库存为零)。

4. 生产计划编制完成后,物料计划人员进行用料分析,并制作产品结构分解图。

5. 开展市场调查,根据调查结果制作产品的外购组件和材料价格表。

6. 制订物料库存计划及用料计划。

7. 确定物料购入的时间和数量。

8. 填写物料需求计划表。

◈ 成果检验

每个小组上交一份模拟企业的材料采购计划方案,编制一份物料需求计划表。老师检验各团队的成果,并对物料需求分析表的编制情况进行评定。

◈相关知识链接

一、农业企业物流概述

(一)物流概念的界定

我国是在 20 世纪 80 年代初引入物流概念的。2001 年 8 月 1 日正式实施的《中华人民共和国国家标准物流术语》中将物流定义为:物品从供应地向接受地的实体流动过程中,根据实际需要,将运输、储存、装卸、搬运、包装、加工、配送、信息处理等基本功能实施有机结合。著名物流学家王之泰认为:“物流是物质资料从供给者到需求者的物理运动,是创造时间价值、场所价值和一定的加工价值的活动”。这是目前国内普遍接受的定义。

(二)农业企业物流的内涵

农业企业物流是指为了满足消费者需求而进行的物质实体及相关信息从生产者到消费者之间的物理性流动,主要包括农业企业的原材料采购、产品生产、收购、运输、储存、装卸、搬运、包装、配送、流通加工、分销、信息、活动等一系列环节,其发展目标是增加农产品附加值,节约流通费用,提高流通效率,降低不必要的损耗,从某种程度上规避市场风险。主要包括物流的时间价值、场所价值和加工的附加价值。

1.物流的时间价值

物质资料从供给者到需求者之间有一段时间差。由于改变这一时间差而创造的价值,才叫“时间价值”。时间价值通过物流获得的形式有以下几种:

(1)缩短时间创造价值。缩短物流时间,可以减少物流损失、降低物流消耗、增加周转来节约资金等。

(2)弥补时间差创造价值。在经济社会中,需求和供给普遍地存在时间差。例如,粮食生产有严格的季节性和周期性,这就决定了粮食的集中产出,但人们对粮食的消费是一年365天天天有需求,因而供给和需求之间出现时间差。

(3)延长时间差创造价值。在某些具体物流中也存在人为能动地延长物流时间来创造价值。例如,客户化生产中最典型的管理思想之一是推迟制造,即在顾客需要的时候才生产,有意识地延长物流时间,降低储运成本,从而达到创造价值的目的。

2.物流的场所价值

物质资料从供应者到需求者之间往往有一段空间距离。由于改变这一场所的差别而创造的价值称为“场所价值”。场所价值通过物流来获得的形式有以下几种:

(1)从集中生产场所流入分散需求场所创造价值。现代化大生产往往通过集中的大规模生产以提高生产效率、降低成本。在一个小范围集中生产的产品可以满足大面积地区的需求,通过物流将产品从集中生产的低价位区转移到分散于各处的高价位区,物流的“场所价值”也实现了。

(2)从分散生产场所流入集中需求场所创造价值。例如粮食是在广大地区上分散生产出来的,而一个大城市的需求则非常集中;又如汽车公司的零配件生产也分布非常广,但却集中在一个大厂中装配,物流便依此取得了场所价值。

(3)从甲地生产流入乙地需求场所创造价值。现代人每日消费的物品几乎都是在相距一定距离甚至十分遥远的地方生产的。这么复杂交错的供给与需求的空间差都是靠物流来弥合的,物流因此也创造了场所价值。

3.加工的附加价值

加工是生产领域运用的手段,并不是物流的本来职能。但是,现代物流的一个重要特点,是根据自己的优势从事一定的补充性加工活动,这种活动必然会形成劳动对象的附加价值。例如,商品在流通中为方便运输而进行的包装,有时在进入商店之前为适应顾客的要求往往要进行分割、换包装、拆零等操作,这些物流活动增加了商品的附加价值。

(三)物流的类型

1. 企业供应物流

企业供应物流是指企业为保证本身的生产,需要不断组织原材料、零部件各种辅料供应的物流活动。企业供应物流不仅是一个保证供应的问题,还是在以最低成本、最低消耗、最大的保证的限定条件下来组织供应物流活动。因此,就带来了很大的实施难度。现代物流学是基于非短缺经济这一宏观环境来研究物流活动的。在这种市场环境条件下,保证供应数量是容易做到的,而如何降低物流过程的成本,是企业物流的一大难题。为此,企业供应物流必须研究有效的供应网络、供应方式及库存问题等。

2. 企业生产物流

企业生产物流指企业在生产工艺中的物流活动。企业生产物流的过程大体为:原料、零部件、辅料等从企业仓库或企业的"入口"开始,进入生产线的开始端,再进一步随生产加工过程一个环节一个环节地"流"。在"流"的过程中,本身被加工,同时产生一些废料余料,直到生产加工终结,再流至成品仓库便完成了企业生产物流过程。实际上一个生产周期,物流活动所用的时间远远多于实际加工的时间。企业生产物流研究的潜力很大,课题很多,例如生产流程如何安排、各生产环节如何衔接才最有效、如何缩短整个生产的物流时间等。

3. 企业销售物流

企业销售物流是指企业为保证本身的经营效益,将产品所有权转给用户的物流活动。在买方市场的大环境下,销售往往以送达用户并经过售后服务才算终止。企业销售物流的空间范围很大,这便是销售物流的难度所在。在这种前提下,企业销售物流的特点,便是通过包装、配货、送货等一系列物流实现销售。为此,企业销售物流需要研究顾客订货处理、配送方式、包装水平、运输路线等问题,并采取诸如少批量、多批次、定时、定量配送等特殊的物流方式达到目的。

(四)农业企业的物流流程

企业中所涉及的主要物流工作贯穿于企业的供应、生产和销售物流活动中,包括网络设计、信息处理、运输、库存、装卸及包装等活动。

1. 网络设计

所谓网络设计是指对企业物流设施的地理位置及规模的设计。典型的物流设施包括制造工厂、仓库、码头、零售商店以及它们之间的作业条件。网络设计就是要确定每一种设施需要多少、其地理位置以及各自承担的工作等。在有些情况下,物流设施及作业可以由有关专业服务公司承担,但不管是谁承担,企业都必须把所有的设施看作是本企业物流网络的一个整体组成部分来进行管理。

物流网络设计还必须确定每一种设施怎样进行存货作业,需要储备多少存货,设施安排在哪里对顾客的订货进行交付等。因此,物流设施的网络形成了一种进行物流作业的结构,在这种网络结构中,融合了信息和运输能力,还包括订货处理、维持存货以及物料搬运等相关具体工作。所以,网络设计包含了对其他具体物流工作的综合考虑。

以前企业往往忽视物流设施的地理位置和整个网络设计的重要性。在讨论企业物流问题时,总是假设物流设施的地理位置及由此产生的诸如运输成本的差异在竞争对手之间是相等的。其实不然，物流作业的设施地点、数量及规模不同直接影响向顾客提供服务的能力和成本。网络设计是整个企业物流作业的基础。

2.信息处理

现代信息技术的高速发展，为物流作业信息化奠定了基础。企业物流从20世纪80年代初开始大量引入条形码技术来改善物流效率，使用EDI(电子数据交换系统)进行企业间商务数据的传输。随着各种类型的电子扫描方式和传输技术的普及，使得物流作业几乎都融入了信息技术。到了90年代，企业已开始运用卫星通信技术进行物流作业信息的实时跟踪，把星球大战的气氛引入了物流作业。

物流作业运用信息处理技术的最重要目标之一就是要平衡物流系统的各个组成部分，使总体效果最佳。例如，对一个企业来说，要想实现快速的交付，可能采用两种方法：一是在总部的销售部门积累一定的订单，然后把它们邮寄到各地区办事处，各办事处再通过航空进行装运；二是通过来自顾客的EDI订单，各办事处可随时取得订单，然后使用速度较慢的水上运输。两者相比，后者可实现在较低总成本下更快的顾客交付。

预测和订货管理是依赖于信息处理的两大物流工作。物流预测是要估计未来的需求，指导企业的存货策略，满足预期的顾客需求。要使得预测准确，必须掌握大量的顾客需求信息，现代条码技术、扫描技术以及数据仓库技术为企业物流的精确预测提供了保障。另一方面，企业可运用信息处理技术来达到主动控制物流作业的目的，运用诸如准时化、快速反应以及持续补货等概念能对顾客的需求做出快速反应，因而可能最终克服预测的不精确性。

订货管理部门的工作涉及处理具体的顾客需求。顾客可以分为外部顾客和内部顾客。外部服务的顾客，以及先购买产品或服务然后再出售的批发商。内部顾客是指企业内部需要物流支持以便承担起指定工作的组织单位。订货管理的过程涉及从最初的接受订货到交付、开票以及托收等有关管理顾客的方方面面。所有以上的活动，在当今顾客全球化的趋势下，没有信息处理技术的支持是不可想象的。

信息技术是联络各项物流作业的纽带，通过信息这根纽带，各种物流作业被视作物流信息系统的一个组成部分。

3.运输

在既定的物流网络结构和信息处理能力的条件下，运输是指在不同的地域范围间(如两个城市、两个企业之间，或一个大企业内相距较远的两车间之间)，以改变物流的空间位置为目的，对物料进行空间位移的活动。从物流的观点来看，有三个因素对运输来讲是十分重要的，即成本、速度和一致性。

运输总成本是指为两个地理位置间的运输所支付的款项及与管理费用和维持运输中的存货有关的费用。物流系统设计的目标应该是能把总成本降到最低程度的运输。

运输速度是指完成特定运输所需的时间。运输速度和成本呈效益背反规律，主要表现在以下两个方面：首先，能够提供更快服务的运输公司要收取更高的运费；其次，运输服务越快，运输中的存贷越少，无法利用的运输间隔时间就越短。因此，选择最佳的运输方式时，至关重要的问题就是如何平衡运输服务的速度和成本。

运输的一致性是指在若干次装运中履行某一特定的运次所需的时间与原定时间或与前几次运输所需时间的一致性。它是运输可靠性的反映。一致性是高质量运输最重要的特征。如果给定的一项运输服务第一次花费2天，而第二次花费6天，这种意想不到的变化就会产生严重的物流作业问题。如果运输缺乏一致性，就需要安全储备存货，以防预料不到的服务故障。运输一致性问题会影响买卖双方的存货水平和有关的风险。在物流系统的设计中，必须精确地维持运输成本和服务质量之间的平衡。发掘并管理好所期望的低成本、高质量的运输是物流的一项最基本的工作。

4.库存

一个企业的存货需求取决于网络结构和顾客服务的期望水平。从理论上讲，企业可以在物流网络中大量储备每一种销售的产品，以便更好地为每一位顾客服务。但是，这样做会增加总成本，几乎没有哪家企业会承担得起如此耗资的存货。存货的目的是要以与最低的总成本相一致的最低限度的存货来实现所期望的顾客服务。虽然较高的存货可以用来弥补物流网络设计的不足，但在某种程度上却降低了物流管理的质量，而且把过度的存货用作向顾客提供的服务，最终将导致较高的物流总成本。

库存管理的基本目的是要在满足对顾客所承担的义务的同时实现最低的物流成本。物流的观点来看，库存策略要求至少考虑两个重要因素：顾客细分化和产品分类。

5.装卸和包装

物流的上述四个活动：网络设计、信息处理、运输和库存可以被设计成各种不同的物流作业方案。在一定的总成本约束下，每一种方案都能实现一定水平的顾客服务。物流的另外一些活动装卸和包装都不具备上述的独立性质，它们只是每一种作业方案的组成部分。例如，在物流作业中，商品需要按确定的时间和数量放入仓库；运输车辆需要通过材料搬运进行有效的装卸；各种产品只有打包装入运输纸板箱或其他类型的各种容器时，才能有效地进行装卸。把装卸和包装等作业融入企业的各种物流作业中，可以使企业的整个物流系统高效地运行。

二、农业企业物流信息系统

信息流是整个企业物流系统的关键因素，以信息为基础的企业物流系统或称为企业物流信息系统。一般企业管理是分层次进行的，例如企业管理分为战略计划、管理控制、运行控制等不同层次。相应地，企业物流信息系统根据其处理的内容及决策的层次可以分为三个功能层次：业务处理、计划控制及决策分析。根据前述企业物流系统的基本模式，企业物流信息系统相应的又可划分成供应物流子系统、生产(库存)物流子系统及销售(配送)物流子系统。

业务处理层主要支持企业的日常物流运作，解决日常业务中遇到的物流问题，其主要功能是数据登录、查询、统计及对数据的适当处理。

(一)采购管理

采购管理包括六个模块：供应商管理、合同管理、订货管理、退货管理、付款管理及采购价格管理。

1.供应商管理模块

对商品的采购合作条件进行全方位的管理，既包括对主供应商的管理，也包括对副供应商的管理;既包括对供应商的业务往来信息的管理,也包括对供应商企业本身的业务数据进行管理。通过此模块可管理供应商的信誉、经营情况等一系列数据,为选择合适的合作伙伴提供决策依据。

2.合同管理

对与供应商所签订的所有合同进行管理,包括对合同的执行情况进行跟踪,适时提醒各部门工作人员进行相关的业务处理。

3.订货管理

订货管理既包括即时的订货信息处理,又包括根据采购合同,分店要货情况、仓储情况、资金情况等及时地、科学地制订商品的采购计划,以保证有足够合理的商品库存,此外还包括到货验收处理等。

订货时可以人为控制与计算机控制相结合生成订货单,由计算机根据确认的订货单生成向各厂家的订单。

4.退货管理

向供应商退出进货商品,包括两种退货形式:退货和调货,并对退货商品的库存进行独立处理。

5.付款管理

对往来单位的应付款进行管理,包括预付、应付、预收及折扣率等各种情况。

6.采购价格管理

提供历史和现行商品采购价格的分析、决策手段,包括按商品、供应商、采购季节因素进行直观的曲线、图表分析和对比。

(二)销售管理

1.订单管理

通过电话拨号访问配送中心库存情况,并实时形成订货清单,经业务部门汇总形成内部调拨单,其中库存不足商品自动转入订货环节。

2.物价管理

包括调拨商品在门店的售价(指导性)管理和配送中心对外批发价格的管理,分为新商品核价及一般商品的调价和折扣等。

3.批发销售

批发销售包括向社会客户批发销售或配送及向部门门店调拨形成销售,对门店销售从门店订货单内自动转入信息。

4.退货管理

退货管理指门店配送或批发商品的退货。退货后形成销货退货单并进行结算,增减实际库存。

5.销售日报

每天关于顾客销售及对内调拨和对外批发情况的汇总报表。

6.销售分析

包括销售排行、营销情况查询、成本毛利生成及其分析查询等。

7. 应收账款管理

向门店调拨销售的内部结算和对外批发引起的应收账款。

(三)库存管理

1. 入库管理

根据不同的业务类型进行入库确认，包括进货、销售退货、调拨入库等。

2. 出库管理

根据不同的业务类型进行出库确认，包括调拨发货、批发、进货退货等。

3. 损益管理

因商品残次、变质、盘点损益等原因引起的损益管理。

4. 盘点管理

打印盘点清单、实盘数据录入(手工录入，手持式数据终端数据接口)、盘点表生成、盘点数据查询。

5. 预警管理

预警管理是对商品库存数量、保质保鲜、滞畅情况等的警告管理。

6. 查询分析

包括对库存账不同层次的查询、库存结构分析、库龄分析等。

(四)运输管理

1. 运输计划

根据门店调拨和批发销售商品的体积、质量和货物去向自动进行运输调度管理，生成运输作业单。

2. 配载管理

根据运单进行车辆运载确认，对实配质量、体积进行管理，记录出车时间，考核实际出车量、运行里程等，并进行道路流量分析，以辅助运输计划。

3. 运费结算

根据运单对内和对外结算配送运费。

4. 车辆管理

包括车辆信息维护和驾驶员业绩考核。车辆信息维护包括车辆基本信息、购车年限、维修情况、事故记录、油耗情况等。驾驶员业绩考核指根据出车行驶里程、安全驾驶等情况对驾驶员业绩进行考核。

三、物资供应计划

企业的物资供应计划是确定计划期内为保证生产正常进行所需各种物资的计划，它是企业经营计划的重要组成部分，是企业向市场采购物资的依据。正确地编制物资供应计划，对于加强物资管理、保证生产需要、促进物资节约、降低产品成本、加速资金周转有重要作用。企业物资供应计划的主要内容有：编制物资供应目录，确定各种物资的需要量，确定计划期初和期末的储备量，编制物资平衡表，确定物资采购量等。

1.编制物资供应目录

物资供应目录是企业物资采购部门，根据企业生产所需的各种物资，按照物资分类的顺序。有系统地整理、汇总，并详细地列出各种物资的类别、名称、规格、型号、技术标准、计量单位和供应价格等。物资供应目录是编制物资供应计划和物资采购计划的重要依据，也是设计、工艺部门正确选用物资的必要参考资料。编制物资供应目录时，应在保证和提高产品质量的前提下，从技术、经济和供应条件等方面考虑，选择经济合理的物资品种，具体考虑以下几个因素：

(1)选用的物资必须保证生产的产品质量，也就是要符合企业有关的技术标准或合同中规定的技术条件。

(2)选用的物资应尽量立足国内，充分考虑就近取材的可能性。

(3)充分考虑物资的规格化、标准化，尽可能减少选用物资的规格、品种。

(4)物资的规格尺寸，要有利于物资本身的充分利用，减少生产过程中产生的余料、废料数量。

(5)选用的物资尽可能保证在生产中有较高的劳动生产率和设备利用率。

2.物资需用量的确定

物资需用量是指企业计划期内生产经营活动各方面所需要的物资数量。它不仅包括基本生产的需要，也包括辅助生产、新产品试制、技术革新以及其他各种需要。

企业各种物资需用量首先应按照不同用途和不同种类、规格分别计算，然后再把同类物资合并汇总而得出。确定物资需用量的方法主要有直接计算法和间接计算法两种。

(1)直接计算法，又称定额计算法，它是根据计划任务量和物资消耗定额来直接确定物资需用量的方法。其计算公式如下：

$$\text{某物资需用量}=\text{计划任务量}\times\text{物资消耗定额}\times(1+\text{物资供应系数})$$

物资供应系数是以百分比表示的在物资消耗定额中未包括的其他各种消耗或损耗，如保管、运输、废品等损失，但是可回收利用的损耗应直接从中扣除。

直接计算法具有准确、可靠的优点，应当作为计算物资需用量的主要方法。目前直接计算法多用于基本生产的原材料和一部分有消耗定额的辅助材料需用量的计算。

(2)间接计算法，也称比例计算法，它是按比例、系数来估算物资需用量的方法。一般用于那些没有消耗定额或难以确定消耗定额的物资需用量的计算。其计算公式如下：

$$\text{某物资需用量}=\text{计划任务量}\times\frac{\text{上期物资消耗量}}{\text{上期任务完成量}}\times\text{调节系数}$$

式中：调节系数是为了在计划期内避免使用条件发生变化或重复上期所产生的不合理的物资消耗因素，或采取措施可以减少一部分物资消耗应用的调节手段。

3.期初期末库存量的确定

由于生产任务、供应条件等变化，计划期内期初库存量和期末库存量往往是不相等的。即使在物资需要量不变的情况下，物资的采购量也会发生增减。

(1)期初库存量,一般是根据编制计划时库存的实际盘点数,并考虑编制计划时的实际库存量、计划期初的到货量和耗用量计算的。其计算公式如下:

计划期初库存量=编制计划时实际库存量+计划期初前到货量-计划期初前耗用量

(2)期末库存量,一般指物资储备定额(即经常储备量加保险储备量)。由于经常储备量是变化的,在实际工作中,通常采用50%~75%的经常储备量加保险量作为期末库存量。对于品种较多的小宗物资,可按物资的"小类"或"组"计算平均经常储备量加保险储备量来确定。

4.编制物资平衡表,确定物资采购量

企业在确定了各种物资需要量和期初、期末库存量之后,可以编制物资平衡表。物资平衡表一般是按物资的具体品种、规格编制的。

编制完物资平衡表后,就可以按物资类别编制物资采购计划,采购量可用下列公式计算:

某种物资采购量=物资需用量+计划期末库存量-计划期初库存量-企业内部可利用资源

式中:企业内部可利用资源是指企业自制、代用或通过其他渠道取得的物资。

企业年度物资供应计划需通过编制季度、月份物资供应作业计划进一步具体化。物资供应计划执行过程中,由于生产情况和市场供应情况的变化,原来计划的平衡状态常被打破,因此也需要通过季度、月份作业计划及时进行调整和组织新的平衡。

5.编制采购计划

提高采购工作效率,关键是编好采购计划。采购计划是物资供应的进一步具体化。包括采购物资的具体品种、规格、数量、使用方法和需求日期,而且还必须考虑采购周期和采购费用及支付方式,从而编制一套完整的工作日程计划,具体包括:

(1)确定采购品种、数量。根据生产作业计划和物资供应计划提供的物资品种、规格、数量、质量和进厂时间等要求。

(2)选择和确定采购渠道。先把采购物资的有关渠道分类汇总,通过深入调查,反复比较和分析,从中选择最理想的采购渠道。

(3)确定采购周期。从办理订货手续开始一直到物资进厂、验收所需要的时间为采购周期。企业应结合具体情况拟订各项物资采购先后次序和日程。

(4)确定支付方式。确定货款支付方式,原则上要有利于供需双方资金的运用。通常的方式是,异地可采用银行托收的方式,本地区则采用委托付款方式。数额小的款项,也可以通过现金或支票方式付款。

(5)预算采购资金。编制采购用款计划,提供给财务部门预先准备的采购资金,或作为向银行贷款的依据。

(6)向供货单位提出要货(或催货)计划表。

任务2 物资采购

◈ 任务目标

了解物资采购管理流程,掌握物资采购的具体方法。

◈ 任务内容

1.学生按5～8人进行分组,每组进行角色划分,分别扮演企业领导、物料管理人员、采购人员、库房管理人员和供应商。

2.物料管理部门决定采购物料的种类与数量,并向采购部门开出请购单。

3.采购部门请有关领导审批。

4.采购人员根据领导审批的采购计划进行采购。

5.与供应商签订采购合同。

6.向供应商发送采购订单。

7.跟踪订单,进行进货控制。

8.核对并完成采购交易。

9.物料入库。

◈ 成果检验

老师根据各小组成员的参与度与表现评定成绩。

◈相关知识链接

一、物资采购的基本任务

物资供应计划确定以后,必须通过采购活动,把企业所需的物资采购进厂,才能保证生产顺利进行,而且还直接关系到企业各个方面的经济效益。物资采购有以下四个基本任务:

1.开展市场调查,掌握市场信息

这是企业物资采购部门最重要的一项基础工作,可通过各种途径对能够提供所需物资的供应单位进行了解,编制供应单位一览表,输入电脑,进行储存,为企业管理者和有关部门进行决策提供充分的依据。

2.择优采购

企业在物资采购工作中,必须把握住质量、数量、时间和价格四大要素,一般称之为采购四要素。通过四要素的比较,择优选择供货单位。

3.签订供货合同,做好物资的催交和提运工作

企业物资采购部门应按照《合同法》的要求,代表企业签订供货合同,正确地执行合同规定的具体内容,加强与供方的联系,做好催交订货工作。

4. 采购核销

企业物资采购部门必须重视做好采购核销工作,它包括督促提货,对物资质量、数量、价格以及采购资金的核销等。当每一批采购物资提货进厂以后,采购人员必须督促有关部门及时验收,并根据验收凭证和运杂费凭证,按规定向企业财务部门核销所支用的采购资金。一般程序是:采购—付款—索取提货单—自提或托运—督促验收—汇集有关凭证—向财务部门核销采购资金。

二、订货方式

1. 市场采购

它是生产资料采购的主要形式,企业可以利用生产资料自选市场采购所需物资,也可以委托生产资料供应企业代为采购,支付一定的佣金。

2. 协作加工和带料加工

对于特殊规格、非标准规格的物资和市场无现货的物资,企业必须采取协作加工的订货方式取得资源。一般需方企业应提供图纸和技术质量要求,由供需双方直接签订加工合同或协议,凡涉及专用材料时,应带料加工。

3. 租赁

租赁有两种形式,一种是简单租赁,多数为租用设备或工具,支付一定租金;另一种是作为促进投资的融资方法,一般是由需方企业向拥有丰富资源的供方,以支付租金方式取得所需要的设备。这种形式对需方企业可以大大节约资金和采购费用,对供方企业可以扩大产品的销售并发挥物资的潜在效用。

4. 招标

随着市场功能的逐渐扩大,对于供应条件较好,需方批量大、数量多的物资,可以用招标方式进行采购。招标有公开招标和指定招标两种方式。公开招标不限制投标者的资格,指定招标是由出标单位(即需方或物资采购单位)在选择若干个比较理想的供应单位之间进行竞标和决标。

三、物资采购的方法

(一)按照采购价格决定方式划分

按照采购价格决定方式的不同,可以把物资采购分为询价采购、招标采购、议价采购、公开市场采购和定价采购。

1. 询价采购

询价采购是指采购人员首先选取多个有信用、可靠的供应商,向其询问价格或者以寄送询价单的方式促请对方报价,然后对报价进行比较,选出报价最低的供应商,最后向该供应商实施采购的方法。

2. 招标采购

招标采购是指采购方作为招标方,事先提出采购的条件和要求,邀请众多企业参加投标,然后按照规定的程序和标准一次性地从投标方中择优选择交易对象,并与其签订协议的一系列过程。

3. 议价采购

议价采购是指采购人员先与供应商讨价还价，议定价格之后再进行采购的方法。

4. 公开市场采购

公开市场采购是指采购人员在公开交易或拍卖场所随时进行机动式采购。这种采购方法适用于大量采购，因为大量采购时，物资的价格变动相对频繁。

5. 定价采购

当购买的物资数量巨大，非一两家供应商能够全部提供，或者市场上该类物资特别匮乏时，则可采用定价采购的方法进行现款收购。

（二）按照采购方式划分

1. 直接采购

直接采购是指直接向供货商采购的行为。

2. 委托采购

委托采购是指委托代理机构向供应商采购的行为。

3. 调拨采购

调拨采购是指将过剩物资相互支持调拨使用的行为。

（三）按照采购时间划分

1. 定期采购

按预先确定的订货间隔期间进行物资采购的一种方式。一般情况下，供需正常的生产企业均可采用这种方式。采购的数量可由生产计划部门事先确定。

2. 临时采购

采购行为没有固定性，仅在生产需要时采购物资。临时采购还包括紧急采购，即出现紧急情况时实施的物资采购行为。

（四）按照采购地区划分

1. 国内采购

向国内供应商进行采购的行为。一般来说，国内采购较为方便和经济。

2. 国外采购

向国外的供应商或外国供应商在国内的代理商、经销商等进行采购的行为。

四、物资采购的程序

1. 准备阶段

准备阶段的主要任务是收集企业计划任务量、物资消耗定额、消耗统计资料、产品图样和说明书、物资计划分配指标等信息，了解实际用料情况，调查物资资源市场供求情况。

2. 决策阶段

决策阶段的任务包括确定采购物资的品种、规格、数量和质量要求，选择供应单位及安排进货等。决策阶段的工作主要通过采购谈判来完成，具体包括四个环节：报价、比价、议价和定价。

首先，企业通过多种渠道获得报价。这些报价不仅包括渠道供应商的报价，还包括一些新供应商的报价。然后进入比价环节。俗话说货比三家,因为专业采购物资价值可能有高有低,所以采购人员必须谨慎。由于供应商的报价单所包含的条件往往不同,采购必须将不同报价中的条件转化一致后才能进行比较,以得到真实可信的结果。接着进入议价阶段,经过比价环节后,企业可以筛选出价格比较合适的供应商,并与其进行深入沟通,向其传达详细的采购要求,进一步杀价。最后是定价。经过上述三个环节之后,买卖双方均可接受的价格便可作为日后的正式采购价,一般须保持两三个供应商的报价。

3. 供货衔接阶段

供货衔接阶段的主要任务是组织申请计划物资的订货和采购,与供货单位协商衔接。

4. 进货作业阶段

进货作业阶段的任务包括对采购合同进行分类、整理,建立台账,编制进货作业计划,根据合同和进货作业计划收货,验收入库,按时付款结算,以及对违反合同的供货按规定拒付或提出索赔要求等。

五、采购谈判

(一)采购谈判的方法

1. 成本分析法

成本分析法是指将各种款式的产品委托给其他企业承制时,对产品各项组合成本进行解体核算,它是一种着重于成本和利润分析的经济管理核算法。利用这种方法的技巧是以成本分析为谈判主体,找出突破口;利用对方的弱点,协同作战,以获得采购的成功。

2. 一报二压三通法

一报二压三通法是指首先获得多家供货厂商的报价,然后根据报价进行压价,最后与目标供货厂商深入沟通,从而使采购物料成本降至最低。这种方法多适用于采购包装材料类等物料。

3. 分解组合对号法

分解组合对号法是指把整套配件按各单个规格进行分类、合并,对照合适的供货商进行采购,以达到降价的目的。这种方法多适用于零配件类等物料的批量采购。

4. 虚实结合绝招法

虚实结合绝招法是降低采购成本的一种独特的方法。采用这种方法的技巧是人为地制造一种竞争危机,使得采购物资能得到意料之外的收获。例如,先虚后实,利用供货商对成交书的欲望,用假订单报价,用真订单采购,迷惑供应商,以假象为依据使得供应商降价,实现大幅度降低采购成本的目的。

5. 综合运用降价法

综合运用降价法是指利用供货方的心理因素、成本概念,抓住其他供货方的薄弱点,综合运用各种谈判手段,使采购成本降至最低限度。采用这种方法的技巧是抓住供货方的心理弱点,抓住时机,运用多种方法,运用专业化的谈判策略,使采购成本降至最低。

(二)采购谈判议价技巧

1. 买方处于优势的议价技巧

(1)借刀杀人。通常询价之后,可能有多个厂商报价。对于这些报价,要进行分析、审查和比对。而一般采购人员工作很忙碌,逐一与报价厂商议价很不现实。并且议价的厂商越多,决定的时候困扰就越多。若仅从报价最低的厂商开始议价,则此厂商可能态度生硬,降价的意愿与幅度不高。“借刀杀人”的技巧是指先找比价结果排行第三低的厂商议价,探知其降价的幅度。再找第二低的厂商议价,探知其降价的幅度。经过这两次议价,低价可能就显露出来了。如果低价比原来报价最低的厂商还低,表示第三低和第二低的厂商的合作意愿较高。此时可再与原来报价最低的厂商议价,以第三低和第二低的厂商降价后的底价,要求最低的厂商降底价以下来交易,达到“借刀杀人”的目的。若原来报价最低的厂商不愿降价,则可与第二或第三低的厂商按议价后的最低价格成交。若原来最低价的厂商降至与第二或第三低的厂商的最低价格相同或以下,则可以与原来报价最低的厂商交易。

(2)过关斩将。所谓过关斩将,是把采购人员应善用上级主管的议价能力。通常供应商降价的意愿与幅度,视议价的对象而定。如果采购人员对议价的结果不太满意,此时可以请求上级主管来和供应商议价。当买方提高了议价者的层次,卖方会有受到敬重的感觉,可能同意提高降价的幅度。若采购金额巨大,采购人员就要请求更高的主管邀请卖方的业务主管商谈,这样效果会很好。因为高层主管不但议价技巧与谈判能力高超,而且社会关系广泛、地位高,甚至与卖方的经营者有互相投资或事业合作的关系,可能获得令人意想不到的议价效果。

(3)化整为零。采购人员要想获得最合理的价格,必须了解供应商的底价。若是仅获得供应商笼统的报价,议价还价的幅度不会很大。若能要求供应商提供详细的成本分析表,获得真正的成本或底价,则可以以最低的价格进行采购。因此,在采购物资,尤其是采购由不同零件组合或装配而成的物资时,应要求供应商化整为零,列示各项零件并逐一报价。再与专业制造零件的厂商独立洽谈,寻求最低的单项或总价,作为议价的依据。

(4)压迫降价。所谓压迫降价是指在买方占优势的情况下,以胁迫的方式要求供应商降低价格,并不征询供应商的意见。由于市场不景气,供应商的存货也会积压,这时候就形成了买方市场。此时,采购人员通常遵照公司的紧急措施,通知供应商自特定日期起降价;若原来供应商没有配合意愿,就停止合作。压迫降价法比较激烈,会破坏供需双方的和谐关系。当市场好转时,原来的供应商不是抬高售价,就是与其他方合作,合作关系很难维持。

2.买方处于劣势的议价技巧

(1)迂回战术。当卖方占优势时,买方与其正面议价通常效果不好,只有采取迂回战术才能成功。

(2)直捣黄龙。有一些来源单一的总代理商,通常会摆出一副高傲的姿态,对采购人员的议价要求置之不理,使采购人员有被侮辱的感觉。此时,若能摆脱总代理商,寻求原供应厂家的报价会是很好的方法。

(3)哀兵姿态。当买方居于劣势时,可以用哀兵姿态争取卖方的同情与支持。由于买方没有能力与卖方议价,应以预算不足为理由,请求卖方同意在其有限的费用下适当降价。买方一方面必须施展“动之以情”的议价功夫,另一方面要口头承诺将来“感恩图报”,以换取卖方“来日方长”的打算。此时,如果卖方只是削减原来过高的利润,则双方可能达成交易;而如果买方的预算距离卖方的底价太远,卖方无利可图,则合作不会达成。

(4)釜底抽薪。为了避免卖方处于优势下仍然赚取暴利,采购人员同意卖方有合理利润;

反之，胡乱杀价，可能效果不好。通常的做法是由买方要求卖方提供所有成本资料，以核实真实的成本，然后加上合理的利润作为采购的价格。

3. 买卖双方实力相当时的议价技巧

(1)欲擒故纵。在买卖双方实力相当、任何一方都无法以力取胜的情况下，买方应该设法掩藏购买意愿，不要明显表露非买不可的心态；否则会被卖方识破，从而处于劣势。此时买方应摆出“若即若离”的姿态，以试探性的询价着手。若能判断卖方有强烈的销售意愿，再要求更低的价格，并做出不答应即行放弃或另行寻求其他供应商的表示。通常，若买方出价太低，卖方没有销售的意愿，则不会要求买方加价；若卖方想销售，但利润太低，则会要求买方适当加价。此时，买方的需求若相当急迫，应同意略调价格，迅速成交；若买方并非迫切需求，可表明绝不调价，而卖方极有可能同意买方的低价要求。

(2)差额均摊。当买卖双方的议价结果存在差距时，若双方各不相让，则交易极易失败。此时，买方无法取得必需的物资，卖方也丧失了获利的机会，双方都是输家。为了促进双方的交易，最好的方式就是采取“中庸”之道，即将双方议价的差额各承担一半，结果双方都是赢家。

任务3 仓储管理

◈ 任务目标

熟悉出入库管理流程，掌握仓储管理方法。

◈ 任务内容

进料作业流程模拟：

1. 学生按5～8人进行分组，每组进行角色划分，分别扮演供应商、仓库主管、入库专员。

2. 仓库主管接到采购部的接货通知后，制订入库计划。

3. 货物到达后，仓库主管安排入库专员接货，与供应商交接手续。

4. 仓库主管审核货物单据，无问题在收货单上签字。

5. 入库专员安排货物储存并进行摆放。

6. 仓库主管填写入库单，登记相关明细账。

物料领用管理流程模拟：

1. 学生按5～8人进行分组，每组进行角色划分，分别扮演仓储部经理、仓库主管、出库专员、车间主任、生产车间工作人员。

2. 仓库主管制定《物料领用管理制度》，上报仓储部经理审批。

3. 生产车间根据生产需要，依据领料单填写标准。

4. 车间主任在领料单上签字，确认领料事宜。

5. 仓库主管对出库单审核，无问题签发仓库凭证。

6. 出库专员对出库单、发仓库凭证进行审核，无问题准备发料。

7. 出库专员与领料员交接，并在单据上签字。

8. 仓库主管进行明细账登记。

◈ 成果检验

老师依据报告与小组成员参与度及表现评定成绩。

◈ 相关知识链接

入库作业是指仓储部门按存货方的要求，合理组织人力、物力等资源，按照入库作业程序，认真履行入库作业各环节的职责，及时完成入库任务的工作过程。

一、入库的基本作业流程

1. 入库准备工作

做好入库前的准备工作是保证货物准确、迅速入库的重要环节，也是防止出现差错、缩短入库时间的有效措施。入库前的准备工作主要包括：编制货物入库作业计划、安排货位、组织人力、准备机械设备及计量检验器具、准备毡垫用品等。

2. 接运卸货工作

接运卸货指与托运货主或承运者办理所运到的货物的交接手续，为货物的入库检验做准备。接运卸货的主要形式有：接收到货通知单，到车站、码头提货；接受托运方的委托，直接到供货单位提货；接收托运方直接送到的货物；接收仓库内有铁路专用线的到货等。

3. 核对入库凭证

货物到库后，仓库收货人员要首先检查货物入库凭证，然后将入库凭证上的收货单位和货物名称与送交的货物内容和标记进行核对。如果核对无误，则进入下一道工序。

4. 初步检查验收

初步检查验收是指对到货情况进行粗略的检查，其工作内容主要包括数量检查和包装检查。数量检查的方法有两种：一种是逐件点数计总，另一种是集中堆码点数计总。无论采用哪种方法，都必须做到准确无误。在数量检查的同时，还要对每件货物的包装进行仔细的查看，查看包装有无破损、水湿、渗漏、污染等异常的情况。出现异常情况时，可打开包装进行详细检查，查看内部货物有无短缺、破损或变质等情况。

5. 办理交接手续

经过以上几道工序后，收货人员就可以与送货人员办理入库货物的交接手续了。如果以上工序中无异常情况出现，收货人员在送货回单上盖章表示货物收讫。如果发现异常情况，送货人员必须在送货单上详细注明并签字，或由送货人员出具差错、异常情况记录等书面材料，作为事后处理的依据。

6. 货物验收工作

办理完货物交接手续后，仓库管理员还要对入库货物进行进一步的验收。货物验收工作的基本要求是及时准确，即要求在规定的时间内，对货物的数量、质量、包装等进行仔细的验收。

如果仓库或业务检验部门在规定的时间内没有提出货物残损、短少以及质量不合格等问题，存货方则可认为供应的货物数量、质量均符合合同要求，双方责任已清，不再负责赔偿损失。因此，仓储企业必须在规定的时间内，准确无误地完成验收工作，对入库货物数量、质量等情况进行确认。

7. 入库信息处理

对于验收确认后的货物，相关人员要及时填写验收记录表，并将有关入库信息及时准确地录入入库管理信息系统，更新库存货物的有关数据。货物信息处理的目的是为后续作业提供管理和控制的依据。因此，入库信息的处理必须及时、准确、全面。

8. 组织货物入库

入库信息处理完毕，收货人员要按照打印出的入库单据根据入库程序办理入库的具体业务，组织货物入库。与此同时，将货物入库单据的其余各联迅速反馈到业务部门，作为正式的库存凭证。

二、出库的基本作业流程

1. 出库前的准备

出库应根据出库凭证的要求，做好一些准备工作，如包装、整理货物，组配、分装货物，准备包装材料、工具和用品，安排待运货物的仓容，调配装卸机具，组织人员发货，等等。

2. 核对出库凭证

物资出库凭证，不论是领(发)料单或调拨单，均应由主管分配的业务部门签章。仓储部门接到出库凭证时，首先要对其进行仔细的审核。核对无误后，按照出库单所列的物资品名、规格、数量与仓库材料账再进行全面核对。核对无误后，在料账上填写预拨数，并将出库凭证移交给仓库保管人员。仓库保管人员复核料卡无误后即可组织物资的出库工作，包括准备随货出库的合格证、使用说明书、质量检验书等。

3. 出库信息处理

出库凭证审核无误后，要对出库凭证信息进行处理。在采用人工处理信息方式时，由记账员将凭证上的信息按规定手续登记入账，同时在凭证上批注出库货物的货号，及时核对发货后的结存数量。当采用计算机进行库存管理时，将出库凭证的信息录入计算机后，出库业务系统会自动进行信息处理。

4. 查对库存及备货

仓库保管人员对货物的出库凭证复核无误后，按其所列的项目内容和凭证上的批注，与编号的货位对货，核实后进行备货，这个过程可分为拣货与分货。

5. 复核

货物备好后，为避免和防止备货过程中可能出现的差错，工作人员应按照出库凭证上所列内容进行逐项复核。这一环节是防止出库差错的关键。

6. 货物包装

出库货物有的直接出库，有的需要经过包装后出库。尤其是发往外地的货物，为了适应安全运输的要求，需要进行包装或加固作业。凡是由仓库分装、改装或拼装的货物，装箱人员要填制装箱单，标明箱内所装货物的名称、型号、规格等并签章，以供收货人核对。

7. 清点交接

货物经反复审核后，要和单据一起交到提货人，办理交接手续。如果是托运的，需要与运输部门办理交接手续，当面将货物交接清楚，交清提货人员在出库凭证上签章，划分责任。

8.登账及档案管理

出库货物交接清点后，仓库保管人员应在出库单上填写实发数、发货日期等内容并签章，然后将出库单连同有关证件资料及时交给货主，办理货款结算。同时，仓库保管人员要把留存的出库凭证交明细账的登记人员做账；将留存的提货凭证、货物清单、记录、文件等归入档案；将已空出的货位标注在货位图上，以便安排货物。

三、库存控制

库存控制又称库存量控制，就是要控制库存物资的储备数量，使之经常保持在一个经济合理的水平上。为了保证生产不间断、有节奏地进行，一定数量的物资储备是必要的，但是储备不能过多。储备量过多，将使占用的流动资金和仓库面积增加。从而增加库存保管费用。而且物资长期存放，还会使物资损坏变质，造成浪费，从而增加生产成本，降低生产的经济效益。因此，加强库存管理，是物资管理的一项重要工作。

1. ABC 分析法

企业所需要的物资品种和规格特别多，但企业各种物资的需要量和物资品种数之间却存在一个共同规律，即有少数品种物资的年消耗金额占企业物资消耗总额的比例很大。但还有不少品种物资年消耗金额占消耗总额的比例却很少。物资管理的 ABC 分类法即帕累托(Pafeto)曲线分组法，就是根据各种物资年消耗金额占消耗总额的比例，将物资分为 A、B、C 三类，并分别采用不同的管理方法。将物资分为 A、B、C 三类的具体步骤如下：

(1)计算每种物资的年度消耗金额，即年度物资需要量乘以物资单价。

(2)将物资按年消耗金额从大到小排列。

(3)逐项将消耗金额进行累计，最末一项累计金额就是全年物资消耗金额总和。在累计金额的基础上，计算出各项累计金额占全年消耗金额总和的百分比。

(4)计算累计品种数和各项累计品种数占品种总数的百分比。

根据计算结果可画出 ABC 分析图，如图 6-1 所示。

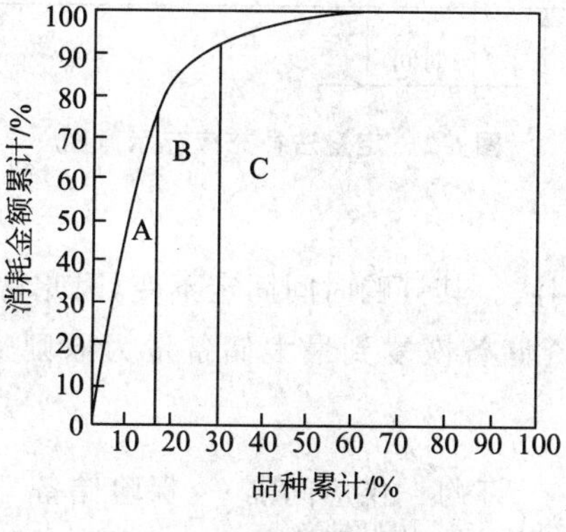

图 6-1 存货 ABC 分析图

由图 6-1 可看出，有些物资累计消耗金额高达 60％～70％，而品种累计数仅占 10％～15％，这一组物资称为 A 类物资；另一类物资则相反，累计消耗金额的比重很小(仅占 5％～

15%),但它们所包括的品种数却很多(占60%～70%),这一类物资称为C类物资;剩下的介于这两类之间的一组物资称为B类物资。

针对A、B、C三类物资的特点采取相应的管理方法:

A类物资是物资管理的重点,通常要按具体品种进行控制。由于其年消耗金额较大,为了减少物资储备占用资金,要严格控制A类物资的储备天数,可以通过计算经济批量来确定年订购次数和相应的供应间隔,并随时登记库存变动情况,在保证供应的前提下,尽量压缩库存量。

B类物资是一般供应物资,可按材料类别进行控制,尽可能固定其进货周期和进货批量,保持库存数量的相对稳定。

C类物资品种很多,但由于年消耗金额不大,可按金额进行总体控制,适当增加储备天数,减少订货次数,简化物资管理。

2. 定量库存控制法

定量库存控制法简称定量法,当储备的物资下降到某一规定数量时,仓库立即发出订购要求,物资供应部门应及时组织订购以保证消耗掉的经常储备得以再次建立。每次订购数量相同,订购数量等于经常储备定额。决定提出订购要求时的物资储备数量称为订购点储备量,其计算公式如下:

订购点储备量=平均每日需用量×订购时间+保险储备量

按定量法补充库存储备时,物资储备的变化情况如图6-2所示。

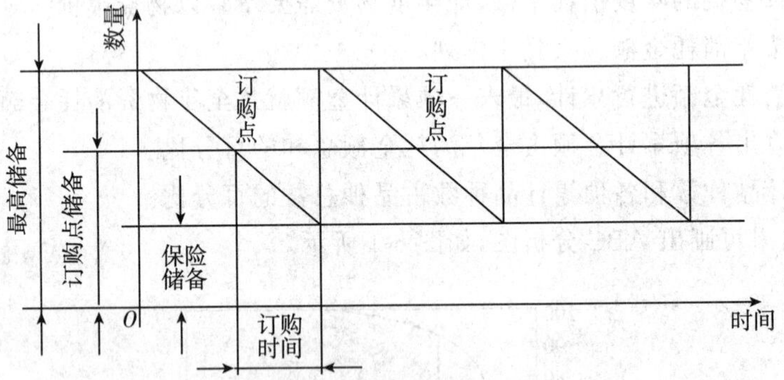

图6-2 定量法补充库存示意图

3. 定期库存控制法

定期库存控制法简称定期法。其订购时间固定不变,因此物资进入的时间间隔相同,每次订购数量则以进货时能使物资储备恢复到最大储备量为原则来确定的,订购量的计算公式如下:

$$订购量=\frac{平均每日}{需用量}\times(\frac{订购}{天数}+\frac{供应间隔}{天数})+\frac{保险储备}{定额}-\frac{实际}{库存量}-\frac{已订未到}{数量}$$

式中:订购天数是指从发出订单至货物验收入库为止的时间;供应间隔天数是指两次到货之间的间隔;已订未到数量是指已经订货但尚未到达而在供应间隔期中可以到货的数量。

4. 准时制库存

生产系统中的库存通常只是出了某种差错时才有必要存在，换句话说，只是当生产计划出现了某种偏差时，这种“额外”的库存就被用来填补偏差或是解决问题。准时制库存是指维持生产系统完整运行所需的最少库存，它建立在准时生产制和准时购买制的基础上。有了准时制库存，所需商品就能按时按量到位，分秒不差。准时制意味着消除浪费，存货与生产同步，库存量最少，它的关键是按标准进行小批量生产。

四、农产品储藏

（一）农产品储藏的概念

农产品储藏是利用农产品采收后生理学的原理，通过延缓农产品的衰老，防止腐烂变质的进程，来达到延长供应期的保鲜增值手段。只有必要的储备才能解决商品在生产与消费、时间与空间上的背离，保障市场上农产品不间断供应和均衡供应。由于农产品本身是易腐易变的有机物，产销在时间和空间上背离较大，生产周期也较长，因而储藏就更具有必要性。

（二）影响农产品储藏的因素

1. 影响农产品储藏的内在因素

(1)呼吸作用。呼吸作用是农产品采收后生命活动的中心，它关系着农产品品质的变化和储藏寿命的长短。

(2)蒸腾作用。大部分农产品的含水量高达85%～96%，在储藏时很容易由于蒸腾脱水而引起组织萎蔫。如果农产品水分蒸发过多、组织萎蔫、疲软、皱缩、光泽消退，就会失去新鲜状态。同时，蒸腾作用也会使农产品的重量减轻，造成经济损失。

(3)后熟与衰老。农产品采收后，在生理上经历着一个由幼嫩到成熟、衰老的过程。在这个过程中，其体内的营养物质也在不断地变化，由食用部分向非食用部分的生长点转移，从而引起食用部分的衰老。此外，有些农产品虽然尚未完全成熟，但在储藏过程中可以继续成熟。这种在储藏期间完全成熟的过程，叫后熟作用。后熟过程中同样会发生物质的转化。

(4)休眠。休眠是指一些块茎、鳞茎农产品采收后，新陈代谢明显降低，进入相对静止状态。在休眠时间，农产品有很好的耐储藏性，如需要延长休眠期，可人为地创造一个不适于其生长的条件，如低温、低湿、低氧，使其进入强制休眠状态，即可相对延长农产品的保存期。

2. 影响农产品储藏的外在因素

(1)温度。在一定范围内，随着温度的上升，农产品的呼吸强度增大，微生物的繁殖速度加快，从而引起农产品品质劣变，缩短了它的储存期限。

(2)湿度。在储藏温度适宜而稳定的条件下，保持适度的环境湿度可减少果蔬失水和保持果蔬新鲜。

(3)气体成分。储藏环境中的气体成分对农产品的呼吸、微生物的繁殖有很大影响。低氧、高二氧化碳、高氮可抑制农产品呼吸和微生物的繁殖生长，有利于农产品的储藏。

(4)微生物。微生物是影响农产品储藏的重要因素。农产品在储藏期间，各种类型的微生物尤其是霉菌，在适当的温度和湿度下，便会迅速生长繁殖，造成农产品品质劣变。

(三)农产品储藏的主要方法

1. 温控储藏

温控储藏是通过控制环境温度来进行储藏的一种方法。根据温度范围的不同又可分为高温储藏和低温储藏。高温储藏的对象主要是麦类、豌豆等耐高温农产品,其方法主要有日光暴晒、热力加温和沸水浸烫等。低温储藏是指低于常温,环境温度在15℃以下储藏的方法,例如苹果可以在−7℃下储藏,而绿香蕉在储藏中温度必须控制在12℃以上,低温储藏温度范围一般为15~30℃。

2. 气调储藏

气调储藏即将产品放在一个相对密闭的环境中,同时调节储藏环境中的氧气、二氧化碳和氮气等气体的比例,使其稳定在一定浓度范围内的一种储藏方法。

3. 干燥储藏

从农产品中除去一定量的水分称为干燥或脱水,农产品的干燥或脱水称为干制。农产品经干燥脱水后,由于体积与重量显著减轻而便于运输,例如蔬菜水果类。但是农产品脱水干制过程中,还会发生一系列化学变化,这些变化对于制品及其复水后的品质如色泽、风味、质地、黏度、复水率、营养价值和储藏期会造成影响。

4. 辐射储藏

辐射储藏是利用射线辐射农产品,对其进行灭菌、杀虫、抑制发芽、延迟后熟等处理,从而最大限度地减少农产品的损失,使其在一定的期限内不发芽、不腐败变质、不发生农产品品质和风味的变化,由此增加农产品的供应量,延长其保藏期。但辐射又会使农产品的化学成分发生变化,造成营养物质的损耗。

5. 化学储藏

化学储藏是指在生产和储藏过程中,添加某种对人体无害的化学物质,增强农产品的储藏性能和保持其品质的方法。化学储藏的卫生安全是人们最为关注的问题,因此生产和选用化学储藏剂时,必须符合食品添加剂的标准。

五、农产品运输

(一)农产品运输的类型

农产品运输是指借助于运输工具,实现农产品在空间上的位置转移。农产品运输缘于农产品的生产、加工和消费在空间上的背离,是农产品营销不可缺少的过程。与工业品运输相比,农产品运输的时效性更强,运输质量要求更高。

根据运输方式的不同,农产品运输可以分为铁路运输、公路运输、水路运输、航空运输;根据装载形式可以分为散装运输、包装运输和集装箱运输;根据运输路径可分为直达运输、直线运输、直拨运输、中转运输。

(二)农产品合理运输

农产品合理运输是指以最快的速度、最短的里程,经过最少的环节,用最少的费用,及时安全地把农产品运送到目的地的运输。合理组织农产品运输的关键是使运输方式、运输时间、运输距离、运输环节、运输费用等几个方面都达到合理化，其核心是运输时间和运输费用的合理化。要使农产品运输合理化，应做到以下几点：

1. 按经济区域组织农产品流通

所谓农产品流通的经济区域，是指由自然地理位置，交通运输条件，生产力布局状况、产供销关系等各种因素决定，自然形成的科学合理地组织商品流通的地域范围。经济区域组织农产品流通有利于消除农产品运输中对流、倒流、重复、迂回、过远等不合理现象。

2. 合理选择农产品运输方式、运输路线和运输工具

农产品运输的首要要求是降低农产品运输的费用，不同运输方式、路线和工具，其运输费用差距很大，如表 8-1 所示。阿运方式虽然运量和运价最优，但却是以牺牲灵活性、速度和连续性为代价的。因此，农产品运输要考虑产地与目的地的距离、交货时间要求、货物的价值、气候变化、交通管制情况等各个方面，采取灵活组合的方式，选择最佳的运输路线与运输方式，降低运输成本。

3. 实行分区产销平衡，确定农产品合理流向

根据农产品的产销分布情况和交通运输条件，在产销平衡的基础上，按照近产地近销地的原则，规划农产品合理流向图，并用这种方法把产供销和合理运输路线相对固定下来，使农产品运输制度化、合理化。这一措施适用于产地集中、销地分散，或产地分散、销地集中的品种单一、规格少、运量大的农产品。

4. 大力开展联运

联运是指运用两种以上的运输工具的换装衔接，联合完成农产品从发运地到收货地的运输过程。只要联运衔接合理就可以缩短待运时间，加速运输过程。

5. 大力发展集装箱运输

集装箱运输过程机械自动化操作程度高，是现代高效运输形式。适应农产品易腐易变的特点和运输要求，应大力发展这种运输形式。

6. 提高运输工具的使用效率和装载技术运输工具的使用效率

这是指实际装运重量与标记载重量的比率。提高运输工具的使用效率就是既要装足吨位又要装满容积，这就必然要求提高装载技术。

7. 推广“冷藏链”运输

“冷藏链”运输是指对鲜活的农产品从始发地运送到接受地，每个环节的转运或换装都保持在规定的低温条件下进行的运输方式。“冷藏链”运输能抑制微生物的繁殖和酶的活动，防止农产品腐变和减少在途中的损耗，值得大力推广。

项目 7　农业企业生产管理

任务 1　农产品加工企业生产管理

◈ 任务目标

了解农产品加工企业生产管理过程，能编制生产流程，布置厂区与车间。

◈ 任务内容

1. 学生按 5～8 人进行分组，每组组建一个农产品加工企业。

2. 为模拟企业设计生产制造流程，划出流程图。

3. 进行厂区布置与车间布置。

◈ 成果检验

每个小组上交一份生产工艺流程图、厂区布置图、车间布置图，由老师进行总结、点评并给出成绩。

◈ 相关知识链接

一、农产品加工

（一）农产品加工的概念、分类与作用

1. 农产品加工的概念

农产品加工是指以农业生产中植物性产品和动物性产品为原料，通过一定的工程技术处理，使其改变外观形态或内在属性的物理及化学过程；同时也是通过一定的管理技术处理，使其由初级产品转变为制成品，连接农业生产与居民消费的经营过程。

2. 农产品加工的分类

常将农产品加工分为五类：食品、饮料和烟草加工；纺织、服装和皮革加工；木材、木料产品和家具制造；纸张和纸张制造；橡胶产品加工。

中国从统计口径上划分的与农产品加工相关的行业有 12 个：食品加工业，食品制造业，饮料制造业，烟草加工业，纺织业，服装及其他纤维制造业，皮革、羽绒及其他制品业，木材加工及

竹藤棕草制品业，家具制造业，造纸及纸制品业，印刷业记录媒介复制，橡胶制品业。

可以看出，中国农产品加工分类中的1～4项，与国际通行分类中的第1项对应，5～7项与第2项对应，84项与第3项对应，10～11项与第4项对应，12项与第5项对应。因此可以说，中国关于农产品加工的分类是国际通行的农产品加工分类的进一步细化。

3.农产品加工的作用

从宏观上来说，农产品加工是调整农产品供求的平衡器，是一国农业竞争力的组成部分，是促进农业生产目标和生产方式转变的推动力。

从微观上来说，农产品加工有利于增进对农产品的消费，能够提升农产品的价值。以米糠为例，按国内目前综合利用平均水平统计，增值效果在原料价格的16倍以上。农产品加工能够保护有益成分，如新鲜蔬菜在烹调过程中损失维生素30%以上。农产品加工可以延长储藏时间，以乳制品为例，由于先进包装保鲜技术的应用，鲜奶产品的保质期可以长达60～180天。农产品加工能够有效提高农产品综合利用率，农产品加工也是农民增收的有效途径。

（二）农产品加工方式、方法与技术

1.农产品加工方式

农产品加工是一个综合概念，农产品加工方式按制成品的精度，分为初级加工和深加工；按制成品的用途可分为食品和非食品加工；按加工的综合利用率，可分为单项加工、多项加工和系列加工。

（1）初加工，又称粗加工，是指对农产品进行除杂去废、挑选整理的加工，是为了便于包装、储藏和运输或为进一步加工创造条件而进行的处理。例如毛皮、毛类等畜产品，经过除杂去废挑选整理、清洗包装等初加工，才能成为供销售或进一步加工的原料。

（2）深加工，又称精加工，是在初加工的基础上，根据产品特点和市场需求对初加工产品进一步加工成比较精细的半成品、成品或系列产品的处理工作。

（3）单项加工，是以加工单一产品为目标的农产品加工。在这种加工中，有的加工的副产品虽然被利用了，但加工的目的却不是利用副产品。如利用黄豆加工豆腐，目的是为了生产豆腐而不是为了生产副产品豆渣，尽管豆渣通常都被利用了。

（4）多项加工，是加工出两种以上产品的农产品加工。这种加工与综合加工的区别是，加工的原料尚未被充分利用。比如蜂产品加工，如果只能利用蜂蜜、蜂王浆而不能利用蜂蜡，就属于多项加工。

（5）系列综合加工，是综合利用加工原料及其加工后的各种副产品，生产出系列产品的农产品加工。系列综合加工比多项加工的原料利用率高，加工后不产生或极少产生废弃的副产品。比如加工甘蔗，将副产品甘蔗渣制成纤维板加以利用，就属于系列综合加工。

2.农产品加工方法

农产品加工方法是指为改变农产品的理化性状而对加工对象所实施的各种手段和措施的工作组合。农产品的理化性质不同，加工的目的、要求应有所区别，加工的方法也不同。常规性的农产品加工的主要方法有以下几种：

（1）除杂去废加工。除杂去废加工属于清洁整理性加工。加工目的是通过对加工对象进行挑选、整理、水洗、水沉、吹风、切削、摘除、过筛等各种处理，实现农产品洁净化、整齐化，便于

进一步加工。

(2)切削分割加工。切削分割加工是将农产品切割成一定规格的颗粒、形状,以进一步加工、储运或销售的处理。蔬菜、肉类等食品,皮革、木材等原料常需这种加工处理。

(3)粉碎加工。粉碎加工是将农产品粉碎成一定规格的颗粒,以达到某种继续加工的技术要求的工艺处理。制成中成药,生产面粉,加工纸张等,一般要对原材料进行粉碎加工。

(4)压缩打包加工。压缩打包加工是对具有疏松、膨胀性质的农产品,通过压缩体积、排出空气、打包打捆,以便于储存和运输的加工。这种加工多用于棉、毛、麻类等农产品的加工。

(5)配兑加工。配兑加工是指按照一定的技术配方将各种相关农产品配兑在一起,通过一定的化学作用过程制造新产品的加工。饮料加工即是配兑加工过程。

(6)臆渍加工。臆渍加工是用盐、糖、醋、酱油等各种调味品对农产品腌泡,以改变其性状,使其便于储存的加工。一般用于对鲜活农产品的加工,如对鱼、肉、蛋、蔬菜的加工。

(7)提纯加工。提纯加工是通过物理或化学方法,清除存在于农产品中的各种异物,以提高产品纯度的加工。蜂蜜、动物油脂的精炼就是典型的提纯加工。

(8)干燥脱水加工。干燥脱水加工是将含水量较高的农产品以一定的技术手段按一定的质量要求,脱去适量水分,以备储存或进一步加工的处理过程。常见的鲜菜、鲜果干燥脱水制成干菜、干果就是典型的干燥脱水加工。

(9)冷冻冷藏加工。冷冻冷藏加工是指为了抑制农产品中酶的活性,减弱其理化变化,防止腐败变质,而对其采取的低温冷冻或冷藏措施。冷冻、冷藏加工目前普遍适用于蔬菜、肉类等鲜活农产品的储存与销售活动中。

(10)密封包装加工。密封包装加工是对农产品采用杀菌脱氧、高压密封的包装方法加工。这种加工具有明显的保存性,在食品销售包装中广泛使用。

上述加工方法从加工方式角度分,(1)～(4)的加工方式属于粗加工和原料加工。这类加工方法的特点是:加工技术简单,加工费用便宜。如果加工目的是为了提供农产品原料,就应当选择这类加工方法。(6)～(10)的加工方式属于深加工、半成品加工、成品加工和系列综合加工。这类加工能够杀菌消毒,防腐防变,可以有效地保护和改善农产品使用价值,便于商品的长期储存和长途运输。凡以长期储存、长途运输、促进销售为目的加工,一般应选择这类加工方法。(5)和(7)的加工方式属于加工程度较高的加工方法,属于精深加工和系列综合加工。这类加工工艺技术比较复杂,产品增值较大,副产品多,可为综合利用创造条件。

3.农产品加工技术

农产品加工技术的发展状况,决定着一个国家农业现代化的水平。以下简单介绍几种先进的农产品加工技术。

(1)计算机视觉技术。该技术是利用图像传感器获取物体的图像,并将图像进行数据处理,再利用计算机分析图像,借以完成一个与视觉有关的技术任务。目前,该技术在农产品加工中的应用,主要集中在农产品品质的识别和分级方面,如种蛋,谷粒表面裂纹检测;梨、苹果等农产品表面缺陷和损伤的检测;根据大小、形状和颜色,对黄瓜、土豆、苹果、玉米和辣椒等果蔬进行自动分级等。

(2)膜分离技术。膜分离是指利用一层很薄的半透膜将液相或气相内的不同成分分离开来的先进加工技术。使用该技术进行农产品加工，对营养成分的破坏少，能够有效地保持原有的色、香、味，因此广泛适用于农产品和食品加工。目前，膜分离技术已在农产品和食品加工业中获得了广泛的应用，例如，在乳品加工业、果汁加工业、纯净水生产中普遍使用。

(3)微波技术。微波是一种频率为300～300 000MHz的电磁波，极强的穿透性使被照射对象内外同时迅速升温，从而使其理化性状发生变化。目前国内利用微波技术对肉制品进行杀菌加工，已取得了令人满意的效果，同时微波器具的家用化，进一步拓展了食品加工的空间。

(4)超高压杀菌技术。超高压杀菌是指在压力容器内使压力达到300～700MPa，形成瞬间高压环境的一种杀菌技术。由于超高压杀菌避免了加热杀菌的缺点，能够保持食品固有的风味、色泽和新鲜程度，提高了产品的品质，因此受到了人们的普遍关注。目前此项技术已广泛应用于肉类、海鲜的低温消毒加工中。

(5)超临界萃取技术。超临界萃取技术，具有可防止萃取物热劣化、抗氧化和净菌等作用，与一般萃取技术相比具有使用安全、分离效率高的特点。目前，超临界萃取技术已普遍应用于从植物中萃取天然色素、食品添加剂和香料。

(6)冷冻干燥技术。真空冷冻干燥是在低温下对农产品进行脱水处理的技术，例如，对蔬菜、水果、花卉、肉类等农产品进行冷冻干燥处理，可以充分保留营养成分，而且复水后，加工物几乎可以恢复原有的色泽和新鲜程度。目前中国自行开发制造的真空冷冻干燥设备的整体性能已达到发达国家20世纪90年代初同类产品的先进水平，并应用于蜂乳、蒜片、南瓜、花卉及肉类的干燥加工。

(7)低温粉碎技术。低温粉碎是在冷冻条件下，改变加工对象的物理特性，使原来不容易被机械粉碎的物料得以粉碎的加工技术。由于加工对象在极低的温度下被加工，原有的色香味特性得以充分保留，因此，这种先进的加工技术被广泛地应用于香料，如可可、杏仁、咖啡豆等，调味品，如芥子、胡椒等，以及中草药、人参等高热敏性农产品的粉碎加工。

自20世纪70年代以来，化工、医药、生物以及计算机技术对农产品加工业的不断渗透，迅速提升着农产品加工业的技术层次，为农产品加工不断开拓着新原料，创造着新产品。

(三)中国农产品加工的现状与发展趋势

中国是一个农业大国，长期以来农业生产主要是以粮食棉油为主的初级农产品的生产。农业加工行业的发展比较落后，造成农产品大量的损耗和资源的浪费。据统计，我国每年蔬菜损耗率为25%～30%，水果的损耗率为20%～25%，折算经济价值约750亿元。而发达国家果蔬的产后损耗率只为1.7%～5%。农产品产后产值与采收时自然产值之比，中国仅为0.38∶1，而美国和日本分别达3.7∶1和2.2∶1。中国农产品损耗高，资源利用率低的主要原因在于加工技术落后，加工产业化水平低，龙头企业规模小，人力资源供给不足等。

市场经济的建立与发展，中国农产品加工的科研、教学得到了迅速的发展，取得了长足进步。近年来，中国逐步形成了一支专业比较完整、有一定水平的农产品储藏、保鲜、加工的科研队伍。但与中国庞大的农产品加工市场需求相比，科研力量与科研投入的缺口仍然较大。

就现在看来，尽管我国农产品加工业取得了前所未有的进步，但农产品加工产业化程度依然低于发达国家，主要原因表现在以下几个方面：

(1)农产品加工业体系失衡，基础薄弱。我国由于长期受计划体系的影响，产前、产中、产后的信息不对称，农业加工业规模偏小及政府扶植政策滞后等，农产品加工业体系尚未完全建立起来，在农产品的收储、加工、销售等环节上，脱节现象普遍存在，原料供给不稳定，加工方向易变，销售渠道短，使农产品加工业基础不稳定。

(2)农产品加工企业技术与装备水平低。据估计，90%左右的中小农产品加工企业的技术水平低，设备落后，缺乏高质量和高水平的监测手段。这使得国内中小农产品加工企业粗加工多，精加工少，初级产品多，深加工产品少。发达国家在农产品加工行业广泛应用先进技术，在我国，虽然大型企业中已有应用，但在中小企业的应用还相当缺乏，这极大地限制了农业产品加工业的发展。

(3)农产品加工科技投入不足。中国的科技投入过去普遍偏低，用于全社会科技开发的研究和发展投入占国内生产总值的1%。其中用于农产品加工研究的经费更少，农产品加工只是在“九五”计划期间开始被列入国家攻关项目计划，落后的研发手段严重制约了农产品加工科技的发展。

(4)农产品加工行业专业人才缺乏。

二、加工企业生产过程组织

(一)生产过程组织的基本要求

1.生产过程

广义的生产过程是指从生产技术准备至产出成品的全过程。狭义的生产过程是指原材料投入生产至产出成品的全过程。

常见的产品生产过程有两类不同形式：一是流程式生产过程，指的是从工作开始一端投入原料，然后按顺序经过多道加工工序，最后形成产品的过程；二是加工装配式生产过程，一般表现为先把原材料加工成零件，再装配成部件，最后集中组装成产品的基本生产过程。企业的生产过程不论属于哪一类形式，都包括以下过程：

(1)生产技术准备过程，是指产品在投入生产前所进行的各种生产、技术、组织的准备工作过程，如产品设计、工艺设计、工艺装备的设计与制造、工艺操作规程的编制、标准化工作、定额工作等。

(2)基本生产过程，是指直接对劳动对象进行加工，使之成为企业基本产品的过程，也就是企业产品生产的工艺加工过程。企业的基本生产过程代表了企业的基本特征、专业方向和专业技术水平。

(3)辅助生产过程，是指为保证基本生产过程正常进行所必需的各种辅助性生产活动过程。如制造企业动力生产和供应，刀具、模具制造，专用设备制造，设备修理与维护等。

(4)生产服务过程，是指为保证基本生产过程和辅助生产过程的正常运行所必须从事的各种非物质生产活动的过程。如原材料及半成品供应、运输、保管、产品检验以及产品的发运等。

在上述生产过程的四个组成部分中，基本生产过程是核心部分，其他三个部分是为基本生产过程服务的。

2.合理组织生产过程的要求

生产过程组织是指对生产要素在空间上合理布局，时间上紧密衔接，使之形成一个协调的整体和有效运作的系统，以达到生产系统目标。合理组织生产过程的目的就是保证产品制造的流程最短、时间最少、耗费最省，并按规定的产品品种、质量、数量、期限等生产出社会需要的产品，具体来说要满足以下要求：

(1)生产过程的连续性，是指产品生产过程的各个工艺阶段、工序之间在时间上紧密衔接，连续进行。它表现为产品及其零部件在生产过程中始终处于运动状态，不发生或很少发生中断现象。

(2)生产过程的比例性，是指生产过程的各工艺阶段、各工序之间，在生产能力和生产数量上保持一定的比例关系。它表现为人员、设备、生产面积之间达到能力协调和相互适应，料、物成比例。

(3)生产过程的均衡性，是指生产过程的各个环节的工作能按计划要求有节奏地进行，保证在相同的时间间隔内，完成相等或稳定递增数量的产品或工作量，各个工作地的负荷经常保持均匀，不出现前松后紧的现象。均衡性特点是连续性和比例性的综合反映。

(4)生产过程的平行性，是指生产过程的各工艺阶段、各工序在时间上实行平行作业，使产品各零部件的生产能在不同空间同时进行，从而缩短产品的生产周期，在同一时间内提供的产品更多。平行性是生产过程连续性的前提。

(5)生产过程的适应性，是指生产过程的组织设计能较好地适应市场多变的特点，不断满足复杂多变的社会需求。

(二)生产过程组织的基本内容

1. 生产过程的空间组织

生产过程的空间组织是指在一定空间内，合理地设置企业内部各基本生产单位，如车间、工段、班组等，使生产活动能高效地顺利进行。

企业内部生产单位的组织，一般有三种基本形式：

(1)工艺原则，是指按照生产工艺性质的不同划分生产单位，进行设备布局。工艺专业化的特点主要是工艺特点相同，具体表现为“三个相同，一个不同”，即设备、工种、工艺方法相同，产品不同。其通常叫作“机群式”生产单位(图 7-1)。

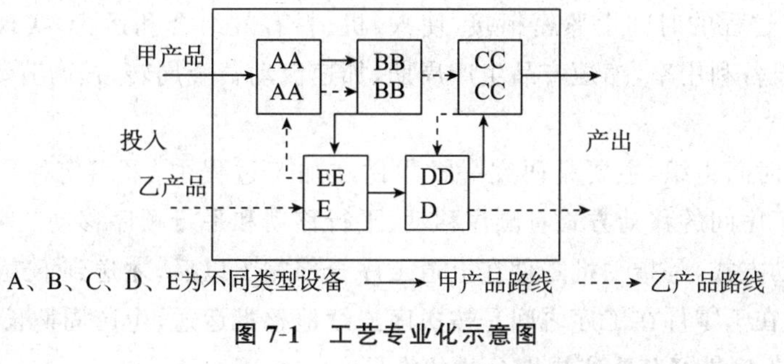

图 7-1 工艺专业化示意图

工艺专业化的优点是：对产品品种多变适应性较强；在品种多变情况下，便于充分利用机器设备和生产面积的能力；便于加强专业化的技术指导，有利于提高工人技术熟练程度；便于开展同工种工人之间的劳动竞赛；产品易于进行更新换代等。

工艺专业化的缺点是：生产周期长；产品运输路线长，运输在制品的辅助劳动量大；在制品占用量大，资金占用量多，资金周转缓慢；生产单位之间协作关系和各项管理工作比较复杂等。

(2)对象原则，指按照加工对象来设置生产单位。在对象专业化生产单位里，集中加工同种类产品所需要的不同机器设备和各种工人，对同种产品进行不同工艺的加工。具体表现为“三个不同，一个相同”，即设备、工种、工艺方法不同，产品相同(图7-2)。

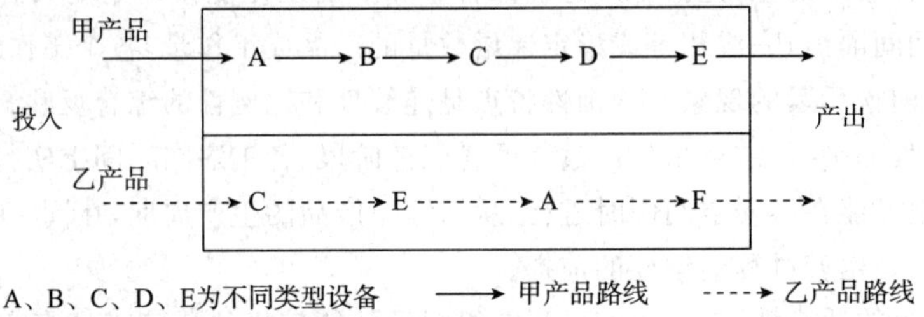

图 7-2 对象专业化示意图

对象专业化的优缺点，正好与工艺专业化相反。工艺专业化的优点就是对象专业化的缺点。

(3)混合原则，指对象专业化和工艺专业化同时并存在一个生产单位内，兼顾两者的优点，是一种较为灵活且普遍采用的方式。

在实际工作中，企业应根据实际情况，选择运用专业化形式。上述三种形式往往可以结合起来应用。究竟采用哪一种形式来布置设备，必须服从企业的生产特点和具体条件，从全面提高企业技术经济效益出发加以确定。

2. 生产过程的时间组织

合理组织生产过程，不仅要求企业各生产单位、各工序之间在空间上密切配合，而且要求劳动对象在生产过程的时间上紧密衔接，使人、机、料有效组合和运行，实现有节奏的连续生产，以达到提高设备利用率，缩短产品生产周期，加速流动资金周转，提高劳动生产率和降低产品成本的目的。

生产过程的时间组织，主要是研究一批零件在加工过程中，采用何种移动方式。一般来说，一批零件在工序间的移动方式有顺序移动、平行移动和平行顺序移动三种。

(1)顺序移动方式，是指一批零件在上道工序全部完工以后，才送到下道工序去进行加工。这种方式的特点在于零件在工序之间是按次序连续地整批运送，生产周期长。

现以图7-3为例进行其生产周期公式的推导。

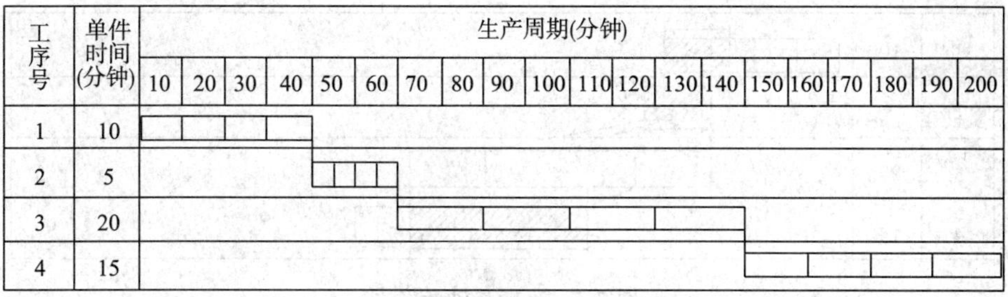

图 7-3 顺序移动示意图

这种移动方式加工周期的计算公式如下：

$$T_{顺}=nt_1+nt_2+nt_3+nt_4=n(t_1+t_2+t_3+t_4)=n\Sigma t_i=4\times(10+5+20+15)=200(分钟)$$

式中：$T_{顺}$ 为一批零件顺序移动的加工周期；n 为零件批量；t_i 为第 i 道工序的加工时间。

(2)平行移动方式，是指一批零件中的每个零件在前一道工序完成后，立即转送到下一道工序继续加工。这种方式的特点是：零件在各工序之间是逐件运送，并在不同工序上平行加工。现以图 7-4 为例进行分析计算，这种移动方式的加工周期的计算公式如下：

$$\begin{aligned}T_{平}&=A+B+C=t_1+t_2+t_3+(n-1)t_3+t_4=\Sigma t_i+(n-1)t_{最长}\\&=(10+5+20+15)+(4-1)\times 20=110(分钟)\end{aligned}$$

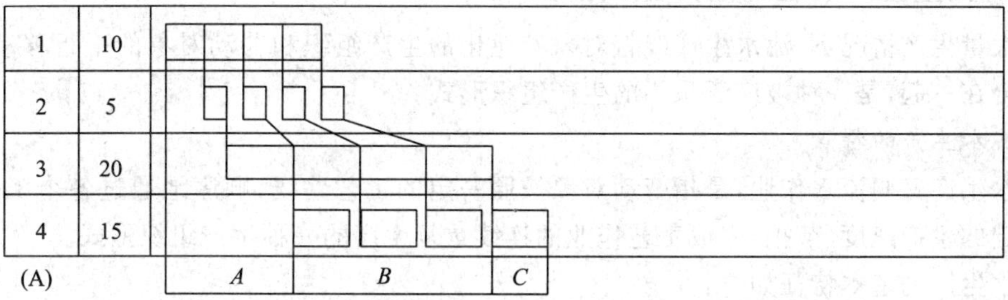

图 7-4 平行移动示意图

(3)平行顺序移动方式，是顺序移动和平行移动两种方式的结合使用。也就是当一批零件在前一道工序尚未全部加工完毕，就将已加工好的一部分零件转送到下一道工序加工，并使下一道工序能连续地加工完该批零件。其具体做法是：当后一道工序单件加工时间比前一道工序单件加工时间长，则前一道工序往后一道工序按件运送；当后一道工序单件加工时间比前一道工序单件加工时间短，后一道工序的最后一个零件只能等到前一道工序所有零件加工完毕后，才能开始加工，则后一道工序的第一个零件加工时间可从最后一个零件的加工时间依次向前倒推确定。以图 7-4 为例进行分析计算，这种移动方式的加工周期计算公式如下：

$$\begin{aligned}T_{平顺}&=T_{顺}-(X+Y+Z)=T_{顺}-(n-1)t_2-(n-1)t_2-(n-1)t_4=n\sum t_i-(n-1)\sum t_{较短}\\&=200-3\times(5+5+15)=125(分钟)\end{aligned}$$

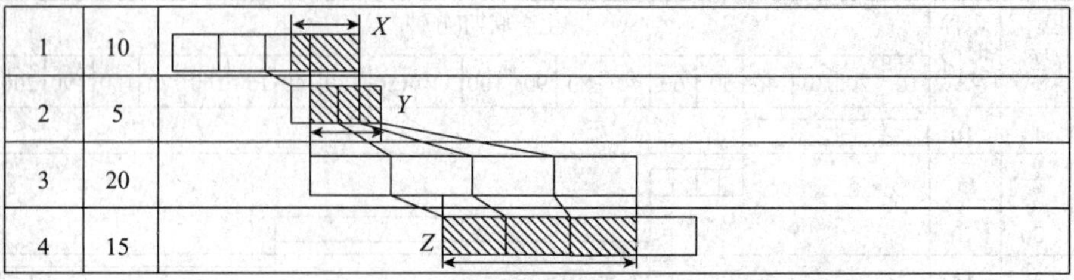

图 7-5 平顺移动示意图

从上述三种移动方式可以看出,顺序移动因每批零件集中加工,在时间上没有交叉,故生产周期最长,但便于管理。平行移动因各零件在加工时间上是平行交叉进行的,故生产周期最短。但在前工序单件时间长于后工序单件时间时就会出现工人设备以及零件的停工等待现象,由于这些时间难以集中利用而白白浪费掉了。平行顺序移动,吸收了前两者的优点,其生产周期大大低于 $T_{顺}$。虽比 $T_{平}$ 稍长,但其零碎时间可集中利用,使工人设备负荷饱满。因此,在具体选择零件的移动方式时,应根据各自特点,结合生产的各种条件确定。当批量小,工序单件时间短,可采用顺序移动方式;当批最大,工序单件时间长,宜采用平行顺序移动或平行移动方式。对于工艺专业化的车间、工段、小组,宜采用平行或平行顺序移动方式。

三、现代生产组织形式

(一)大量生产类型的生产组织形式

在大量生产情况下,流水生产线将对象专业化的生产组织和劳动对象的平行移动方式有机地结合在一起,是一种被广泛采用的生产组织形式。

1.流水生产的特点

流水生产又叫流水作业,是指劳动对象按照一定的工艺路线,顺序地通过各个工作地,并按照一定的生产速度(节拍)完成工艺作业的连续重复生产的一种生产组织形式。

流水生产的基本特征如下:

(1)工作地的专业化程度高。在流水线上固定地生产一种或少数几种制品,每个工作地固定完成一道或少数几道工序。

(2)各设备和工作地按产品工艺顺序排列,在空间组织上采用了对象原则。

(3)各工序生产能力是平衡的,即各道工序的工作地数量比例符合各工序加工时间的比例。例如,相邻的三道工序的加工时间分别是 10 分钟、20 分钟、30 分钟,则这三道工序的工作地数量分别为 1∶2∶3。

(4)流水线按规定的节拍生产。所谓节拍,是指流水线上前后两件相同制品出产的时间间隔。流水线上各道工序的单件作业时间必须与其节拍相等或成整数倍。

(5)劳动对象按单向运输路线流动,在时间组织上采用了平行移动方式。因而大大缩短了生产周期,减少了资金占用。

总之,流水生产组织能满足合理组织生产过程的要求,是高效的生产组织形式。

2.建立流水生产线的条件

(1)产品的工艺和结构应相对稳定。

(2)产品要有足够大的产量,以保证流水线上各工作地的充分负荷。

(3)产品加工的各工序能细分和合并,各工序的时间定额应与流水线的节拍相等或成倍数关系,即工序同期化。工序同期化是保证连续生产、充分利用设备和人力的必要条件。

(二)多品种中小批量生产类型的生产组织形式

传统中小批量生产由于品种多批量小,一般采用工艺专业化的生产组织形式,这种生产方式虽然能适应品种变化对生产组织的要求,但其生产过程的连续性、平行性差,计划管理工作复杂,生产周期长、在制品多,导致经济效益差。随着多品种中小批量生产在社会生产中的地位日趋重要,出现了成组技术等先进生产组织形式。

成组技术就是把结构和工艺上相似的零件集中起来在自动、半自动机床上进行批量加工,使原来单件小批生产的工件用上了先进的高效设备。从而使生产率得到很大提高。成组技术是综合性的现代组织管理技术,把成组技术原理应用于生产组织和计划管理,建立成组生产单元、柔性制造系统,成为组织多品种中小批量生产的先进形式。

1.成组生产单元(GT)

成组生产单元是按成组技术原理建立的生产单位。在成组生产单元中,为一个或几个工艺过程相似的零件族配备了成套生产设备和工艺装备以及相关工作的工人,以便能在单元中封闭地完成这些零件的全部工艺过程。

成组生产单元兼有工艺专业化和对象专业化两者的优点,它既富有柔性,能适应多品种生产,又是按一定的零件族组织的,具有对象专业化的特征,能获得对象专业化组织所具有的高效率。因此,成组生产单元成为多品种中小批量生产的理想组织形式。

2.柔性制造系统(FMS)

柔性制造系统是指由计算机控制的以数控机床和加工中心为基础适应多品种中小批量生产的自动化制造系统。FMS是20世纪60年代后期诞生和发展起来的,它综合应用现代数控技术、计算机技术、自动物料输送技术,由计算机控制和管理,使生产实现了自动化。

FMS一般由多台数控机床和加工中心机床组成,可以同时加工多种不同的工件,一台机床在加工完一种零件后可以在不停机调整的条件下,按计算机指令自动转换加工另一种零件。各机床之间的联系是灵活的,工件在机床间的传输没有固定的流向和节拍。

(三)单件小批生产类型的生产组织形式

对于单件小批生产类型,由于其生产的产品不断变化,品种多,一般不重复,生产单元无法按对象专业化原则去组织。按传统方式,一般都采取工艺专业化的生产组织形式。这种组织形式对产品变化的适应能力强,但也存在生产效率低、管理工作复杂、产品生产周期长、在制品多等一系列问题。为了提高单件小批订货生产类型的经济效益,在生产组织方面同样出现了一系列的先进组织形式。

由于单件小批订货生产类型的产品多数是结构复杂的大型产品,是根据用户特殊要求单独进行设计和制造的。构成这类产品的零件种类很多,而且零件的形状、体积、材质、工艺复杂程度差异很大,但从生产组织角度,可以按照它们各自的特点,建立与之适应的组织形式。除成组生产单元、柔性制造系统外,还可以建立大件生产单元、标准件生产单元。

(四)定制生产

1. 定制生产的必要性

(1)它可满足消费者多样化的需求。20 世纪 80 年代后。随着消费者需求的日益多样化,要求产品品种越来越多,消费者又不愿意花大量时间在大量的商品中去挑选产品,于是造成多样化生产给企业带来较多的库存,增加了成本。定制生产解决了产品多样化带来的困难。为此,西方企业为适应市场的新趋势,推出了定制生产方式。

(2)它实现生产与营销的紧密结合。在社会主义市场经济条件下,要做到产销结合,以销定产并非易事,实现定制生产解决了这一问题。所谓定制生产,就是根据消费者的特别需求而定制生产产品,实现产品制造过程与营销过程的紧密结合。

(3)它能满足消费者要求产品快速变化的需要。定制生产由于采用产品模块化设计、制造流程模块化设计,能够更快地提供符合消费者需求的产品。

2. 定制生产方式的运行

(1)产品设计。

(2)制造流程的设计。

(3)灵活的供给网络。

四、企业生产计划与控制

(一)企业生产计划体系

1. 生产计划的要素结构体系

任何一项生产活动都是生产单位花费时间作用于生产对象的活动过程,而生产计划则是对这个活动过程的事先安排。生产单位、生产时间、生产对象三要素决定了生产计划是一个三维结构体系。

2. 生产计划的层次结构体系

在企业实际管理工作中,一般按时间长短来构建生产计划层次结构体系,分长期生产计划、中期生产计划、短期生产作业计划。

在企业生产计划体系中,中期生产计划居于核心地位,是开展生产活动的依据,具体规定了企业计划期(年度)内应该生产的产品品种、质量、产量、产值和出产期限以及生产能力的利用程度等。

3. 生产计划的内容结构体系

(1)总生产计划,是生产活动的前期工作,计划期一般为 1 年,内容包括对计划期的生产总目标、总产量和生产进度的确定。

(2)主生产计划,是以最终产品和项目为对象,规定生产的进度和完工时间,规定每个生产单位的任务和投入产出进度等。一般计划期为季度或月度。

(3)物料需求计划,是将主生产计划中的最终产品和项目进行分解,确定产品各级零部件的制造和采购数量、时间及完成时间。

(4)生产作业计划,对于制造企业,具体规定每种零件的投入时间和完成时间,以及每台设备上零件的加工顺序,对于服务业则是确定每日的劳动服务安排。

(二)生产计划

在此以年度生产计划为例介绍生产计划。

1. 生产计划指标

年度生产计划的主要指标有产品品种、产品质量、产量、产值等,它们相互联系,形成体系,反映生产计划的内容。

(1)产品品种指标。产品品种指标规定了企业在计划期内出产的产品名称、型号、规格和种类。

(2)产品质量指标。产品质量指标规定了企业在计划期内产品质量应达到的质量标准(国际标准、国家标准、部颁标准、企业标准等)。一类是产品本身的质量指标,如等级率(一等品率、优等品率)、使用寿命等;另一类是产品生产过程中的工作质量指标,如合格品率、废品率、返修品率等。

(3)产量指标。产量指标规定了企业在计划期内出产的合格产品数量,以实物单位计量。

(4)产值指标。产值指标是用价值量表示的产量指标,能综合反映企业生产总成果。

2. 生产能力

企业的生产能力是指企业在一定生产技术组织条件下,在一定时期内(通常为一年),全部生产性固定资产所能生产某种产品的最大数量或所能加工处理某种原材料的最大数量。它是反映企业生产可能性的一个重要指标,是企业安排生产任务、制订规划的依据。

3. 生产计划的编制

编制生产计划要根据企业的生产能力。合理安排企业年度生产品种、质量、产量、产值和生产进度等指标。编制的生产计划要与企业经营计划的其他各项专业计划协调平衡,即与销售计划、财务计划、物资供应计划、成本计划、辅助生产计划等计划协调平衡,同时生产计划的实施要有企业技术改造计划、技术组织措施计划的支持和保证。

(三)生产作业计划

生产作业计划是年度生产计划的延续和具体化,是为实施生产计划、组织企业日常生产活动而编制的执行性计划。

1. 生产作业计划的任务和内容

生产作业计划工作包括制定期量标准、生产作业准备督促与检查、生产调度、在制品管理、生产作业统计与分析、生产作业计划执行情况考核等。

生产作业计划从空间、时间、劳动对象三个角度把生产计划细分化、具体化,落实到科室、车间、工段、班组及机台,从时间上把全年的任务细分到每月、每周直到每天、每班,把劳动对象细分后落实到部件、零件、工序,从而明确在具体的机台、具体的时间完成具体的任务,通过生产作业计划使企业各部门、各环节之间达到互相配合,紧密衔接。

2. 期量标准

期量标准是对生产期限和生产数量规定的标准数据。不同类型的企业,不同的生产过程组织形式,所采用的期量标准不同。现介绍几种主要的期量标准。

(1)批量和生产间隔期。批量是一次投入(或产出)的同种产品(或零件)的数量,即花费一次准备和结束时间生产相同制品的数量。生产间隔期是指相邻两批同种产品(或零件)投入

(或产出)的时间间隔,通常采用日、周、旬、月、季及其倍数。两者关系为:

批量=生产间隔期×平均日产量

式中:平均日产量=计划期产量÷计划期工作日数。

(2)生产周期。产品的生产周期是指产品从原材料投入生产开始一直到成品产出为止的全部日历时间(或工作日数)。产品的生产周期由各个零部件的生产周期组成,一般先根据生产流程,确定零部件在各工艺阶段上的生产周期,然后汇总确定产品的生产周期。

(3)生产提前期。生产提前期是指制品在各工艺投入或产出的日期比成品产出日期提前的时间。它是以成品产出日期为起点,按反工艺顺序计算出各工艺阶段的产出提前期和投入提前期。图 7-5 为各工艺阶段生产批量、生产间隔期各自相等情况下的某机械行业生产周期与生产提前期示意图。

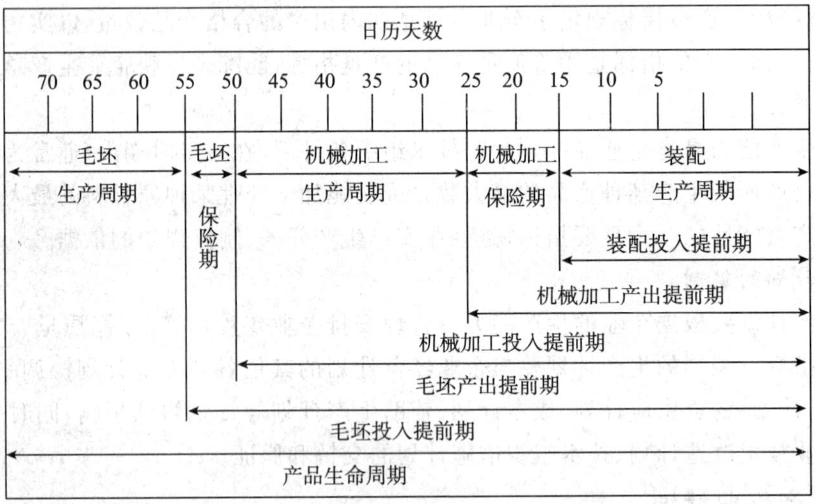

图 7-5 生产周期与生产提前期示意图

(4)在制品定额。在制品是指从原料投入到成品入库为止,处于生产过程中所有尚未完工的毛坯、零件、部件和产品的总称。一定数量的在制品是保证生产连续不断进行的必要条件。但在制品过多,又会使工作场所拥挤,流动资金占用过多,保管费用增加,因此必须确保生产衔接所必需的最低限度的在制品储备。这个储备量标准就叫作在制品定额。

(四)生产作业控制

生产作业控制是指在生产作业计划执行过程中,通过监督检查,及时发现差异,采取措施予以调节,减少或消除这些差异,保证生产活动有序进行的工作过程。生产作业控制是生产控制的重要组成部分,其主要内容包括生产进度控制、在制品控制和生产调度等。

1. 生产进度控制

(1)产前控制。产前控制是生产过程控制的开始,主要是指投产前的各项准备工作控制,包括对技术、物资、设备、动力、劳动力等准备的控制,以保证投产后整个生产过程能均衡、协调、连续进行。

(2)产中控制。产中控制即投入产出控制,是在投料运行后对生产过程的控制。它具体分为投入控制和产出控制两个方面。

2. 在制品控制

在制品控制即在制品占用量控制,它是对生产过程中各个环节的在制品实物和账目进行控制。

3. 生产调度

生产调度是指以生产作业计划为依据,及时了解和把握生产活动进展情况,组织和动员各方面力量,灵活、迅速地处理生产中出现的矛盾和问题,协调各环节的工作,使生产得以顺利进行。

(五)生产现场管理

生产现场管理的内容包括两个方面:一是对生产力要素进行合理配置;二是对现场生产安全过程进行有效的组织、计划与控制,包括对人的思想行为、产品质量和工作质量、设备和物料、生产中的信息、工艺流程等方面的管理。因此,生产现场管理是以生产系统、作业场所为管理范围的所有管理工作的总称,是一种经常性、基础性的综合管理。常见的现场管理方式主要有以下几种:

1. 目视管理

目视管理中运用的可视信息内容一般包括作业标准、安全信息等。目视管理的具体形式多种多样,如仪表、电视、信号灯、标示牌、图表、标志线、色彩标志等。例如,交通用的红绿灯,红灯停、绿灯行;排气扇上绑一根小布条,看见布条飘动就可知道正在运行;一块"值班电工去向指示板"可将值班人及其去向清楚地标明;物品放在画有标高线的墙边,一眼就能看出物品摆放是否超高,等等。

2. 定置管理

定置管理是指以生产现场的物为主要对象,研究人、物、现场三者之间的结合关系,并对三者进行组织、设计、实施和完善的一种管理方式。

在生产现场,物的放置状态可分为三类:A 类,即物的放置可使人和物处于即时结合的状态,在需要时伸手可得,这是一种理想的状态;B 类,即物的放置需要经过寻找和处理才能使人和物结合,这种状态需要改善;C 类,即生产现场的无用之物或与现场生产的无关之物,多属不良状态,应予以消除。

3. "5S"管理

"5S"是整理、整顿、清扫、清洁和素养五个英文单词的缩写。"5S"管理是目视管理与定置管理的有效结合,通过整理现场、实现良好的目视管理。最终解决生产系统难以避免的各种矛盾与问题,使生产系统不断改善,主动适应外部环境的变化,不断得到优化。"5S"管理是一个按照整理、整顿、清扫、清洁和素养依次进行并不断循环的过程,管理的核心是素养,经过一轮轮的循环,素养便可一次次提高。

任务 2　种植业企业生产管理

◆ 任务目标

了解种植业企业生产管理过程，能编制种植业生产作业计划。

◆ 任务内容

1. 学生按 5～8 人进行分组，每组组建一个种植业企业。

2. 为模拟企业设计生产制造流程，画出流程图。

3. 进行厂区布置与车间布置。

◆ 成果检验

每个小组上交一份生产工艺流程图、厂区布置图、车间布置图，由老师进行总结、点评并给出成绩。

◆ 相关知识链接

一、农作物生产过程组织与管理

农作物生产是种植业生产部门的主要组成部分。大田栽培的粮食作物、经济作物、饲料作物都属于农作物生产的范围。科学合理地安排农作物种植制度，对于提高农作物经济效益，维护生态平衡，提高地力和防治病虫害有重要意义。

（一）农作物生产的特点

农作物生产过程是自然再生产与经济再生产相结合的过程，必须按自然规律和经济规律去组织生产。农作物生产的特点主要表现为：

1. 农作物生产以土地为基础

土地是农作物生产不可替代的生产资料。土地本身具有独特的特性肥力，而且数量有限。土地在科学合理使用下，其肥力可以得到提高。农作物生产要因地种植，实现用地与养地相结合，才能实现农作物持续稳产、高产。

2. 农作物生产的对象是有生命的植物

农作物生产是在大自然中进行的受到自然界许多因素（土壤、水分、气候、光照等）的影响。因此，农作物生产具有不稳定性和难以控制。农作物利用其生活机能，通过对光、热、水、肥等的吸收，将无机物转变为蛋白质、淀粉和糖分等有机物质，满足人类生活、生产的需要。

3. 农作物生产具有较强的季节性和时间性

生产效果在很大程度上取决于按农事季节完成各项作业的状况。因此，各项作业必须按农事季节去完成。农作物生产的这一特点还影响到其他些部门的生产。

4.农作物生产的生产时间与劳动时间的不一致性

这种不一致性要求把农作物生产与其他一些有关部门的生产恰当地结合起来，以便最大限度地利用自然资源和人力资源。

(二)农作物种植制度

农作物种植是有关恢复和提高土壤肥力、维护生态平衡的措施。在长期的生产实践中，农作制度不断发展、完善和提高。它的内容很多，主要有：轮作制度、间作套种制度、耕作制度、施肥制度、灌溉制度、良种繁育制度、植物保护制度等。

1.轮作制度

轮作制度即在一定时期内和一定的土地面积上，将计划种植的作物，按其生物学特性对土壤和下茬的影响，合理排列起来，实行轮种使各种作物都有较好的茬口的一种种植方式。

合理轮作制度，能较充分地利用自然资源，培肥地力，消除杂草和病虫害，平衡水肥，均衡使用劳力畜力和机械等，占用资金少，可以取得较好的经济效益。

2.间作套种制度

间作套种制度指在某一种作物生长的后期，在行间套种另一种作物，以充分利用光照和地力，提高复种指数和经济效益。

3.耕作制度

耕作制度即根据作物的植物学特征和生物学特性不同，而采取的耕、耙、播、盖、开沟、打埂、镇压、中耕等一系列措施。合理的耕作制度能为农作物创造良好的生育条件，有利于改善土壤性状，有利于减少耕作费用。

4.施肥制度

施肥制度即根据不同的作物、不同时期和不同地块对肥料种类数量的不同需要，制定的一套科学、合理、经济的施肥措施。施肥是恢复和提高地力的最直接最有效的办法，也是夺取农作物高产稳产的重要措施。

5.良种繁育制度

良种繁育制度指农业企业把良种的提纯复壮，杂交制种和不断试验、试种、示范、推广新品种结合起来的一套措施。采用优良品种，可在不增加劳力、肥料情况下，获得较多的产量。合理的良种繁育制度能保证一定数量的后备良种和储备良种，不断提高各类作物种子的质量和纯度，逐步达到普遍良种化。

6.植保制度

植保制度指农业企业为防治病虫害对农作物的侵害，根据作物病虫害产生发展规律，建立的一整套科学、严格的防治措施。采用生物防治，利用天敌以虫治虫、以菌杀菌，经济安全，收效显著，是有机农业的发展方向。

(三)农作物生产过程组织

农作物生产季节性强，周期较长，一般需要经过整地、播种、田间管理和收获等作业过程。在各个阶段中，作业内容不相同，目的要求不同，采用的技术措施与操作方法不相同，所需的劳动量和生产资料也有差别，并且要求在规定的期限内完成作业任务。因此，组织好每个阶段的生产活动是生产过程组织的重要任务，是夺取丰收的关键。

1. 耕作工作的组织

整地是种植业生产的一项基本工作,它直接影响到以后一系列作业的质量。在耕作工作中为了保证作业质量,首先是做好人力和机具的准备。在以人工畜力为主的条件下,应力求做到精耕细作,达到规定的技术要求。

2. 播种工作的组织

在种植业生产中播种工作是一项时间性很强的重要作业。高质量地适时完成作物的播种作业,对农作物的高产起决定性的作用。播种工作的技术要求高,时间限制严,有时还同收获工作同时进行,因而需要加强组织管理,合理调配劳力,有计划地安排作业,以便保证播种工作的顺利完成。

3. 田间管理工作的组织

田间管理工作是在从播种到收获这一阶段中进行的,这是农作物生长发育和形成产品的过程,这阶段的田间管理工作相当多,如间苗、中耕、培土、除草、施肥、灌水、打药等。这些农活均直接影响到农作物的产量、应严格按照技术要求进行。

4. 收获工作的组织

这是一项最为繁重和重要的工作,组织好这个阶段的工作才能保证丰产丰收。这个阶段的主要任务是把成熟的庄稼全部收获到手,颗粒归仓,不受损失,同时还要把地及时空出来为下茬作物的及时播种创造有利条件。收获工作可以采用不同的方式进行,或手工收割,或畜力农具收获,或机械收割等。不同的方式有不同的技术操作规程,在进行作业时应严格按操作规程进行,才能提高工作质量和工作效率。当产品收获后,还要注意安全,加强防火、防盗、防雨措施,保证到手的劳动成果不受损失。

农作物生产过程中的作业项目繁多,生产组织工作总的要求是合理使用人力、机器设备等,保证农活质量,符合农艺要求;不违农时,在规定的期限内完成各项作业;注意节省开支,降低作业成本,提高生产的经济效益。

二、果树生产过程组织与管理

(一)果树生产的特点

果树生产是种植业生产的重要组成部分,在国民经济中占有重要地位。果树生长的生物学特性决定了果树生产具有其他部门所不同的特点,要研究果树生产的组织与管理,就必须了解果树生产的特点。果树生产的特点如下:

1. 果树生产是具有多效益的生产部门

果树生产不仅为人们提供营养丰富的果类食品,满足消费者日益增长的多种需要,为食品工业、化工工业等国民经济诸部门提供原料,增加集体和果农收入等方面起了重要作用;而且还有改善气候条件,保护生态平衡,美化生活环境等作用。果树生产具有经济、社会、生态诸方面多效益的特点。

2. 果树生产经济效益高,持续性强,但一次性投资大,资金回收期长

果树多数为多年生植物,生产初期投资大,一般果树投资后需几年才有效益。随着人民生活水平的提高,对果品的需要量越来越大。

3.果树生产技术复杂

果树生产从育苗、定植、采果到产品的储、运、销等过程涉及一系列复杂的技术问题，而且各个作业过程、各个环节都有不同的技术要求，特别是育种、修剪等技术一般果农难以掌握，严重影响到果树生产的产量。

4.果树生产的产销矛盾突出

果树生产受自然条件的影响较大，生产的地域性、季节性和年度差异性十分明显，产品的鲜活性，易腐易烂，消费的普遍性、大量性和均衡性，使其产销矛盾尤为突出，要求果品经营者根据各类果树生产的产销特点、产销规律做好产销协调工作。

5.果树生产选栽地域辽阔

果树是一种适应性广的作物，各类果树可以在不同地形、不同土壤、不同气候、不同海拔高度的广大地域生长和种植，这就有利于我们充分利用国土资源，从而促进立体农业、山地农业、生态农业、创汇农业和庭院经济的发展。

(二)果树生产过程组织与管理

根据果树生产的特点、果树生产应做好以下几方面的工作：

1.果树生产应以市场为导向，政府加以引导

果树生产要因地制宜，立足本地市场，面向全国，考虑国际、适应内外贸易发展的需要。要选好果树品种，成片开发，形成区域优势，避免一哄而起，盲目扩大栽种面积，重栽轻管等粗放经营现象，做到种一块、管一块、成一块、收效一块。

2.抓好果树生产主要技术环节的管理工作

果树生产过程包括若干作业环节，各环节作业质量的好坏直接影响到果树的产量和质量，特别是一些主要技术环节对果树生产的影响至关重要。为此，必须抓好果树生产主要技术的管理工作，如合理施肥、病虫害防治、合理修剪等都属主要技术，需加强管理。

3.做好系列配套服务和采取各种优惠政策

为了保证果树生产顺利发展，必须做好各种服务工作和采取多种优惠政策，如做好运销、信息、技术咨询、技术培训、物资供应等方面的服务工作，提供优惠贷款、减免果树生产初期税收政策，使良好的服务和优惠政策有利于促进果树生产的发展。

4.公、检、法齐抓共管，维护果树生产者的经济利益

目前各地普遍反映偷盗、哄抢果品事件屡次发生，严重影响了果树生产者的生产积极性，公、检、法各部门应采取坚决措施、保护他们的利益。

三、蔬菜生产过程组织与管理

(一)蔬菜生产的特点

蔬菜生产是农业种植业的一个重要组成部分。因此，因地制宜地发展蔬菜生产，特别是在大城市郊区及工矿区周围发展蔬菜生产，对于保证城镇居民蔬菜的供应、增加菜农的收入都具有重要意义。尽管栽培蔬菜种类繁多，种植方法各异，但蔬菜生产却具有如下共同特点：

1.季节性生产、均衡性消费

这是蔬菜产销工作中的主要矛盾，由于蔬菜的产品特点决定了人们天天需要消费它，而蔬

菜生产又受自然条件特别是气候条件影响，具有明显的季节性。在市场供应上反映为淡季和旺季。在淡季供不应求，市场紧张，消费者不满；在旺季供过于求，大量返销腐烂，造成浪费，生产者蒙受损失。因此，在蔬菜经营上必须根据这一特点，组织好生产与供应。

2.种类、品种繁多，茬口安排复杂，复种指数高

蔬菜可分为叶菜、根菜、果菜、茎菜、花菜、水菜六大类，在每一类中又有若干品种若干品系，由于各种类、各品种、各品系的生物学习性各异，生产周期长短不一，故在生产的茬口安排上较其他农作物复杂得多，有的一年多茬，有的多年一茬或一年一茬，其复种指数很高。因此，蔬菜生产必须根据这一特点逐个品种，逐季逐月地安排生产，力争做到均衡生产，均衡上市。

3.蔬菜不耐储藏，远程运输困难

蔬菜多为鲜嫩产品，含水量大，容易腐烂变质，不耐储藏，大量远程运输困难，可食率低。根据这一特点，要求经营者既能适应它的生命活力，保持它的鲜活度，又能根据产品的理化、生物特性进行科学检验、保鲜储运，以保持产品使用价值，提高产品的可食率，满足消费者对产品鲜嫩的需要。

4.蔬菜生产的集约化程度高

由蔬菜生物学特性和生长发育规律的决定，蔬菜生产与其他农作物比较，其对水、肥要求较高，需要投入的劳动和资金也多。因此，根据这一特点，在经营上应实行集约经营方式，以劳动集约、技术集约和资金集约相结合的办法，不断提高蔬菜生产的集约化水平，提高蔬菜的产量和经营效益。

5.蔬菜生产的波动性和风险性大

蔬菜生产除对肥、水条件要求较高外，还易受旱、涝、病虫害、霜冻等自然灾害的影响，产量不稳定。波动性大，难于正确估计产量和进行市场预测，不利于市场运销活动的开展，其生产风险和经营风险均大。

6.蔬菜栽培技术的综合性强

蔬菜栽培包括播种、育苗、移栽、施肥、灌溉等环节，各环节各作业过程都有特殊的技术要求，而且栽培过程涉及有关植物生理、遗传、生物生化、土壤、气象、农业机械、植保等综合技术，难度大，蔬菜生产者难以掌握。

(二)蔬菜均衡生产组织与管理

蔬菜均衡生产是保证蔬菜均衡供应的前提。蔬菜供应不均衡，直接影响消费者和生产者的利益，为此，特提出下列几项措施，以保证蔬菜均衡生产，达到均衡供应的目的，主要措施有：

(1)科学安排露地蔬菜茬口、轮作、品种。

(2)采用先进栽培技术，以提早或推迟落市。

(3)积极推广保护地栽培和温室栽培方式，缩小淡旺季差距。

(4)发展蔬菜储藏加工，建设冷库或速冻车间。

(5)发展高山寒地蔬菜，与平原错开上市。

(6)加强道路建设，建立蔬菜运销绿色通道。

任务3　养殖业企业生产管理

◈ 任务目标

了解养殖业企业生产管理过程，能编制生产作业计划。

◈ 任务内容

1. 学生按5～8人进行分组，每组组建一个养殖业企业。

2. 为模拟企业设计生产制造流程，画出流程图。

3. 进行厂区布置与车间布置。

◈ 成果检验

每个小组上交一份生产工艺流程图、厂区布置图、车间布置图，由老师进行总结、点评并给出成绩。

◈ 相关知识链接

一、养牛业生产过程组织与管理

(一)养牛业生产的意义

牛是具有多种用途的大家畜，它既可作为役用、肉用、乳用，为农业生产提供动力，为人民生活提供肉、奶等畜产品，又可为食品工业、制革工业、医药工业等提供肉、奶、皮、毛、内脏、骨、角等原料，还可为种植业提供大量优质有机肥料，从而促进农业生态系统良性循环。牛肉、牛奶、牛皮及其制品，均是国际国内市场上的畅销商品，也是我国出口创汇的重要物质。牛以食草为主，具有耐粗饲、抗病力强、适应性广、死亡率低等特点。在草原牧区养牛几乎不用精料，不与人争粮，是一种成本低、效益好的节粮型畜牧业生产部门。

改革开放以来，随着经济的发展和人民生活水平的提高，人们的膳食结构得到了改善。"肉牛热"随之升温，黄牛改肉牛广泛展开，成效卓著。通过技术推广，引进国外优良种牛，建立了肉牛供种体系和冷冻精液配种体系，使肉牛的配种改良技术广泛用于养牛业生产，工厂化肉牛生产在一些经济发达的农区得到广泛应用。

(二)牛场的生产管理

养牛场的生产管理工作主要有：

1. 制订牛群周转计划

牛群中由于死、杀、购、销等原因，在一定时间内，牛群结构发生增减变化，牛群结构的这种增减变化称为牛群周转。牛群周转计划是牛场生产的最主要计划，它直接反映年终牛群结构状况，表明生产任务完成情况。它是编制产品计划的基础，也是制订饲料计划、建筑计划、劳力计划等的依据。依据市场销售计划、生产目标、确定牛群周转方式，实行全进全出制或流水循环制，编制出进出牛的批次、数量和时间、写出书面计划和牛群周转表。

2. 制订牛场饲草料计划

编制饲草料计划时，要根据牛群周转计划，按全年牛群的年饲养日数乘以各种饲料的日消耗定额，然后把牛群需要各种饲草料的总数相加，再增加 5%～10%的损耗量，即为全年饲草料的总需要量。

3. 制订产品生产计划

编制乳牛场产奶量计划时，必须掌握以下材料：计划年初泌乳母牛头数和去年产犊的时间；计划年母牛和后备母牛分娩的头数与时间，各个母牛泌乳曲线（以纵坐标为泌乳量，横坐标为泌乳日期，绘制成坐标图并连接起来，即为一个乳牛泌乳期的泌乳曲线）。

由于乳牛产奶量受多种因素的影响，计算产奶量时按各个母牛分别计算，然后汇总即为全部产奶量。采取分别计算时，要确定每头产奶母牛一个泌乳期的产奶量和泌乳期各不同月份的产奶量。某头母牛一个泌乳期的产奶量是根据该头母牛上一个泌乳期或以前几个泌乳期的产奶量及计划年由于饲养管理条件的变化因素综合考虑后而确定的。泌乳期各不同月份的产奶量是根据该乳牛以前的泌乳曲线，先计算出泌乳期各月产奶量的百分比，然后再乘以泌乳期的产奶量后得到的。第一次产犊母牛的产奶量可根据它们母系的产奶量记录及其父系的特征等进行估算。

4. 制订技术实施方案

技术是影响规模化养殖场生产好坏的关键，技术水平直接影响牛场的经济效益。因此必须重视新技术的引进、吸收、消化和对职工的技术培训，确保本场用最新技术指导生产、促进生产。同时要研究市场需求、竞争对手、市场价格和发展趋势，分析运筹牛群的动态平衡，加速周转，利用市场经济规律搞好产销，提高经济效益。

技术方案应包括：职工技术培训计划、各牛舍技术实施要点、技术员工作要点、新技术应用效益检查总结、卫生防疫制度落实措施、定期进行技术经济效果的分析等。

二、养羊业生产过程组织与管理

（一）养羊业生产的特点

羊是典型的草食家畜，可以提供多种畜产品，是人们衣着、食用物质的重要来源。羊所提供的肉、奶、油和毛、绒、皮等产品越来越成为食品工业和轻纺、皮革工业的重要原料来源。羊属于反刍动物，适应性很强，饲草料利用范围非常广泛，在我国各地都有饲养。

（二）羊场的分群管理与羊群结构

规模较大的羊场，羊群按性别、年龄、用途进行分群，一是便于根据不同羊群的特点进行饲养管理，二是便于掌握羊群中各种羊的变动，以利于科学合理地进行畜群再生产。一般羊群可分为羔羊、后备母羊、成年母羊、后备公羊、种公羊、淘汰育肥羊和去势羯羊等羊群。实行分群饲养，无论从技术上看还是从经济上看都是必要的。羊群的大小受多种因素影响，其中有羊的品种、年龄、养羊的生产方向以及草原的地形地势、特点、劳动力的多少，经营管理水平的高低等。例如种羊群一般小于生产群，生产性能高的羊群一般小于生产性能低的羊群；草原地形复杂、植被不良，难于放牧管理的羊群也要小些。羊的分群一般在秋季配种前结合整群进行，整群时将准备淘汰的分出来，然后将该转入各不同羊群的羊只分别转入相应的羊群。

羔羊是指出生后来断奶的小羊，其繁殖成活数的多少与维持羊群再生产有密切关系，因为它是补充各种用途的羊的来源。羔羊的数量多少又与适龄母羊数的多少及繁殖成活率高低有密切关系。羔羊断奶后首先选留够后备公羊和后备母羊，其余作为去势羯羊。后备母羊是用于补充更新成年母羊的，经选种后不符合要求的则去势用于剪毛或育肥，符合要求的交配受孕后即成为成年母羊。成年母羊一般使用6年左右，当牙齿脱落或有不易医治的疾病，即可提前淘汰。后备公羊是专门用于补充更新种公羊的，经选种后不符合要求的也要去势用于剪毛或育肥，符合要求的一般在12～18月龄成熟后开始使用，一般约使用5年，年老后育肥淘汰。

羊群结构是指不同年龄、性别和用途的羊在整个羊群中所占的比重。羊群结构决定于养羊业的生产方向。毛用养羊业主要是为了生产更多的羊毛，一般饲养较多的去势羊，去势羊所占的比例往往较高，而母羊由于产毛量较低，其比例就低些；肉用或肉脂用养羊业，幼羊或去势羊往往育肥至1岁左右就屠宰出售，母羊在羊群中的比例就较高，尤其是采用当年羔羊育肥屠宰出售的季节性生产方式，其适龄母羊比例要求更高，一般应在70%以上；生产羔皮的养羊业，由于羔羊出生两三天或者是1个月左右就屠宰取皮，同时很少饲养去势羊，因此，母羊在羊群中的比例也高；种羊场为了获得大量高质量的幼羊供种用或出售，母羊在羊群中的比例也较高；种公羊在羊群中所占比例与所采取的交配分娩方式有密切关系，采用自然交配方法时，一只种公羊在一个交配季节(40天左右)可交配50只左右的母羊，采用人工授精方式，一只种公羊的精液可配200～1 000只母羊。除种公羊外，一般养羊场还配备一定数量的试情公羊。应该指出的是，羊群结构的合理程度只是相对的，没有一个绝对统一的结构模式，在不同地区，不同的生产和管理条件及不同的饲养品种和不同的生产方向下，羊群结构都会不一样。

(三)羊群交配分娩计划和周转计划的编制

一般养羊场必须贯彻自繁自养方针，严格控制屠宰优良适龄母羊并严格编制交配分娩计划，力争做到适龄母羊的全配、全怀、全生及所生羔羊的全活、全壮，以扩大后备羊来源。我国养羊业大多集中在草原牧区，草原牧区养羊主要采取放牧饲养和季节性交配分娩方式。分娩季节有冬、春两季，冬季分娩一般在11～12月份前后，春季分娩一般在3～4月份。

编制羊群交配分娩计划和周转计划时，必须掌握以下材料：计划年初全场羊群中各类羊的实有只数；去年交配今年分娩的母羊数；计划年生产任务的有关指标；计划确定的母羊受胎率、产羔率和繁殖成活率。

三、养猪业生产过程组织与管理

(一)养猪业生产的特点

猪与其他家畜相比，具有成熟早、产仔多、生长快、产肉多等特点。猪属杂食动物，饲料利用范围广，且适应性强。因此，无论是群养和散养，无论是集体和个人、农村和城市、农区和牧区、高山和平原等都可饲养。猪肉是我国肉食供应的主要来源，过去一直占我国肉食消费的

90%以上,近年来由于畜牧业生产结构的调整,草食家畜和家禽有较大发展,但猪肉仍然是我国肉类的最重要组成部分。在今后一个相当长的时期内,猪肉仍将是我国肉食消费中的支柱产品。活猪、冻猪肉、猪鬃、猪肠衣等还是我国出口的主要畜产品,在出口创汇和支援经济建设方面起着重要作用。猪粪是农村有机肥料的重要组成部分,是农牧结合的纽带,对促进农业生产和生态的良性循环起着重要作用。

(二)养猪场生产管理

1.猪群类别的划分

在养猪场中,为了有计划地组织生产和更好地根据各类猪的特点进行饲养管理工作,应对不同年龄、体重、性别和用途的猪划分不同的群。这有利于建立合理的劳动组织、实行科学的饲养管理和编制统计报表。目前养猪生产中将猪群一般划分为:

(1)哺乳仔猪,指初生到断奶前的仔猪。

(2)断奶仔猪,指断奶后到70日龄左右的幼猪。由于猪的品种变化和饲养管理技术与配料的改进,各规模猪场的猪育成阶段,是指35～70日龄(即8～25 kg)的幼猪。

(3)生长肥育猪,指25～90 kg阶段的肉猪。目前在较大规模、生产水平较高的猪场中,用作商品生产的猪只,母猪不去势,一般采用直线肥育法,生长阶段与肥育阶段难于划分,所以,多称生长肥育猪。但在科研单位,一般以体重大小来区别,25～60 kg阶段称为生长猪,60～90 kg阶段称作肥育猪。

(4)繁殖猪,繁殖猪群包括后备公母猪,鉴定公母猪和成年公母猪(或基础公母猪)。为了不断提高猪群质量,留作种用的猪需经多次鉴定,认为合格者才转入基础群。所以,一般又将繁殖猪较细地分成以下群别:后备猪指从25 kg起到开始配种以前,暂时选留的公、母猪,公的叫后备公猪,母的叫后备母猪;鉴定公猪是指8月龄以后参加过配种,但仍待选择的年轻公猪。鉴定母猪是指已产过1～2胎的1岁半左右、但仍待选择的年轻母猪。成年公猪是指经过鉴定合格的1岁半以上的公猪;成年母猪是指经鉴定合格的1岁半以上的母猪;淘汰猪是指失去种用价值的后备或成年公、母猪,因久病不愈或因伤致残的生长肥猪。各类猪群在养猪生产总体活动中具有各种不相同的作用。

2.猪群结构

猪群结构是指各种类别和各种年龄的猪在整个猪群中所占的比例。决定猪场猪群结构的原则是:首先坚持自繁自养,质量可靠又经济;其次应当特别重视选择品质优良的青壮年公母猪作为基本的繁殖猪群,因为繁殖猪群的更新,不是简单地以青壮年猪只代替生产性能较低猪只的过程,而是猪群质量不断提高的过程。提高猪群的生产性能,则是提高产品率和劳动生产率的重要途径。所以我们必须使品质优良的青壮年母猪与公猪在基础群中保持80%～85%的比例。同时还要考虑这些基础猪群的品种应适合当地的需要和自然经济条件。

由于猪群扩大再生产的规模、速度与繁殖猪群在整个猪群中所占的比重有很大关系,因此,在任何一个猪场内,首先要保证有一个正常的繁殖群,包括公、母猪及后备猪。这三个群在全部猪群中所占比例,应以基础母猪群为基础,因为基础母猪是直接生产者,它的比重大小,决定着猪群的增长速度。至于基础母猪占存栏猪的比例多少,应根据养猪场的生产目的而有所不同。公猪和后备猪占猪群中的比例,取决于基础母猪的头数。因此,在确定这两类猪群的比例时，可以根据它与基础母猪的比例来推算。公猪与基础母猪的比例，在采用自然交配情况下，一般为1∶(20～30)，如果采用人工授精，公猪数量可大大减少；后备猪为每年应淘汰和补充的基础母猪数的2～3倍，公猪为5～9倍。

3.猪群的组成和周转

后备猪成熟后(8～9月龄)，经配种转为鉴定猪群。公猪经鉴定，生产性能良好的转入基础猪群，不合格者淘汰肥育。鉴定母猪分娩后，根据其产仔情况、哺育情况来确定它是转入基础母猪群中作核心母猪或一般繁殖用，还是淘汰肥育。核心群产的仔猪断乳后，经选择后再转群。基础母猪5岁以后，生产性能降低者淘汰肥育。公猪利用4～5年后，做同样处理。

4.养猪场生产计划的编制

规模较大的综合性养猪场都要根据生产任务，确定相应的分娩方式，编制交配分娩计划。

养猪场的分娩方式也分为全年陆续分娩和季节性分娩两种，这两种分娩方式各有优缺点，常年分娩有利于猪舍的充分利用，平衡公猪的配种负担，缓和生产的季节性，而季节性分娩可以避开寒暑两季较差的气候条件，提高产仔成活率。同时还可以通过产仔季节的安排，把育肥期安排在青绿饲料充足的季节，以利于育肥猪的生长发育。

(三)提高养猪场经济效益的主要措施

养猪场的主要生产目的是盈利，其产品应是低成本、高质量、适合市场需要。为此，要提高养猪场的经营效益，既要制定正确的经营决策，使产品具备市场竞争能力，销路通畅，又要采用先进的科学技术，提高产量，降低成本，同时还要抓好生产过程中的经营管理工作。

1.科学饲养

猪场为适应自己的生产需求，要讲究科学养猪，如饲养良种猪，饲喂全价配合饲料，实行科学管理，掌握适时屠宰出售，提高瘦肉率，适应消费需要。

2.适度规模经营

农村养猪场规模的大小与经济效益的高低，并不是任何时候都成正比例，只有当生产要素的投入规模与本场经营管理水平相适应，而产品又适销对路时，才能获得最佳经济效益。

3.掌握市场信息，打开流通渠道

销路不畅，不能按时出售，势必增大饲养成本，减少销售收入。

4.经营形式灵活多样

一业为主，多种经营有利于发挥养猪场各类劳力和生产设备的作用，有利于各业的调剂，获得综合经营效益。

5.多层次联合经营

近年来在农村发展产业化过程中，普遍采用“公司＋农户”及“联合体经营”的方式，可以汇集生产要素包括资金、技术、饲料、信息等，发挥各自优势。

四、养鸡业生产过程组织与管理

(一)我国养鸡业生产的特点

鸡属杂食性禽类，饲料的利用范围较广，鸡的个体小、生长快、成熟早、繁殖力强；鸡的饲养既可进行小群散养，又能大规模工厂化饲养，和其他家畜相比，鸡的饲料转化率高，据报道，国外先进的养鸡业肉料比已达1∶(1.8～2)，蛋料比1∶2.2左右；养鸡的生产周期短，资金周转快，经济效益高。因此，养鸡在我国广大农村、城市极为普遍，农村几乎是家家户户都养，大中城市和郊区机械化、半机械化大规模养鸡场和城郊农民的专业户养鸡也很普遍。

(二)养鸡场生产管理

1.编制生产计划

养鸡场，尤其是那些现代化养鸡场，属于资金、技术都较为密集的集约化经营企业，其生产经营的内容也较为复杂。因此，对其生产经营的供、产、销各个环节都必须制订周密而可靠的计划，才能保证生产经营的正常进行。一般来说，规模较大的养鸡场在年度生产经营过程中应制订和执行以下计划：

(1)雏鸡孵化计划。编制孵化计划的目的，在于保证后备鸡、饲养肉仔鸡和出售雏鸡的需要。种鸡场和自繁自养的鸡场都必须有孵化计划。孵化计划的主要内容包括孵化时期、种蛋来源和孵出雏鸡数。

(2)鸡群周转计划。鸡群构成，在自繁自养综合经营的养鸡场中一般分为：种公鸡、种母鸡、产蛋母鸡、育成鸡、肉用鸡、雏鸡、成年淘汰鸡。

(3)产品生产计划。养鸡场的产肉计划比较简单，根据周转计划中所能提供肉用鸡数和成年淘汰鸡数，按一定的宰杀重量计算即可。产蛋计划可根据各月平均饲养的产蛋母鸡数和一定的产蛋率计算出各月的产蛋总数。如养鸡场饲养几个不同品种的蛋鸡，则可按不同品种分别制订各月的产蛋计划，然后汇总为全部的产蛋计划。

饲养日产蛋数取决于品种、年龄、季节和饲养条件等因素。在作产蛋量计划时，饲养日产蛋率参照过去条件基本相似的历年记录和计划年生产条件的改善情况确定的。

2.制定饲养管理操作技术规程

根据现行良种鸡饲养的供种厂家提供的技术资料，结合本场的生产条件制定育雏鸡、育成鸡、产蛋鸡饲养管理操作技术规程，便于在生产中对照执行。

3.生产设备管理

现代化养鸡场具有一定的生产设备，包括大型孵化机、备用发电机、鸡笼、通风换气扇、饲料加工机械、自动喂料系统、清粪机械等设备，要做到有专人管理，经常维护保养，保证生产过程的顺利进行。

4.养鸡场的安全生产及兽医卫生防疫制度的贯彻落实

养鸡场安全生产的第一位是落实兽医卫生防疫，保证家禽的健康才能完成生产指标。一般各养鸡场都有一套完整的卫生防疫制度，如何贯彻落实，是关系到养鸡场生存的头等大事，管理人员要有高度的责任感，树立“预防为主，防重于治”的思想。

5.生产统计分析

养鸡场年度计划的完成，在于科学地、严密地组织年内的生产过程和各项作业，经常核算收支情况。为此，必须做好各项生产记录和月统计报表，主要有育雏记录、产蛋鸡记录、饲料消耗记录、鸡群收支月报表等。养鸡场在年度生产中要对每一品种的鸡制定出成活率、产蛋率、活重和饲料消耗等多项指标，用生产记录和所定指标作比较，检查其是否达到并分析查明原因,及时发现问题,迅速采取对策。如决定鸡群选留、淘汰和更换、扩大或缩小,还是保持现有生产规模,及时改进有关技术,改善操作管理,以便降低成本,减少损失,增加鸡场的经济收益。

(三)提高养鸡场经济效益的主要途径

1. 建立健全各种生产责任制,做好养鸡场的劳动管理

劳动支出是养鸡场生产费用中占比例较大的一部分,要培养一支特别能吃苦和工作责任心强的职工队伍,改善生产条件,不断提高劳动生产力水平,增加从业人员的收入。

2. 努力降低饲料消耗,不断提高饲料报酬

在一般养鸡场,饲料费用占成本的60%~70%。因此,养鸡场能否降低饲料消耗,不断提高饲料报酬成为其能否盈利的关键。养鸡场不仅要解决饲料来源和保证不断供应问题,还必须重视饲料费用的节约。有条件时最好自己加工生产配合饲料,根据当地原料价格的变化,不断调整饲料配方,以降低饲料成本。在节约饲料方面应尽量减少饲养环节的浪费,选择和培育生长快、饲料报酬高的优良鸡种。

3. 加强卫生防疫,尽量减少死亡

任何一个养鸡场,鸡的死亡率高低是经营成败的关键。在生产的各个环节上采取切实有效的具体措施,严格防止各种传染病的发生,尽量减少鸡常见病的发病率,降低死亡就是增加效益。

4. 采用新技术,提高生产水平

我国工厂化养鸡起步晚,但发展速度快,总产量增长迅速。由于技术水平和健康状况不良等综合因素,每只鸡单产、饲料消耗、死淘率等主要生产水平都较低,一些指标与国际水平差距较大,具有很大的生产潜力,目前提高生产性能仍要从常规实用技术和管理上下功夫。

5. 实行一体化经营

现代化养鸡生产分为如下几个环节:种鸡、孵化、饲料生产、商品肉鸡生产、商品蛋鸡生产、肉鸡屠宰加工和深加工、蛋粉加工、产品销售,一个大的养鸡场这几个环节都在场长领导之下,执行统一计划,统一核算,称作一体化经营。大而全是现代化养鸡生产一体化经营发展的必然趋势,小而全在我国现阶段生产也很重要,可以协调各生产环节的利益分配,保证主产品的质量稳定,占领一定的市场。

6. 强化经营管理

养鸡场的管理问题遍及整个供应、生产、销售的全过程,在每一个生产环节都必须注重管理,健全各种定额,各种责任制和各种规章制度,使养鸡场的管理规范化、制度化与科学化,这是保证养鸡场提高经济效益必不可少的。

五、渔业生产过程组织与管理

(一)渔业生产的特点

渔业的生产经营同种植业、畜牧业相比,有着自己的特点和要求,在渔场的经营管理中应注意体现出来。

1. 渔业生产以水域为依托

非耕地的水域是渔业生产的基本生产资料,不同的水生动植物能在不同层次的水域中生

长栖息，因而水域可以立体利用。所以渔业养殖要实行分层投苗、混养、密养；海洋捕捞也要充分合理地利用各水层的渔业资源。

2. 渔业生产的流动性强

近海和江湖的许多鱼、虾、蟹有索食、生殖和越冬的洄游移动规律，因而捕捞生产要适应渔场的变化，及时移动作业场地，以提高渔获量和渔业经济效益。

3. 养鱼耗能量低，饲料转化率高

鱼类在自身的繁殖和新陈代谢过程中，消耗的能量较少，其物质和能量的转化率超过家禽、家畜。如产 1 kg 鱼肉、鸡肉和猪肉所需要的配合饲料，分别为 1.3～1.5 kg、2.6～2.8 kg 和 3 kg 以上。因而经营渔业能使企业获得较多的利润。

4. 大量的水产资源具有共有性

海洋及内陆较大的水域为国家所有，公海为国际公有，水产品则归各个国家和各个生产单位所有。内陆的江河湖泊及近海水域，分属不同行政单位管辖，而渔业生产却往往跨行政区域进行。这就给渔政管理带来一定的复杂性。水产资源是有限的，要求合理利用和保护，制止滥捕过捞。

（二）渔业生产组织与管理

1. 淡水渔业生产的组织

各地渔场一般实行水、种、饵、混、密、轮、防、管八字精养法。水、种、饵是精养的物质基础，混、密、轮是实行精养的技术措施，防和管则是获得精养效益的保证。这些环节互为条件、相互制约，要很好地组合，使之配置得当。

根据许多渔场的实践经验，就占放养比重最大的池塘养鱼来看，对渔业生产过程的组织有着严格的要求。

（1）精养鱼池的要求。主要是，面积适中，一般为 0.67 km^2 左右；池水较深，一般在 2.5 m 左右；有良好的河湖水源，注水、排水方便；池形整齐（呈东西长而南北宽的长方形）、堤埂较高（大水不淹）、较宽（面宽至少 2 m，种植饵料作物）。如鱼池达不到上述要求，就要加以改造，以利精养高产高效。

（2）鱼类合理混养的类型。在池塘中进行多种鱼类、多种规格的混养，可以全面合理经济地利用水体和饵料，发挥养殖鱼类的互利作用，既能使食用鱼高产，均衡供应市场，满足消费者的不同需要；又能取得渔场生产所需大规格鱼种，获得高产高效。高产渔场大都有 7～10 种鱼混养在同一池塘，而且每种鱼有 3 种以上的规格。但不能随意投放鱼种，不合理混养；而且是要根据鱼类的生物学特征，池塘生产条件，养殖技术与管理水平，以及历史习惯等，合理确定混养类型，适当安排主养鱼类和配养鱼类。如肥料充裕，可以鲢、鳙、鲮、罗非鱼等为主养鱼；草类资源丰富，可以草鱼或草鱼和鲢鱼、草鱼及团头鲂为主养鱼；螺、贝类资源较多，可以青鱼或青鱼及鲤鱼为主养鱼；商品饵料充足，可以青鱼或草鱼及鲤鱼为主养鱼。

（3）合理放养密度的确定。合理放养密度是指在能养成商品规格食用鱼或预期大小的鱼种前提下，能够达到最高鱼产量的放养密度。它取决于下列因素：池塘条件，达到前述精养要求的，放养密度可适当增加，否则，放养密度就要减少；混养多种鱼类的池塘，放养量可大些，单养一种鱼类或混养种类少的池塘，放养量则相对要小些，放养的鱼种个体较大，放养尾数应较少而放养重量应较大，否则反之；饵料充足，管理精细，养鱼经验丰富，技术较高，设备较好（如有增氧机和水泵等），可以增加放养量，否则相应少放养，往年的不同放养量、产量和产品规格等，也应作为重要参考依据。

(4)轮捕轮放方法。轮捕轮放是分期捕鱼和适当补放鱼种，以提高单位面积产量、产值。轮捕轮放与混养密养互为条件，其具体方法：一是捕大留小，即一次投放和饲养不同规格或相同规格的鱼种，分期捕出达到食用规格的鱼，较小的鱼则留池继续饲养，不再补放鱼种；二是捕大补小，即分批捕出食用鱼之时，补放鱼种或夏花，以养成食用鱼或大规格鱼种。在食用鱼池套养鱼种，能较好地解决食用鱼高产和大规格鱼种供应不足的矛盾。如按重量计算，年终由食用鱼池套养出的鱼种，要大于年初放养的鱼种重量。这就能使渔场做到鱼种自给，并可压缩鱼种池面积，扩大食用鱼养殖面积。

(5)鱼种放养的时间。长江流域一般在春节前放养完毕。华南地区更有条件提早放养。华北及东北的放养时间，一般在融冰以后，水温稳定在5～6℃时进行。在水温较低的季节放养，便于捕捞放养操作。因为这时鱼类活动力弱，不易伤亡。而且早放养可以早开食，获高产。冬季放养鱼种要选在天晴日暖时进行。

(6)放养鱼种的规格。一般宜大不宜小。大规格鱼种成活率高，成长快，是增产的重要条件。不同鱼类、不同地区和不同的饲养方法，对鱼种规格的要求各有区别。

2.淡水鱼的饲养管理

在高密度混养的池塘里，要使塘鱼正常生长发育，并获得高产，必须投放人工饵料和施肥。

(1)投饵。投放饵料要新鲜、多样化，经常更换种类，还要尽量做到按鱼的食欲投饵。池塘养殖的一般鱼类，在水温10℃左右开始吃食，10℃以下停食。要早投食，迟停食。各渔场要广辟饵料来源，并且合理配料，定时定量投放饵料。

(2)施肥。施肥可以使水变肥，繁殖浮游生物等，增加鱼类不可缺少的天然饵料。鱼池主要施有机肥、混合肥，如各种粪便和草肥等。施肥要适时适量。瘦水池塘及新建池塘，应在冬末早春，水温4～5℃时施基肥，施肥量视水质的肥瘦而定。之后还要施追肥，追肥时间和数量以保持水色呈嫩绿色或棕褐色为宜。

(3)加强管理。一切养鱼措施都要通过有效的管理，才能发挥作用。精养鱼塘必须由渔场确定专人负责，建立岗位责任制，加强日常管理，保证鱼类安全。

项目 8 农业企业质量管理

任务 1 农业企业产品质量控制

◈ 任务目标

了解农业企业产品质量控制内容,制作产品控制图并对产品质量异常情况进行分析。

◈ 任务内容

(1)学生按 5～8 人进行分组。

(2)收集产品质量数据。

(3)制作排列图、散点图、控制图法。

(4)产品质量分析、选择产品质量控制方法。

(5)形成报告。

◈ 成果检验

每个小组上交一份产品质量分析报告,由老师进行总结、点评并给出成绩。

◈ 相关知识链接

一、质量管理概述

企业的生存竞争实质是质量竞争,质量是衡量一个企业和一个国家技术经济发展水平的重要标志。只有抓好质量、加强质量管理,才是企业立足之本。

(一)质量和质量管理

1.质量概念

国家标准给出的质量定义是:"一组固有特性满足要求的程度。"这里没有将质量限定于产品或服务,而是泛指一切可以单独描述的事物。它可以是活动,可以是产品,可以是组织或人。

质量有狭义和广义之分,狭义的质量是指产品质量,广义的质量除产品质量外还包括工作质量。

产品质量是指产品适合一定的用途，满足使用要求所具备的特性。这种特性通常包括性能、寿命、可靠性、安全性、经济性五个方面，既可表现为产品的外观、手感、色彩等外部特性，也可表现为产品的结构、材质、物理化学性能等内在特性。只有生产不同特性的产品才能满足人们的不同需要。

产品质量的全部特性要用统一的标准来衡量，质量标准按其颁布单位和使用范围不同，分为国际标准、国家标准、部门标准、企业标准和合同标准。凡是符合质量标准规定的产品称为合格品，否则为不合格品。随着时间的推移，社会有关因素会不断发生变化，所以质量标准要定期修改和规范。

工作质量是指为保证和提高产品质量所做工作的水平。也就是说，它是反映企业生产、技术、组织管理等工作好坏程度的一种指标。工作质量虽没有直观的标准，很难定量加以衡量，但却客观地存在于企业各项工作之中，通过企业的工作效率、工作成果等表现出来，影响最终的产品质量高低。由此可见，产品质量取决于企业各方面的工作质量，工作质量是产品质量的保证和基础。

2. 质量管理

质量管理是为保证和提高产品质量所进行的调查、计划、组织、协调、控制、检查、处理和信息反馈等各项活动的总称。质量管理以质量管理体系为载体，通过建立质量方针、质量目标，并为达到规定的质量目标进行质量策划，实施质量控制和质量保证，开展质量改进活动予以实现。

(1)质量管理体系，指企业为实施质量管理所需的组织结构、程序、过程和资源。

(2)质量方针，指由企业的最高管理者发布的该企业的质量宗旨和质量方向。它是企业的质量政策，是企业全体职工必须遵守的准则和行动纲领，是企业长期或较长时间内质量活动的指导原则。

(3)质量目标，指企业在质量方面所追求的目的。它是企业质量方针的具体体现，应是可测的，并覆盖那些为满足产品要求而确定的各种需求。

(4)质量策划，指企业确定质量目标并规定必要的作业过程和相关资源以实现质量目标的活动。它是质量管理中的筹划工作，是企业领导和质量管理部门的质量职责之一。

(5)质量控制，指为了达到质量要求采取的作业技术和活动。其目的在于对过程进行监视并消除质量各环节导致不满意结果的原因，以取得经济效益。

(6)质量保证，指企业在产品质量方面对用户所提供的担保。质量保证的目的是提供对满足质量要求的信任，这种质量保证既可以是在组织内部的，也可以是对外部顾客和权力部门的。内部质量保证使管理者建立信心，外部质量保证使顾客和他人建立信心。

(7)质量改进，指企业为向自身及顾客提供更多的收益，在整个企业内所采取的旨在提高活动和过程的效益和效率的各种措施。任何一个组织都应不断进行质量改进，提高质量管理水平，实现和保持规定的产品质量。

(二)全面质量管理

全面质量管理是一种新型的科学的现代质量管理方式。它的核心是强调人的工作质量，保证和提高产品质量，使企业经济效益最大化。

全面质量管理简称“TQC”，是指企业为保证和提高产品质量，组织全体职工和有关部门参加，综合运用现代科学和管理技术成果，控制影响产品质量的全过程和各因素，最经济地研制、生产、销售和服务，从而使用户得到满意的产品所进行的系统管理活动。

1. 以顾客为中心

一切为顾客服务是全面质量管理的精髓。企业应掌握顾客当前和未来的需求，满足顾客的要求，做到“产品出门，服务上门”。

2. 全员参加的质量管理

产品质量的好坏涉及企业各个部门和每一个职工，提高产品质量必须依靠企事业所有人员的共同努力，围绕质量中心去完成质量目标所赋予的职能和任务，广泛开展 TQC 小组活动，强化职工质量意识，树立“质量第一”的观点。

3. 全过程的质量管理

全面质量管理的范围由局部扩展到整体，包括从市场调查研究，产品的开发设计、生产制造、销售到售后服务的全过程，把产品质量产生、形成、实现全过程的各个环节和有关因素控制起来，做到以预防为主、防检结合。

4. 科学的质量管理

质量管理的科学性在于一切用数据说话，根据实际情况，广泛灵活地运用多种现代管理技术和数理统计方法分析解决质量问题，使质量管理建立在科学的基础上。

5. 强调持续改进

全面质量管理采用科学的质量活动程序（即 PDCA 循环），始终不断地进行改进活动。PDCA 循环是质量管理的工作方法，也是做任何事情的一般规律，PDCA 循环将所有的工作分为四个阶段，表现为计划（plan）、实施（do）、检查（check）、处理（action）（图 8-1）。

PDCA 循环的特点：

(1)企业及其各单位均有自己的 PDCA 循环，形成大环套小环，小环保大环。

(2)PDCA 循环是螺旋上升的，每循环一次质量水平都提高一步。

(3)四个阶段一个不能少，关键在于处理阶段。

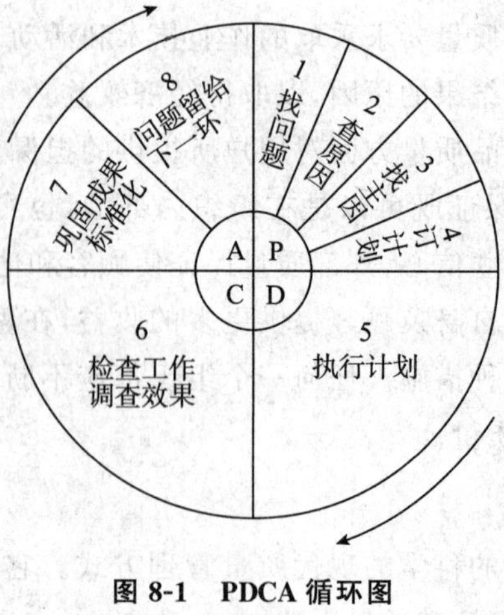

图 8-1　PDCA 循环图

二、食品安全与农产品质量管理

(一)食品安全的概念与内涵

1.食品安全的概念

各主要国际组织在不同的历史时期对食品安全有不同的定义。1974年联合国粮食及农业组织(FAO)在世界粮食大会上通过了《世界粮食安全国际约定》,第一次提出了“食品安全”的概念。不过,这是指从数量上满足人们基本需要的角度提出的,即食品数量安全。世界银行(World Bank)将食品安全定义为:所有人在任何时候都能获得足够的食品,保证正常的生活。1996年世界卫生组织(WHO)在其《加强国家级食品安全计划指南》中将食品安全定义为:“对食品按其原定用途进行制作、食用时不会使消费者健康受到损害的一种担保。”2005年9月1日国际标准化组织(ISO)于发布的ISO 22000:2005,即《食品安全管理体系——对食品链中的任何组织的要求》中对食品安全的定义为:“食品按照预期用途进行准备和(或)食用时不会伤害消费者,强调食品安全与食品安全危害的发生有关,但不包括其他与人类健康相关的方面,如营养不良。”我国在2009年2月28日通过的《中华人民共和国食品安全法》中,将食品安全定义为食品无毒、无害,符合应当有的营养要求,对人体健康不造成任何急性、亚急性或者慢性危害。

2.食品安全的内涵

食品安全有广义和狭义之分。狭义的食品安全主要是食品卫生,即食品应该无毒、无害,保证人类健康和生命安全,维持身体健康。广义的食品安全是持续提高人类的生活水平,不断改善环境生态质量,使人类社会可以持续、长久地存在与发展。食品安全包括食品卫生安全、食品质量安全、食品数量安全、食品营养安全、食品生物安全、食品可持续性安全六大要素。

(1)食品卫生安全。1996年世界卫生组织(WHO)在其发表的《加强国家级食品安全性计划指南》中将食品安全与食品卫生作为两个不同的概念加以区别。其中食品安全被解释为“对食品按其原定用途进行创作和食用时不会使消费者受害的一种担保”,食品卫生则是“为确保食品安全性在食物链的所有阶段必须采取的一切条件和措施”。这里明确把食品安全和食品卫生作为两个不同的概念,食品安全是对最终产品而言的,是食品本身应当具备的基本特性;而食品卫生是确保食品安全的措施和手段,是对食品的生产过程而言的基本条件。食品卫生是食品安全的最基本要求,食品安全是食品卫生的基础。

(2)食品质量安全。食品质量安全是指食品产品品质的优劣程度,是指食品的感官指标和内在品质,如感官指标色、香、味、形,内在品质指标口感、滋味、气味等。食品要符合产品标准规定的营养要求和相应的色、香、味、形等感官性状。有时候,人们把食品安全等同于食品质量安全。为了客观地对食品质量进行测量和评价,在制定食品质量标准中,一般将这些质量指标具体化为三大类指标八小类因子(图8-2)。

- 食品质量指标
  - 安全性状
    - 物理因素
    - 化学因素
    - 生物因素
  - 营养性状
    - 一般质量性状
    - 一般卫生性状
    - 营养指标
  - 外观性状
    - 包装指标
    - 感官指标

图 8-2　食品质量指标分类

(3)食品数量安全。食品数量安全是指粮食供应上的安全,即食品数量满足人民的基本需求,从数量的角度要求人们既能买得到,又能买得起需要的基本食品。

(4)食品营养安全。按照联合国粮农组织的解释,营养安全就是“在人类的日常生活中,要有足够、平衡的,并含有人体发育必需的营养元素供给,以达到完善的食品安全”。

(5)食品生物安全。食品生物安全是指消除或减轻现代生物技术的研究、开发和应用以及转基因生物的跨国、越境转移可能会对生物多样性、生态环境和人体健康及生命安全产生潜在的不利影响,特别是各类转基因活生物体释放到环境中可能对生物多样性构成潜在风险与威胁。

(6)食品可持续性安全。食品可持续性安全是从发展的角度,要求食品的获取要注重生态环境保护和资源利用的可持续性。

(二)食品安全的特征与意义

1.食品安全的特征

(1)食品必须无毒、无害。食品不能存有任何形式的有毒有害化学物质或生物(细菌、病毒、寄生虫等),不能存有任何对人体有危害的风险。

(2)食品必须符合相应的感官性状(色、香、味等),即通过外形和感性认识能识别食品。

(3)食品必须符合相应的标准。食品应当分类,每类食品都应当有相应的安全标准,食品必须符合已有标准。

(4)食品安全具有隐蔽性。食品中添加剂、有害化学物质或生物的存在一般不易被直接发现。

(5)食品安全具有相对性。即使是正常的食品成分和营养成分在不当使用时也会产生安全问题,例如食品添加剂超范围和超标使用、营养强化剂维生素 A 和矿物质的超标使用等也会引起严重的后果。

2.食品安全的意义

(1)食品安全严重影响着人类的生存健康。食源性疾病是一种广泛流行的疾病,是最大的食品安全问题。在发达国家,每年大约30%的人患食源性疾病。在美国每年有 7 600 万食源性疾病的病例,其中 32 万例住院治疗,5 000 人死亡。在发展中国家,食源性疾病情况难以估计。有专家称,食源性疾病是中国头号食品安全问题。

(2)食品安全影响国际贸易。食品安全不仅影响本国进出口贸易,也对世界贸易产生影响。食品安全是国与国之间进行食品贸易的重要条件，也是引起贸易纠纷的重要原因。在国际食品贸易中，食品安全常常被用来作为国家贸易保护的一个借口，特别是发达国家常常以保护食品安全为自设置绿色贸易壁垒。据报道，我国每年都有大量的出口食品因食品污染、农药残留、添加剂不符合卫生要求等被扣查。以食品安全问题为由设置的贸易壁垒已经成为最重要的食品贸易技术壁垒。

(3)食品安全影响食品企业的生存和发展。食品工业是“永不衰败的工业”，在我国国民经济中占有重要的地位。食品安全是食品品牌的安身之本，是食品企业的生命。“三鹿奶粉”曾经是我国奶制品行业中的著名品牌。“三聚氰胺”事件的发生使数亿国有资产化为乌有，这一品牌迅速消失在消费者心中。可见，保证食品安全是食品企业生存和发展的第一位永恒主题。

(4)食品安全影响社会经济发展。大量食源性疾病事件的发生引发生产力水平下降、经济效益降低、医疗费用增加、国家财政支出上升，也会直接阻碍食品企业的正常生产、经营利贸易。这些方面的影响最终导致的是国家经济发展受阻，甚至会影响到国计民生和社会的稳定。

(5)保障食品安全是公共卫生的出发点和落脚点。保障食品安全，防止食源性疾病的发生，就是保护社会生产力。吃得放心、吃得安全、吃得健康，这是公众的强烈愿望和共同的健康追求，也是社会文明进步的表现，而倡导和建立健康、科学、文明的生活方式，也正是先进文化的重要内容。为人民健康服务是公共卫生工作的根本宗旨，保证食品安全，保障公众的健康权益，代表了广大人民群众的根本利益，这是公共卫生工作的出发点和落脚点。

(三)农产品质量安全管理的含义

1.农产品质量安全的含义

按照《中华人民共和国农产品质量安全法》的定义，农产品质量安全是指农产品质量符合保障人的健康、安全的要求。农产品质量安全的内涵极其丰富，主要包括全程质量控制、产品质量安全、生产环境安全、生产资料安全、生产过程安全、包装安全、运输及储藏安全、销售安全。

2.农产品质量安全管理的含义

农产品质量安全管理有狭义与广义之分。狭义的农产品质量安全管理指农业生产经营者为了保证和提高农产品质量安全所进行的调查、计划、组织、协调、控制、检查、处理及信息反馈等各项活动的总称，即农产品质量安全的微观管理(主要包括质量安全保证和质量安全控制两方面的内容)。其基本任务是确定合理的质量安全目标，制订全面的质量安全计划，建立有效的质量安全保证体系。广义的农产品质量安全管理既包括农产品质量安全的微观管理，还包括农产品质量安全的宏观管理。农产品质量安全的宏观管理是指政府、社会组织等为了保障农产品质量安全所采取的各项措施和活动。一般而言，广义的农产品质量安全管理主要包括五个环节：产地环境管理、农业投入品管理、生产过程管理、包装和标志管理、市场准入管理。

(四)农产品质量安全管理的意义

1.农产品质量安全管理是增强农业综合竞争力的迫切要求

农业综合竞争力的核心是将资源优势、生产优势和产品优势转化为质量优势、品牌优势和效益优势。加强农产品质量安全管理，是促进农产品生产区域化布局、标准化管理、产业化经营、市场化发展的重要手段，也是实现农业比较优势和提高农业综合竞争力的重要途径。

2.农产品质量安全管理是增加农民收入的重要举措

持续稳定增加农民收入是我国农业和农村经济工作的重要目标,农业生产性收入的增加是农民增收的基本途径。适应市场需要,加强农产品质量安全管理,发展无公害农产品、绿色食品和有机农产品,促进优质优价,是实现农业生产性收入增加的有效措施。

3.农产品质量安全管理是推进农业增长方式转变的战略选择

坚持科学发展观,用现代工业理念谋划农业发展是实现农业两产、优质、高效、生态、安全的重要手段。加强农产品质量安全管理,发展无公害农产品、绿色食品和有机农产品,既是解决农产品质量安全问题的重要措施,也是推进农业优质化生产、专业化加工、市场化发展的有效途径,更是推动农业生产方式转变和促进农业综合生产能力提高的战略选择。

4.农产品质量安全管理有利于我国农产品国际竞争力提升

近年来,由于我国农产品出口屡遭绿色壁垒和发生贸易纠纷,档次低,质量差,有害物质残留超标,严重制约我国农产品出口额的增长。2009 年 1 月中国被美国 FDA 拒绝入境的农产品多达 145 个品种。改变我国农产品出口的这种不利局面,唯一的出路就是加强农产品质量安全管理并与国际标准接轨。

此外,加强农产品质量安全管理,发展无公害农产品、绿色食品和有机农产品,也有利于保护生态环境。

(五)农产面质量安全管理的主要环节

1.产地环境管理

农产品基地建设是改善农产品生产条件的关键,应当采取措施推进保障农产品质量安全的标准化生产综合示范区、示范农场、养殖小区和无规定动植物疫病区的建设。禁止在有毒有害物质超过规定标准的区域生产、捕捞、采集食用农产品和建立农产品生产基地。禁止违反法律、法规的规定向农产品产地排放或者倾倒废水、废气、固体废物或者其他有毒有害物质。农业生产用水和用作肥料的固体废物应当符合国家规定的标准。农产品生产者应当合理使用化肥、农药、兽药、农用薄膜等化工产品,防止对农产品产地造成污染。各级农业行政管理部门要解决好化肥、农药、兽药、饲料等农业投入品对农业生态环境和农产品的污染。环保部门要开展对农产品生产基地的环境监测,从源头上把好农产品质量安全关。

2.农业投入品管理

农产品生产者应当按照法律、行政法规和国务院农业行政主管部门的规定,合理使用农业投入品,严格执行农业投入品使用安全间隔期或者休药期的规定,防止危及农产品质量安全。禁止在农产品生产过程中使用国家明令禁止使用的农业投入品。对可能影响农产品质量安全的农药、兽药、饲料和饲料添加剂、肥料、兽医器械,依照有关法律、行政法规的规定实行许可制度。

3.生产过程管理

农产品生产企业和农民专业合作经济组织应当建立农产品生产记录,如实记载下列事项:使用农业投入品的名称、来源、用法、用量和使用的日期,动物疫病、植物病虫草害的发生和防治情况,收获、屠宰或者捕捞的日期。农产品生产记录应当保存两年。

4.包装和标志管理

农产品包装是指对农产品实施装箱、装盒、装袋、包裹、捆扎等。为规范农产品生产经营行为，必须加强农产品包装和标志管理，建立健全农产品质量管理。农产品生产企业、农民专业合作经济组织以及从事农产品收购的单位或者个人，用于销售的下列农产品必须包装：获得无公害农产品、绿色食品、有机农产品等认证的农产品，省级以上人民政府农业行政主管部门规定的其他需要包装销售的农产品。农产品包装应当符合农产品储藏、运输、销售及保障安全的要求，便于拆卸和搬运。包装农产品的材料和使用的保鲜剂、防腐剂、添加剂等物质必须符合国家强制性技术规范要求。农产品生产企业、农民专业合作经济组织以及从事农产品收购的单位或者个人包装销售的农产品，应当在包装物上标注或附加标志标明品名、产地、生产者或者销售者名称、生产日期。有分级标准或者使用添加剂的，还应当标明产品质量等级或者添加剂名称。农产品标志所用文字应当使用规范的中文。标志标注的内容应当准确、清晰、显著。销售获得无公害农产品、绿色食品、有机农产品等质量标志使用权的农产品，应当标注相应标志和发证机构。禁止冒用无公害农产品、绿色食品、有机农产品等质量标志。畜禽及其产品、属于农业转基因生物的农产品还应当按照有关规定进行标志。

5.市场准入管理

在此环节，要建立自检制度和政府检测检验制度。只有自检合格的农产品才能投入市场或进入无公害农产品专营区销售；不合格的农产品，应对其生产者、经营者予以严厉处罚。

三、农业企业产品质量控制的含义及方法

农产品质量安全关系到广大人民群众的身体健康，关系到经济社会协调发展，关系到社会主义和谐社会构建，深受政府及社会各界高度关注。农业企业产品质量控制在保证产品质量的同时，不但有助于提高农业企业产品的竞争力，在激烈的市场竞争中赢得优势，进而获取较高的经济效益；而且有助于保障广大消费者的身体健康，提供好的社会外部性。

农业企业产品质量控制是指农业企业通过采取一系列作业技术和活动对产品质量形成的各个过程实施控制，包括原材料的采购、生产过程的控制、储运过程控制、包装控制等，使之符合企业生产的质量要求并达到相应的标准，排除会使质量受到损害而不能满足质量及安全要求的各项因素。农业企业产品质量控制的方法主要有：

(一)分层法

1.分层法的定义

分层法也叫分类法或分组法，就是把搜集到的质量数据按照与质量有关的各种因素加以分类，把性质相同、条件相同的数据归在一个组，把划分的组叫作层，然后绘制分层排列图、分层直方图、分层控制图、分层散布图等。分层的目的是把错综复杂的影响因素分析清楚，以便数据能更加明确突出地反映客观实际。

2.分层的原则

分层的基本要求是应使同一层内的数据波动幅度尽可能小，而层与层之间的差别尽可能大。为了达到要求，一般按照以下原则分层：

(1)按不同操作者、年龄、性别、技术水平、班次等分层。

(2)按设备类型、新旧程度、不同生产线、生产方式等分层。

(3)按产地、制造厂、成分、规格、批号、到货日期等分层。

(4)按不同操作条件、工艺要求、生产速度以及操作环境等分层。

(5)按测量者、测量位置、测量仪器、取样方法和条件等分层。

(6)按不日期、班次进行分层。

(7)按不同的检测手段分层。

分层法是分析处理质量问题成败的关键,应用时需要拥有一定的经验和技巧,且不能简单地按照单一因素各自分层,还应该考虑到各因素之间的相互影响。

(二)因果图分析法

1. 因果图分析法作图步骤

(1)明确要分析的质量问题或确定需要解决的质量特性,如产品的质量成本、工作质量等,并用数据说明。

(2)运用头脑风暴法,列出所有可能影响质量的因素,并进行分类,主要按照五大方面的原因(人、设备、加工方法、原辅材料和环境)分类,然后再依次细分,并用箭头表示。

(3)深入分析,明确各原因间的因果关系。探讨影响质量问题的原因一般是按 4MIE(4M:manpower 人力、machine 机器、material 材料、method 方法、技术;lE:environments 环境)分类、设置项目的,逐级分层分析影响质量问题的大、中、小原因,即分析到能采取直接措施解决的原因为止。将这些原因间的关系用箭头表示出来,并将主要原因用方框标出。

(4)对于重要的起决定作用的因素,用红线勾画出来,使之醒目。

(5)注明绘图日期、参加人员并根据 5W1H(5W:what 对象、why 目的、where 地点、when 时间、who 操作人员;1H:how 方法)制定对策表,落实改进措施。图 8-3 为某乳品厂质量管理小组为提高鲜奶卫生质量分析其原因的因果分析图。

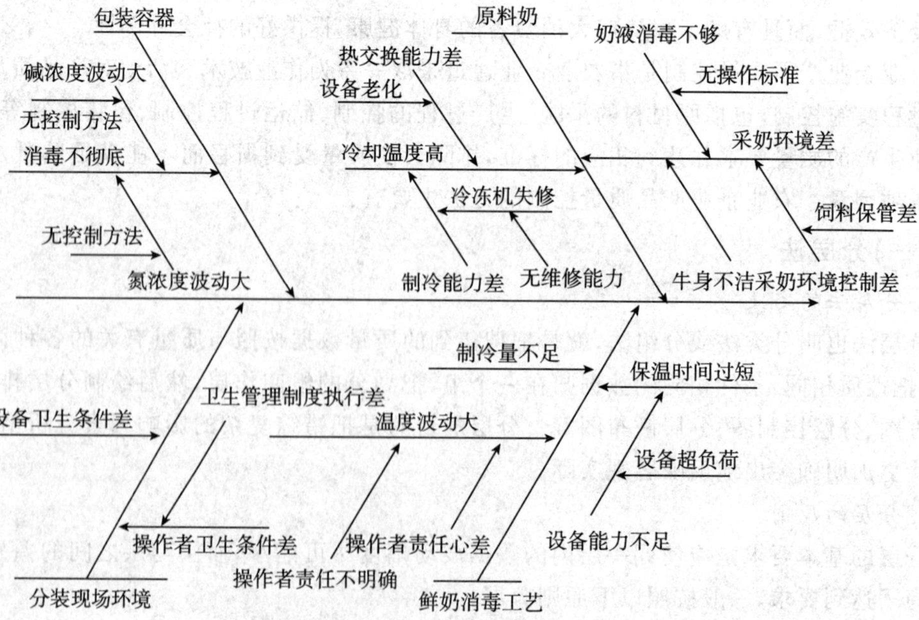

图 8-3 营销鲜奶卫生质量因果分析

2.作因果图的注意事项

①确定的质量问题应具体问题具体分析；②查阅有关直方图或控制图，对发生的质量问题作某些补充说明；③将因果图中小箭头所指的原因与现场的实际情况相比较，查看现场是否有明确的技术标准和规定，有无遗漏条件和错误；④分析各原因之间的关系，并研究各种原因有无定量测定的可能，其准确程度如何；⑤通过研究分析，确定管理点，并提出各管理点上解决质量问题所应采取的措施；⑥对策表制定的措施实施后，应与排列图结合，检查效果。

(三)控制图法

1.控制图的基本形式

控制图是一种图表。它是用来区分质量波动是由偶然性原因引起还是由系统性原因引起，从而判断生产过程是否处于控制状态的一种工具。它的基本形式如图8-4所示。

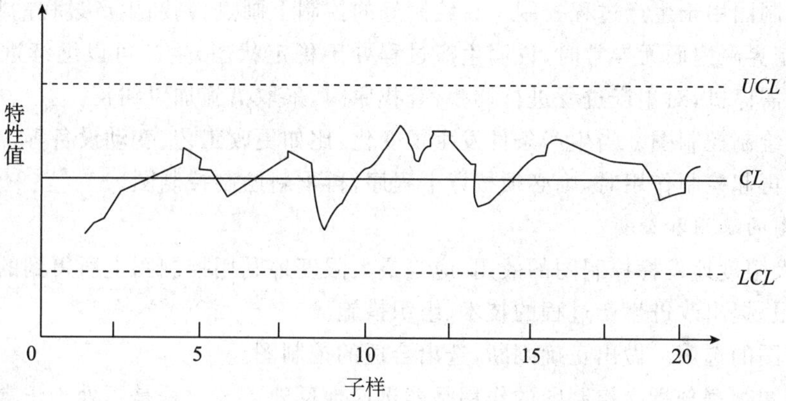

图8-4 控制图示例

2.控制图的组成及原理

控制图包括两部分内容：标题资料和控制图本身。标题资料包括公司、车间、工作地(设备)名称或编号。控制图本身纵坐标表示质量特性，横坐标表示子样号。一般图上有三条线：*UCL*(上控制线)、*LCL*(下控制线)、*CL*(中心线)。在生产过程中，定期抽取子样。测得各子样的质量特性值，将测得的数据用点描在图上。如果点落在控制线内，排列又无缺陷，则表明生产过程正常，不会产生不合格品。如果点落在控制线外或点虽未跨越控制线，但排列不正常，则表明生产过程中产生了某种影响因素，要出问题，这就是信号，说明需要采取措施。

3.控制图的分类

按控制对象分类，可将控制图分为计量值控制图和计数值控制图。常用的计量值控制图有平均值与极差控制图、中位数与极差控制图等，计数值控制图包括不合格品数控制图、不合格品率控制图、单位缺陷控制图和缺陷控制图。

按用途分类，可将控制图分为分析用控制图和管理用控制图。分析用控制图是指用全数连续取样的方法获得数据，进而分析、判断工序是否处于稳定状态，利用控制图发现异常，通过分层等方法，找出不稳定的原因，采取措施加以解决。管理用控制图是指按规定的采样方法获得数据，通过打点观察，控制异常原因的出现。点分布出现异常，说明工序质量不稳定，应找出原因，及时消除异常影响因素，使工序恢复到正常的控制状态。

4.控制图的绘制程序

(1)准备阶段。这一阶段主要是对生产过程进行调整，使其达到稳定(人、机器、加工方法、原辅材料和环境实现标准化)。然后，加工一批制品，并按规定的抽样间隔和样本大小抽取样本。

(2)绘制阶段。以准备阶段所得到的原始数据为准，计算中心线和上下控制线，取得计算数据后，用一定的比例尺画坐标图，绘出控制图。

(3)将绘制出来的控制图用于生产过程，进行试验控制。抽取子样，计算工序能力指数，并与技术标准进行核对，符合技术要求，说明控制图可用；不符合技术要求，则需推倒重来。不符合技术要求的原因往往是多方面的，但概括起来不外乎是技术上和经济上的原因，解决问题需要从这两方面入手。

(4)将控制图用于生产过程控制。在绘制好的控制上画点，判断生产过程的状态。如果点全部落在控制界限内而无异常时，说明生产过程处于稳定状态，生产可以继续进行；如果发现异常现象，则需停机，对生产过程进行调整，查找原因，采取措施加以纠正。

(5)重新绘制控制图。当生产条件发生了变化，比如更改工艺、变动设备等，或原来的控制图失效，已不再起控制作用时，则必须按以上程序，再重新绘制控制图。

5.控制图的选用和分析

为了最大限度地发挥控制图的效用，应当最大限度地利用控制图上所得到的质量情报，并根据这些情报，提出改进生产过程的技术、组织措施。

(1)控制图的选用。做出正确判断，选出合适的控制图。

(2)控制图观察分析。控制图的作用是能迅速地反映工艺过程是否处于正常状态，一旦发生失调，即由有关人员发出信号，停止生产，采取措施，进行调整。

控制图上的控制状况是由许多标记点形成的曲线确定一个判断准则，以便操作者、检查员等根据这些标准，对工序质量做出正确判断。通常控制工艺过程状态的控制图确定以下两条作为判断生产过程稳定的条：点不越出控制界限；点排列正常，没有缺陷。反过来，如果点落在控制界限以外或点排列有异常现象，都可以认为工艺过程出现了问题，需要停机进行调整。

任务 2　制定产品的质量保证体系

◈ 任务目标

能够制定产品质量保证体系。

◈ 任务内容

1.学生按5～8人进行分组。

2.运用全面质量管理方法、PDCA循环法制定产品质量保证体。

3.派代表在全班宣读。

◈ 成果检验

每个小组上交一份农产品质量保证体系报告，由老师进行总结、点评并给出成绩。

◈ 相关知识链接

农业企业产品质量管理体系的建设和运用是实现产品质时控制的手段和措施，是决定企业产品质量的关键。这里，主要介绍ISO 9000质量管理体系、ISO 14000环境管理标准体系、HACCP质量管理体系、ISO 22000食品安全管理体系、GMP质量管理体系。

一、ISO 9000质量管理体系

(一)ISO 9000概述

ISO是国际标准化组织的英文简称，全称为International Organization for Standardizalion，成立于1947年2月23日。ISO的宗旨是"在世界上促进标准化及其相关活动的发展，以便于商品和服务的国际交换，在智力、科学、技术和经济领域开展合作。"

ISO 9000是一系列质量管理和质量保证技术标准的统称。根据ISO 9000—1:1994的定义，"ISO 9000族"是由ISO/TC 176制定的所有国际标准。

TC 176专门负责制定品质管理和品质保证技术的标准。TC 176即ISO中第176个技术委员会，它成立于1980年，全称是品质保证技术委员会，1987年又更名为品质管理和品质保证技术委员会。TC 176是专门负责制定品质管理和品质保证技术的标准。

(二)ISO 9000的基本构成

TC 176最早制定的一个标准是ISO 8402:1986，名为"品质——术语"。1987年3月，ISO又正式发布了ISO 9000:1987、ISO 9001:1987、ISO 9002:1987、ISO 9003:1987、ISO 9004:1987共5个国际标准。此后，TC 176又于1990年发布了一个标准，1991年发布了3个标准，1992年发布了1个标准，1993年发布了5个标准。1994年对前述标准统一作了修改，分别改为ISO 8402:1994、ISO 9000——1:1994、ISO 9001:1994、ISO 9002:1994、ISO 9003:1994、ISO 9004——1:1994，并把TC 176制定的标准定义为"ISO 9000族"。1995年，TC 176又发布了1个标准，编号是ISO 10013:1995。

2000年12月15日，2000版的ISO 9000族标准正式发布实施，其核心标准共有4个：①ISO 9000:2000——基础和术语；②ISO 9001:2000质量管理体系——要求；③ISO 9004:2000质量管理体系——业绩改进指南；④ISO 19011:2000质量和环境管理体系审核指南。其中ISO 9001:2000《质量管理体系——要求》通常用于企业建立质量管理体系并申请认证之用，包括五大模块：质量管理体系、管理职责、资源管理、产品实现、测量分析和改进。国际标准化组织鼓励各行各业的组织采用ISO 9001:2000标准来规范组织的质量管理，并通过外部认证来达到增强客户信心和减少贸易壁垒的作用。

(三)推行ISO 9000的一般步骤

简单地说，推行ISO 9000的一般步骤如下：①诊断；②任命管理者代表，组建IS0 9000推行组织；③制定目标和激励措施；④人员接受必要的管理意识和质量意识训练；⑤ISO 9000标

准知识培训；⑥质量体系文件编写（立法）；⑦质量体系文件大面积宣传、培训、发布、试运行；⑧内审员接受训练；⑨若干次内部质量体系审核；⑩在内审基础上的管理者评审；⑪质量管理体系完善和改进；⑫申请认证。

企业在推行 ISO 9000 之前，应结合本企业的实际情况，对上述推行步骤进行周密的策划，并给出时间上和活动内容上的具体安排，以确保得到更有效的实施效果。企业经过若干次内审并逐步纠正后，若认为所建立的质量管理体系已符合所选标准的要求，便可申请外部认证。

二、ISO 14000 环境管理标准体系

（一）ISO 14000 环境管理体系概述

ISO 14000 是国际标准化组织（ISO）第 207 技术委员会（TC 207）从 1993 年开始制定的一系列环境管理国际标准，它包含了环境管理体系（EMS）、环境管理体系审核（EA）、环境标志（EL）、生命周期评估（LCA）、环境行为评价（EPE）等国际环境管理领域的研究与实践的焦点问题，向各国政府及各类组织提供统一、一致的环境管理体系、产品的国际标准和严格、规范的审核认证办法。

ISO 14000 的目标是通过建立符合各国的环境保护法律、法规要求的国际标准，在全球范围内推广 ISO 14000 系列标准，达到改善全球环境质量、促进世界贸易、消除贸易壁垒的最终目标。

（二）ISO 140001 的内容

按照 ISO 14001：2004，环境管理体系是全面管理体系的组成部分，包括制定、实施、实现、评审和维护环境方针所需的组织结构、策划活动、职责、操作惯例、程序、过程和资源。

ISO 4000 标准向各类组织提供了一个标准化的环境管理体系的模式，它包括了环境方针、规划、实施与运行、检查、管理评审五大部分，由 16 个要素构成，各要素之间有机结合，紧密联系，形成 PDCA 循环的管理体系，并确保企业的环境行为持续改善。

这五个基本部分包括了环境管理体系的建立过程和建立后有计划地评审及持续改进的循环，以保证组织内部环境管理体系的不断完善和提高。

16 个要素是指环境方针、环境因素、法律与其他要求、目标指标与程序、角色责任与授权、能力培训与意识、信息交流、环境管理体系文件、文件控制、运行控制、应急准备和反应、监测与测量、一致性评估、违章纠正与防止措施、记录控制和管理审核。

（三）ISO 14000 系列标准的特点

①以消费者行为为根本动力。ISO 14 000 标准强调的是非行政手段，用市场、用人们对环境问题的共同认识来达到促进生产者改进其环境行为的目的；②自愿性标准，不带任何强制性；③全员参与；④广泛的适用性；⑤灵活性；⑥兼容性；⑦强调持续改进；⑧全过程预防；⑨标准强调的是管理体系，特别注重体系的完整性。

（四）建立环境管理体系的基本步骤

企业建立环境管理体系的步骤如下：①ISO 14000 培训；②领导决策与准备；③初始环境评审；④环境管理体系文件的编制；⑤环境管理体系试运行；⑥内部环境管理体系审核及管理

评审。

三、HACCP质量管理体系

(一)HACCP概述

HACCP是Hazard Analysis and Critical Control Point的缩写,即危害分析(HA)与关键控制点(CCP)。HACCP体系被认为是控制食品安全和风味品质的最好最有效的管理体系。国际标准CAC/RCP.1《食品卫生通则》(1997年修订3版)对HACCP的定义是,HACCP是鉴别、评价和控制食品安全危害的一种预防性体系,是一种用于保护食品,防止食品受到生物、化学、物理危害的管理工具。国家标准GB/T 15091—1994《食品工业基本术语》对HACCP的定义为,生产(加工)安全食品的一种控制手段;对原料、关键生产工序及影响产品安全的人为因素进行分析,确定加工过程中的关键环节,建立、完善监控程序和监控标准,采取规范的纠正措施。

HACCP体系作为食品安全控制体系的重要意义,在于它提出对食品生产的全过程进行控制,从原料生产、采收、加工、运输、储存和销售等所有环节进行危害分析,鉴别其存在的显著危害,确定关键控制点,按照科学的方法进行监控,从而做到了"从农场到餐桌"食品生产链的全过程防止危害的引入和消除,降低了食品的安全风险,为消费者健康提供了保证。

(二)HACCP的特点

HACCP作为科学的预防性的食品安全体系,具有如下特点:

(1)HACCP是预防性的食品安全体系,但它不是一个孤立的体系,必须建立在良好操作规范(GMP)和卫生标准操作程序(SSOP)的基础上。

(2)通过易于监控的特性来实施控制,可操作性强、迅速。

(3)只要需要就能采取及时的纠正措施,迅速进行控制。

(4)与依靠化学分析微生物检验进行控制相,费用低廉。

(5)由间接参与食品加工和管理的人员控制生产操作。

(6)关注关键点,使每批产品采取更多的保证措施,使工厂重视工艺改进,降低产品损耗。

(7)用于潜在危险的预测,通过监视结果的趋向来预测。

(8)涉及与产品安全性有关的各个层次的职工,做到全员参与。

(三)HACCP的内容

1.对危害进行分析

危害分析是推行HACCP关键的一步,HACCP要求对产品实现过程的每一步骤进行危害分析,确认过程中可能出现的每一危害,确定危害的种类,找出危害来源及预防措施,并说明可用于控制这些危害的方法。

2.确定关键控制点

关键控制点是指食品安全危害可以被防止、消除或减少到可接受水平的点、步骤或程序。关键控制点的数量取决于产品或生产工艺的性质、复杂程度和研究的范围等。

3.建立关键限值

每个关键控制点会有一项或者多项控制措施确保预防、消除已确定的显著危害或将其减至可接受水平，每一项控制措施要有一或多个相应的关键限值，关键限值的确定应以科学为依据。

4. 建立关键控制点的监视体系

监控是一个有计划、连续的观察和测量，以评估关键控制点是否受控，并产生一个准确的记录用于将来的验证。监控过程必须能监测出关键控制点控制的失误，必须能及时提供信息用于校正操作，使控制得以恢复。

5. 建立纠偏措施

当 HACCP 一个关键限值发生偏差时，应采取纠偏措施。纠偏措施包括纠正和消除偏离的原因，重新对加工进行控制；确定在加工出现偏差时所生产的产品，并确定这些产品的处理方法。

6. 建立验证程序

建立验证程序是为了验证 HACCP 体系的正确运作，其目的是要明确 HACCP 系统是否按计划进行、原计划是否适合目前实际的生产过理并且是否有效。

7. 建立文件化的体系

文件记录的保存是有效地执行 HACCP 计划的基础。企业在实行 HACCP 体系的全过程中，须有大量的技术文件和日常的监测记录，这些记录应是全面的，应包括：体系文件，HACCP 体系的记录，HACCP 小组的活动记录，HACCP 前提条件的执行、监控、检查和纠正记录。

四、ISO 22000 食品安全管理体系

（一）ISO 22000 概述

国际标准化组织 ISO 于 2005 年 9 月 1 日正式发布了 ISO 22000 标准，即《食品安全管理体系——对食物链中任何组织的要求》。这是一个新的国际标准，建立在 HACCP 原理之上，旨在保证全球的安全食品供应。ISO 22000：2005 的出台可以作为技术性标准对企业建立有效的食品安全管理体系进行指导。这一标准可以单独用于认证、内审或合同评审，也可与其他管理体系（如 ISO 9001：2000）组织实施。

（二）ISO 22000 的特点

1. 食品安全管理范围延伸至整个食品链

对于生产、创造、处理或供应食品的所有组织，食品安全的要求是首要的。ISO 22000 标准的要求可用于食品链内的各类组织，如饲料生产者、初级生产者、食品制造者、运输和仓储经营者、分包商、零售分包商、餐饮经营者以及相关组织，如设备生产、包装材料、清洁剂、添加剂主辅料的生产组织。

2. 管理领域先进理念与 HACCP 原理的有效融合

过程方式、系统管理及持续改进是现代管理领域先进理念的核心内容。上述先进理念在 ISO 22000 标准中主要体现在：①食品安全目标导向；②过程的识别和危害分析；③体系的实施和运行；④体系的监视和测量。

3. 强调交互式沟通的重要性

JSO 22000 标准在 4.1“总要求”中提出：在食品链范围内沟通与其全全有关的适宜信息，

在组织内沟通有关食品安全管理体系发展、实施和更新的信息，以确保在必要程度上满足本标准的要求。

4. 满足法律法规要求是食品安全管理体系的前提

本标准在“引言”中指出：“本标准旨在协调全球范围内的食品链中食品安全管理在经营上的要求。本标准专用于寻找比法律的通常要求更明确、和谐和完整的食品安全管理体系的组织。本标准不用于制定规章目的的最低要求。”但是，本标准要求组织将所有适用食品安全的有关法规和规章的要求融入食品安全管理体系。

（三）ISO 22000 的基本框架和内容

①范围；②规范性引用文件；③术语与定义；④食品安全管理体系；⑤管理职责；⑥资源管理；⑦安全产品的策划和实现；⑧食品安全管理体系的确认、验证和改进。

任务3 确定农产品标准

◈ 任务目标

了解农产品标准，掌握确定农产品标准的方法。

◈ 任务内容

1. 学生按5～8人进行分组。

2. 去农产品市场进行调研，了解普通农产品、无公害农产品、绿色农产品、有机农产品的标准。

3. 了解不同农产品的生产标准。

4. 形成调研报告，派代表在全班宣读。

◈ 成果检验

每个小组上交一份农产品标准调研报告，由老师进行总结、点评并给出成绩。

◈ 相关知识链接

农产品标准是由农产品标准化主管部门以特定的形式发布，在一定时期和一定范围内具有约束力，是农产品生产、检验、验收、监督、认证、维护和贸易洽谈等活动的技术依据，也是农产品生产部门、流通部门以及消费者评价农产品质量的共同依据。它包括对农产品的品种、外形结构、化学组成、质量等级、检验、包装、储存、运输等方面所做的规定。我国将农产品大致分为普通农产品、无公害农产品、绿色农产品、有机农产品。不同农产品的生产标准各不相同。

一、无公害农产品(食品)标准

20世纪80年代后期，部分省、市开始推出无公害农产品，2001年农业部提出“无公害食品行动计划”并在北京、上海、天津、深圳4个城市进行试点，2002年，“无公害食品行动计划”在全国范围内展开。

(一)无公害农产品的概念

无公害农产品是指产地环境、生产过程、产品质量符合国家有关标准和规范的要求,经认证合格获得认证证书并允许使用无公害农产品标志的直接用作食品的农产品或初加工的农产品。无公害农产品是对农产品的基本要求,严格地说,一般农产品都应达到这一要求。无公害农产品以初级农产品为主,价格略高于一般农产品。

(二)无公害农产品产地环境质量要求概述

无公害农产品产地选择的基本原则:生态环境良好,远离污染源,并具有可持续生产能力的农业生产区域。具体来说就是,产地最好集中连片,具备一定的生产规模,产地区域范围明确,产品相对稳定;产地区域范围内、灌溉水上游,产地上风向,均没有对产地构成威胁的污染源;另外,应尽量避免公路主干线。在无公害种植业环境要求中,对产地环境条件的审查准则主要依据农业部发布的无公害农产品标准进行(NY 5010—2002 无公害产品蔬菜产地环境条件)。

(三)无公害农产品的标准控制

无公害农产品执行的是国家质检总局发布的强制性标准及农业部发布的行业标准。产品标准、环境标准和生产资料使用准则为强制性国家或行业标准,生产操作规程为推荐性行业标准。目前,国家质检总局和国家标准委已发布了 4 类农产品的 8 个强制性国家标准,农业部发布了 200 余项行业标准。

(四)无公害农产品的技术保障

1. 无公害农产品生产基地环境控制技术

无公害农产品开发是农业生态环境保护工作适应市场经济发展需要应运而生的,是将农业环保工作的社会效益、生态效益转化为现实经济效益的一种形式和途径。无公害农产品开发也是将生产建设与环境保护于一体的生态农业发展到一定阶段的产物,无公害农产品以生态农业为技术保障,生态农业以无公害农产品为市场载体,从而形成以产品开发带动生态农业,以生态农业建设促产品开发的良性发展机制。因此,无公害农产品开发基地应建立在生态农业建设区域之中,在生态农业建设中强化无公害技术份额。具体地说,其基地在土壤、大气、水上必须符合无公害农产品产地环境标准,其中土壤主要是重金属指标,大气主要是硫化物、氮化物和氟化物等指标,水质主要是重金属、硝态氮、全盐量、氯化物等指标。无公害农产品产地环境评价是选择无公害农产品基地的标尺,只有通过其环境评价,才具有生产无公害农产品的条件和资格,这是前提条件。

2. 无公害农产品生产过程控制技术

无公害农产品的农业生产过程控制主要是农用化学物质使用限量的控制及替代过程。重点生产环节是病虫害防治和肥料施用。病虫害防治要以不用或少用化学农药为原则,强调以预防为主,以生物防治为主。肥料施用强调以有机肥为主,以底肥为主,按土壤养分库动态平衡需求调节肥量和用肥品种。在生产过程中制定相应的无公害生产操作规范,建立相应的文档、备案待查。

3. 无公害农产品质量控制技术

无公害农产品最终体现在产品的无公害化。其产品可以是初级产品，也可能是加工产品，收获、加工、包装、储藏、运输等后续过程均应制定相应的技术规范和执行标准。产品是否无公害要通过检测来确定。无公害农产品首先在营养品质上应是优质，营养品质检测可以依据相应检测机构的结果，而环境品质、卫生品质检测要在指定机构进行。

（五）无公害农产品标志

无公害农产品标志（图 8-5）图案主要由麦穗、对勾和“无公害农产品”字样组成，麦穗代表农产品，对勾表示合格；颜色由绿色和橙色组成，橙色寓意成熟和丰收，绿色象征环保和安全。标志图案直观、简洁、易于识别，含义通俗易懂。

图 8-5 无公害农产品标志

二、绿色农产品（食品）标准

绿色农产品于 1990 年由我国农业部发起，1992 年农业部成立中国绿色食品发展中心，1993 年农业部发布了“绿色食品标志管理办法”。

（一）绿色农产品的概念

绿色农产品遵循可持续发展原则，按照特定生产方式生产，经专门机构认定，许可使用绿色食品标志的无污染的农产品。绿色食品 70％为加工产品，30％为初级农产品。绿色农产品的价格高于普通农产品 10％～20％。

（二）绿色农产品的分类

我国的绿色食品分为 A 级和 AA 级两种。其中 A 级绿色食品生产中允许限量使用化学合成生产资料，AA 级绿色食品则较为严格地要求在生产过程中不使用化学合成的肥料、农药、兽药、饲料添加剂、食品添加剂和其他有害于环境和健康的物质。按照农业部发布的行业标准，AA 级绿色食品等同于有机食品。

（三）绿色农产品与一般农产品相比的特点

（1）利用生态学的原理，强调产品出自良好的生态环境。

（2）对产品实行“土地到餐桌”全程质量控制。

（四）绿色农产品的标准控制

绿色农产品执行的是农业部的推荐性行业标准。绿色农产品标准包括环境质量、生产技术、产品质量和包装储运等全程质量控制标准。目前，农业部发布了 52 项绿色农产品行业标准，其中包括 7 项通用性标准、45 项产品质量标准。绿色食品标准的内容如下：

1. 绿色食品产地环境

标准绿色食品产地环境标准分别对绿色食品产地的空气质量、农田灌溉水质量、畜禽养殖用水质量、渔业水质量和土壤环境质量的各项指标、浓度限值做了明确规定。

2. 绿色食品生产技术标准

包括两部分：一部分是对生产过程中的投入品如农药、肥料、饮料和食品添加剂等生产资料使用方面的规定；另一部分是针对具体种养殖对象的生产技术规程。

3.绿色食品产品标准

对初级农产品和加工产品分别制定相应的感官、理化和生物学要求。

4.绿色食品标志使用、包装及储运标准

为确保绿色食品产后在包装运输中不受污染，制定了相应的绿色食品标志使用、包装及储运标准。

(五)绿色食品的标志

绿色食品标志(图 8-6)由三部分构成：上方的太阳、下方的叶片和中心的蓓蕾，象征自然生态；颜色为绿色，象征着生命，农业、环保；图形为正圆形，意为保护。AA 级绿色食品标志与字体为绿色，底色为白色，A 级绿色食品标志与字体为白色，底色为绿色。整个图形描绘了一幅明媚阳光照耀下的和谐生机，告诉人们绿色食品是出自纯净、良好生态环境的安全、无污染食品，能给人们带来蓬勃的生命力。

A级绿色食品标志　　AA级绿色食品标志

图 8-6　绿色食品标志

三、有机农产品(食品)标准

国际上有机食品起步于 20 世纪 70 年代，以 1972 年国际有机农业运动联盟的成立为标志。1994 年我国国家环保总局在南京成立有机食品中心，标志着有机农产品在我国迈出实质性的步伐。

(一)有机农产品的概念

有机农产品根据有机农业原则和有机农产品生产方式及标准生产、加工出来的，并通过有机食品认证机构认证的农产品。有机农业的原则是，在农业能量的封闭循环状态下生产，全部过程都利用农业资源，而不是利用农业以外的能源(化肥、农药、生产调节剂和添加剂等)影响和改变农业的能量循环。有机农业生产方式是利用动物、植物、微生物和土壤四种生产因素的有效循环，不打破生物循环链的生产方式。有机农产品以初级农产品为主。有机农产品的价格高于普通农产品 50%至几倍。

(二)有机农产品的标准控制

有机农产品执行的是国际有机农业运动联盟(IFOAM)的“有机农业和产品加工基本标

准”。由于有机农产品在我国尚未形成消费群体，产品主要用于出口，虽然我国也发布了一些有机农产品的行业标准，但我国的有机农产品执行的标准主要是出口国要求的标准。目前，欧盟、美国、日本、澳大利亚、加拿大、墨西哥、阿根廷、韩国等都已制定了有机农业及产品生产、加工准则性的标准。

有机食品的条件如下：

(1)原料来自于有机农业生产体系或野生天然产品。

(2)有机食品在生产和加工过程中必须严格遵循有机食品生产、采集、加工、包装、储藏、运输标准，禁止使用化学合成的农药、化肥、激素、抗生素、食品添加剂等。禁止使用基因工程技术及该技术的产物及其衍生物。

(3)有机食品生产和加工过程中必须建立严格的质量管理体系、生产过程控制体系何追踪体系，因此一般需要有转换期，这个转换过程一般需要 2～3 年时间，才能够被批准为有机食品。

(4)有机食品必须通过合法的有机食品认证机构的认证。

(三)有机农产品与其他农产品的区别

(1)有机农产品在生产加工过程中禁止使用农药、化肥、激素等人工合成物质，并且不允许使用基因工程技术；其他农产品则允许有限使用这些物质，并且不禁止使用基因工程技术。

(2)有机农产品在土地生产转型方面有严格规定。考虑到某些物质在环境中会残留相当长一段时间，土地从生产其他农产品到生产有机农产品需要 2～3 年的转换期，而生产绿色农产品和无公害农产品则没有土地转换期的要求。

(3)有机农产品在数量上须进行严格控制，要求定地块、定产量，其他农产品没有如此严格的要求。

(四)有机食品的标志

有机食品标志采用人手和叶片为创意元素。从图 8-7 中可以感觉到两种景象：其一是一只手向上捧着一片绿叶，寓意人类对自然和生命的渴望；其二是两只手一上一下握在一起，将绿叶拟人化为自然的手，寓意人类的生存离不开大自然的呵护，人与自然需要和谐美好的生存关系。

图 8-7 有机食品标志

项目9　农业企业财务管理

任务1　筹集资金

◈ 任务目标

掌握企业筹资渠道与方法。

◈ 任务内容

1.学生按5～8人进行分组，每组组建一个模拟公司，每个公司选择一名总经理，负责协调组织工作。

2.为模拟公司制订筹资计划。

3.派代表在全班宣读、点评。

◈ 成果检验

每个小组上交一份筹资计划书，由老师进行总结、点评并给出成绩。

◈相关知识链接

一、农业企业财务管理概述

(一)农业企业财务管理的概念与特点

农业企业财务管理是组织农业企业财务活动、处理财务关系的一项经济管理工作。农业企业通过农业活动来实现赢利。由于农业生产受自然条件制约，经济再生产与自然再生产相互融合交织，这势必影响到农业企业经营各个环节相关的财务管理，并使之呈现以下特点：

1.自然环境依赖性

农业生产的对象是有生命的植物和动物，它们都有其自身的生长、发育和繁殖规律，并依赖土壤、阳光、气温、水分等自然条件，人们从事植物栽培和动物饲养的生产过程，同时也是植物和动物生长、成熟和繁殖的自然过程，两者相互交错，紧密结合。因而投入农业生产的资金周转期较长，不少生产资料一次投放，要经过较长的时间，才集中收回。土地是农业生产不可缺少的基本生产资源，必须合理利用，保护农田的基本产出能力，这就决定了对土地不断投入资金的必要性，也决定了要重视对农业企业财务管理活动中这部分资金投放的连续性与利用的有效性等相关研究。

2. 经营风险较大

农业生产不能完全摆脱自然灾害的威胁，同时由于农业的生产周期较长，客观上受土地、环境等不可控自然条件的影响较大，农业企业的经济效益具有较大的不确定性，因此对农业企业的资金管理即财务风险控制要明显强于其他行业。农业企业必须建立一定的保险备荒基金，以丰补歉，为抗旱、防汛、防风、防冰雹、防治病虫害等提供后备的物质和货币资金，并监督其合理使用，这些都是农业企业财务管理不同于其他部门企业财务管理的显著特点。农业企业既要大力抗御自然灾害，抓住农事季节，及时采取补救措施，开支必要的费用；又要精打细算节约备荒资金，减少或补偿自然灾害作造成的经济损失。

3. 资金占用不均衡

生物既是农业企业的生产对象，又是农业企业的生产资料。经营过程中，劳动资料、劳动对象和劳动产品之间有时相互转化，这给农业企业财务活动的资金管理带来挑战。农业中一部分生产资料具有自给性，对这部分自产自用的储备进行准确的计价，合理地留用、平衡和调度，是农业企业财务管理的独特环节。资金在年度内占用极不均衡，各地区自然和地理条件以及经营业主的具体情况千差万别，农业企业应合理筹集、使用和分配资金，减少不合理的资金占用，加速资金周转。

(二)农业企业财务管理的目标

企业财务管理的职能主要是决策，评价一项决策是否有效，必须设立一个标准，这一标准就是财务管理目标。财务管理的目标是企业价值最大化，财务决策应首先考虑该项决策是否能提升企业价值。以企业价值最大化作为农业企业财务管理的目标，具有以下优点：①考虑了取得报酬的时间，计量时间价值；②科学考虑了风险与报酬的联系；③克服农业企业在追求利润上的短期行为，因为不仅目前的利润会影响企业价值，预期未来的利润对企业价值的影响所起的作用更大，企业加强财务管理，就是要正确权衡报酬与风险的得与失，努力实现二者之间的最佳平衡，使农业企业价值达到最大。

因此，企业价值最大化是农业企业财务管理的长期目标。在决策时，构建和谐社会要求除了考虑经济因素、追求价值最大化以外，还要考虑企业承担的社会责任因素，尤其是在我国环境污染日益严重、就业形势极为严峻的今天，将人、制度、文化纳入决策体系之中，成为企业实现理财目标的一种必然选择。

(三)农业企业财务管理的任务

农业企业财务管理的任务从属于农业企业的任务，并受财务管理的职能和内容所制约。农业企业财务管理的根本任务是：根据国家的财经政策、财经制度、企业财务制度以及农业企业生产经营的需要，及时组织资金供应，合理而节约地使用资金，促进生产发展，提高经济效益，为加速我国社会主义现代化建设服务。具体地说，农业企业财务管理的任务有以下几个方面：

(1)讲究生财、聚财和用财之道，按规定渠道形成或筹集资金，合理使用资金，不断提高资金的利用效率。

(2)加强经济核算，实行各种形式的经济责任制，厉行节约，降低费用和成本，增加利润，提高生产经营的经济效益。

(3)通过财务管理的各项工作,正确处理国家、企业和个人三者之间的资、权、利关系。

(4)实行财务监督,维护财经纪律。

上述各项财务管理的任务是相互联系、相互补充的,既有为生产经营服务的方面,也有对生产经营活动进行监督的方面。在财务管理工作中,必须正确对待两者的辩证统一关系,服务是目的,监督是手段。片面强调服务或片面强调监督,都不利于生产经营的发展,不利于经济效益的提高。

二、农业企业的筹资

(一)农业企业筹资概述

1.农业企业筹资的动机

农业企业筹集资金就是企业根据其生产经营、对外投资和调整资本结构等需要,通过各种筹资渠道,运用多种筹资方式,经济有效地筹措和集中资金的财务活动。农业企业筹资的具体动机多种多样,归纳起来主要有三类:扩张动机、偿债动机和混合动机。扩张筹资动机是企业因扩大生产经营规模或追加对外投资的需要而产生的筹资动机;偿债筹资动机是企业为了偿还某债务而形成的借款动机,就是借新债还旧债;企业同时因扩张和偿债需要而形成的筹资动机,即为混合筹资动机。

2.农业企业筹资的特点

(1)资金需求量大,以短期筹资为主。由于农产品的季节性强,产品上市相对集中,农业企业需在短时间内收购足量的农产品以保证常年生产的需要,导致其存在巨大的流动资金压力,急需大量短期资金。

(2)缺乏进入证券市场筹资的条件。我国对发行股票或债券的公司要求非常严格,如在发行股票时,发起人认购的股份不得少于3 000万元;在发行债券时,股份有限公司的净资产额不少于3 000万元,有限责任公司的净资产额不少于6 000万元,而农业企业一般经营规模都较小,很难利用发行股票或债券这种方式来筹集资金。

(3)获得银行贷款和商业信用较难。由于银行出于信贷风险的考虑,更愿意将资金借给规模大、稳定、经济效益好的企业,即产生了信贷配给,很多农业企业虽然急需资金,但由于其规模无法与发展较早的工业企业相比,而且农业企业受环境的影响较为严重,效益也不是很稳定,因此很难获得银行贷款。农业企业经常从农场直接购入农产品,而大多数农场的全部收入就是农作物的收入。为了避免风险,他们大多采取现金交易,这导致农业企业很难获得商业信用资金。

(二)筹资方式

1.负债筹资

负债筹资是指企业依法筹措并依约使用、按期偿还的资金来源。负债筹资主要包括商业信用筹资、借款筹资、债券筹资和租赁筹资四种。

(1)商业信用筹资。商业信用是指农业企业在商品中延期付款或延期交货所形成的借贷关系,是企业间的一种直接信用行为。商业信用融资的主要方式有:赊销商品、预收货款、商业票据等。在会计报点上反映在应付账款、预收账款、应付票据等项目中,属于流动负债,是农业企业短期筹资的重要来源。农业企业运用一种商业信用筹资方式是短期的,主要是满足农业企业运营资金周转的需要，但是把所有的商业信用筹资方式视为一个整体，它是具有长期性的。

农业企业在运营中资金短缺时，合理安排信用筹资以满足资金的需要，是最常用的一种做法，如现金支付不足时可以通过赊购原材料来满足农业企业生产经营的需要。另外，在应付款项的偿付环节上也有文章可做，主要是对现金浮游量的运用。简单地说，现金浮游量类似于企业已付款而银行未付款的未达账项。例如，农业企业一次性划出工资款100万元，但职工并不都在第一时间取出工资，因而产生大量的现金浮游量。企业可以通过职工提取工资的规律来充分合理地运用这部分现金浮游量。假如有80%的人在第一时间取出工资、10%的人10天后取出工资、剩余的10%在20天后取出工资，这样企业可以先划出80万元、10天后再划出10万元、剩余10万元20天后再划出，这样企业就可以充分利用20万元的现金浮游量来满足短期资金的需要。同样道理，企业可以合理利用商业票据的法定支付期而形成的现金浮游量，来满足企业短期资金的需求。

(2)借款筹资。借款筹资是指企业向银行或其他金融机构借入各种款项的筹资方式。按借款期限分为短期借款、中长期借款；按有无抵押物分为信用借款、担保借款和票据贴现；按用途分为流动资金借款、基本建设和专项借款。借款筹资的成本高低受手续费、利率及其支付方法和各种信用条件等因素的影响。借款筹资的优点主要包括借款筹资速度快、借款成本较低和能充分发挥财务杠杆的作用等。借款筹资的缺点主要包括：①筹资风险较高，借款通常有固定的利息负担和确定的还款期限，放借款企业还款压力较大，筹资风险较高；②限制条件较多，借款合同中可能有一些保护债权人利益的条款，这可能会影响到企业以后的筹资和投资活动；③筹资数量有限，一笔借款筹资的数量不如一次股票、债券筹资筹集的金额大。

(3)债券筹资。债券是经济主体为筹集资金而发行的，用于记载和反映债权债务关系的有价证券，包括债券面值、债券期限、债券利率和债券价格等基本要素。债券筹资相对于借款筹资偿债压力更大，风险更高。

(4)租赁筹资。租赁是出租人以收取租金为条件，在契约或合同规定的期限内，将资产租借给承租人使用的一种经济行为。租赁行为实质上具有借贷属性，不过它直接涉及的是物而不是钱。按租赁性质可以分为经营租赁和融资租赁。租赁筹资的优点包括：①租赁筹资能迅速获得所需资产，尽快形成生产经营能力；②租赁筹资限制较少；③租金可在所得税前扣除，可以获得税收效应；④技术进步风险较低。租赁筹资的缺点主要在于租赁筹资成本较高，如果不能享受设备残值，存在机会损失。

2.权益筹资

权益筹资是农业企业的重要筹资渠道。所有者权益是投资人对企业净资产的所有权，包括投资者投入企业的资本金及持续经营中形成的积累，如盈余公积金、资本公积金和未分配和利润等。企业通过吸收直接投资、发行普通股和优先股股票、内部积累等方式筹集的资金都属于企业的所有者权益。所有者权益一般不用还本，因而称之为企业的自有资金或主权资金，也称权益资金。

(1)吸收直接投资。吸收直接投资是指企业以协议、合同等形式吸收国家、法人等直接投入资金，形成企业资本金的一种筹资方式。吸收直接投资的优点在于：属于企业的自有资金，企业可长期使用，不需偿还；吸收直接投资的出资方式较为灵活，没有固定的财务负担，支付方式灵活，风险较小。吸收直接投资的缺点有资金成本较高、企业控制权分散。

(2)普通股筹资。普通股筹资是指通过发行普通股的方式来筹集资金,是股份公司筹措自有资金的基本方式。普通股是股份有限公司发行的无特殊权力的股份,也是最基本的、标准的股份,具有股票最一般的特性。普通股筹资的优点是:没有到期偿还的压力,没有固定的负担,能增强公司的信誉,筹资风险小,容易吸收资金;普通股筹资的缺点是:资金成本较高,影响公司的控制权,可能引起股价动荡。

(3)留存收益筹资。留存收益是公司将税后利润支付股利后留下的余额。利用留存收益筹资,公司分配股利后剩下的余额用来投资。由于留存收益是自有资本,其成本较低。利用留存收益筹资的优点有:①与从公司外部筹资相比,利用留存收益筹资的资金成本相对较低;②股利收入的个人所得税税率比资本收益的个人所得税税率高,利用留存收益筹资可以给股东带来税收方面的利益;③留存收益筹资属于权益资本筹资,在公司负债较高的情况下,它可以改善公司的资本结构。留存收益筹资的缺陷是:①从股东自身利益、资金结构及成本方面考虑,留存收益筹资数量会受到限制;②留存收益过多而股利支付过少会影响公司的形象,进而影响公司的外部筹资和股票价格。

任务2　资金管理

◆ 任务目标

能够进行农业企业资金管理。

◆ 任务内容

1. 学生按5～8人进行分组,每组组建一个模拟公司,每个公司选择一名总经理,负责协调组织工作。

2. 为模拟公司制定资金管理计划。

3. 派代表在全班宣读,点评。

◆ 成果检验

每个小组上交一份计划书,由老师进行总结、点评并给出成绩。

◆ 相关知识链接

一、项目投资管理

项目投资是对特定项目所进行的一种长期投资行为,通常包括固定资产投资、无形资产投资、流动资产投资等。

(一)项目投资的特点

相对于营运资金投资而言,项目投资具有以下特点:

1. 投资数额大

项目投资所形成的资产是固定资产及其相关资产,因而项目投资需要投入大量资金,对企业未来现金流量和财务状况具有决定性的影响。

2.作用时间长

项目投资发挥作用的时间较长，需要几年甚至几十年才能收回投资，会对企业未来的经济效益产生重大影响。

3.变现能力差

项目投资所形成的资产不是为销售而持有的，一般都不会在短期内变现。而且，项目投资的对象也大多是变现能力较差的长期资产，变现起来相当困难。

4.投资风险大

由于项目投资数额大、作用时间长、变现能力差，必然造成投资风险大，对企业的经营和发展都有决定性影响，必须认真进行可行性研究，一旦失误将会给企业带来巨大损失。

(二)项目投资的程序

项目投资数额大、风险大、回收时间长，对企业未来发展具有决定性影响，所以必须遵循一定的决策程序。项目投资决策程序一般包括以下几个方面：

1.投资项目的提出

企业各级领导可提出新的投资项目。一般而言，对于新增生产能力的投资项目由企业的高层管理者提出，而更新改造的投资项目可由企业中层或基层管理者提出。

2.投资项目的可行性分析

投资项目提出后，必须从多个方面进行可行性分析，写出投资项目的可行性分析报告。投资项目的可行性分析一般应包括以下内容：

(1)国民经济可行性分析，即从整个国民经济现状及发展的角度宏观分析项目是否可行、是否有发展前景，其中尤其应该考虑是否满足环保的要求。

(2)财务可行性分析，即从经济效益的角度分析项目是否能够赢利。

(3)技术可行性分析，即从技术的角度分析企业的技术水平能否达到项目的要求。

3.投资项目的决策

在写出投资项目可行性分析报告的基础上，企业应做出最后的决策。对投资额大的项目应由董事会或股东大会投票表决。对于投资额较小的项目，则可以由企业的经理层做出决策。

4.投资项目的实施与控制

在投资项目的实施过程中，必须加强对建设进度、建设质量、建设成本等方面的管理，确保投资项目保质保量完成。但在投资项目实施过程中，如果发现国家政策、市场环境、企业内部环境等方面发生了某些重大变化，使原来可行的投资项目变得不可行，则必须尽早、果断地停止投资项目的建设，或者采取其他补救措施，力求减少损失。

(三)项目计算期及资金构成

1.项目计算期

项目计算期是指投资项目从投资建设开始到最终清理结束整个过程全部的时间，包括建设期和运营期。其中建设期是指从项目资金正式投入开始到项目建成投资为止所需要的时间；运营期是指从投产日到清理结算日之间的时间，通常包括试产期和达产期。

2.项目资金构成

(1)原始总投资，是指企业为使项目完全达到设计生产能力、开展生产经营而投入的原始总投资，是企业为使项目完全达到设计生产能力、开展生产经营而投入的全部货币资金，包括建设投资和流动资金投资两个部分。

(2)投资总额，是指反映项目投资总体规模的价值指标，它等于原始总投资与建设期资本化利息之和。其中建设期资本化利息是指建设期发生的与建设项目所需要的固定资产、无形资产等长期资产有关的借款利息。

(四)投资项目的现金流量

现金流量是指投资项目在其计算期内各项现金流入量和流出量的统称。这里的"现金"是广义的，包括各种货币资金及投资项目有关的非货币资产的变现价值。

1. 现金流入量

现金流入量简称现金流入，是指由投资项目产生的企业现实货币资金的增加额，包括：

(1)营业收入，是指项目投产后每年实现的全部营业收入。

(2)回收固定资产的余值，是指投资项目报废清理时的残值收入或中途变价收入。

(3)回收流动资金，是指投资项目计算期结束时，收回原来投放在各种流动资产上的资金。

(4)其他现金流入量。

2. 现金流出量

现金流出量简称现金流出，是指由投资项目引起的企业的现实货币资金的减少量或需要动用的现金量，包括：

(1)建设投资。固定资产投资包括固定资产的购置成本或建设成本、运输成本、安装成本等。无形资产投资包括专利、非专利技术和商标等的购置成本及研发成本。固定资产投资和无形资产投资在建设期发生，统称建设投资。

(2)流动资产投资，指投资项目建设投产后为开展正常经营活动而投放在流动资产上的资金，由于在项目结束时还可收回，又称为垫支的流动资金。

(3)付现成本(或经营成本)，指项目经营期间内为满足正常生产经营而需用现金支付的成本。它是生产经营期内最主要的现金流出量。

(4)所得税额，指项目投产后，因应纳所得税额增加而增加的所得税额。

(5)其他现金流出量。

3. 现金净流量

现金净流量是指投资项目在项目计算期内现金流入量和现金流出量的净差额。对于投资决策者，只有投资方案的现金流入量大于现金流出量，即现金净流量大于零，投资方案才是可行的。

(五)项目投资决策方法

为了正确进行投资决策，对投资方案不仅要做定性分析，而且要做定位分析，尽量用数据说明问题，描述投资方案及投资项目的面貌，为决策者提供选择的依据。定量方法主要有以下几种：

1. 投资回收期法

根据回收投资金额所需时间长短来判断方案是否可行。方案的投资回收期短，投资风险程度就小。

$$投资回收期=\frac{全部投资额}{年现金净流量}$$

这种方法简单易行，缺点是不考虑货币时间价值，容易把长期效益高的方案漏选，影响投资的经济性。

2. 平均投资报酬率法

根据投资方案的年平均收益额与原投资额的比率大小评价方案的优劣。

$$年均投资报酬率=\frac{年平均收益额}{投资额}$$

3. 净现值法

净现值是指一项投资的未来报酬的总现值超过原投资额现值的金额。净现值法通过计算投资方案的净现值来评价和选择投资方案。运用此方法时，要把未来报酬的金额和原始投资都折算成现值。经过比较，净现值为正数，说明方案可行，反之则不可行。

$$净现值=未来报酬总现值-投资金额现值$$

4. 现值指数法

现值指数是指投资方案未来收益总现值与投资额现值的比值。现值指数法根据现值指数的大小评价和选择投资方案。

$$现值指数=\frac{未来报酬总现值}{投资金额现值}$$

5. 内含报酬率法

内含报酬率是指一项投资在计算期内按现值计算的实际投资报酬率。根据这个报酬率对投资方案的每年现金净流量进行折现，使总现值正好等于该方案投资额的现值，即净现值等于零的报酬率。这种方法评价投资方案是否可行，是依据测算的内含报酬率是否大于投资项目的资金成本。它可以正确反映各投资项目的真实报酬率是多少。因此，这种方法是世界各国对投资项目进行评价时普遍运用的方法。

二、流动资金管理

（一）流动资金的定义与内容

农业企业流动资金是企业固定资金的对称，是指在企业生产经营过程中，垫支在劳动对象上的资金和用于支付劳动报酬及其他费用的资金，也即占用在原材料、产品、商品、银行存款、应收款等流动资产上的资金。它只在一个生产周期内发生作用，其价值在生产过程中一次性全部转移到产品成本中去，并随着产品的销售，从销售收入中得到补偿。

随着企业生产经营活动的不断进行，流动资金占用形态也不断变化，农业企业的流动资金一般从货币形态开始，顺次经过供应、生产、销售三个阶段，相应地采取储备资金、生产资金、商品资金三种形态，最后又回到货币形态，从而完成一次周转。其中，货币形态的流动资金是指现有的银行存款和现金；储备资金是指为进行生产而储备的各种材料和物质所占用的资金；生产资金是指在生产过程中占用的资金；商品资金是指已经入库的产品所占用的资金。流动资金不同于固定资金，它周转一次所需时间较短。

(二)流动资金的特点

1.流动性

在企业的再生产过程中,流动资金依次经过购买、生产、销售三个阶段,并分别表现为货币资金、储备资金、生产资金和商品资金等形态,不断地循环流动。因而,企业的流动资金总是同时以各种不同的形态,并列地存在于周转运动的每个阶段。同时,各种形态的流动资金又按照生产经营过程的顺序,由一种形态转化为另一种形态,从一个阶段过渡到另一个阶段,如此周而复始地形成流动资金循环和周转的过程,即在时间上是继起的,在空间上是并存的。

2.波动性

由于企业的流动资金一般要不断地进行购买和售卖过程,市场商品供求变化和生产、消费的季节性变化、外部经济环境、经济秩序等因素都会对其产生影响,因而其占用总量以及流动资金的不同形态构成比例在各个时期都不是固定不变的,有高有低,起伏不定,呈现波动性,季节性企业和非季节性企业都如此。

3.循环周期长

农业企业的生产经营过程也是劳动对象等物质要素的消耗过程。劳动对象投入生产后,其实物形态便发生了变化,或者构成了产品的实体,或者有助产品的形成,其价值也转移到产品价值中并在产品销售后随之收回。农业企业完成一次生产经营周期,流动资金也就完成一次循环。所以,流动资金完成一次循环的时间与生产经营周期具有一致性,循环周期长。生产经营周期决定着流动资金的循环时间,流动资金循环周转又综合反映企业产供销的全过程。

4.增值性

流动资金在循环周转中可以得到自身耗费的补偿,每一次周转可以产生营业收入及创造利润,因而流动资金的周转是企业盈余的直接创造者。在利润率一定的条件下,资金周转速度的加快能给企业带来增值。流动资金的重要性在于每一次周转可以产生营业收入及创造利润。

(三)流动资金的循环周转

企业流动资金在生产经营过程中,依次经过供应、生产和销售三个阶段,从货币资金开始,经过转化为储备资金、生产资金和商品资金,最后又回复到货币资金,从而完成资金的一个循环过程。随着企业再生产过程的连续进行,农业企业流动资金也不断地循环与周转。农业企业的流动资金不断地从流通领域进入生产领域,又从生产领域返回流通领域,周而复始地循环运动,形成流动资金的周转。

流动资金在一定时期内周转快慢的程度称为流动资金周转速度。反映流动资金周转速度的指标为流动资金周转率。流动资金周转率一般有两种表示方法:

1.周转次数

用一定时期(通常是1年)内流动资金的周转次数来表示。

$$\text{周转次数}=\frac{\text{销售收入总额}}{\text{同期流动资金平均占用额}}$$

一定时期内流动资金周转次数越多,说明流动资金周转得越快,资金的利用效果就越好。

2.周转天数

用流动资金周转一次所需的天数表示。流动资金周转一次所需天数(即周转期)的计算公式为：

$$周转天数=\frac{计划期天数}{流动资金周转次数}=流动资金平均占用额\times\frac{计划期天数}{周转额}$$

流动资金周转天数越少，说明流动资金周转越快，利用效果越好。流动资金周转次数和周转天数指标的经济意义是相同的。计算流动资金周转公式中的三个因素按下列方法确定：

(1)计划期天数。年度按360天计算，季度按90天计算，月度按30天计算。

(2)流动资金平均占用额。按每月月初、月末资金占用额平均计算，计算公式如下：

$$月度流动资金平均占用额=\frac{月初流动资金占用额+月末流动资金占用额}{2}$$

$$季度流动资金平均占用额=\frac{3个月流动资金平均占用额之和}{3}$$

$$年度流动资金平均占用额=\frac{4个季度流动资金平均占用额之和}{4}$$

(3)流动资金周转额是指企业在一定时期内占用一定数量的流动资金所完成的周转任务，以销售商品所取得的销售收入表示。

流动资金周转率说明流动资金的周转速度，可据以分析流动资金的利用效果。

从流动资金周转计算公式看，销售收入的增长与流动资金周转速度成正比，在流动资金占用额一定的情况下，销售收入越多，资金周转速度越快；而流动资金占用额与流动资金周转速度成反比，在销售收入不变的情况下，流动资金占用额越大，流动资金周转速度越慢。

流动资金周转率是评价农业企业经营成果的综合性指标之一，在生产规模等因素已确定的条件下，流动资金周转越快，需要的流动资金越少，利用效果越好；反之，需要的流动资金越多。加速流动资金周转，可以利用现有的流动资金为更大的生产规模服务，加速生产的发展。

农业企业在生产经营的过程中需要一定的流动资金，但企业占用的流动资金本身就是一种耗费，所以企业需要正确预测流动资金的需要量，使流动资金的数量既能保证企业生产经营的需要，又能合理节约使用资金。要实现资金的节约使用，还要不断加速流动资金的循环与周转。因为企业所筹资金都要付出一定的代价，企业占用的流动资金越多，相应付出的代价就越高。

三、货币资金管理

货币资金是农业企业流动资金中流动性最强的资金，包括现金、银行存款和其他货币资金等。

(一)现金管理

现金是以货币形态占用的那一部分资金，即企业可以立即作为其支付手段，并能被普遍接受的、流动性最强的资产。

1.现金管理的目标

企业持有现金的动机主要是满足交易性需要、预防性需要和投资性需要。

交易性需要是指企业为了应付日常交易支付的需要。企业在生产经营过程中，既有现金的流入，也有现金的流出，而现金的流入和流出量并不一定大致相等。往往由于各种各样的原因,企业的现金流入和现金流出不能同步同量,所以企业必须持有一定数量的现金余额,以确保企业的正常交易或支付。

预防性需要是指企业为应付可能遇到的意外支出等而持有现金的需要。由于未来收入和支出的不确定性,为了防止未来收入减少或支出增加这种意外变化,企业往往保有一部分货币余额以备不测。企业持有较多的现金,可以更好地满足意外事件对现金的需要。现金流量的不确定性越大,预防性现金存量数额也就大。此外,企业的借款能力也会影响其预防性现金存量的数额。

投机性需求是指企业为了在未来某一适当的时机进行投机活动而愿意持有现金,比如遇到廉价原材料或其他资产(如价格有利的股票证券)的供应计划。一般而言,除了金融和投资公司外,其他企业专为投资性需要而持有现金的较少,但持有一定数额的现金能为突然的大批量采购提供方便。

企业持有现金过多,因现金资产的收益性较低,会增大企业财务风险,降低收益。这就要求企业尽可能少持有现金,即使不将其投入经营周转,也应尽可能多地投资于能产生高收益的其他资产,避免资金闲置或用于低的收益方面。企业持有现金过少,因缺乏必要的现金不能应付业务开支需要而影响企业的支付能力和信誉形象,影响资金周转,使企业蒙受损失,这称之为短缺现金成本,主要表现在购买机会的丧失(甚至因供应不足造成停工损失)、信用损失和得不到折扣的好处等。其中信用损失不可准确计量,但其造成的影响往往很大,甚至导致供货方拒绝或拖延供货、债权人要求清算等。短缺现金成本不考虑其他资产的变现能力,该成本随现金持有量的增加而下降。

农业企业现金管理的目的在于既要保证企业生产经营所需要现金的供应,不能发生短缺,还要尽量避免现金闲置,节约使用资金,并合理地从暂时闲置的现金中获得更多的利息收入。

2.现金的日常管理

(1)遵守国家现金管理的有关规定。首先要遵守库存现金的使用范围。国家规定库存现金只能用于:支付职工工资、津贴;支付个人劳务报酬,根据国家规定颁发个人的科学技术、文化艺术、体育等各种奖金,支付各种劳保福利费用以及国家规定的个人的其他支出;向个人收购农副产品和其他物资的价款;出差人员随身携带的差旅费;结算起点以下的零星支出;中国人民银行确定需要支付现金的其他支出。其次,还要核定企业库存现金限额。库存现金限额是指为保证企业日常零星支付按规定允许留存的现金的最高数额,由开户行根据企业的实际需要和距离银行远近等情况核定。其限额一般按照单位3～5天日常零星开支所需现金确定。远离银行机构或交通不便的企业可依据实际情况适当放宽,但最长时间不得超过15天。此外,还要严格控制坐支现金和加强银行账户管理。企业在经营活动中发生的现金收入应及时送存银行,不得直接用于支付自己的支出,即不得“坐支现金”。企业如因特殊情况需要坐支现金的,应当事先报经开户银行审查批准,由开户银行核定坐支范围和限额。企业不能出租、出借银行账户;不能签发空头支票和远期支票;不能套用银行信用;不能保存账外公款;不能将公款以个人名义存入银行。

(2)做好库存现金的盘点工作。库存现金盘点即对财务、业务等部门保管现金的场所进行的盘点,将现金与账面数核对查证。现金盘点后,盘点人员应当根据财物经管人员现场提供的未入账票据等资料对盘点日保管人的现金应存数进行调整。库存现金清点工作结束后,由企业出纳认真填制“库存现金盘点表”。

(3)建立和实施现金的内部控制制度。在现金收支业务中,如果缺乏严密的控制措施,容易发生侵吞、盗窃和挪用等问题。实施和加强农业企业现金内部控制,要加强对会计人员的教育,认真学习有关会计的法律法规和会计制度,保证现金账目要清楚,定期核对现金收入,严格控制现金支出,明确出纳、会计等岗位分工,加强应收款、暂付款、支票的管理和加强内部审计的监督作用。

(4)现金回收和支付的控制。现金回收和支付的控制目标是要通过各种办法加速资金的回收,同时在不影响企业信誉的前提下延缓现金的支出,使企业拥有尽可能多的可供使用的现金,提高现金使用效率。

一方面要控制现金回收,尽可能缩短从客户汇款或开出支票到企业收到客户汇款或将其支票兑现的过程,加速收款。一般采用的方法有:①设立收账中心,由银行集中收账。②密码箱法,是指通过承租多个邮政信箱,以缩短从收到顾客付款到存入当地银行所需要的时间的一种现金管理法。③专人收款,是指企业对大额收账派专人办理的一种方法。某些商业银行经营这种业务,派人将大额票据专门向付款银行单独提出交换后即存入企业账户。④定期提取,即企业定期从客户的银行账户上取出不超过规定限额的款项。对于具有稳定交易量的企业来说,这种方式非常有效,而且省去了出票、邮寄等手续。

另一方面就是要控制现金支出,主要包括在金额上控制和在时间上的控制。常见的方法有:①集中支付。财务负责人估计整个公司将要支付的款项,并计划好现金的划拨以满足企业的需要,这样集中支付会比单项支付更有效的监控应付款余额。②零余额账户。零余额账户是一种特殊的余额为零的可开支票支付账户。支票付款时,就记零余额账户为负,它在一定的融通度内以银行贷款或商业汇票来补充,也可以把有价证券中的国库券卖掉。这种账户简化了对现金支出和现金余额的控制,同时也减少了闲散的资金盘。③控制支付账户。这种账户的特点是在开支票后才有资金,实行的关键是银行能否在上午规定时间前结算当时的各种往来账户,使企业财务人员有足够的时间来电汇资金、支付应付款和在市场交易的高峰期进行投资。

(二)银行存款管理

农业企业银行存款管理的目标是企业如何保持银行存款的合理水平,以使其既能将多余货币资金投入有较高回报的其他投资方向,又能在企业急需资金时,获得足够的现金。为此,企业应加速货款回收,严格控制支出,力求做到货币资金的流入与流出同步。

四、应收账款管理

(一)应收账款及其管理目标

应收账款是指企业提供商业信用,采取赊销、分期付款等方式销售产品、提供劳务所形成的尚未收回的款项,它是企业流动资产的重要组成部分。在市场竞争激烈、资金紧张的情况下,企业为了扩大销售,提高市场占有率,不仅要依靠产品质量、价格、售后服务、广告等,还会采用赊销等销售手段来吸引客户,由此引起相应的应收账款。另外,商品成交的时间和收到货款的时间的不一致也会产生应收账款。

在企业生产经营中,应收账款具有扩大销售、增加利润、减少产品存货等积极作用,同时企业持有一定应收账款同样也存在成本,包括资金占用在应收账款上而丧失的其他投资收益产生的机会成本、应收账款因故不能收回而给企业带来的坏账损失和企业对应收账款进行管理所发生的费用成本等。持有的应收账款越多，造成资金机会成本、坏账损失等费用也越多。因此，企业需要在应收账款信用政策所增加的盈利和这种政策的成本之间做出权衡，按照权衡结果来提高或降低应收账款的垫支或投资水平。只有当应收账款所增加的盈利超过所增加的成本时才应当实施应收账款赊销；如果应收账款赊销有着良好的盈利前景，就应当放宽信用条件增加赊销量。应收账款的管理目标在于扩大企业营业收入，减少应收账新的成本，提高利润。

(二)应收账款管理

1.制定信用政策

企业的信用政策包括信用标准、信用期限、折扣政策和收账政策等内容。

信用标准是企业用来判定客户是否得到商业信用所必须具备的基本条件，也就是企业对于客户信用要求的最低标准，如客户的信用分数、资产负债率等。如果企业制定的信用标准很高，只有信用很好的客户才能得到商业信用，企业在赊销时遭受坏账损失的可能性就小，应收账款的计划成本也小，但其销售额则会因此而减少。如果信用标准过低；信用较差的客户也有可能得到商业信用，虽然可以增加销售额，但由此带来坏账损失和其他应收账款成本的可能性就大，因此，信用标准的确定要求在应收账款成本和收益间取得一个平衡，力争使收益成本等于边际成本。

信用期限是企业允许顾客从购货到付款之间的时间，或者说是企业给予顾客的付款时间。信用期过短，不足以吸引顾客，会影响销售额；信用期过长，能增加销售额，但与此同时收账费用和坏账损失等也增加，所得的收益有时会被增长的费用抵消，甚至造成利润减少。因此，企业必须规定适宜的信用期限。

现金折扣是为鼓励客户提前付款所提供的优惠，是企业对顾客在商品价格上所做的扣减。比如 $2/10, n/30$ 是规定客户在 10 天内付款可享受 2%的折扣，超过 10 天并在 30 天内付款则不再享受任何折扣。延长信用期限会增大企业的应收账款，因此向顾客提供这种价格上的优惠，主要目的在于吸引顾客为享受优惠而提前付款，缩短企业的平均收款期。企业采用什么现金折扣，要与信用期间结合起来考虑。不管是信用期限还是现金折扣，都可能给企业带来收益，但也会增加成本，应当综合权衡折扣所能带来的收益与成本后决定。

收账政策是指公司为了催收已过期应收账款所遵循的程序，也就是信用条件被违反时企业采取的收款策略。企业往往对各种不同的过期账款采用不同的收账政策。对拖欠应收账款时间较短的客户，企业为了留出客户往往不多催收；对过期较长的顾客频繁地信件催款并电话催询；对拖欠应收账款时间较长的客户，可通过函电催收、派人催收等办法来催收，必要时可提请有关部门仲裁或提请诉讼等。企业为收回其应收账款通常要付出一定的代价，有时代价还会很高（如诉讼费）。通常来说，企业所支付的收款成本越高，收账措施越有力，可收回的账款应越大，企业可能遭受的坏账损失也就越小。当然，企业支付收款成本的目的在于收回其应收账款，如果企业所支付的收款成本大于其能收回的应收账款数额时，就没必要花更多的成本费用去收款。

2.日常管理

建立信用政策后，企业还需做好应收账款的日常管用，主要是客户信用调查和信用评价，根据信用政策确定是否给予货款赊欠。客户信用调查是指收集和整理反映客户生产经营情况和信誉状况的有关资料的工作。客户的信用资料一般来源于财务报表、客户的信用等级及信用报告、银行和企业自身经验总结等几个方面。

信用评价是根据信用调查所获得的资料，运用特定的分析方法，对客户的信用状况进行分析和评价。常用的方法是“5C”评估法和信用评分法等。

“5C”评估法即评价顾客信用品质的五个方面，即客户的信用品质（character）、偿付能力（capacity）、资本（capital）、抵押品（collateral）和经济状况（conditions）。信用品质是指顾客的信誉，即履行偿债义务的主观可能性。偿付能力是指顾客的偿债能力，可以通过分析顾客的流动比例、速动比例等财务指标获得。资本是指顾客的财务实力和财务状况，表明顾客可能偿还债务的背景。抵押品是指顾客拒付款项或无力支付款项时能被用做抵押的资产。经济状况是指可能影响顾客付款能力的经济环境。

信用评分法主要是一种定量的方法，其基本思想是财务指标反映了企业的信用状况，通过对企业主要财务指标（可选用流动比率、资产负债率、利息保障倍数、销售利润率、信用评估等级、付款历史、资信程度、未来发展趋势等指标）的分析和模拟，对各系数赋予一定的系数后求和，来预测企业破产的可能性，从而预测企业的信用风险。

此外，进行应收账款的日常管理还要分析应收账款账龄。一般来讲，应收账款拖欠的时间越长，款项收回的可能性越小，形成坏账的可能性越大。实施对应收账款回收情况的监督，可以通过编制账龄分析表进行。通过将赊销客户应收账款的实际归还期编制成表，汇总反映信用分类、账龄、各账龄应收账款余额占应收账款总计余额的比重，从而企业可以对不同拖欠时间的应收账款采取不同的收账政策，对可能发生的坏账损失提前做出准备。

五、存货管理

（一）存货管理的目标

存货是企业在生产经营过程中为销售或为生产消耗而持有，处于生产经营过程中的各种资产，包括企业为产品生产和商品销售而持有的原材料、燃料、包装物、低值易耗品、在产品、产成品、商品等。农业企业存货除上述存货项目外，还包括收获的农产品、幼畜及育肥畜、生长过程中的庄稼等特殊的商品和在产品。企业的存货都是为了进行正常生产经营而储备的资产。企业应以所有权归属而不以物品的存放地点为依据，来确定企业存货的范围。

企业保持一定数量的存货是必须的。如果企业原材料的供应速度与生产过程中原材料的消耗速度完全相同，则可以不需要储存原材料。同样，如果企业产品的销售速度与生产速度相一致，也就不需要储存产成品。实际上这种情况几乎是不存在的，即使存在这种情况，但企业也不可能准确地预测某些意外事间的发生。因此，企业存储适当的存货量是非常有必要的，可以防止停工待料以保证生产经营连续正常进行，避免因为生产过程受阻引起的供货风险，组织均衡生产，避免和减少意外事件造成的损失。

但是企业保持一定数量的存货也要负担一定的成本费用，包括采购成本、订货成本、储存成本和缺货成本等。采购成本是指为取得某种存货而支出的各种费用，包括买价、运杂费、运输途中的合理损耗等，其一般与采购数量呈正比例变化。订货成本是指为订购商品或材料而发生的费用支出，包括采购人员工资、采购部门的经费、采购业务费等。订货成本一般与订货的数位无关，而与订货的次数有关。农业企业要降低订货成本，得要大批量采购，以减少订货次数。储存成本是指为保持存货而发生的费用，包括存货占用资金应付的利息、储存中的损耗和保险费、仓库保管人员的办公费和工资、仓储部门的折旧费、维修费、租赁费、仓储物资的挑选整理费用等。缺货成本是指由于存货供应中断而造成的损失，包括材料供应中断造成的停工损失、产成品库存缺货造成的拖欠发货损失和丧失销售机会的损失。

因此，对农业企业来说，不能因为保持一定存货的必需性而无节制地储存存货。增加存货便会增加存货的占用资金，从而使企业失去在其他方面利用这项资金获取收益的机会，即产生存货的机会成本；另外，增加存货会增加储存费用、不合理损耗、保险费等。所以，农业企业存货管理的目标是尽可能减少存货资金的占用量，力求降低存货成本，以最低的成本提供企业生产经营需要的存货，保证生产经营的持续进行。

（二）存货管理

1. 预测存货的需要量

预测存货的需要量是指根据生产的需要对存货的资金占用额进行预测，目的是合理确定存货资金的占用数量，节约使用资金。预测企业存货资金的数额，应按其在生产过程中的各种占用形态，即储备资金、生产资金、成品资金等分别测算。基本的预测方法主要有周转期计算法、因素分析法和比例计算法。周转期计算法又称定额天数法，是根据各种存货平均每天的周转额和其周转天数来确定资金数额的一种方法。因素分析法是以上年资金实际占用额为基础，分析计划年度各项变动因素，加以调整后核定资金数额的方法。比例计算法是根据存货资金和有关因素之间的比例关系来测算资金数额的方法。

2. 确定存货的经济批量

存货的储备成本包括采购成本和储存成本。采购成本是指每次采购进货所支付的必要费用。储存成本是指存货在储存期间所需支付的必要费用，如仓库管理费、商品保护费、租赁费等，该成本的高低取决于存货数量，平均库存量越多，储存成本也就越高。采购成本与采购批量成反比，储存成本与采购批量成正比。在材料需用量一定的情况下，采购的批量大，储存的存货就多，会使储存成本上升，但由于采购次数减少，则会使订货成本降低；反之，如果降低采购批量，虽然降低了储存成本，但同时增加了采购成本。因此，最经济的采购批量应使采购成本和储存成本之和最小。企业为此要加强材料采购工作，做好存货库存管理。

3. 确定订货点

农业企业要保证生产和销售的正常顺利进行，就必须在材料用完之前、商品销售完之前订货。这就涉及什么时候订货的问题，要确定在存货还有多少时，也就是存货降低到一定量时，采购部门必须发出订单订购，订购下一批货物。

4. 加强存货的分级归口管理

企业必须加强对存货资金的集中、统一管理，促进供、产、销相互协调，加速资金周转。根据资金使用和资金管理相结合的原则，谁使用、谁管理，即每个存货归哪个部门使用就归哪个部门管理，存货要实行归口管理。部门根据具体情况将存货资金计划指标进行分解，分配给所属单位或个人，层层落实。

5. 建立存货的定期盘点和核对制度

农业企业的存货在企业中分布广，占用流动资金多。因此，应建立定期或不定期地对企业存货进行清查盘点和核对制度，及时清仓查库，发现并积极处理超储积压材料，对挖掘企业物资的潜力、减少储备资金占用具有重要的意义。

六、农业企业固定资金管理

(一)农业企业固定资金的内容和特点

固定资金是指垫支在主要劳动资料上的资金,其实物形态表呈现为固定资产,如房屋及建筑物、工具器具、机器设备、运输设备等。农业企业固定资产包括土地、堤坝、水库、干渠、支渠、机井、水泥晒场、养鱼池、生产性生物资产等特殊的固定资产。其中,生产性生物资产包括产奶的牲畜、种畜、产畜和役畜,果树、保留树干收获薪柴的树木、母树林、剑麻、橡胶树等。在实际生产经营活动中,作为固定资产的劳动资料,一般应同时具备两个条件:一是使用年限长,二是单位价值在规定的价值以上。凡是不同时具备这两个条件的劳动资料均作为低值易耗品,列入流动资产进行分类管理。固定资产在使用过程中不断反复运动而不改变其实物形态,但在运行中不断磨损,价值也随之逐渐减少。固定资产的价值运动是随着固定资产构建、投入使用、价值转移和补偿以及固定资产报废更新的顺序不断进行的。

固定资金在运动周转中表现出如下特点:

1.循环周期长且取决于其使用年限

固定资产能在生产经营中较长时间地使用,可以参加多个再生产活动过程,直到报废之前保持其实物形态基本不变。其价值在生产经营过程中逐渐损耗并分次转移到产成品成本和费用中去。固定资产能参加生产过程的次数取决于其耐用年限的长短,其循环周期与生产经营周期没有直接联系。

2.成本经多次转移到其加工的产品中

其价值在生产经营过程中逐渐损耗并分次转移。固定资产的成本是按照在生产过程中的损耗程度,或是按一定比率在生产过程中以折旧部分地转移到产成品成本和费用中去,并从产品的销售收入中逐渐地收回。这就形成固定资金周转周期长、收回慢的特点,但其购建一般都是一次支付其全部价款(经济林木除外),所以固定资金的形成一般是一次性的。

3.不构成产品实体

固定资产在整个使用期限内,它的实物形态不构成产品实体,而是继续停留在生产过程中。因此,固定资产的价值不会在它投入使用时全部消耗,而是按其功能丧失的比例逐渐减少。在使用过程中,其价值一部分转移到产品成本中,构成产品价值的一部分;另一部分价值则仍然固定在其物质实体内。

4.农业企业固定资产的利用受自然因素的影响较大

我国幅员辽阔,各地自然条件差异悬殊,生产和经营条件不同,季节性差异明显。为了满足生产上的需要,各地农机具必须配备齐全,需要占用的固定资金较多;但许多农机具在一年内使用时间较短,如果农机具配套不齐全,得不到充分利用,会造成固定资金的利用率偏低;各地土壤条件不同,对机械损坏程度不一样,加之农机具多数露天存放,有的还进行水田作业,固定资产折旧不易准确和合理。

(二)农业企业固定资金管理目标

固定资产由于是企业的主要劳动资料,是企业生产经营并达到盈利目的最根本的物质条件,农业企业在固定资产上的资金投入占到企业资金占有量的绝大部分,因而农业企业在一定时期内拥有的固定资产的规模数量和质量高低,直接影响着企业的生产能力和获利能力,合理、有效地控制和安排固定资产资金的投入，影响着企业资金调度、配置和周转等。因而农业企业固定资金管理的目标，不仅是要保证生产对固定资产数量和质量两方面的需要，还要提高固定资产的利用效率。

(三)农业企业固定资产的计价和折旧

1.农业企业固定资产的计价

固定资产的计价是指以货币形式来计量固定资产，通常采用原始价值、折余价值和重置价值三种计价标准。原始价值是指企业在购置或建造某项固定资产时所实际付出的货币总额，反映企业拥有固定资产的价值总量，包括购价或造价、运杂费、安装费、应收费等。折余价值也叫作净值，是指固定资产原值减去固定资产累计折旧后的余额，反映固定资产的现有价值。比较固定资产的原值和净值，就可以考察固定资产的新旧程度。重置价值是指按当前的生产技术条件和市场情况重新购进或生产固定资产的全部支出。合理计价是核算固定资产和计提折旧的依据。

2.农业企业固定资产折旧

固定资产折旧是指固定资产由于生产中的损耗而减少的价值。固定资产的损耗分为有形损耗和无形损耗两种。有形损耗是指固定资产在使用过程中由于使用及自然力的作业导致的资产的物理性能的损耗或下降而引起的资产的价值损失；无形损耗指由于科学技术进步、劳动生产率的提高而使原有固定资产再使用已不经济(比如运营成本增加)或其生产出的产品已失去竞争力而引起的价值损失。这些损耗的货币表现形式就是折旧，它通过固定资产成本的转移，计入产品成本，并通过产品销售，以货币资金的形式加以回收和积累，以达到对固定资产损耗的补偿和更新的目的。固定资产价值是随着固定资产的损害而逐渐转移的，转移价值的多少客观上应有一个数量界限。企业可以采用的折旧计算方法很多，不同的固定资产折旧计算方法影响到企业产品成本、费用和利润的计算，影响到企业固定资产的账面价值、企业用于构建和更新固定资产账面净值的资金积累以及固定资产的及时更新，最终影响到企业的当前收益长远发展规划。因此，企业要选择科学合理的折旧方法，使其既符合固定资产损耗的实际情况，又能适应企业生产经营的战略目标，确保企业固定资产再生产和技术改造的需要。

固定资产的计算方法主要有：

(1)使用年限法，也叫平均年限法，是按照固定资产的预计使用年限平均分摊固定资产折旧额的方法。该种方法计算的折旧额在各个使用年(月)份都是相等的，折旧的累计额所绘出的图线是直线，所以也叫直线法。其计算公式如下：

$$固定资产折旧额=\frac{固定资产原值-净残值}{预计使用年限}$$

$$年折旧率=\frac{1-净残值率}{折旧年限\times 100\%} \quad 或 \quad 年折旧率=\frac{年折旧额}{固定资产原值\times 100\%}$$

(2)工作量法。为了更合理、更精确地计算产品成本，合理计提折旧，也可以对农业企业使用的拖拉机、汽车、联合收割机、农具等固定资产按工作量法计提折旧。工作量法是按照固定资产的预计工作证平均分摊固定资产折旧总额的方法。其具体计算公式为：

$$每一工作量折旧额=\frac{固定资产原值-预计净残值}{预计使用期间总工作量}$$

$$某项固定资产年折旧额=该项固定资产每一工作量折旧额\times 当年完成工作量$$

农业企业的拖拉机的工作量单位是“标准亩”，联合收割机的工作量单位是“作业亩”。根据不同情况，工作量法还可以具体化为产量折旧法和行驶里程折旧法。

(3)年数总和法。年数总和法是以固定资产的原值扣除预计净残值后的余额为计提折旧的基础，按照逐年递减的折旧率计提折旧的一种方法。采用年数总和法的关键是每年都要确定一个不同的折旧率。其计算公式如下：

$$年折旧率=\frac{折旧年限-已使用年数}{折旧年限\times\frac{折旧年限+1}{2}}\times 100\%$$

$$年折旧率=(固定资产账面价值-预计净残值)\times 年折旧率$$

(4)双倍余额递减法。这是以固定资产的年初余额(即净值)乘以规定的折旧率而求得折旧的方法。其计算公式如下：

$$年折旧额=固定资产的年初余额\times 规定的折旧率$$

其中，规定的折旧率按使用年限法确定的折旧率的两倍求得，公式为：

$$年折旧率=\frac{2}{折旧年限}\times 100\%$$

这是加速折旧法的一种，主要适用于技术发展较快，更新周期短的固定资产。由于折旧率固定不变，而作为折旧依据的固定资产账面额却逐年递减，放在固定资产有效使用年限的前期多提折旧，后期则少提折旧，从而相对加快折旧的速度。使用此方法时，到折旧年限终止前两年内，将固定资产的账面价值扣除预计净残值后的净额平均摊销。

(5)工作小时法。农业企业生产经营中使用的有些固定资产，比如喷灌机械、抽水机械、轧花机等，使用期短，季节性强，可采用工作小时法来合理计算产品成本和计提折旧。也就是按机器在使用期内可工作总时数平均计算出每小时折旧额，然后按各使用期内可工作总时数平均计算出每小时折旧额，然后按各使用期实际工作时数计算折旧额。其计算公式如下：

$$某项固定资产年折旧额=\frac{固定资产原值-净残值}{预计使用期间工作小时数}$$

$$某项固定资产年折旧额=该项固定资产每小时折旧额\times 当年工作小时数$$

(四)农业企业固定资产需要量的核定

为了保证企业，有稳定的生产经营条件，有利于加强经济核算，建立健全经济责任制，挖掘财产潜力，提高设备利用率，使企业合理占有固定资金，提高固定资产利用效果，必须正确核定固定资产需要量。

农业企业固定资产需要量的核定可从生产设备和其他农业生产物质两方面来进行。在农业企业全部固定资产中，生产设备是企业进行生产经营活动的主要物质技术基础，是决定生产的基本因素，占用资金也最多，是核定固定资产需要量的重点。

核定生产设备需要量的基本方法，是将生产设备的生产能力和企业确定的计划生产任务进行比较，在此基础上平衡生产设备的需要量。现以联合收割机为例，说明其需要量的核定方法。

农业企业联合收割机需要量的核定应根据各种收割机作业最大收割面积和联合收割机工作量定额计算。联合收割机工作量定额，可以按农忙时起总工作班次和每班次工作量定额计算，也可按照每台收割机工作量定额计算。

$$联合收割机需要量(标准台)=\frac{最大收割面积(标准公顷)}{总工作班次\times 每班次工作量定额(标准公顷)}$$

或

$$联合收割机需要量(标准台)=\frac{最大收割面积(标准公顷)}{每台联合收割机工作量定额(标准公顷)}$$

其他农业生产物资需要量的核定应根据自然条件、生产规模、生产经营主业等特点，采用适当的计算方法，比如核定奶牛的需求量就可通过每天牛奶销售量和每标准头奶牛产奶量的比值来确定。

非生产性固定资产的需要量应按照企业的实际需要和可能条件研究决定。

(五)固定资金利用效果的核算

对固定资产利用效果进行核算，可以确定固定资金占用的合理额度，正确计提折旧，加强固定资产管理，减少固定资产积压和浪费。反映固定资金利用效果的指标有单项的技术经济指标和综合性价值指标。如果要全面反映固定资金的利用情况，必须运用综合性的价值指标，主要有固定资金产值率和固定资金利润率。

固定资金产值率是指企业在一定时间内所完成的总产值同固定资产平均占有额的比率，通常用每百元固定资金所提供的产值来表示。每百元固定资金提供的产值越多，说明固定资金的利用效果越好。

$$固定资金产值率=\frac{年总产值(年利税总额)}{固定资金年平均占用额}\times 100\%$$

固定资金利润率是指企业在一定时期内所实现的利润总额与固定资金平均占用额的比率。一般以每百元固定资金所提供的利润来表示。

$$固定资金利润率=\frac{年利润总额}{固定资金年平均占用额}\times 100\%$$

七、其他资金管理

(一)农业企业无形资产管理

1. 无形资产及其特点

无形资产是指由特定主体控制的，不具有独立实体，而对生产经营长期持续发挥作用并能带来经济效益的经济资源，无形资产的内容较多，常用的无形资产一般有以下几种：

(1)专利权。专利权是国家专利机关依法批准的发明人或其权利受让人对其发明成果，在一定期间内享有的独占权或专有权，任何人如果要利用该项专利进行生产经营活动或出售使用该项专利制造的产品，需先征得专利权所有者的许可并付给报酬。专利权一般包括发明专利权、实用新型专利权和外观设计专利权。

(2)非专利技术。非专利技术也称专有技术、技术秘密，是指未经公开、未申请专利的知识和技巧，主要包括技术资料、技术规范、工艺流程、材料配方、经营诀窍等。从法律角度讲，它是一种自然权利，是一项收益性无形资产。

(3)商标权。商标权指专门在某类指定的商品或产品上使用特定的名称或图案的权利。商标权包括独占使用权和禁止权两个方面。独占使用权指商标权享有人在商标的注册范围内独家使用其商标的权利；禁止权指商标权享有人排除和禁止他人对商标独占使用权进行侵犯的权利。

(4)土地使用权。土地使用权是指国家准许某企业在一定期间对国有土地享有开发、利用、经营的权利。企业取得土地使用权的方式大致有以下几种：行政划拨取得、外购取得、投资者投入取得等。

(5)商誉。商誉是指企业在同等条件下，能获取高于正常投资报酬率所形成的价值。形成的原因在于企业所处的地理位置优越，或由于信誉好而获得了客户信任，或由于组织得当、生产经营效益高，历史悠久、人员素质高、掌握了生产诀窍等原因。商誉与整个企业密切相关，因而它不能单独存在，也不能与企业可辨认的各种资产分开出售。

无形资产一般具有以下特点：

(1)非实体性。无形资产没有物质实体形态，是隐性存在的资产。由于其非实体性，它只存在无形损耗，不存在有形损耗。

(2)垄断性。无形资产往往是由特定主体垄断占有，凡不能垄断或者不需要任何代价即能获得的都不是无形资产。

(3)效益性。无形资产能在多个生产经营期内使用，使企业长期受益，因而属于一项长期资产。企业为取得无形资产所发生的支出，属于资本性支出。

(4)不确定性。无形资产能为所有者或者占有者带来的未来经济利益具有一定的不确定性，这与有形资产的规模和状况、市场竞争力、技术与服务更新、产品性能与质量等诸多因素有直接关系，因而难以确定无形资产的受益期和未来经济效益。

2.农业企业无形资产的计价与摊销

企业主要通过购入、自创、其他单位投资转入以及接受捐赠等途径取得无形资产，因此无形资产一般按照取得时的实际成本计价。投资者作为资本金或者合作条件投入的无形资产，按照评估确认或者合同、协议约定的金额计价；购入的无形资产，按照实际支付的价款计价；自行开发并且依法申请取得的无形资产，按照开发过程中实际支出计价；接受捐赠的无形资产，按照发票账单所列金额或者同类无形资产的市价计价。商誉只在企业合并时才能作价入账。

作为企业的一项长期资产，无形资产能为企业持续长期带来收益。为了合理配比收入与费用，无形资产在计价入账后应在收益期内分期平均摊销。无形资产的摊销主要取决无形资产的取得成本(投资作价额)和无形资产的有效期限。

无形资产的有效使用期限按下列原则确定：①法律和合同或者企业申请书，分别规定有法定有效期限和受益年限的，按照上述法定有效期限与受益年限孰短的原则确定。②法律没有规定有效期限，按照企业合同或者企业申请书的受益年限确定。③法律和合同或者企业申请书都未规定法定有效期限的，按照不少于10年的期限确定。

(二)递延资产管理

递延资产指不能全部计入当年损益，应在以后年度内较长时期摊销的除固定资产和无形资产以外的其他费用支出。

递延资产包括开办费、租入固定资产改良支出，以及摊销期在1年以上的长期待摊费用等。开办费是企业在筹建期间实际发生的各项费用,包括筹建期间人员的工资、差旅费、办公费、职工培训费、印刷费、注册登记费、调研费、法律咨询费及其他开办费等。但是,在筹建期间为取得流动资产、无形资产或购进固定资产所发生的费用不能作为开办费,而应相应确认各项资产。开办费应当自公司开始生产经营当月起,分期摊销,摊销期不得少于5年。租入固定资产改良支出是指企业从其他单位或个人租入的固定资产,所有权属于出租人,但企业依合同享有使用权,由于对租入固定资产实施改良功能,应当另外确认为一项资产。由于租入固定资产的所有权不属于租入企业,不宜增加租入固定资产的价值而作为递延资产处理。租入固定资产改良及大修理支出应当在租赁期内分期平均摊销。长期待摊费用是指开办费和租入固定资产改良支出以外的其他递延资产,包括一次性预付的经营租赁款、向金融机构一次性支付的债券发行费用,以及摊销期在1年以上的固定资产大修理支出等。

递延资产具有如下特征:①递延期资产本身没有交换价值,不可转让。企业的固定资产是有形资产,可以进行转让。无形资产虽然没有实物形态,但其本身具有价值,可以相互转让;递延资产则不然,本身既无实物形态,又不能进行交换,不能为企业清偿债务等。②递延资产实质上是一种费用,或者说是一种没有实体的过渡性资产,将其定义为长期待摊费用更为合适。

递延资产实质上是一种费用,但由于这些费用的效益要期待于未来,并且这些费用支出的数额较大,是一种资本性支出,其受益期在1年以上,若把它们与支出年度的收入相配比,就不能正确计算当期经营成果,所以应把它们作为递延处理,在受益期内分期摊销。

任务3　农业企业成本与利润管理

◆ 任务目标

能够进行农业企业成本与利润分析。

◆ 任务内容

1. 学生按5~8人进行分组。
2. 每组调研一个企业或寻找一个案例。
3. 对企业的成本和利润进行分析。
4. 撰写分析报告,上交。

◆ 成果检验

每个小组上交一份分析报告,由老师进行总结、点评并给出成绩。

◆ 相关知识链接

一、农业企业成本管理

成本是指在企业进行某项活动时所发生的各种相关耗费。农业企业产品产量的高低和质量的好坏,在生产过程中人力、物力、财力的使用情况,采用的各项技术措施是否得当,生产组织与计划安排是否妥善等，都可以直接或间接地在产品成本中得到反映。因此，产品成本既是衡量企业生产耗费补偿的尺度，又是企业经营管理质量的一个综合指标，成本管理也就成为农业企业经营管理的一个重要方面。企业进行成本管理的最终目的不是单纯地降低成本，而是提高企业的经济效益，增加企业所有者的财富。通过成本管理能够降低产品成本、提高企业成本核算水平和成本信息的准确性、提高企业经营管理水平、提高企业员工的成本意识和提高企业的竞争能力。

(一)农业企业成本与费用项目

成本一般指生产经营成本，是按照不同产品或提供劳务而归集的各项费用之和。费用常指生产经营费用，是企业在一定时期内为进行生产经营活动而发生的各种消耗的货币表现，反映的是一定时期内生产经营活动的全部耗费。企业为生产经营商品和提供劳务等发生的各项直接支出直接计入生产经营成本。企业为生产经营商品相互提供劳务而发生的各项直接费用，应当按成本核算对象，分别计入生产经营成本。企业发生的营业费用、管理费用、财务费用，直接计入可期损益。

1. 产品成本项目

企业产品成本又称产品制造成本，是指企业在生产经营过程中实际发生的各项直接支出，包括直接材料费用、直接工资费用、制造费用、其他直接支出(包括直接从事产品生产的职工的福利费等)。直接材料是指构成产品实体或有助于产品形成的原料及材料，包括企业生产经营过程中实际消耗的原材料、辅助材料、备品配件、外购半成品、燃料、动力、包装物以及其他直接材料。直接工资包括企业直接从事产品生产人员的工资、奖金、津贴和补贴。其他直接支出包括直接从事产品生产人员的职工福利费等。制造费用是指企业各个生产单位为组织和管理生产所发生的各项费用，包括生产单位管理人员工资、职工福利费、生产单位房屋建筑物和机器设备折旧费、租赁费(不包括融资租赁费)、修理费、机物料消耗、低值易耗品、取暖费、水电费、办公费、差旅费、运输费、保险费、设计制图费、试验检验费、劳动保护费、季节性和修理期间的停工损失以及其他制造费用。

2. 期间费用项目

期间费用是企业当期发生的费用中的重要组成部分，是指本期发生的、不能直接或间接归入某种产品成本的、直接计入损益的各项费用，包括管理费用、营业费用和财务费用。管理费用是指企业行政管理部门为管理和组织生产经营活动而发生的各项费用。财务费用是指企业为筹集资金而发生的各项费用，包括企业生产经营期间发生的利息支出(减去利息收入)、汇兑净损失和金融机构手续费以及筹资发生的其他费用等。营业费用是指企业在销售产品、商品或者提供劳务等过程中发生的销售(货)费用，商品流通业在购销环节中发生的流通费用(包括进货费用、销货费用)，服务业在经营中发生的各项营业费用等。

(二)成本预测

1. 成本预测的内容和步骤

成本预测是指运用一定的科学方法，对企业未来成本水平及其变化趋势做出科学的估计。成本预测是进行成本决策和制订成本计划的依据。通过成本预测，掌握未来的成本水平及其变动趋势，有助于减少决策的盲目性，使经营管理者易于选择最优方案，做出正确决策。

农业企业成本预测主要包括以下内容：在企业新建、扩建和改建时，要预测建设工程成本和投产后的产品成本；在企业采取重大技术措施、进行设备的改造和更新时，要预测技术措施、设备改造和更新的工程成本和投产后的产品成本；在开发新产品和改造老产品时，要预测新产品设计成本和老产品改造成本；在制定或改革产品工艺时，要进行工艺成本的预测分析；在正式编制成本计划前，要进行可比产品成本降低指标的试算平衡和不可比产品成本的预计；在成本计划执行过程中，要预测下阶段成本计划可能完成的程度；在日常生产管理中，要通过技术经济指标的变动预测单位产品成本及其变动趋势。

根据预测内容的不同，成本预测可分为总成本预测、单位成本预测、固定成本预测和变动成本预测等。

一般来说，成本预测的步骤是：①根据企业总体目标提出初步成本目标。②初步预测在目前情况下成本可能达到的水平，找出达到成本目标的差距。其中初步预测，就是不考虑任何特殊的降低成本措施，按目前主客观条件的变化情况，预计未来时期成本可能达到的水平。③考虑各种降低成本方案，预计实施各种方案后成本可能达到的水平。④选取最优成本方案，预计实施后的成本水平，正式确定成本目标。

这表示的只是单个成本的预测过程，而要达到最终确定的正式成本目标，这种过程必须反复多次。也就是说，只有经过多次的预测、比较以及对初步成本目标的不断修改、完善，才能最终确定正式成本目标，并依据成本目标组织实施成本管理。

2. 成本预测的方法

成本预测的方法有高低点法、回归预测分析法等。

(1)高低点法。高低点法是指根据企业一定期间产品成本的历史资料，按照成本习性原理和 $y=a+bx$ 直线方程式，选用最高产量和最低产量的总成本之差(Δy)，同两种产量之差(Δx)进行对比，先求 b 的值，然后再代入原直线方程，求出 a 的值，从而估计推测成本发展趋势。这也就是以历史成本资料中产量最高和最低的两个时期的成本数据为代表，推算出成本的变动部分和固定部分，然后预测计划产量的总成本和单位成本。这种方法简便易行，在企业产品成本变动趋势比较稳定的情况下，较为适宜。

(2)回归分析预测法。回归分析预测法是数理统计方法中直线回归分析的具体应用，是利用成本与其他相关因素间的数量统计关系进行预测的方法。

通常在预测总成本时，可以把产量或作业小时作为自变量，把总成本作为因变量。假设 y 代表产品总成本，a 代表固定成本总额，b 代表单位产品的变动成本(或每小时的变动成本)，x 代表产品产量(或作业小时)，用 $y=a+bx$ 来表示产品总成本和产品产量(或作业小时)之间的关系，利用多个相关数据的均值回归，得出 a 和 b 的值，就可以进行预测。

具体步骤是：先根据历史资料，计算确定 a 和 b 的值及回归直线方程式；然后根据确定出的回归直线方程式，将任何可能值的自变量 x 代入，就可以预测出具体变量的数值，这里指预测产品在任何产量(或作业小时)下的总成本。

在企业中，对混合成本的预测以及总成本的预测，都可以采用直线回归分析。

(三)成本计划

1. 成本计划的内容

成本计划是企业生产经营总预算的一部分，它以货币形式规定企业在计划期内产品生产耗费和各种产品的成本水平以及相应的成本降低水平和为此采取的主要措施的书面方案。成本计划属于成本的事前管理，是企业生产经营管理的重要组成部分，通过对成本的计划与控制，分析实际成本与计划成本之间的差异，指出有待加强控制和改进的领域，达到评价有关部门的业绩，增产节约，从而促进企业发展的目的。

企业成本计划主要包括主要产品单位成本计划、全部产品总成本计划和期间费用预算。一般是先编制产品单位成本计划，然后汇总成全部产品总成本计划，在编制成本计划时要以成本预测为依据。编制产品单位成本计划通常以各种消耗定额和费用开支标准为依据，分别计算出单位产品的直接材料、直接工资和制造费用的计划成本，然后进行汇总。

直接材料包括用于产品生产的原材料、辅助材料、外购半成品、燃料、动力、包装物等，一般应根据单位产品消耗定额和计划单价，并考虑实现各项措施所降低的节约额加以计算。

直接人工包括生产工人的工资、奖金、津贴以及职工福利费等，其计算方法与制造费用中的工资预算的编制方法基本相同。制造费用包括车间管理人员的工资及福利费、折旧费、修理费、机物料消耗、水电费、办公费、差旅费、运输费、劳动保护费等，其数额按一定的标准分配计入各种产品成本。

2.成本计划的编制步骤

(1)要收集和整理编制成本计划所需的各种基础资料，包括上级管理部门有关成本计划编制的各项规定，计划期内企业的生产能力、产量计划、物资供应、原材料和劳动工资和费用支出定额和技术组织措施等计划，计划期各种直接材料、直接人工的消耗定额和工时定额，材料计划价格、各部门费用预算以及劳动工资率，本企业成本的历史资料及同类企业或同类型产品的成本资料，上期产品成本资料，职工对增产节约的意见和建议等。

(2)预计和分析上期成本计划的执行情况，确定生产和销售预算，总结经验和存在问题，提出新的改进措施。

(3)在对上期成本计划完成情况分析的基础上，考虑计划期各种因素的变化和增产节约的措施，确定影响计划期成本变化的各项因素，在此基础上进行成本降低指标的试算和调整，确定计划期的目标成本。试算调整主要是根据成本要素变动来进行。成本指标的试算平衡还要与其他计划指标进行综合平衡，如产品材料计划和物资供应计划、成本计划和资金计划的互相衔接平衡。

(4)正式编制产品成本计划，要按产品、部门、车间和整个企业分别进行，以便于明确经济责任。可采用因素概算法和定额预算法来进行。因素概算法是在上年成本水平的基础上，结合本年度增产节约措施计划，通过综合比较分析，概略地测算计划措施的经济效益以及对产品成本的影响程度，从而确定计划期产品成本水平，以此编制成本计划。定额预算法是以产品的各项成本定额或费用定额为依据，详细计算产品的计划成本。其中，直接费用按消耗定额(或工时定额)和计划单价(或小时工资率)计算；间接费用按明细项目计算和汇总，并采用一定的标准按产品进行分摊，再汇集、编制企业成本计划。

(四)成本控制

成本控制是指在企业生产经营活动中，对影响企业成本变化的各个关键环节进行有效管理的各种措施。成本控制可分为广义和狭义两种。广义成本控制贯穿于企业生产经营活动的全过程，包括成本的事前控制、事中控制和事后控制；狭义成本控制则仅指事中控制。成本事前控制是指在产品成本形成之前就采取降低成本的措施，实行预防性控制，主要是确定成本控制标准。事中控制是指对产品成本形成过程的控制。依据预定的消耗定额、控制标准，对各项费用支出进行严格的监督。事后控制是指对产品成本形成以后的控制，即在产品成本形成之后，通过对成本的综合分析与考核而进行的控制。

产品的生产过程是产品成本形成的主要阶段。生产过程中的成本控制分析就是对生产过程中的成本耗费进行控制，检查成本计划的执行情况，分析成本变动的原因。做好生产过程中的成本控制分析，对于确保生产质量而又低成本地完成生产计划和作业计划有着重要的作用。

进行成本控制分析的主要方法是成本差异分析法，这是一种比较理想的事中控制成本的方法。它的基本原理是对控制对象事先确定标准成本，在生产过程中，不断地将实际消耗量与标准成本作比较，计算成本差异，分析差异原因，采取控制措施，将各项成本支出控制在标准成本范围内。成本差异是反映实际成本脱离预定目标程度的信息，可细分为价格差异和数量差异。

数量差异＝(实际用量－标准用量)×标准单价

价格差异＝(实际单价－标准单价)×实际用量

$$\begin{aligned}\text{成本差异}&=\text{实际成本}-\text{标准成本}=\text{实际数量}\times\text{实际价格}-\text{标准数量}\times\text{标准价格}\\&=\begin{matrix}\text{实际}\\\text{数量}\end{matrix}\times\begin{matrix}\text{实际}\\\text{价格}\end{matrix}-\begin{matrix}\text{实际}\\\text{数量}\end{matrix}\times\begin{matrix}\text{标准}\\\text{价格}\end{matrix}+\begin{matrix}\text{实际}\\\text{数量}\end{matrix}\times\begin{matrix}\text{标准}\\\text{价格}\end{matrix}-\begin{matrix}\text{标准}\\\text{数量}\end{matrix}\times\begin{matrix}\text{标准}\\\text{价格}\end{matrix}\\&=(\text{实际数量}-\text{标准数量})\times\text{标准价格}+(\text{实际价格}-\text{标准价格})\times\text{实际数量}\\&=\text{数量差异}+\text{价格差异}\end{aligned}$$

(五)成本分析

成本分析是在计算出产品成本以后，对产品成本计划完成情况及有关的经济效果进行考核，分析成本升降的原因。主要是对成本计划完成情况、影响产品成本升降的因素及成本水平和成本构成的分析。

1. 成本计划完成情况分析

成本完成情况的分析包括对全部产品总成本计划完成情况分析、可比产品成本降低任务完成情况分析和主要产品单位成本分析三个方面。

(1)全部产品成本计划完成情况分析。全部产品成本计划完成情况的分析可分别按产品类别和按成本项目进行。按产品类别分析是指按每种产品的成本所进行的分析，计算的指标有全部产品成本降低额和降低率、可比产品成本和不可比产品成本降低额和降低率、每种产品成本的降低额和降低率等。

对全部产品成本计划的完成情况进行总的评价，可以在核算资料的基础上，通过深入分析，正确评价企业成本计划的执行结果，提高企业和职工讲求经济效益的积极性，揭示成本升降的原因，正确地查明影响成本高低的各种因素及其原因，进一步提高企业管理水平；寻求进一步降低成本的途径和方法。成本分析还可以综合企业生产经营条件的变化，正确选定适应新情况的最合适的成本水平。

(2)可比产品成本降低任务完成情况分析。可比产品成本降低任务完成情况的分析包括可比产品成本降低任务的完成情况和变动原因两个方面。

在进行可比产品成本降低任务完成情况的分析时，需要计算的指标有可比产品成本计划降低额和降低率、实际降低额和降低率。各因素变动对可比产品成本计划完成情况的影响因素有产品单位成本、品种构成和产品产量等。某中产品单位成本的变动和品种构成的变动对成本降低额和降低率都有影响，而产品产量的变动只影响成本降低额，不影响成本降低率。

(3)主要产品单位成本分析。主要产品单位成本分析可分别按成本项目进行,其中需特别注意的是各因素变动对产品单位成本影响的分析。

2.影响产品成本因素分析

对影响产品成本的因素进行分析时,一般是先假定其中一个影响因素变动,其他影响因素不变,然后再分析在此情况下,某个因素变动对单位成本产生的影响。

3.成本水平分析和成本构成分析

成本水平分析主要是进行静态和动态分析。静态分析是指对同一时间不同单位或部门之间的成本水平进行对比分析。动态分析是指对同一单位在不同时期的成本水平进行对比分析。成本构成分析是指对成本中某一成本项目占总成本比重的分析。分析成本构成能够了解每一成本项目对总成本的影响程度,可以看出在什么地方可以降低成本。

二、农业企业生产成本的核算

(一)种植业生产成本的核算

1.成本核算对象

企业应根据种植业生产特点和成本管理要求,按照“主要从细,次要从简”的原则确定种植业成本核算对象。主要产品确定为小麦、水稻、大豆、玉米、棉花、糖料、烟叶、草、剑麻纤维等。对主要产品应单独核算其生产成本,对其他农产品可合并核算其生产成本。

2.成本计算期

企业应与其生产周期相一致,在产品产出的月份计算成本。种植业产品生产成本计算的截止时间因农作物产品特点而异。粮豆的成本算至入库或在场上能够销售;棉花算至皮棉;纤维作物、香料作物、人参、啤酒花等算至纤维等初级产品;草成本算至干草;不入库的鲜活产品算至销售;入库的鲜活产品算至入库;年底尚未脱粒的作物,其产品成本算至预提脱粒费用。下年度实际发生的脱粒费用与预提费用的差额由下年同一产品负担。

3.成本项目

企业应根据具体情况设置成本项目。一般情况下可设置以下成本项目:

(1)直接材料,指生产中耗用的自产或外购的种子、种苗、肥料、地膜、农药等。

(2)直接人工,指直接从事种植业生产人员的工资、工资性津贴、奖金、福利费。

(3)机械作业费,指生产过程中进行耕耙、播种、施肥、中耕除草、喷药、收割等机械作业所发生的费用支出。

(4)其他直接费,指除直接材料、直接人工和机械作业费以外的其他直接费用。

(5)制造费用,指应摊销、分配计入各产品的间接生产费用。

4.成本计算参考公式

常用的公式有以下几个:

$$\text{某种作物单位面积(公顷)成本}=\frac{\text{该种作物生产总成本}}{\text{该种作物播种面积}}$$

$$\text{某种作物主产品单位产量(千克)成本}=\frac{\text{该种作物生产总成本}-\text{副产品价值}}{\text{该种作物主产品产量}}$$

$$\text{某种蔬菜应分配的温床(温室)费用}=\frac{\text{温床(温室)费用总额}}{\text{实际使用的格日(平方米日)总数}}\times\text{该种蔬菜占用的格日(平方米日)数}$$

$$\text{草场单位面积(公顷)成本}=\frac{\text{种草生产总成本}}{\text{种草总面积}}$$

$$\text{干草单位产量(吨)成本}=\frac{\text{种草生产总成本}}{\text{干草总产量}}$$

多次收获的多年生作物未提供产品前累计发生的费用按规定比例摊入投产后各期的产品成本。

(二)畜牧养殖业生产成本的核算

1.成本核算对象

畜牧养殖业的成本核算对象是畜(禽)群及其产品。主要畜(禽)产品有牛奶、羊毛、肉类、禽蛋、蚕茧等。畜(禽)饲养可实行分群饲养,也可实行混群饲养。实行分群饲养的主要畜(禽)群类别划分如下:

(1)养猪业,基本猪群(包括母猪、种公猪、检定母猪、2个月以内的未断奶仔猪),2～4个月幼猪,4个月以上幼猪和育肥猪。

(2)养牛业,基本牛群(包括母牛和公牛),6个月以内的犊牛,6个月以上的幼牛。

(3)养马业,基本马群(包括母马、种公马、未断奶的马驹),当年生幼马,二年生幼马,三年生幼马。

(4)养羊业,基本羊群(包括母羊、种公羊、未断奶的羔羊),当年生幼羊,往年生幼羊,去势羊和非种用公羊。

(5)养禽业,基本禽群(包括成龄禽),幼禽和育肥禽,人工孵化群。

2.成本项目

包括以下几个方面:

(1)直接材料,指畜牧养殖业生产耗用的饲料、燃料、动力、畜禽医药费等。

(2)直接人工,指直接从事畜牧养殖业生产人员的工资、工资性津贴、奖金、福利费。

(3)其他直接费,指除直接材料、直接人工以外的其他直接费用。

(4)制造费用,指应摊销、分配计入各群别的间接生产费用,如产役畜折旧等。

3.成本计算参考公式

(1)混群核算的成本计算参考公式:

$$\text{某类畜(禽)本期生产总成本(元)}=\text{期初存栏价值}+\text{本期饲养费用}+\text{本期购入畜(禽)价值}+\text{本期无偿调入畜(禽)价值}-\text{期末存栏价值}-\text{本期无偿调出畜(禽)价值}$$

$$\text{某类畜(禽)主产品单位成本(元)}=\frac{\text{某类畜(禽)生产总成本}-\text{副产品价值}}{\text{该类畜(禽)主产品总产量}}$$

(2)分群核算的成本计算参考公式:

$$\text{畜(禽)饲养日成本[元/头(只)日]}=\frac{\text{该群本期饲养费用}}{\text{该群饲养头(只)日数}}$$

$$\text{离乳幼畜活重单位成本(元/千克)}=\frac{\text{该群累计饲养费用}-\text{副产品价值}}{\text{离乳幼畜活重}}$$

$$\text{幼畜或育肥畜增重单位成本(元/千克)}=\frac{\text{该群本期饲养费用}-\text{产品价值}}{\text{该群增重数}}$$

$$\text{某畜群增重量(千克)}=\text{该群期末存栏活重}+\text{本期离群活重(不包括死畜重量,下同)}-\text{期初结转、期内购入和转入的活重}$$

$$\text{某群幼畜或育肥畜活重单位成本(元/千克)}=\frac{\text{期初活重总成本}+\text{本期增重总成本}+\text{购入、转入总成本}-\text{死畜残值}}{\text{期末存栏活重}+\text{期内离群活重}}$$

$$\text{主产品单位成本(元/千克)}=\frac{\text{该畜群累计全部饲养费用}-\text{副产品价值}}{\text{该畜群主产品总产量}}$$

三、农业企业利润管理

(一)利润的概念与构成

1.利润的概念

企业的利润是指销售收入扣除销售成本和税金以后的余额,它是企业生产经营活动的一项重要成果,也是考核企业经营成果、经营管理工作质量和经济效益水平的重要指标,直接决定着投资者的利益和企业的发展能力,任何企业都力争取得更多的利润。

2.企业利润的构成

利润作为企业在一定期间内生产经营成果的总和,是企业财务活动的最终成果,由营业利润、投资净收益和营业外收支净额三部分构成。

利润总额=营业利润+投资净收益+营业外收入-营业外支出

(1)营业利润。营业利润是企业在一定期间从事生产经营活动所取得的利润,是利润总额的主体,集中体现了当期生产经营的财务成果。

营业利润=主营业务利润+其他业务和利润-管理费用-财务费用

主营业务利润是指企业从事基本生产经营活动取得的利润,在生产性企业中主营业务和利润就是产品销售利润,包括销售产成品、自制半成品、提供代制品、代修品和劳务等所取得的利润。

其他业务利润是指企业从事基本生产经营活动以外的其他经营活动所取得的利润,在生产性企业中就是其他销售利润,包括材料销售、固定资产出租、包装物出租、外购商品销售、无形资产转让以及提供非生产性劳务等取得的利润。

管理费用是指管理部门及其派出机构为管理和组织经传活动而发生的各项费用,包括公司经费、工会经费、职工教育经费、劳动保险费、技术开发费、无形资产摊销、开办费摊销、土地开发费摊销等。

财务费用是指企业为筹集资金而发生的各项费用,包括生产经营期间发生的利息支出(减利息收入)、金融机构手续费以及其他业务费用。

(2)投资净收益。这是企业对外投资取得的收益扣除投资损失后的余额。

投资净收益=对外投资收益-对外投资损失

投资收益包括对外投资分得的利润、股利和债券利息,投资到期收回或者中途转让时取得的收入高于账面价值的差额,以及按权益法核算的股权投资在被投资单位增加的净资产中所拥有的份额(即长期投资的增加额)。

投资损失包括投资到期收回或者中途转让时取得的收入低于原账面价值的差额,以及按权益法核算的股权投资在被投资单位减少的净资产中所分担的数额(即长期投资的减少额)。

(3)营业外收支净额。这是指与企业生产经营活动没有直接联系的各种营业外收入减去营业外支出后的余额。

营业外收支净额＝营业外收入－营业外支出

营业外收入包括固定资产盘盈和出售的净收益、因债权人原因确实无法支付的应付款项、教育费附加返还款、物资及现金溢余等。

营业外支出包括固定资产盘亏、报废毁损和出售的净损失、非季节性和非修理期间的停工损失、非常损失、公益救济性捐赠、赔偿金、违约金(不包括税收罚款和滞纳金)、防汛抢险支出等。

企业的利润总额是计算企业所得税的主要依据。当企业的利润总额小于零时,企业发生亏损。企业发生的年度亏损,可以用下一年度的利润弥补;下一年度利润不足弥补的,可以在5年内用所得税前利润延续弥补;延续5年未弥补的亏损,用缴纳所得税后的利润弥补。

(二)利润分配核算

企业和利润分配是指对利润的所有权和占有权进行划分,以保证其合理的归属与运用的管理活动,也就是把企业实行的利润按照国家规定或投资人的决议进行分配的活动。对实现的利润,首先应依法缴纳所得税,缴纳所得税后的利润应按规定提取盈余公积金,并向投资人分配利润。

企业税后利润除国家另有规定者外,按下列顺序分配:①用于抵补被没收财物损失,支付违反税法规定的各项滞纳金和罚款。②弥补企业以前年度的亏损。缴纳所得税的企业,其发生的年度亏损可以用下一年度的利润在所得税前弥补,下一年度利润不足弥补,可在5年内延续弥补。5年内不足弥补的,用税后利润弥补。③提取法定盈余公积金。盈余公积金是企业从税后利润中提取的积累资金,包括法定盈余公积金和任意盈余公积金。企业要按税后利润扣除前两项后的10%提取,用于发展企业的生产、弥补经营亏损或按国家规定转增资本金等,其累计额已达到注册资本的50%时,可不再提取。④提取公益金。公益金是企业从税后利润中提取的用于企业职工的集体福利设施支出的资金,包括法定公益金和任意公益金,其提取比率按企业章程规定或由董事会决定。公益金主要用于安排建造职工宿舍、食堂、幼托设施及医疗保健设施等集体福利,不能发给职工个人消费。⑤向投资者分配利润。企业税后利润按上述顺序分配后,可向投资者分配。企业以前年度未分配的利润可以并入本年度分配。分配时应遵循纳税优先、企业积累有效、无盈利就不分配的原则。

项目 10　农业企业营销管理

任务 1　市场调研

◈ 任务目标

掌握市场调研的步骤，培养设计市场调查问卷的能力，会撰写市场调研报告。

◈ 任务内容

1. 学生按 5～8 人分组，每组组建一个模拟公司。
2. 每组成员各自设计一份市场调查问卷。
3. 各组对组员设计的调查问卷进行分析整理，形成模拟公司的调查问卷。
4. 展示公司的市场调查问卷，并说明设计的理念。

◈ 成果检验

老师对各模拟公司市场调查问卷进行评定并给出成绩。

◈相关知识链接

一、市场营销调研

市场调研是指运用科学的方法系统地、客观地辨别、收集、分析和传递有关市场营销活动的各方面信息，为企业销售管理者制定有效的市场营销决策提供重要的依据，包括以下几个步骤：

（一）确定调研目标及调研专题

市场营销调研的专题一般分为以下四类：

1. 探测性调研

主要用于探询企业所要研究的问题的一般性质。研究者在研究之初对所要研究的问题或范围还不是很清楚，不能确定到底要研究哪些问题。这时就需要应用探测性研究去发现问题、形成假设。

2. 描述性调研

描述性调研是指通过详细的调查和分析，对市场营销活动的某个方面进行客观的描述。

大多数的市场销售调研都属于描述性调研。在描述性调研中，可以发现其中的关联因素，但此时并不能判断两个变量中哪个是因、哪个是果。

3. 因果关系调研

因果关系调研的目的是找出关联现象或变量之间的因果关系。

4. 预测性调研

市场营销面临的最大问题就是对市场需求的预测。这是企业制定市场营销方案和决策的基础和前提。

(二)拟订调研计划

调研计划是市场调研的行动纲领，一般包括以下几个方面的内容：

1. 制定调查目标

市场调查的目标是确定所要研究和解决的企业经营中的具体问题。确定调查目标之前要对企业的实际情况进行全面分析，找出所要解决的问题，有计划地提出调查目标的层次。

2. 拟订调查项目

拟订调查项目是指拟订调查的具体内容，确定应该收集哪些方面的信息资料。

3. 确定调查对象

企业要根据调查目标和项目来确定调查对象。

4. 选择调查地点

企业必须综合考虑调查项目的需要、可行性和费用等因素来选定调查地点。

5. 安排调查日程

企业首先要确定调查活动的总体起止时间，然后考虑具体情况安排调查的时段和顺序，最后列出调查日程。

6. 选择调查方法

①询问法，是指以询问的方式了解情况、收集材料以获得所需的各种信息；②观察法，是指调研人员通过到现场观察被调查者的行动，或者通过安装仪器进行记录和拍摄来收集情报资料的方法；③试验法，是指通过小规模的试验来了解情况，取得资料，这种方法主要用于新产品试销和新方案实施前的调试；④问卷调查法，通过问卷调查法企业可以了解人们的认识、看法和喜好程度等，并可以分析处理这些数据，得出结论。问卷调查法的关键在于问卷的设计技巧。

以上四种方法中，问卷调查法适用于描述性调研，观察法与询问法适用于探索性调研，试验法适用于因果关系调研。

(三)确定调研内容

市场营销调研的内容十分广泛，归纳起来，主要包括以下六个方面：

1. 市场需求调查

市场需求调查是指对市场消费群的购买力及其投向的调查，目的在于掌握市场需求状况和变化趋势。调查的主要内容包括市场需求总量、需求构成及其变化趋势、市场面及本企业产品在各个市场面的占有率、商品购买率及本件耐用商品的普及率等。

2. 购买者调查

调查购买者的目的是了解谁决策、谁购买、为谁买，购买者的购买动机和购物行为等。调查的主要内容包括:现有购买者和潜在购买者的数量、构成及其地区分布,购物者购买什么商品及购物动机,如何购买,购买时间、地点及购买规模,购买者对本企业产品的设计、性能、品质、包装、商标和服务的认识、评价以及对企业产品的信赖程度等。

3.价格调查

价格调查主要研究价格对商品需求的影响,调查的内容包括商品价格的成本构成,价格变化的趋势,价格变动给商品销售带来的影响,影响价格变动的各种因素,相关产品或代用品的价格,竞争者的价格及企业的价格策略等。

4.分销调查

分销调查的主要内容包括商品销售地区和销售网点的分布、潜在销售渠道分析、销售点服务品质、货铺调查、商品运输线路、商品库存策略、批发商分布等。

5.市场竞争调查

市场竞争调查的目的是掌握竞争对手情况,使企业在竞争中处于主动地位。调查的内容包括竞争对手的数目、经营规模、价格定位、流通渠道、经营策略、经营手段、市场占有率、未来发展趋势,及竞争对手经营商品的数量、品种、性能、质量、规格、包装、用途等。

6.促销调查

促销调查主要包括广告预测、广告测试、广告效果的调查、直观信息调查、媒体的对象分析、综合媒体研究、人员推销、营业推广及直接激发消费者购买欲望的促销活动调查等方式。

(四)收集调研资料

收集调研资料包括第二手资料、第一手资料的收集。第二手资料的取得一般通过方案调查,即走访政府、行业协会、有关部门甚至竞争对手来实现,较为省力。而第一手资料的获得,通常需要直接访问客户,进行实地问卷调查,因此情况复杂。收集调研资料是市场调查工作重点,一般市场调查是两者兼而有之,但不同的调查侧重点有所不同。

(五)分析调研信息

分析调研信息的一般程序为:

1.编辑整理

首先检查资料的误差;其次对情报资料进行评价,即审核其根据是否充分;最后剔除对营销决策不重要的信息,以免信息过杂影响决策效率。

2.分类编码

为了便于归档、查找、统计和分析,必须将经过编辑整理的资料进行分类编码。

3.统计和分析

对于已分类编码好的资料,可通过相关软件对其进行统计分析,以得出相应结果。

(六)撰写调研报告

调研报告的结构一般包括六个部分:

1.标题封面

标题封面要写明调研题目、委托单位名称、承办部门(人)和日期。

2.摘要

摘要必须简明扼要地陈述研究结果及有关建议,以便企业的决策者或主管在极短的时间内迅速地了解到调研的成果,以及制定相应的措施或行动。摘要是报告中最重要的部分。

3. 目录

目录中应该列出报告的所有主要部分和细节部分以及其所在页数，以便使读者能尽快阅读所需内容。

4. 主体部分

主体部分主要是对研究结果进行有组织有条理的整理和陈述，图文并茂地说明问题，以便于读者阅读。

5. 结论和建议

研究的作用不仅在于向读者提供调查事实，还应该在事实的基础上给出问题的结论并提供建议。

6. 附录

附录是调研报告的结尾部分，它起到表述调研报告的作用。附录一般包括相关的数据图表和问卷实地调查概况等。

二、农产品及其市场特征

分析农业企业营销管理时就必须搞清农产品生产、价格、市场等方面的特征。

（一）农产品的特征

农产品与消费者的生活息息相关，大多数农产品（包括加工农产品）是作为人们的日常生活用品，如粮食、水果、花卉、中药材、肉、蛋、奶等产品。农产品具有如下特征：

1. 商品特征

农产品的商品特征主要体现在：①非标准性。农产品实质上是生物产品，生物产品受自身基因与环境的决定与影响较大，即便是同一品种的农产品，甚至是一棵树上结出的果实，其品质、采摘时间等都存在较大差异，不像工业品那样容易进行标准化生产管理，农产品多属于非标准化的产品。②易腐性、易变性。作为生物产品的农产品很容易腐烂变质、不易储存，大大缩短了农产品的货架期，而且农产品的体积一般较大，价格较低，单位产品的运输费用较高。

2. 供给特征

农产品供给具有较大的波动性，其原因是：①农产品生产受自然条件影响大，生产季节性、年度差异性和地区性十分明显。丰年农产品增产，供给量增加，会导致市场价格下降；反之，歉收年出现供给量不足，引起市场价格上升。②农产品生产周期较长，不能随时根据需求的变化来调整供给量，事后调整又容易导致激烈的价格波动。③由于农业生产主体具有规模小、经营零散、组织化程度差的特点，适应市场的能力无论在时间上、地区上还是在生产规模上都比工业品差。

3. 消费特征

农产品大多数直接满足人类的基本生活需要，其消费需求具有普遍性、大量性和连续性等特点，需求弹性一般较小，农产品消费受气候的影响比较明显。在炎热的夏季，西瓜、冷饮等销量大；阴雨天商店顾客少，生鲜农产品会降价出售。另外，从消费者的购买行为看，农产品属于典型的便利品，居民习惯于就近购买，一次购买量少、品种多、购买频率高。农产品的消费主要是以家庭为单位，是一种多数、分散型的消费结构。

(二)农产品市场的特征

1.农产品市场的特征

农产品市场称为生活消费品市场，这一市场具有如下基本特点：

(1)消费者数量众多。每一个人都必须消费农产品，特别是像我们这样的人口大国，每天消费的农产品数量是相当惊人的。因此，从总体上讲，农产品具有广阔的市场。

(2)市场需求比较稳定。相当一部分农产品是满足人们的基本生活需要的，因此这部分市场要求比较稳，经营这类农产品市场风险相对较少，收益也相对稳定。

(3)购买频繁。农产品大多是非耐用消费品，储存比较困难，消费者对农产品的新鲜度要求高，因而农产品的购买频率比较高，人们通常所说的开门七件事“柴米油盐酱醋茶”中，基本都属于农产品或其加工品，再比如水果、蔬菜等，人们经常购买，这就要求生产者尽量贴近消费者。

(4)季节波动大。绝大多数农产品带有明显的季节性，但需求却往往是常年性的，因此，农产品市场供求的季节性矛盾比较突出，收获季节往往滥市，非收获季节均十分畅销。因此，要求企业做好生产技术和储藏技术的创新，调节季节供求矛盾。

(5)地域性强。农产品的生产要受气候、土壤、光照、物种等因素制约，因而特定农产品的生产一般都具有非常强的地域性，如水果就有热带水果、亚热带水果、温带水果；但人们的消费往往又不分地域，比如近年来热带水果在我国比较畅销就是一个例证。因此，解决农产品生产的地域性和消费的非地域性之间的矛盾要求企业做好市场调研，开拓新的区域市场，同时要做好运输工作。

2.农产品国际市场的特征

随着我国加入世界贸易组织后农产品市场进一步开放，农产品国际市场必须引起我们的重视。目前，农产品国际市场具有如下特征：

(1)竞争激烈。农业和农产品关系到一个国家的稳定，因此无论是发达国家，还是发展中国家，对农业一般都进行高度保护；因而在现行的WTO体制下，农产品的市场开放程度仍然比工业制成品市场低，各国都在千方百计保护本国农产品市场，又想方设法打入别国市场。农产品国际贸易壁垒仍然较高。

(2)供大于求。农产品是初级产品，其出口国大多数是发展中国家，而进口国又主要集中在发达国家，供大于求的情况比较突出。在国际市场上，一些大宗农产品，如稻米、小麦、咖啡、蔗糖等供大于求的情况比较严重，很多农产品的价格低迷，给广大发展中国家的相关产业造成巨大冲击。

(3)波动性大。相对于国内市场，农产品国际市场的供求关系更不稳定，价格波动也较大，风险比较高。例如，我国的蚕丝业受国际蚕丝市场波动影响很大，蚕丝畅销时国内各地都有缫丝厂，现在大多数都已倒闭破产了。

(4)技术壁垒高。农产品关系到人的身体健康，近年来，一些主要农产品进口国不断提高技术标准，使得我国的一些农产品很难进入他国市场。例如，欧盟2002年以氯霉素超标禁止中国蜂蜜的进入，几乎使我国完全丧失欧盟市场；日本对我国出口的蔬菜实施更高的检验标准，使山东的蔬菜出口受到很大影响。由于以保护健康为借口的技术壁垒是符合世界贸易组织的有关规定的，这要求我们今后加强农产品生产规范工作和生产环境的保护工作，尽快提高我国农产品的品质，减少污染，才能使我们的农产品更好地开拓国际市场。

（三）农产品价格的特征

一般来说，农产品市场有大量的买者和卖者，比较接近完全竞争市场，价格具有如下特征：

1. 非垄断性

对大多数农产品而言，无论是买方和卖方，一般都无法控制农产品的价格，都是市场价格的接受者，正因如此，农业企业必须注重对市场走向的判断，准确预测农产品市场价格变化，才能降低经营风险。

2. 基准价格影响显著

在国际市场上，一些重要的农产品价格都显著受到农产品期货市场的影响，如谷物的价格将通常以芝加哥谷物交易期货价格为基准。在我国已经建立了一些中心农产品批发市场，这些市场对特定农产品的价格走向起着指示作用。

3. 波动性明显

农产品生产的季节性决定了其价格变化带有突出的季节性。收获季节一般要价格下跌，非收获季节，特别是超过农产品的储存期的时候，农产品价格上扬。另外，其周期性变化的特征也比较突出，即一般在若干年内特定农产品价格要经历复苏、上涨、稳定、下跌的过程，而且这种变化往往循环进行。这与农产品生产周期长、生产者反应滞后有关，如生猪、茧丝、中药材等产品价将变化就具有上述特征。

任务 2　制作市场营销方案

◈ 任务目标

能够为企业制订市场营销方案。

◈ 任务内容

1. 学生按 5～8 人进行分组，每组组建一个模拟公司。
2. 根据市场调研为模拟公司制定营销组合策略。
3. 完成市场营销方案。

◈ 成果检验

每个小组上交一份市场营销方案，由老师进行总结、点评并给出成绩。

◈相关知识链接

一、农业企业营销管理的过程

营销管理过程就是根据企业经营战略，发现、分析和选择市场机会，运用管理的各种手段，使企业的营销活动与复杂多变的市场环境相适应，以实现农业企业的任务和目标的过程，具体包括如下主要步骤：

1. 分析市场机会

企业市场机会就是对企业的营销具有吸引力的、拥有竞争优势的环境机会。为了发掘市场营销机会，企业不仅要对自己的微观环境和宏观环境进行分析，还要具体分析各类市场的需求特征以及消费者行为。这就要求企业建立科学的营销管理信息系统，展开营销的调研工作，掌握市场动态和供需状况，为生产经营决策提供可靠的资料。

2.选择目标市场

在分析市场机会之后，企业要对某行业或某农产品的市场容量和市场结构作进一步分析，找准本企业准备为之服务的目标市场，该过程包括市场预测、市场细分、目标市场选择和市场定位等。

3.确定营销组合

这一步骤主要是研究和制定占领市场、开拓市场的策略，并加以组合实施。企业可控制的营销因素很多，通常把营销因素归纳为产品(product)、价格(price)、分销(place)、促销(promotion)。因这四个词的英文首字母都是"P"，故简称为"4P"策略。企业要针对选定的目标市场对自己可以控制的营销因素进行优化组合和综合运用，并使之与不可控制的环境因素相适应，以达到企业营销目标。

4.制订营销计划

营销计划是企业整体战略规划在营销领域的具体化。营销计划是在营销调研与分析的基础之上制订的，营销计划的制订只是营销管理的开始。营销计划主要解决两个基本问题：干什么和如何干。首先，营销管理人员应根据组织的宗旨、总体战略和环境提供的市场机会，确立目标市场和营销目标。在此基础上，还必须提出实现目标的行动方案，包括营销策略、营销政策、具体的程序、规则、预算等。

5.建立营销组织

销售计划仅仅是一种设想、一种文字性的东西，要将这种设想和文字性的东西变成现实，需要做一系列艰苦细致的工作。其中，最重要的是营销组织工作。所谓营销组织工作，就是将企业所拥有的各种资源按最有利于实现营销目标的方式组合起来。具体来说，营销组织工作主要涉及四个方面的问题：为完成销售计划需要做哪些工作；如何对这些工作进行分类，并建立相应的部门和工作群体；确定完成各项工作的部门相关人员，并明确其职责；把完成有关工作所需的相应权力授予有关部门和人员。

6.实施和控制营销计划

销售计划虽然为整个组织的营销工作提供了一个蓝图，但在执行的过程中，由于受到突然变化的外部环境的影响，或原制订计划有的问题考虑不周，实际工作的情况与原计划可能发生种种偏离。因此，需要对销售计划执行的情况随时加以监控，及时发现偏差，并采取相应的纠偏措施。营销控制是销售管理中必不可少的职能，离开了营销控制，就难以保证组织营销目标的实现。

二、农业企业的目标市场策略

(一)农业市场细分

1.市场细分的概念

市场细分是由美国学者温德·史密斯于1956年提出的。到20世纪60年代，作为营销和研究范围内的讨论题目，市场细分稳步地挤入中心。这一科学方法的提出在市场营销理论上是一个有意义的突破，现已成为市场营销理论的重要组成部分。

所谓市场细分，就是根据消费者明显的不同特征，把市场区分为两个或更多的消费者群，以便确定企业目标市场的过程。其中，每一个消费者群就是一个子市场。子市场内消费者的需求与需要大体相同，而分属于不同子市场的消费者对同一产品的需求与欲望则存在着明显的差别。例如，经营花卉的企业可以将消费者对花的需求分为赏花、观叶、观茎、观根、观动（如跳舞草、含羞草）等，则市场可细分为赏花的消费者、观叶的消费者、观茎的消费者、观根的消费者、观动的消费者；而一般经营者可能把注意力都放到了满足赏花、观叶的消费者上去了，观茎、观根的消费者需求没有得到满足，市场上也很少有这样的花卉品种。没有被满足的需求就是市场机会，企业可先于其他对手开发这些品种，取得良好经济效益。

2. 市场细分的依据

（1）地理依据。地理依据是按顾客所在地区和地理条件来划分市场的。顾客所处的地理区位不同，其地理气候、消费习惯、需求特点就会有所不同。

（2）人口依据。人口依据就是根据人口的统计变量，如国籍、民族、信仰、收入、年龄与性别结构、教育、家庭结构等因素来细分市场，人口依据是市场细分最常用的依据，因为消费者的欲望、偏好和商品使用率与人口变量有密切的联系，而且人口变量比其他类型变量更容易衡量。

（3）心理依据。心理依据就是按消费者所处的社会阶层、生活方式和性格或个性特征的不同进行心理细分。以心理依据分析消费者的需求和爱好更有利于发现新的市场机会和目标市场。例如，在追求"温饱"的贫苦地区，人们的消费心理主要是求廉；而在追求"吃好"的生活水平较高的地区，人们在需求上更有条件关注产品质量，因此，优质农产品的市场容量便会在此地区扩大。面对低收入阶层的消费者，则要利用他们求廉的心理。

（4）行为依据。行为依据就是根据消费行的购买时机、追求的利益、使用状况、使用频率、忠诚度的功能行为变量来细分市场。

（二）选择目标市场

目标市场是指企业营销活动所要满足的市场需求，即企业的服务对象。目标市场确定后，企业的一切营销环境都要围绕目标市场进行。选择和确定目标市场是企业制定市场营销战略的起点。选择目标市场的步骤如下：

1. 分析评价各个细分市场

即对各细分市场的规模、增长率、结构性吸引力等方面的情况进行详细评估，在综合比较分析的基础上，选择出最佳目标市场。

2. 评估目标市场的规模和增长率

首先是根据本企业的实力选择市场。大公司有相当的实力，可能偏好销售量很大的细分市场，对小市场不感兴趣；而一些小企业可能会避开大的细分市场，选择能操作的市场。

3. 企业还需要考虑自身在该细分市场的目标和所具有的资源

如果一些有吸引力的组分市场与企业长期目标不相适应，那么只能放弃。而对一些适合企业目标的细分市场，企业必须要考虑它是否具有在该市场获得成功所需要的各种技能和资源。

4. 确定目标市场

在评价分析各细分市场特性的基础上，企业应该确定哪个或哪些细分市场最适宜作为本企业的目标市场。一般来说，企业所选择的目标市场应符合四个准则：①目标市场必须与企业的目标和形象相吻合，一家出售高档花卉的公司不适宜通过折扣商店的渠道，进入大众商品市场。②目标市场必须与企业所拥有的资源相匹配，花卉公司的人员构成要有种花与养花的专业技术人员及掌握花卉市场行情的销售人员。③目标市场必须有潜在效益，寻找那些销售收入能覆盖成本、能赢利的市场，不要只注重销售量而忽略利润。④目标市场必须具有结构性吸引力。如果某细分市场内竞争者很多，而且规模相当，一般不宜再选其为目标市场，除非企业有独特的竞争优势，有足够的力量将顾客从现有的竞争者那里争夺过来。

(三)目标市场选择的策略

把一个整体农业市场划分为若干个细分市场后，受农业资源及内外部条例的限制，农业企业不可能把所有的细分市场都作为目标市场，而是要在综合考虑诸多因素的基础上，在很多的细分市场中选择一个或几个最具吸引力的细分市场作为农业目标市场，才能发挥农业资源优势，达到最佳或满意的经济效益。现代农业企业在选择目标市场时，一般采用以下三种基本策略：

1.无差异营销策略

企业不对市场进行细分和选择，认定所有消费者对某种产品需求完全相同，把整个市场看成是一个无差异的整体。企业一般只向市场投放单一的商品，设计一套营销组合策略，开展无差异性的营销活动，来吸引所有的购买者。比如，美国的可口可乐公司早期就只生产一种口味、一种瓶装的可口可乐，甚至连广告词都是统一的“请饮可口可乐”，来吸引所有的购买者。

无差异营销的好处是可以节省成本，并与制造方面的“标准化”和“大量生产”原则相符合。由于其品种单一，批量生产可以节约生产、存货及运输等成本。无差异营销的广告方案也可使公司享受较高的媒体折扣，而且它不必进行细分市场所需的营销研究及规划，所以也可以降低营销研究成本和管理费用。这一策略的缺点是由于经营方式单一，在激烈的市场竞争中适应领域狭窄，具有较大的经营风险。这一策略适用于少数优质农产品。

2.差异营销策略

企业通过市场细分，从中选择两个或两个以上乃至全部细分市场你为自己的目标市场，并针对不同细分市场，制定不同的市场营销组合，分别进行有针对性的营销环境，提供相应的商品，以满足不同细分市场的不同需求。比如，美国通用汽车公司曾尝试生产数种适合各种收入水平、目的及个性的汽车，借着产品和营销方法的差异，希望能深入每个细分市场，增加销售额。

毫无疑问，差异营销策略能更好地满足不同消费者群体的需要，特别是次要细分市场也能给以足够的重视，因此能增加企业总的销售额，这也正是如今越来越多的企业采用此策略的原因之所在。但是，差异营销策略会使企业的资源分散于各细分市场上，这势必会增加许多营销成本，如产品研制成本、生产成本、管理成本、存货成本、促销成本等。

3.集中营销策略

集中营销策略又称“密集型营销”，是指企业在市场细分基础上，选择一个或几个很相似的细分市场作为目标市场，制订营销组合方案，进行密集性开发，实现专业化的生产和经营。这种策略不是寻求在整个市场上占有多大比重，而是追求在目标市场上占有大量份额，甚至占有绝对优势。

这一策略的优点是，企业专注于某一细分生产，可以对其需求有较深入的了解，从而针对其特点实现专业化营销，往往会获得有利的地位及商业信誉。尤其当生产、配销及促销专业化之后，企业可享受许多专业性的经济利益。因此，只有能正确选择细分市场，企业才能得到较高的投资报酬率。

但是企业采用集中营销策略所冒的风险远较其他策略大，因为把企业的前途命运全系于一个细分市场，若目标市场遭遇不景气或强大竞争对手的冲击，都有可能使企业陷入困境。所以，许多企业喜欢在多个细分市场中营销。

（四）市场定位

定位就是在顾客和潜在顾客心目中得到一个期望的位置的过程。当考虑到具体的对象物，如产品或公司时，就有了产品的市场定位和公司的市场定位等基本的定位类型。

所谓产品定位就是在目标顾客的心目中旨在为本公司的产品创造和维持某种相对于竞争产品形象的预期形象，以便目标顾客将本公司产品认作他们希望拥有之物的一种活动。所谓公司或企业定位是一种设计公司的整体形象，使之在目标顾客的心目中占有一个有意义的独特的竞争性位置的活动。这里所说的整体形象包括产品规模、综合效益、经济实力、信誉、对社会的贡献等诸多方面。

1. 市场定位的程序

市场定位的主要任务，就是通过集中企业的主要优势，将自己与其他竞争者区别开来。一个完整的市场定位过程包括企业明确潜在竞争优势、选择相对竞争优势和市场定位策略、准确传播企业市场定位等。

(1)明确企业潜在竞争优势。明确企业潜在的竞争优势主要包括调查研究影响定位的因素，了解竞争者的定位状况，竞争者向目标市场提供了哪些产品及服务，在消费者心目中的形象如何，对其成本及经营情况做出评估，了解目标消费者对产品的评价标准。企业应努力搞清楚消费者最关心的问题，以此作为决策的依据，并要确认目标市场的潜在竞争优势是什么，是同样条件能比竞争者定价低，还是能够提供更多的特色满足消费者的特定需要。企业通过与竞争者在产品、促销、成本、服务等方面对比分析了解企业的长处和不足，从而确认企业的竞争优势。

(2)选择企业相对竞争优势和市场定位策略。相对竞争优势是使企业能够胜过竞争者的能力，有的是现有的，有的是具备发展潜力的，还有的是可以通过努力创造的。简而言之，相对竞争优势使企业能够比竞争者做得更好。企业可以根据自己的资源配置，通过营销方案差异化突出自己的经营特色，使消费者感觉自己从中得到价值最大的产品及服务。

(3)准确传播企业的市场定位。这一步的主要任务是企业要通过一系列的宣传促销活动，使其独特的市场竞争优势能够准确传播给消费者，并在消费者心中留下深刻印象。为此，企业首先是让目标消费者了解、知道、熟悉、认同、喜欢和偏爱企业的市场定位，要在消费者心目中建立与该定位相一致的形象。其次，企业通过不断努力，保持对目标市场的吸引力，稳定消费者的态度和加深消费者的感情，来巩固市场形象。最后，企业应注意目标消费者对其市场定位理解出现的偏差或由于企业市场定位宣传的失误而造成的模糊、混乱和误会，及时纠正与企业市场定位不一致的市场形象。

2. 市场定位策略

企业可以从多种角度进行市场定位，以形成自己的竞争优势。多数企业可以根据自己的竞争地位进行市场定位。企业在市场上所处的位置一般有四种类型，即市场领导者、市场挑战者、市场追随者和市场补缺者。处于不同市场地位的企业，应采取不同的市场定位策略。

(1)市场领导者策略。在同一行业中，往往有一家这样的大企业，其经济实力雄厚，产品拥有最大的市场占有率，被公认处于市场领导者的地位。这类企业在市场上占有优先地位，经常在价格变动、新产品开发、分销渠道覆盖率和促销强度上左右市场，领导着其他企业。这类企业为维护其市场领导地位，通常把自己的整体形象定位在消费者偏好范围的中心位置，这种行为最能适合大众消费的需求，市场占有率最大。

为实施这一策略，企业要保持自己的特色，尽力扩大企业与竞争者之间的差距，以便在顾客心目中树立良好的、独特的企业形象。为了防御竞争者的攻击，往往采用阵地防御、侧翼防御、反攻防御、以攻为守的策略。

(2)市场挑战者策略。在同一行业中，一些大企业处于第二、第三位的市场地位，它们不甘心被领导，意在通过市场竞争抢占市场领导者的位置，以提高市场占有率、增加赢利。这样的企业称为市场挑战者。

市场挑战者攻击的对象是多样的，既可攻击市场领导者，也可攻击市场追随者；既可攻击规模相同，但管理不善、资金不足的企业，也可攻击一些区域性的小企业。攻击的对象不同，其目标也不一样。若攻击领导者，则是为了争夺市场地位、争夺市场占有率；若攻击区域性的小企业，则是为了吞并小企业或将其赶出市场。

市场挑战者的市场定位策略是把自己的整体形象定位在尽量靠近市场领导者的位置，缩小与领导者的差别，便于争夺市场领导地位。

市场挑战者攻击竞争者的方式可以是正面攻击，也可以是侧翼攻击或背部攻击，还可以是全面攻击或游击攻击。正面攻击，打击竞争者的长处，如提供跟领导者差不多的产品，但价格要低；侧翼攻击是攻击竞争的薄弱之处，如打击竞争者经营不善的地方；全面攻击是多方包围进攻竞争者；游击攻击是发动小规模的、断续的攻击，如选择性的降价、突发性的促销活动等。

(3)市场追随者策略。在同一行业中，一些处于市场第四、第五位的企业，或处于第二、第三位的企业，它们从利润出发，不愿冒风险与市场领导者争夺领导地位，而宁居次位追随、模仿市场领导者，这类企业被称为市场追随者。

市场追随者的市场定位策略是使自己的整体形象与领导者保持适当距离。这类企业一般分为三种情况：一是紧随其后，即尽可能在各个细分市场及市场营销组合策略上模仿领导者；二是有距离的追随，即与领导者保持一定的差别，但在主要市场、产品革新、价格水平等方面追随领导者；三是有选择的追随，即有时紧跟其后，有时各行其道。主要做法：一是甘居其后，明确承认自己在同类产品中。与最负盛名的行业领跑者相比，只不过是跟随而已，这会使消费者对企业产生一种谦虚诚恳的印象，提高可信度；二是“攀龙附凤”；三是奉行“高级俱乐部策略”，借助群体的威望和模糊数学的方法，提升自己的地位和形象，如宣传自己是某某行业三大企业之一、50 家大企业之一等。

(4)市场补缺者策略。在同一行业中，一些小企业因为资源有限，无法与大企业竞争，只能经营一些被大企业忽视的小市场，这类企业称为市场补缺者。

这种企业把自己的整体形象定位在远离领导者的位置上，以避免市场竞争，开辟自己的生存空间，这是补缺者的市场定位策略。为实施这一定位策略，关键是要专业化，要发挥各方面专家的作用。

三、农业企业的产品策略

(一)农产品的整体概念

市场营销中的产品是指产品的整体概念,它包括核心产品、形式产品和附加产品三个层次。核心产品是指产品为购买者提供的基本效用或主要利益。形式产品是指产品满足购买者需求或欲望的具体形式,包括产品的品质、性能、样式、包装、品牌等。附加产品是指购买者在购买产品时得到的附加利益,如质量保证、安装维修、售后服务、提供信贷便利,等等。

了解产品整体概念的三个层次,对于农业企业营销具有极其重要的意义。在人们的生活由温饱进入小康的新阶段,人们不仅要吃饱,更要吃好,对农产品品质的要求越来越高。只有树立农产品整体观念,才能满足不断变化的消费者需求。但是,我国农产品销售仍处于相当落后的局面,由于长期把农产品作为初级产品,往往是卖农产品就卖其本身,即只提供核心产品,缺乏形式产品与附加产品,因此是不完整的。从营销意义上说,这样的产品属缺陷产品,不合格产品。

(二)农业企业产品策略

农业企业产品策略由于不同阶段有不同特征,应采取不同营销策略。导入期策略包括高价格高促销策略、高价格低促销策略、低价格高促销策略和低价格低促销策略等,成长期策略主要包括树立品牌优势、增加消费者的信任度、拓展产品销售市场、重新评价并完善销售渠道、改良产品品质和增加花色品种等,成熟期策略主要包括寻求新的市场、提高产品质量、完善营销组合等,衰退期策略主要包括撤退策略、维持策略、缩减策略等。

(三)农业企业新产品开发策略

任何一个产品都有其生命周期,没有一种产品可以永久地畅销,迟早要被淘汰。因此,积极开发新产品是企业生存发展的根本大计,也是提高企业竞争力的主要手段。

新产品是指在结构、性能、功能、材料、技术以及生产方式或生产工艺方面有重大改进并初次在市场上销售的产品,包括全新产品、换代产品、改进或仿制产品四种类型。例如,中国的袁隆平首次培育出的杂交水稻在世界上掀起了一场新的“绿色革命”,这种杂交水稻就是全新产品。

1.优质策略

优质策略即开发起点高、质量高的优质产品。采用这种策略不能一味追求技术先进、质量好,必须注意适合中国,适合顾客需要,注意市场潜力,才能使新产品迅速占领市场,增强市场竞争力。

2.低成本策略

低成本策略即以低廉的成本优势,扩大市场占有率。例如,黑龙江某市的甜菜糖厂开发出利用产糖废蜜与甜菜尾根混合来生产白酒的技术,使白酒成本大为降低,由此扩大了降低酒价的空间,并提高了企业的综合经济效益。

3.配套策略

配套策略即根据企业自身的具体情况,主动为支柱产业开发生产所配套产品后提供配套服务。例如,一些生产者为使一种新的农作物耕作体系推广和应用,必须相应地提供配套的种子、农业机械、农药等产品。

4. 拾遗补缺策略

拾遗补缺策略即开发市场上急需的或短线新产品。这种策略有助于填补市场空白，在市场上抢占优势地位，增强企业竞争力。

(四)农产品包装策略

1. 类似包装策略

类似包装策略即包装生产经营的各种不同产品，在包装上采取相同的图案、近似的色彩、共同的特征，形成统一视觉印象的包装。类似包装策略的视觉效果强，便于记忆，有利于扩大和强化商品的影响，提高企业的声誉；还可以节省包装中的设计费用，为知名度较低的新产品打开销路创造良好的条件。但这种策略只能用于相同档次的产品，否则不仅会增加低档产品的费用，还会使优质产品的销路受到影响。

2. 组合包装策略

组合包装策略也称配套策略，是指在同一包装内放入相关的多种产品。例如，北京的几家特菜和特禽生产企业联合推出的组合包装，将几种特菜产品和几种特禽产品混合装入同一个包装箱，做到荤素搭配，混合销售。这样，既方便消费者使用，又扩大了产品的总体销售。这种策略不仅有利于充分利用包装容器的空间，而且有利于同时满足同一消费者的多种需要，从而扩大销售。

四、农业企业的价格策略

(一)新产品的定价策略

一种新产品能否占领市场，定价因素起着重要作用。它不仅关系到商品能否进入市场，而且定价的高低将会直接引起竞争格局的变化。新产品的定价策略通常有三种：

1. 撇脂定价策略

这是一种很形象的说法，意思是把牛奶上面的那一层奶油撇取出来，即先取掉其精华部分。撇脂定价策略是指在新产品上市时把价格定得较高，以期获取超额利润，在短期内收回投资并取得较高收益的一种定价策略。这种策略有利于树立产品高品质形象，扩大销售，掌握价格主动权。当高价引发了竞争或市场反应不佳时，可以主动降价；高价比低价获利更多，所实现的利润可作为扩大市场投资的来源。但是这种策略会损害消费者利益，不利于拓展市场，容易诱发竞争。这种策略一般适用于市场有足够的购买者、需求的价格弹性小的高档商品和奢侈品，产品寿命周期短、市场资源不足、供应紧张、短期内在一定范围的某些紧缺商品，企业生产能力不足、一时难以扩大的产品，以及由于新技术未公开或有专利权因而将能保护独家生产或经营的“奇货可居”的新产品。

2. 渗透定价策略

这是一种与撇脂定价策略相反的价格策略，是指产品上市初期，将产品价格定得低于预期价格，以市场占有率扩大为目标的定价策略。它是利用低价来进行市场渗透，从而达到扩大销售的目的。这种策略易为顾客接受，有利于迅速打开销路；可以有效地排斥竞争者介入，因而能在较长时期内占领市场。低价能带来销售额的迅速增长和市场占有率的扩大，以及从而保证企业经营长期稳定地发展。但是这种策略由于新产品刚上市就实行低价，影响同类产品的销路，造成同类产品寿命周期短，不利于其质量形象的确立，往往会影响产品的声望；在因成本发生变化需要提高产品价格时,会引起顾客的反感,从而影响销路。这种策略一般适用于大批量生产、技术简单的产品,实行低价会带来销量的扩大,以及因销路扩大而导致企业生产与销售成本迅速下降的产品。

3.满意价格策略

满意价格策略又称中间价格策略,它是指将新产品价格定在高价与低价之间,使各方面都满意的定价策略。该方法制定出来的价格既能吸引广大消费者的购买,又能赢得各方的信任与尊敬,使各方均感到满意。但该定价缺乏鲜明的特色,对各方面兼顾太多。

(二)差价策略

差价策略也叫价格歧视,是指相同的产品以不同价格出售的定价策略,差价策略主要有四种形式:

1.顾客差价策略

顾客差价策略指企业按照不同的价格把同一种产品或服务卖给不同的顾客。

2.产品形式差价策略

产品形式差价策略即企业对不同型号或形式的产品分别制定不同的价格,但是不同型号或形式产品的价格之间的差额和成本费用之间的差额并不成比例。

3.产品部位差价策略

产品部位差价策略指企业处于不同位置的产品或服务分别制定不同的价格,即使这些产品或服务的成本费用没有任何差异。例如,经过加工的鸡,整鸡肉、鸡腿肉、鸡翅肉、鸡爪肉等售价不同,它所采用的就是部位差价策略。

4.时间差价策略

时间差价策略指企业对于不同季节、不同时期甚至不同钟点的产品或服务分别制定不同的价格。

(三)折扣策略

企业为了鼓励消费者及早付清货款、大量购买、淡季购买,常常降低其基本价格,这种策略叫做价格折扣策略。这是一种减价技巧,是在原定价格的基础上减收一定比例的货款。主要的折扣策略有六种:

1.现金折扣

现金折扣即对按约定日期付款的顾客给予一定的折扣,对提前付款的顾客给予更大的折扣。

2.数量折扣

数量折扣即根据顾客购买货物数量或金额的多少,按其达到的标准,给予一定的折扣,购买数量愈多,金额愈大,给予的折扣愈高。数量折扣可分为累计数量折扣与非累计数量折扣。

3.交易折扣

交易折扣也称功能折扣,是由企业向中间商提供的一种折扣。

4.季节性折扣

季节性折扣即生产季节性商品的企业向在季节前后购买非时令性商品或提前定购季节性商品的中间商提供的一种折扣。

5.推广折扣

推广折扣即企业向为其产品进行广告宣传、橱窗布置、展销等促销活动的中间商提供的一定价格折扣或让价，作为给中间商开展促销工作的报酬，鼓励中间商积极为企业产品扩大宣传。

6. 运费折让

运费折让即企业对路途较远的顾客，减让部分商品价格作为对其部分或全部运费的补偿。

(四)心理定价策略

心理定价策略是指企业根据顾客的购买心理为产品定价，以诱导某购买。这种定价技巧主要运用于零售商业企业。心理定价策略主要有三种：

1. 数值定价策略

这是利用消费者对不同的价格数值产生的不同影响，进而调整、确定产品价格的一种技巧，通常有两种形式：

(1)尾数定价。这是依据消费者有零数价格比整数价格便宜的消费心理而采取的一种定价策略，又称奇数或非整数价格策略，如本应定价 10 元的某一农产品定价 9.9 元，虽然只低 0.1 元，但可给买者价廉的感觉。

(2)整数定价。这是把商品的价格定为一个整数，不带尾数，从而使消费者产生货真价实的感觉。一般适用于高档农产品或消费者不太了解的农产品和需求弹性较小的农产品。

2. 声望定价策略

这是一种利用企业和产品的声誉，对产品定价的策略，其产品价格比一般商品价格为高。如果某个企业或某种农产品，在长期的经营过程中，保持过硬的质量和完善的服务，从而在消费者心目中形成了较高的声望，消费者在购买此类农产品时就会有更大信任感和享受感，即使多花钱也会觉得物有所值。因此，对于那些长期以来声望高的名牌企业、名牌农产品来说，价格可以定得比一般水平高一些。

3. 招揽定价策略

这是一种利用消费者求廉的心理，将少数几种商品暂时降低价格，吸引和招揽顾客购买的一种策略。

(五)组合定价策略

1. 主、副产品组合定价策略

这是指当企业在制定互有连带关系的产品价格时，可以选择不同的取值，达到促进销售、弥补损失的目的。大多数企业采用这种策略都将主要产品定价较低，而连带的附属产品定价较高，通过附属产品的获利，补偿主要产品因低价造成的损失。

2. 配套定价策略

这是指企业将经营的农产品按照不同标准组合成套，并分别制定单件农产品和成套农产品价格的做法。例如，农贸市场可将各种鸡、鱼、大葱等产品配套出售；某一厂商可将大米分别组成精美系列包装和普通系列包装进行销售。一般来说，配套农产品价格应略低于各单件农产品的价格之和。

(六)地区差价策略

这是根据买卖双方地理位置的差异，考虑买卖双方分担运输、装卸、仓储、保险等费用的一种价格策略，主要有如下几种策略：

1. 产地价格策略

卖方在产地将货物送到买方指定的运输工具上，卖方的商品价格中包含货物装到运输工具上之前的一切费用和风险。

2. 目的地交货价格

按照合同规定，卖方产地价格加上到达买方指定目的地的一切运输、保险等费用所形成的价格。

3. 统一交货价格

统一交货价格又称到岸价格或送货价格，即不分买方路途远近，一律由卖方将商品送到买方所在地，收取同样的价格，也就是运杂费、保险费等均由卖方承担。

4. 分区运送价格

分区运送价格也称地域价格，是卖主将市场划分为几个大的区域，根据每个区域与卖方所在地距离远近分别定价，在各个区域内则实行统一价格。

5. 津贴运费定价

主要为弥补产地价策略的不足，减轻买方的运杂费、保险费等负担，由卖方补贴其一部分或全部运费，这种策略对扩大销售有利。

五、农业企业的分销策略

(一)农产品分销渠道的类型

农产品生产出来以后，必须到达市场被消费者购买和使用，才能为生产者创造出经济效益。然而，在现代化的大生产中，农产品的生产者和消费者之间由于各种原因对存在时间和空间的背离。为克服这种背离，农业企业一般要通过市场上的一些中介环节使产品顺利地从生产领域进入消费领域，这就是分销渠道。分销渠道是指农产品从农业企业向消费者转移的通道，这一通道具体指农产品从生产领域进入消费领域所经过的途径、环节和采取的产销形式。农产品分销渠道有两大类型：

1. 直接渠道

没有中间商的分销渠道称直接渠道，即生产者—消费者，生产者直接将商品出售给消费者，不经过任何中间环节，没有中间商介入的简单结构。例如，农户把自产的产品(鸡、鸭、蛋等)运到农贸市场自行出售。这种分销渠道的环节最少，费用最小。

2. 间接渠道

经过一个或两个中间商环节的渠道称间接渠道，它有如下几种：①生产者零售商消费者，这种分销渠道环节较少，适用于鲜活农牧产品(如草莓、活鱼等)的销售。②生产者—批发商—零售商—消费者，这种分销渠道适合储存期较长的畜产加工品(如罐头类食品、皮毛类制品)。③生产者—代理商—批发商—零售商—消费者，由于代理商了解市场行情，销售经验丰富，因而推销成功率高。④生产者加工商批发商—零售商—消费者，这种渠道主要适用于那些需要加工后才能销售的农畜产品，例如生猪、肉牛等需要先运到肉联厂屠宰、加工，然后才能进一步销售。

(二)农产品分销渠道的选择

农产品在选择分销渠道时会受到各种因素的影响，因此必须认真研究并根据具体情况来确定分销渠道。一般应考虑如下四方面的因素：

1. 产品因素

根据产品性质和特点选择销售渠道：易腐、易损的农产品应选短而宽的渠道，而耐储、耐运的农产品则可选长而宽的渠道（如茶叶）；生产量大的农产品，需通过中间商经销，而数量少、生产者有能力自己销售的农产品可选择直接渠道；单价高的产品选择短一些的渠道，最好应接销售，而单价低的农产品则宜选择长而宽的间接渠道；对于新产品，为使消费者尽快接受，最好组织强有力的推销队伍直接推销，即选择短而窄的销售渠道。

2. 市场因素

（1）市场销量。一般来说，市场容量大的农产品，宜采用宽、长的渠道；市场容量小的农产品宜采用窄、短的渠道。

（2）竞争因素。农产品进行分销渠道决策时应充分考虑竞争者的渠道策略，并采取相应的对策。主要有正位渠道策略，即在竞争对手分销渠道的附近设立分销点，以优取胜；错位渠道策略，即避开竞争对手的分销渠道，在市场的空白点另立。

（3）消费者的购买习惯。如消费者购买频率较高，交易工作量就会相应增大，一般会多利用中间商开展分销活动；相反，对购买频率低、购买集中的商品，可少利用一些中间商，采用较短的渠道来进行销售；有些产品（如酱油、食盐、蔬菜）消费者喜欢就近购买，渠道应宽一些、长一些，最好能深入居民区附近。

（4）中间商因素。在选择中间商时，应考虑中间商有无相关的销售经验和相关技术设备。例如，有些农产品需要进行一定的储存（如季节性产品、冷冻、冷藏产品），就需要选择具有相应储存能力的中间商；零售商的实力较强，经营规模较大，可直接选择零售经销产品；零售商实力普遍较弱，经营规模较小，就只能通过批发商来进行分销。

3. 企业自身因素

（1）产品组合。如果该地区或企业产品组合面太窄，产品品种单一，不能直接适合客商和消费者的需求，则必须通过批发商进行分销；而对那些产品组合面较广、花色品种较多的商品，就容易适应零售商和消费者的需求，采用的分销渠道就可以比较宽。

（2）企业的经济实力。企业资金雄厚，就有可能建立自己的销售系统，直接控制渠道；而企业资金薄弱，就只能通过中间商进行分销。

（3）企业的管理能力。企业将自己的产品打入一个新市场，对市场情况不熟悉，就只能委托当地的中间商为其销售；若企业对市场情况比较熟悉，就可以自行组织销售。

4. 环境因素

（1）国家政策。国家在市场方面的政策对分销渠道影响很大。如中国曾一度强调计划管理，对粮食采取统购统销的方式，分销渠道不能任意选择，因此只能是单一渠道的流通。

（2）经济政策。经济环境的变化也会影响分销渠道决策。如中国市场长期供不应求的情况下，农产品不愁销路；随着市场经济的发展和中国加入 WTO，国外大量的农产品涌入，使很多企业不得不开辟自己的销售渠道进行直接销售。

（3）自然环境。自然环境主要在地理条件对分销渠道的影响。地处交通便利的地区，由于地理位置比较有利，开展直接销售的可能性比较大；地处偏远或交通不便的地区，只能采取较长的分销渠道。

（三）农产品分销渠道的策略

在确定分销渠道类型之后，还要考虑生产者、经营者（批发商、零售商）如何有效结合，以取得更好的销售效果。

1.普遍性分销渠道策略

普遍性分销渠道策略即企业通过所有合格的中间商，广泛销售自己产品的策略。大多数农产品及其加工品是人们日常的生活必需品，具有同质性特点，因此绝大多数农业企业普遍采取这种策略。这样做可以加宽市场面，便利消费者购买。

2.选择性分销渠道策略

选择性分销渠道策略即一定地区或市场内，农业企业有选择地确定少数几家中间商销售自己的产品，而不是把所有愿意经营这种产品的中间商都纳入自己的销售渠道中来。这种策略虽然也适用于一般加工品，但更适合于一些名牌产品的销售。这样做有利于调动中间商的积极性，同时使生产者集中力量与之建立较密切的业务关系。

3.专营性分销渠道策略

专营性分销渠道策略即在特定的市场内，农业企业只使用一个声誉好的批发商或零售商推销自己的产品。这种策略多适用于高档的加工品或试销新产品。由于只给一个中间商经营特权，既能避免中间商之间的相互竞争，又能使之专心一致，推销自己的产品。

六、农业企业的促销策略

在现代竞争激烈的市场上，企业的市场营销不仅要发展适销对路、品质优良的产品，制定吸引人的价格，具备便利购买产品的销售渠道；还必须让顾客及时、充分地了解企业本身及产品，激发其购买欲望、影响其消费行为，扩大企业产品的销售，即进行一系列的促进销售活动。

（一）促销的本质及功能

促销指企业通过各种形式向消费者宣传报道本企业及其商品或劳务的信息，来引起消费者的注意，激发消费者的购买欲望，促进和影响消费者采取购买行为，从而达到扩大产品销售目的的活动。促销的主要任务是传递商品和劳务的信息，实质上是一种沟通活动。促销具有告知功能、说明功能和影响功能。

（二）农业企业的促销策略

促销组合策略就是有计划有目的地将各种促销方式结合起来，综合研究与运用，形成最佳的促销策略，以达到用较少的经营费用取得最好的销售效果。促进销售活动的方式主要以下四种：

1.人员推销

人员推销是指企业委派自己的销售人员直接向用户销售某种商品或提供某种服务的活动。这个活动具有两种功能：一是引导功能，激发客户需求，引起顾客购买欲望的需求；二是满足功能，了解顾客需求向顾客提供商品或服务的需求。

2.广告推销

一般意义的广告指的是为达到一定目的、通过大众媒体传播信息的活动。同其他促销手段相比，广告具有以下特征：一种单向信息传播活动，以诱导为主要方式，需要广告主支付较高的费用，侧重于长期沟通。

3.公共关系

公共关系是指某一组织为改善与社会公众的关系,促进公众对组织的认识,理解及支持,达到树立良好组织形象、促进商品销售的目的的一系列促销活动。公共关系的主要方法有利用新闻传播媒体开展宣传、参与各种社会福利活动和公益活动、举办各种专题活动、刊登公共关系广告、个别事件处理。

4.营业推广

营业推广又称销售促进。美国市场营销协会定义委员会认为,营业推广是指“除了人员推销、广告和公共关系以外的、刺激消费者购买和经销商效益的种种企业市场营销活动”。营业推广的对象是消费者、中间商。通过营业推广,企业向顾客提供特殊的优惠条件,能够引起他们的兴趣和注意,影响他们的购买决策,在短期内达成交易。营业推广的形式有:通过交易会、展销会、订货会等形式展示产品,洽谈业务,达成交易;产品陈列和现场表演;向顾客发放优惠券,顾客可凭证购买减价商品或凭券领取赠品;向顾客赠送样品、奖券,提供试用、试饮等。

(三)促销组合的选择

促销组合选择是指在各种不同的促销策略中确定最佳组合方案,在选择促销组合时应考虑如下三方面因素:

1.产品类型

不同类型的产品往往有不同信息、要求,因此,所选择的促销手段也应有所不同。如价格昂贵、技术性强的农用生产资料,购买者需要了解更多的信息,应以人员推销为主;而一般的农产品,如蔬菜、水果等购买者倾向品牌、品种,适用于广告和公共关系等促销手段。

2.市场情况

规模小且相对集中的市场,应突出人员推销;范围广且较分散的市场,应多用广告、公共关系及营业推广。

3.产品生命周期

企业应根据产品生命周期不同阶段的特点选择不同的促销组合。在投入期,产品鲜为人知,应以广告为主,配合以营业推广等方式刺激购买;在成长期,仅有广告就不够了,积极加强人员推销,才能迅速扩大产品销量;在成长期,市场竞争日益激烈,借助于公共关系宣传及营业推广,突出产品声誉,提高竞争优势;在衰退期,一般以营业推广为主,以迅速销售产品,回收资金。

任务3 农产品品牌与包装管理

◈ 任务目标

掌握农产品品牌与包装管理知识与技能。

◈ 任务内容

1.学生按5～8人进行分组,每组组建一个模拟农产品生产公司。

2.为农产品起名、设计商标。

3.为农产品模拟商标注册。

4.为农产品设计包装。

5.完成农产品品牌与包装报告,派代表在全班宣读。

◈ 成果检验

每个小组上交一份报告书,由老师进行总结、点评并给出成绩。

◈相关知识链接

一、农产品品牌管理

(一)农产品品牌的含义

品牌是由名称、术语、标记、符号或图案等要素组合而成的,用于体现某个销售者或某种产品或服务的特殊性,并与其他销售者的产品和服务相区别,借以促进销售的记号。品牌是一个综合性的组合标志系统,而非一个单一的名称,组成品牌标识系统的要素有品牌名称和品牌标志。

品牌名称指品牌中可以读出的部分——词语、字母、数字或词组等的组合,如阿香婆(豆瓣酱)、双汇(火腿)、伊利(纯牛奶)等。品牌标志指品牌中可以识别,但不能读出的部分包括符号、图案或明显的色彩或字体。

(二)农产品品牌的作用

1.对从事市场营销活动的企业而言品牌的益处

(1)品牌有助于促进产品销售,树立企业形象。品牌以其简洁、明快、易读、易记的特征而成为消费者记忆产品质量、产品特征的标志。借助品牌,消费者了解了品牌标定下的商品,记住了品牌及商品,也记住了企业(有的企业名称与品牌名称相同,更易消费者记忆)。借助品牌,即使产品不断更新换代,消费者也会在其对产品信任的驱使下产生新的购买欲望,在品牌得到公众/消费者信任的同时,企业的社会形象、市场信誉得以确立并随品牌忠诚度的提高而提高。

(2)品牌有利于保护品牌所有者的合法权益。品牌经注册后获得商标专用权,其他任何未经许可的企业和个人都不得仿冒侵权,从而为保护品牌所有者的合法权益奠定了客观基础。

(3)品牌有利于约束企业的不良行为。品牌是一把"双刃剑",一方面因其容易为消费者所认知、记忆而有利于促进产品销售,注册后的品牌有利于保护自己的利益;另一方面,品牌也对品牌使用者的市场行为起到约束作用,督促企业着眼于企业的长远利益,着眼于消费者利益,着眼于社会利益,规范自己的营销行为。

2.对消费者而言品牌的益处

(1)品牌便于消费者辨认、识别所需商品,有助于消费者选购商品。对消费者来说,同种类商品间的差别越来越难以辨别。不同的品牌代表着不同的商品品质、不同的利益,所以有了品牌,消费者即可借助品牌辨别、选择所需商品或服务。

(2)品牌有利于维护消费者利益。企业为了维护自己的品牌形象和信誉,都十分注意恪守给予消费者的利益,并注重同一品牌的产品质量水平同一化。如此一来,消费者可以在厂商维护自身品牌形象的同时获得稳定的购买利益。

(3)品牌有利于促进产品改良,有益于消费者。由于品牌实质上代表着销售者对交付给买者的产品特征和利益等的承诺,所以营销企业为了适应消费者的需求变化,适应市场竞争的客观要求,必然会不断更新或创造新产品,以兑现或增加承诺。可见,迫于市场外部压力和企业积极主动迎接挑战的动力,品牌最终会带给消费者更多的利益。

3.名牌效应

名牌是知名品牌或强势品牌,其巨大的作用在于它的名牌效应。

(1)聚合效应。名牌企业或产品在资源方面会获得社会的认可,社会的资本、人才、管理经验甚至政策都会倾向名牌企业或产品,使企业聚合了人、财、物等资源,形成并很好地发挥名牌的聚合效应。

(2)磁场效应。企业或产品成为名牌,拥有了较高的知名度,特别是较高的美誉度后,会在消费者心目中树立起极高的威望,表现出对品牌的极度忠诚。企业或产品就会像磁石一样吸引消费者,消费者会在这种吸引力下形成品牌忠诚,反复购买、重复使用,并对其不断宣传;而其他品牌产品的使用者也会在名牌产品的磁场力下开始使用此产品,并可能同样成为此品牌的忠实消费者。这样品牌实力进一步巩固,形成了品牌的良性循环。

(3)衍生效应。名牌积累、聚合了足够的资源,就会不断衍生出新的产品和服务。名牌的衍生效应使企业快速地发展,并不断开拓市场,占有市场,形成新的名牌。例如,海尔集团首先是在冰箱领域创出佳绩,成为知名企业知名品牌后,才逐步将其聚合的资本、技术、管理经验等延伸到空调、洗衣机、彩电等业务领域。

(4)内敛效应。名牌会增强企业的凝聚力。比如中国的联想集团、“明天会更好”的海尔集团等,它们的良好形象使生活、工作在这样企业中的员工会产生自豪感和荣誉感,并能形成一种企业文化、工作氛围,给每一位员工以士气、志气,使员工精神力量得到激发,从而更加努力、认真地工作。名牌的内敛效应聚合了员工的精力、才力、智力、体力甚至财力,使企业得到提升。

(5)宣传效应。名牌形成后,就可以利用名牌的知名度、美誉度传播企业名声,宣传地区形象,甚至宣传国家形象。比如,宝洁公司的知名产品飘柔、海飞丝等,人们因为了解这些产品而认识了宝洁公司或者说加深了对宝洁公司的认识;海尔家电在世界上创出了名牌,这一名牌不仅宣传了海尔企业,也使世界人民看到“Hair China”。

(6)带动效应。名牌的带动效应是指名牌产品对企业发展的拉动,名牌企业对城市经济、地区经济,甚至国家经济的带动作用。名牌的带动效应也可称为龙头效应,名牌产品或企业像龙头一样带动着企业的发展、地区经济的增长。另外,品牌对产品销售、企业经营、企业扩张都有一种带动效应,这也是国际上所谓的“品牌带动论”。

(7)稳定效应。当一个地区的经济出现波动时,名牌的稳定发展一方面可以拉动地区经济;另一方面起到了稳定军心的作用,使人、才、物等社会资源不至于流走。

在看到名牌的正面效应的同时,也要看到品牌的负面效应。一是名牌会引来众多的仿冒者,给企业造成很大的麻烦,甚至使名牌名声扫地。二是品牌成名后,受关注度提高,形象维护难度加大,一旦维护不当,出现负面评价,将对名牌的信誉影响很大。

(三)农业企业品牌管理策略

1.品牌提供者策略

企业运用品牌策略,决定使用品牌以后,就需要决定是用自己的品牌还是别人的品牌。企业可有三种选择:一是生产企业可以决定使用自己的商标,称为“生产者品牌”、“制造商品牌”或“全国性品牌”;二是生产企业决定将自己产品大批量卖给中间商,这些中间商再用自己的品牌转卖出去,称为“中间商品牌”或“私人品牌”;三是生产企业决定有些产品用自己的品牌,有些产品用中间商品牌。

一般企业都采取生产者品牌策略,良好的生产者品牌有利于提升企业形象,增强企业自身的市场竞争能力。但是在经济发达国家,“中间商商标”有上升趋势。一般来说,在企业实力较弱时,尤其是那些新进入某些市场的中小企业,新市场不熟悉本企业产品,企业缺乏开拓新市场的经验、渠道;或者在市场上本企业的声誉远远不及中间商的声誉,则可以采用“中间商品牌”。这种做法的另一个好处是可以节省广告费用。

2.品牌名称策略

生产者使用自己的品牌后,还可采取以下的具体策略:

(1)差别品牌策略。企业对自己生产或提供的各种产品分别使用不同的品牌,如宝洁公司的日化用品就有“海飞丝”、“飘柔”、“潘婷”等同类产品的多种品牌。这一品牌策略最大优势在于能满足消费者求新求异的心理需求。但是,差别品牌策略的宣传成本昂贵,并且品牌繁多,使顾客不易记忆企业的形象。

(2)统一品牌策略。企业对自己生产的所有产品统一使用一种品牌,这种策略经常用于家电、服装、汽车制造等行业。统一品牌策略优势在于企业将所有资源集中在某一品牌上,有利于培植该品牌的知名度,并可降低宣传成本;其不利的一面是个别产品声誉不好,会使整个品牌声誉受损。

(3)个别分类策略。这是指企业在产品组合中对产品项目依据一定标准分类,并分别使用不同品牌,如健力宝集团,饮料使用“健力宝”,服装类使用“李宁”牌。这样可避免不同类型的产品因使用同一个品牌名称而产生混淆。同时,根据不同的产品特点使用不同的品牌名称,比较容易引起消费者的兴趣,刺激其消费欲望。

(4)个别品牌与企业名称相结合,通常是在个别品牌前冠以企业的统一品牌。这样既可以使产品享受企业已有的声誉,又能体现产品的个性化,使他们自己各具特色,例如“娃哈哈”的“非常可乐”。

(5)企业名称与产品品牌合一。这是统一品牌的另外一种方式,采用这种方式不会为使企业和产品同时出名而必须花双倍的广告费,能提高企业的经营效率。更重要的是,它有助于企业识别战略的导入、推广和应用,使企业及其产品的标志更简明扼要,易于识别。例如,索尼公司创业之初公司的名称是东京通信工业株式会社,在设计出“SONY”品牌后,公司改名为“索尼公司”,公司名称和产品品牌合二为一。

3.品牌拓展策略

假如企业的原有品牌已很成功,在市场上有很大影响,如果开发新产品,可能不需要再用这个品牌。品牌拓展策略包括延伸品牌策略和品牌创新策略。

(1)延伸品牌策略。如果原有的品牌市场情况很好,推出新的产品就可采用原有品牌,即企业利用市场上已有一定声誉的品牌,增加新产品或革新产品,或延伸出不同功能特点、不同质量水平、不同规格甚至不同包装和造型的产品的策略,以满足顾客多元化的需求。采用这种策略既能节约宣传成本,又能迅速打开新产品的销售市场,但要求延伸产品的品质必须符合在市场上已有较高声誉的品牌要求。

(2)品牌创新策略。企业通过改进或合并原有品牌而设立新品牌的策略。品牌创新可以渐变也可突变。渐变是指新品牌与旧品牌设计接近,随行市场发展而逐渐进行改变,逐步适应消费者心理变化。这种方法更换成本较低,可保持原有品牌声誉,但难以尽快推陈出新。突变是指舍弃原有品牌,采用重新设计的全新品牌,能给消费者耳目一新的感觉,但宣传推广成本将会很高。

二、农产品商标管理

(一)农产品品牌与商标的区别

品牌与商标是极易混淆的一对概念,两者既有联系,又有区别。有时这两个概念可等同替代,但更多的情况下,必须准确认识和使用这两个概念。

品牌与商标都是用以识别不同生产经营者的不同种类、不同品质产品的商业名称及其标志。但品牌与商标的外延并不相同。品牌并不完全等同于商标,或者说,品牌有别于商标。品牌是市场概念,是产品和服务在市场上通行的牌子,它强调与产品及其相关的质量、服务和利益等方面的承诺。而商标属于法律范畴,是法律概念,它是经过注册获得商标专用权从而受到法律保护的商业名称及其标志。企业品牌注册成商标,即获得了商标专用权,并受到法律保护。显然,商标是品牌的法律形式。

商标无论其是否被标在商品上使用,也不管商标所标定的商品是否有市场,只要采用成本法对其评估,它就必然有商业价值;而品牌则不同,品牌的价值是在使用中通过品牌标定的产品或服务在市场上的表现来进行评估的。

(二)农产品商标与使用策略

1.商标注册策略

企业不仅应当有商标,而且还应当到商标局申请注册,使其成为注册商标。“注册”是获得商标使用权的一个法定程序,对企业来说只是商标战略、策略中的一个基本和首要的环节,但有些企业家还没有将它提高到战略层面来认识。

(1)实用性注册。一个企业刚开始可能只专注生产一种产品,这时商标注册时只需要指定一种商品:目前实际使用的商品。商标战略作为企业的重要发展战略,再申请商标注册时,除了要顾及眼前的业务需要外,还要考虑到企业可能今后发展和业务延伸的需要。但仍有很多企业沿用习惯思维“用什么商标,注册什么商标”。很显然,这是一种只为满足当前需要而注册的商标,是一种“被动”的注册行为,是商标意识淡薄的表现。

(2)备用性注册。上述“实用注册”的不足之处十分明显,因此接下来介绍“备用注册”。

第一,企业的业务是可以不断发展和扩张的,不是一成不变的。企业要稳定、健康地发展,应当不断地拉伸“产品链”和注册商标的时候,就要考虑到企业今后的发展和扩张。不仅要在目前使用的商品类别上注册商标,而且应当在企业尚未经营的产品上注册若干商标,以备不时之需,这样的商标被称作“备用商标”。

第二,商标注册一般需要1年左右,如果遇到异议则更长,如果等到企业扩张时、新产品上市时再去申请商标，拿到商标注册证则要等到2年以后，容易失去转瞬即逝的商机。企业如果没有适当的商标储备，当新产品开发出来时就会面临无商标可用的尴尬局面。

第三，如果不及时注册商标，同一题材的商标极易被他人注册（即所谓的“抢注”）。

(3)防御性注册。防御性注册策略是企业采取的商标自我保护的商标注册策略，也是当前市场经济条件下，在商标使用和保护实践中形成的一种“本能的”反应。企业为保护自身利益，为了保护商标的声誉，采取“防御性注册”策略是完全必要的，其意义如下：

第一，防止“搭车”行为。商标具有独占性，企业注册的商标可以阻止他人借用企业已经成名商标的声誉，侵占企业的发展空间，也就是常说的“搭便车”、“傍名牌”。例如，“金帝”是深圳某企业的注册商标。原来，这家公司只是在“巧克力”和“可可粉”等少数商品类别上注册。此后，“金帝”牌巧克力名声大振，“金帝”商标誉满全国。于是，国内不少企业纷纷在这家巧克力公司尚未注册的类别上注册“金帝”或与“金帝”近似的商标（如“金蒂”）。因此，应当主动注册防御商标。

第二，防止商标被丑化。所谓商标丑化，是指商标的形象、声誉受到污损、贬低，使得该商标及其所指产品的正面形象被冲淡的现象。比如，将他人使用在牙膏上的商标“六必治”使用在马桶等洁具、农药、洗涤剂上，势必会给“六必治”牙膏的消费者带来不好的感受，使“六必治”牙膏的形象受到负面影响。

第三，扩大保护范围。防止某个商标出名之后他人在类似题材上注册似是而非的商标。例如，承德的“露露”商标及其“杏仁露”饮料出名之后，尽管露露集团早已在11～34类商品商标和35～42类服务商标上进行了所谓“全类”注册，别的企业已经没有空子可钻；但在另一个方面，仍然存在漏洞：个别企业挖空心思给产品起名“雪露”、“宁露”。

商标的防御性注册是一种被动的防御，在商标成长、培育过程中发挥着巨大的作用；但“傍名牌”之类的侵权行为却是主动的，这类主动的侵权可以“避实就虚”，让被动防御者防不胜防。

(4)全标注册。全标注册也叫整体注册。早期商标注册时，商标局允许卷烟、糖果、牙膏、香皂、电池等产品采用“整体注册”：将一件产品包装（如一个卷烟盒的盒皮、水果糖的“糖纸”、一个牙膏“皮”或电池外层的“招纸”）直接递交商标局进行注册。

全标注册的弊端：首先，淡化商标意识，混淆了商标与装潢的界限，降低了商标应有的地位。商标整体注册的结果为“注册商标＝商品装潢＝小盒盒皮”，使用卷烟商标与烟标、小盒包装、卷烟装潢等概念混为一谈。其次，影响企业发展。《商标法》规定：“注册商标需要改变其标志的，应当重新提出注册申请。”由于“注册商标＝包装装潢”，因此包装装潢的每次改动都需要按照《商标法》的要求进行商标注册，从而使企业虽然拥有很多注册商标（其实是“装潢”），但“有效”商标却很少。企业每次产品创新（出现了新“规格”）都需要使用新的注册商标，而注册一件商标需要1年以上时间，如果出现异议则更长。企业不可能在商标（装潢）设计好之后放置两年后（此为注册所需时间）才投入使用，这样容易错过转瞬即逝的商机。

2. 商标使用策略

商标充分体现了它所负载的商品或者服务的品质、市场定位，反映了企业的市场观念与形象。商标的设计、注册、管理和保护已日益成为企业生存发展的战略决策，商标战略意识是一个现代企业家必须具备的经营思想。通过实施商标战略，企业才能更好地经营商标，培育商标的资产价值，以商标开拓和占领市场，为企业实现更多的财富。在我国企业商标工作起步较晚，且商标意识比较淡薄的情况下，企业加强对商标战略的研究与运用显得尤为重要。

商标的价值在于商标的使用。企业对其注册商标的正确使用，既是该商标受法律保护的需要，也是有效实施商标战略的保障，如果使用不当就可能给自己造成不应有的经济损失。企业正确使用注册商标策略主要包括以下内容：

(1)应将注册商标置于显著位置。企业在使用自己注册商标时，应将商标置于显著、突出、核心位置，使其醒目突出、具有很强的视觉冲击力，使消费者在琳琅满目的商品世界很快能够看中自己的商标，而不能本末倒置，重点渲染商品名称、包装、装潢。特别是应处理好商标使用、商品包装、装潢的关系。在商品包装和装潢设计中，应当以商标为中心，将商标设计置于显著位置，同时将商标与商品名称统一起来。这样才能使消费者在购买商品或者接受服务时，对商标产生非常深刻的印象。

(2)注册商标使用具有稳定性。企业商标信誉的建立凝结了一代甚至几代人的心血，是企业长期努力艰苦经营的结果。保护注册商标的稳定性则是商标信誉价值产生的前提和基础，企业只有保护注册商标使用的稳定，才能逐步提高在消费者心中的地位，使消费者留下深刻印象。如果随意更改商标的文字、图形或者其结合，或者连续 3 年停止使用，还会导致商标权丧失的后果。

(3)注册商标使用的灵活性。注册商标的稳定使用并不排除使用上的灵活性。由于市场情况千变万化，企业在不同时期对不同品质、不同特点的商品不宜固守于一个使用模式，而应当根据不同情况灵活运用，以适应市场竞争的需要。

(4)保证商品的质量。商标信誉的好坏从根本上说是由商品质量决定的，商品质量的优劣是通过商标做媒体传送给消费者的。一个商标一旦用于某种商品，经过长期地反复使用后，会在生产者、经营者和消费者心目中成为一定质量的象征。另一方面，商品的质量越好商标的信誉价值也越大，它在市场上的竞争力也越强。企业使用注册商标应与保证商品质量紧密地联系起来。例如，企业许可他人使用自己的商标固然有多方面好处，但决不能为获得眼前利益而滥施许可，如对被许可人的状况及被许可人生产商品的质量不予关注，则会使自己辛苦创立的名牌，因为被许可人产品的粗制滥造而毁于一旦。

(5)严格依照商标立法的规定使用注册商标。企业注册商标后，依据我国《商标法》的规定，有使用的义务。又依照《商标法实施条例》第三条的规定，商标的使用包括将商标用于商品、商品包装或者容器以及商品交易文书上，或者将商标用于广告宣传、展览以及其他商业活动中。这一规定体现了商标使用具有依附性特征。一般地说，商标使用既是商标权人行使权利的体现，也是企业树立商标形象、实施商标战略的基本路径。由于商标使用是行使商标权，它必须遵循法律的规定。

从我国《商标法》的要求看，企业使用注册商标应符合以下要求：①按照核定的商品范围使用，不得擅自扩大商品使用范围；②按照在商标局核准注册的商标样式使用，不得随意更改注册商标文字、图形等构成要素；③在发生注册人名义或地址变更、商标使用许可或转让、商标期限届满等权利状况变动时应该及时办理变更注册手续。此外，企业不得连续 3 年内不使用自己的注册商标。

(三)农产品商标保护

1.地理标志的保护

应当开展农产品地理标志资源的普查，在此基础上因地制宜，制定本地区农产品地理标志注册与保护规划，将地理标志的注册、使用和保护与整个农副产品名牌战略发展规划及推进措施结合起来，做好宣传和指导工作：一方面要积极鼓励、引导农产品行业协会、农技推广机构、农民专业合作组织和农业产业化龙头企业申请注册农产品商标和地理标志；另一方面要进一步加强对农产品商标申请注册工作的指导，尤其是要加大对农产品地理标志注册工作的指导。

2. 商标专用权保护

保护商标专用权要注意以下几点：

(1)提高保护意识。商标权是一种民事权利，所以商标侵权一般来说是“民不举，官不究”。当然，一些恶劣的商标侵权案上升为刑事案件时，情况就有所不同。为此，商标注册人必须有高度清醒的维权意识，采取有力的防范措施，保护自身的商标专用权不受侵犯。

(2)进行海关备案。从事出口业务的企业应将自己的商标资料向海关总署“备案”；同时，要将侵权人和侵权货物的动向等信息，及时向海关通报，以便海关特别是口岸海关查验时注意。

(3)委托代理机构。从事农副产品生产、加工和销售的企业往往在知识产权方面，机构、专业人员等方面有所不足，委托国内的一个商标专利代理机构是一个不错的选择。一方面可以得到商标使用等方面的指导；另一方面可作为侵权诉讼的代理人，为商标权人出谋划策，以弥补企业商标知识的不足。

(4)防止商标退化。恰当选用商品通用名称。无论是绝对新产品还是相对新产品，都应当给新产品一个恰当的商品通用名，而且这个通用名应当与商标名称一样简洁，易于呼叫。

(5)正确使用注册标记。无论是带圈的R还是不带圆的TM，都可以随时提醒消费者和竞争者哪个是商标，哪个是商品的通用名称，不仅可以突出自己的商标，有利于消费者认牌购物；而且也可以对仿冒者起到警示的作用，同时还可以将商标与通用名称明确区分开来，防止商标的退化。

(6)选用显著性较强的商标。与产品、产品的属性(成分、颜色、功能、形状、产地等)有关的商标显著性比较强，这样的商标实际上已经扮演着商品规格、通用名称的角色，容易退化，例如优盘、味之素、前列康。显著性较强的商标与使用的商品呈弱的正相关或无关，这类商标不易退化，例如“葵花”牌胃康灵、“蓝天”牌牙膏、“金鸡”牌鞋油、“苹果”牌计算机等。

(7)及时主张权利，不能默认。对于他人侵害商标专用权的行为应当及时积极制止，以书面通知侵权责任人，要求立即停止不当使用行为。如果对方充耳不闻，则应及时提起侵权诉讼，采取法律途径把对方的不当行为扼杀于摇篮之中，以免因诉讼“时效”而丧失权利的救济途径。

三、农产品包装策略

(一)农产品包装的概念与要求

食品包装是农产品包装的主体，下面主要针对食品包装的内容进行讨论。

1. 食品包装的概念

食品包装是指采用适当的包装材料、容器和包装技术，将食品包裹起来，以使食品在运输和储藏过程中保持其价值和原有状态。

2. 食品包装的要求

食品包装作为食品加工的延续，既涉及化学、物理、生物学、美学等基础科学，又涉及材料学、食品科学、包装科学、市场营销、管理学等应用科学。良好的包装应该既反映产品的内在质量，又拓展产品的外在形象。因此，食品包装工程要求综合应用各方面知识，全面考虑各种影响因素，在食品包装中至少应将食品特性、包装材料、包装方式、市场条件、包装结构、装潢设计等因素纳入设计思想，全面体现销售的要求，实现商品营销目标。

(二)农产品包装的设计规范

1.食品包装设计的法律法规

农产品包装的设计规范食品包装设计必须符合国家相关法律法规，主要有《食品卫生法》、《国家产品质量法》、《商标法》、《专利法》等。这些法规的文本资料在很多网站可免费获取，进行食品包装设计和包装分析必须研读上述法规。

对于进入国际市场的食品的包装，设计时除应考虑ISO标准规定外，还应充分了解相关贸易国家和地区的法规和标准。

2.食品包装相关标准

食品包装标准主要针对包装材料和容器而定，食品包装材料和容器的国家标准分为四类：一类为食品包装材料和容器的技术规格和性能指标；二类为食品包装材料和容器的卫生标准；三类为食品包装材料和容器卫生标准的分析方法；四类是有关食品包装的标签标准，主要有《食品标签通用标准》、《特殊营养食品标签标准》、《饮料、酒标签标准》。

在食品包装中要注意以下几点：

(1)包装要突出商标的地位。商标应当是商品包装、装潢的重点，应当在产品包装中居于主要地位，而产品名称、产品图形、宣传图片等内容只不过是商标(牌子)的陪衬。因此包装设计既要求商标与装潢相协调，又要突出商标的地位。产品装潢要克服“重装潢、轻商标”倾向，注意产品形象的大体统一，且应当刻意突出产品商标。

(2)注意发挥“群体优势”。“群体优势”指企业在某一领域里所经营的产品范围越广。产品线越长，越能让消费者在市场上看出某一产品群体背后的大企业的气势，并且能在消费者心目中产生信赖感，从而在销售上发挥出有利因素。

(3)防止过度包装。市场经济条件下，大家都在提倡要对商品进行包装，强调外观设计。生产企业重视产品的包装是无可厚非的，从裸装到包装、从包装到精装、礼品装，体现了社会的进步。但过度的包装不但会造成资源的浪费，误导消费者，增加消费者的经济负担，还会造成环境污染，因此在商品包装方面应当注意防止过度包装。

(三)农产品包装策略

1.突出食品形象的包装策略

突出食品形象是指在食品包装上通过多种表现方式突出该食品是什么、有什么功能、内部成分、结构如何等形象要素的表现方式。这一策略侧重于展示食品的直观形象。

2.突出食品用途和使用方法的包装策略

突出食品用途和用法的策略是通过包装的文字、图形及其组合告诉消费者该食品是什么样的产品，有什么特别之处，在哪种场合使用，如何使用最佳，使用后的效果是什么。这种包装策略主要运用于日常生活中较为少见的消费品或新概念食品及休闲食品，如方便食品、药品和保健营养品等。

3.展示企业整体形象的包装策略

很多企业从产品经营之初就注重企业形象的展示与美誉度的积淀。在产品包装方面，在注重产品质量的同时，更注重企业形象的宣传扩展，并在整体营销中导入 CI，使包装成为 CI 的有机组成部分。

4. 突出食品特殊要素的包装策略

任何一种商品化的食品都有一定的特殊背景，如历史、地理背景、人文习俗背景，神话传说或自然景观背景等。包装设计中恰如其分地运用这些特殊要素，能有效地区别同类产品；同时使消费者将产品与背景进行有效链接，迅速建立概念。正是基于这一认识，食品包装中茶、酒、烟、糖、醋、油等常以突出特殊要素为策略，借以增强特色立足于市场。

项目 11 农业企业文化管理

任务 1 企业理念识别设计

◈ 任务目标

了解企业文化内涵，掌握企业理念识别设计技巧。

◈ 任务内容

1. 学生按 5～8 人进行分组，每组组建一个模拟农业企业。
2. 每组为模拟企业进行企业理念识别设计。
3. 完成设计方案，派代表在全班宣读，评价。

◈ 成果检验

每个小组上交一份设计方案，由老师进行总结、点评并给出成绩。

◈相关知识链接

一、企业文化概述

(一)企业文化的内容

企业文化是企业在长期的生产经营和管理活动中创造的具有本企业特色的文化观念、历史传统、共同价值观念、道德规范、行为准则等企业的意识形态，企业领导者把文化的变化人的功能应用于企业，以解决现代企业管理中的问题，就有了企业文化。企业管理理论和企业文化管理理论都追求效益。但前者为追求效益而把人当作客体，后者为追求效益把文化概念自觉应用于企业，把具有丰富创造性的人作为管理理论的中心。这种指导思想反映到企业管理中去，就有了人们称之为企业文化的种种观念。

企业文化由三部分组成：企业精神(组织最高目标、经营哲学、核心价值观、精神、风气、道德)、制度文化(工作制度、责任制度、特殊制度、特殊风俗、行为规范)与物质文化(企业面貌、产品的外观和包装、技术工艺设备特性、纪念物、标志)。也即理念识别 MI、行为识别 BI 与视觉识别 VI。MI、BI、VI 三者并不是完全等同，它们各自的功能是不同的，共同构成了企业识别系统 CIS。

(二)企业文化的主要特征

1. 社会性

企业文化是社会文化在企业的特殊形态。企业文化既是全体职工意志一致性、精神寄托的体现,也是其社会性的统一意志。它反映了企业行为满足社会需要,得到社会承认的一种精神支柱。

2. 时代性

企业文化存在于一个国家一定的社会物质文化生活的环境中,必然反映时代的精神风貌,与时代的发展保持同步。

3. 独特性

企业文化是"企业的人格化性格",具有企业鲜明的个性特征,形成每个企业自己独特的文化。

4. 群体性

企业文化是一种群体的意识,是企业所有成员对共同利益、目标、价值观的追求。

5. 理想性

企业文化是在达到社会和企业职工信仰和满意方面的一种期望,是一种理想化的目标准则和对企业行为要求的一种较高境界。

6. 渐进性

企业文化的构建是一个长期的过程,同时,企业文化与一定的经济基础相联系,从而决定了企业文化的发展只能是一个渐进的过程。

7. 凝聚性

企业文化向全体职工提供共同的价值观,又提供共同的行为规范,对职工充满吸引力,从而在企业内部形成一股巨大的凝聚力,促使全体职工为企业目标而奋斗拼搏。

8. 民族性

企业文化的民族性是指企业文化总是带有本民族文化的特点,并以此与其他民族或地区的企业文化区别开来。

(三)企业文化的功能

1. 导向功能

企业的各部分和企业的每一个职工既有相同的目标,也存在不同的目标,企业文化就是在一面旗帜下统一整个企业和全体人员的方向,把大家引导到企业所确定的企业目标上来。企业提倡什么、崇尚什么,职工的注意力必然转向什么。

2. 凝聚功能

企业文化是一种黏合剂,它使整个企业团结一致,同舟共济。企业成员既有共同的利益,也有不同的利益,但企业文化使大家认清共同的利益大于各自的一己利益。企业的利益是共存共荣的根本利益,特别是当前,企业的兴衰关系到每个成员的收入和饭碗。

3. 约束功能

企业文化对每个企业成员的思想和行为都起着约束作用。企业文化作为群体的共同价值观,并不对企业成员具有明文规定的具体要求,而是通过建立共同的价值体系,形成统一的思想和行为,以"看不见的手"对企业中每一员工的思想和行为起约束和规范作用,使企业员工达到协调行为,自我控制。

4.激励功能

企业文化的中心内容是尊重人,相信人,强调感情因素在企业管理中的重要作用,并以此为出发点来协调和控制人的行为,因而能最大限度地激发职工的积极性和创造性,使之为实现企业目标而努力奋斗。

5.塑造形象功能

优秀的企业总是通过企业的产品(服务)形象、环境形象、领导者形象、成员形象、社会形象等向社会展示自己良好的管理风格、经营状况和精神风貌,而塑造企业的良好形象,以赢得消费者和社会的承认与信赖,这是企业的一笔无形财产。

6.辐射功能

优秀的企业文化,不但对本企业产生越来越大的影响,而且对社会公众会产生巨大的影响,构成社会文化的一部分。

(四)塑造企业文化的原则

1.共性与个性相统一的原则

企业文化的共性是所有的企业都必须调动职工的积极性,争取顾客的欢迎和信任等。但由于各个企业所处的环境、经营方向以及企业特点不同,因而必须建立具有本企业特色的企业文化。一个没有自己鲜明特色文化的企业像一个没有个性的人,人们不去注意它,也不会记住它,因而不具备竞争力。鲜明的个性,则是不同企业文化最好的标志,个性鲜明的企业文化有利于突出企业形象,扩大社会影响,因而每个企业都在努力建造自己企业文化的个性。

2.继承与创新相统一的原则

企业在长期的实践活动中,必然会培养成带有本企业鲜明个性的企业文化。但环境是在不断发生变化的,而不同时期企业文化也必然随之发生变化。因此,企业文化是随环境的动态变化而变化的。同时,对企业文化还应进行超前研究,不断进行创新,使企业文化具有鲜明的时代感和时效性。

3.内聚性与竞争性相统一的原则

内聚性是指企业领导成员与整个群体之间以及群体成员之间的吸引程度。企业文化通过培育企业与成员之间的相互依存关系、凝聚成一种无形的向心力,以此激发出企业成员的积极性,发挥整体优势。而竞争性可以培植进取心和创新精神。企业文化建设引入内聚性和竞争性,在企业中造成一种强烈的群体意识和竞争意识,从而使企业在不断发展过程中立于不败之地。

(五)企业文化建设的主要措施

塑造企业文化是一项复杂、艰巨的工作。一种优秀的、有特色的企业文化的塑造,需要企业有目的、有组织、长期地进行培养和完善。

1.分析内外因素,选择价值标准

由于企业价值观是整个企业文化的核心和灵魂,选择正确的价值观是塑造企业文化的首要问题。在选择价值标准时应考虑下列因素:

(1)企业特点。不同的企业有不同的目的、环境和组织方式,因而具有不同的特点,因此,每个企业首先要根据本身的特点,选择适当的价值标准,选择适合自身发展的企业文化模式。

(2)企业的成员及其构成。不同类型的人及其组合方式都会影响企业文化的形成。每一个人都有自己的价值观念,个人与企业的价值观是否相容,直接影响到企业的价值标准能否为每一个成员所接受。因此,企业在选择价值标准时,应认真分析研究人的因素。

(3)企业的外部因素。包括政治、经济、社会文化、法律等方面,都会影响企业成员的思想意识和行为。因此,在进行文化设计之前,首先应分析研究影响企业文化塑造的各种相关因素,然后针对这些因素,调查、收集资料,了解它们在企业中表现出的特点,哪些方面有利于塑造优秀的企业文化,哪些方面影响企业发展。在此基础上才能确立既体现企业特征,又为全体企业成员和社会所接受的价值标准。

2. 自我设计

在对企业现状充分了解的基础上,发动企业全体员工参与企业文化的设计,制定出发展方向。通过归纳、提炼、设计出各种方案,然后对各方案进行评价、比较,设计出具有本企业特色的企业文化。

3. 强化员工认同

企业文化设计制定后,要创造条件付诸实施。企业文化要全面付诸实施,并被全体员工所接受,真正成为群体意识和群体行为,必须经过企业全体员工的认同。企业文化只有被全体员工所认同,调动起企业全员的积极性和创造性,才能形成良好的企业文化氛围,保证企业文化建设和经营目标的实现。员工的认同过程是一个循环往复、相互促进、相互提高的过程,通过员工的认同,一方面会增强员工的参与意识,强化他们的主人翁责任感;另一方面也会带来企业家精神的丰富和提高,因此形成"认同—强化—提高—再认同—再提高"的循环过程,形成企业文化建设的良性循环。

4. 巩固落实企业员工的合理行为

只有经过强化予以肯定,这种行为才能再现,进而成为习惯稳定下来。

二、理念识别(MI)

在 CIS 中,MI 是处于核心和灵魂的统摄地位。因为企业识别系统正是将企业理念和精神文化,运用整体传媒系统,特别是视觉传达设计,传播给企业内部、企业周围的相关者或团体以及社会公众,使其对企业产生一致的、统一的认同感和价值观。企业理念属于思想、文化的意识层面,它属于抽象思考的精神领域,所以它对企业的行动、企业的活动、企业的形象传达具有一种统摄作用。没有理念的企业只是一盘散沙、一个空壳、一种装饰。CIS 中的三个因素分别处于不同的层次。如果以人来作比拟,企业理念识别(MI)相当于人的心;活动识别(BI)相当于人的行为,有人称之为"手";整个视觉识别(VI)则相当于人的表情、表达,有人称之为"脸"。

(一)理念识别(MI)的内容

一个企业的理念识别系统包括企业使命、经营哲学、行为基准和活动领域。

1. 企业使命

企业使命是企业依据什么样的社会使命进行活动的基本原则。企业使命是构成企业理念识别中的最基本的出发点,也是企业行动的原动力,只有树立明确的使命感,才能满足企业成员自我实现的需求,持续地激发他们的创造热情,才能赢得公众更普遍更持久的支持、理解和信赖。相反地,没有这个原动力,企业将会处于瘫痪半瘫痪状态,企业即使在营运,也将是没有生气的或是将走向破产的边缘。

明确了企业使命实际上也就是明确了企业存在的意义。公司的长期目标、短期目的是什么？企业的工作究竟是什么？实体的活动范围是什么？这些问题能够在企业中，上至决策层，下至普通员工达成共识，将有助于企业使命的确立，有助于企业自我价值的实现。

要使一个企业取得卓越的成功和成就，其领导人所具有的事业的理想、社会责任感、使命感是十分重要的，企业理念往往是这种理想和使命的延伸，仅仅依靠发财的欲望是无法支撑一个真正成功的大企业的。

2.经营哲学

经营哲学是依据什么样的思想来经营企业的经营基本政策和价值观。“怎样做”是企业的经营哲学，是企业内部的人际交往和企业对外的经营活动中所奉行的价值标准和指导原则。

经营哲学是企业人格化的基础、企业文化的灵魂和神经中枢，是企业进行总体设计、总体信息选择的综合方法，是企业一切行为的逻辑起点。它是在生产经营中逐渐形成，并具有经营性、实用性的特征。

企业价值观是企业及其员工对其行为意义的认识体系。它决定着企业和员工的行为取向和判断标准，它可以调动员工的上进心和荣誉感，促使员工达成思想和行为的统一。它直接控制着企业对周围环境的行为。作为认识标准，企业价值观对企业内部各群体和个人的价值观可以起到指导和调节的作用，对企业的规章制度也可以起到制约和补充的作用。

3.行为准则

行为准则是指企业内部员工应该怎样活动，表达了员工应当具备的基本心理和活动状态。所以作为企业员工的行为规范涉及的主要是企业内部的问题。

行为准则是企业内部员工涉及企业经营活动的一系列行为的标准、规则，它体现了企业对员工的具体要求。具体地讲，它包括服务公约、劳动纪律、工作守则、行为规范、操作规程和考勤制度。

企业各种制度、准则的功能就是约束企业全体员工的行为，使企业员工的行为保持在一定的规范内，即使企业主体的行为至少在理论上是一种可预测、可控的行为。

4.活动领域

活动领域是指企业应在何种技术范围内或在何种商品领域中开展活动。企业使命、经营哲学、行为准则是属于企业理念的理论范畴。具体地实施、体现需要在一定的活动领域里完成。也就是说，为了达到理念识别的目的，企业必须以活动领域为基础，在企业的活动领域里打上企业使命、经营哲学、行为准则的“烙印”，才能真正起到理念识别的作用。

(二)企业理念的适用范围及应用形式

企业理念是一个总概念。各个企业在建立自己企业的识别语汇的过程中，可以有各种不同的切入点，可以有各种不同的具体做法。这样，企业理念就形成不同的适用范围及其应用形式。

1.企业理念的适用范畴

(1)经营策略。经营策略是企业为了达到自己的目标而采取的具体的经营战术。策略是一个比较明确的“怎样去做”的问题。策略对于社会公众不是个直接的企业形象的展示，但策略的具体的“怎样去做”却很可能吸引广大的公众。策略往往使他们从中明了“自己是怎样从这笔生意中获得了更多实惠的”。

(2)经营方针。经营方针是企业经营的最高原则,它给企业经营指出了大方向。一个企业具体的动作原则是行为规程,而一切经营活动都必须统一遵守的最高原则就是经营方针。经营方针不在具体做法上设置条条框框来加以限制,这样企业在策略、具体战术的运用上可以显得十分灵活机动,还可以保证在大方向不变的情况下继续运行。企业经营方针的确定应当注意行业的特点和消费者的期待取向,表达上要简洁明快,便于传播,便于公众认知和记忆,才能取得最佳效果。

(3)价值定位。企业理念的确立与企业自身的价值观念密切相关,也就是企业把什么看作是值得努力争取的东西。产品价值定位的确立更容易使消费者在众多产品中加以识别,运用得好可以大大激发消费者的认同和信赖。

(4)企业精神。企业精神是以企业哲学为指导,建立在共同价值观、共同理想和信念的基础上的,为企业员工共同认同和接受的一种群体意识。它是企业内在本质的集中体现,是企业人员共同遵循的价值取向、理论信条和共同的行为规范。它不是经营上的某一具体做法,但却是企业整个行为的高度概括,是企业素质的综合反映。它集中了企业理想和意念,是企业中最富有魅力、最具有鼓动性意义的无形的价值因素。它使整个企业充满了活力和朝气,并能激发员工的潜能,让外部公众通过理念识别了解企业精神的内容,产生一种信任和支持。

具有高度积极意义的企业精神,一是应具有时代精神,符合时代发展的大趋势;二是与企业的战略目标相切合,符合企业发展的实际和远景目标。总之,企业要善于把企业精神融于管理风格之中,形成统一的理念化的企业形象发展战略。

(5)企业使命。企业使命就是企业由于社会责任、义务所承担或由企业自身发展所规定的任务。如果企业使命十分明确就会是企业形象的一个直接的描述。有不少企业向社会传达自己的使命,从而树立了自己的企业形象,让公众更多地了解企业,产生更多的好感和信任。

(6)企业性格。企业性格是企业从上到下在经营活动中所表现出来的一贯的总体倾向。企业性格有时并不是仅仅依赖理念识别的传达就可以完成的,它常常与企业的各项活动联系在一起。企业性格作为一种个性,越是独特,越是强烈,引起的效果也往往越大。

2.企业理念的应用形式

(1)标语、口号。标语、口号的内容和形式基本相似,是将企业理念识别的核心内容精炼成警句,言简意赅地加以表达。标语用之于横幅、墙壁、标牌上,陈列于各处,四下张贴使员工随时可见,形成一种舆论气氛和精神氛围。口号用生动有力、简洁明了的句子,呼之于口,使之激动人心,一呼百应。

(2)广告。广告是形成企业形象的有效形式之一。广告不等于企业理念的内容,但却有一定的联系,广告语要体现出企业理念的内在精神。企业理念一般比较稳定,而广告语可以根据不同时期、不同地域、不同环境加以灵活改变。有时公共宣传比广告更引人注目,更具有说服力和有效性。

(3)企业歌曲。把企业理念的有关内容,谱成企业的歌曲。歌曲具有陶冶人性情的功能。歌曲一方面以通俗易懂、朗朗上口的词句和优美流畅的旋律起到感染人的目的,另一方面又可以达到放松的目的。

优秀的企业歌曲能够激起人们团结、奋进、向上的激情。聪明的企业家用音乐这一艺术形式向职工进行巧妙的灌输,向社会各界广为宣传。企业歌曲反映企业精神、理念,使员工从中受到教育和鼓舞。企业歌曲展示的音乐形象表现出企业的不同风格、不同的审美情趣。

(4)企业座右铭。企业座右铭本质上还是企业信条、企业标语。明确一点说,企业座右铭是企业领导人遵循的准则,它可以用横幅、条幅等书法形式陈列于办公室内。

(5)条例、手册。企业把企业理念和企业精神确定的价值观念和行为准则列为若干条例,作为文件、规则在企业内部公布,使之具有某种制度性的作用和效力。例如把条例印成手册,人手一份,组织学习、朗读,使之记在脑子里,落实在行动中。

(三)企业理念的定位

企业理念识别的定位是否准确,策划是否富有创意,不仅直接影响企业的经营运作,而且直接影响到企业行为识别系统、企业视觉识别系统的开发和传达的效果。

1. 企业实态调查

企业只有准确地把握自己的境况,才能准确搞好定位。首先企业要对所处的外部环境和企业在这一环境中所具有的特点有比较深刻的了解;其次对本企业的定位和企业的本质,即企业独特而又统一的特点是什么有一个明确和清醒的认识。

2. 企业理念的定位和构筑必须注意的问题

(1)必须考虑企业领导者的个性特征。企业领导人具有某一理念,企业不一定就具有这一理念;企业领导人不具有某一理念,企业必然不具有这一理念。企业理念很大一部分是企业领导人自身个性的延伸,或者说打上其个性的“烙印”,所以说,理念的定位与领导者关系十分密切。

当然,企业理念要作为企业成员共同认同的企业精神和价值观必须具有广泛而深刻的群众基础,必须从领导到员工共同参与研究拟订,才能使之为大家所认同和接受,并成为一种精神力量。如果仅是领导人个人理念的提高而不被员工所接受,不能成为员工的共同行为,就是没有力量的,是不会成功的。

(2)必须考虑时代特点和社会特征。企业是一个开放的社会群体,是一个时代和特定社会环境中的企业,它不可避免地饱受到时代和社会因素的影响。所以,我们在为企业理念定位时不能不把时代和社会政治、伦理观念等因素考虑进去。

另一种情况是,虽然时代和社会飞速发展,但企业的理念仍然适应和基本适应时代和社会的需求,并不过时,应通过各种措施使之发扬光大,让它更加光彩照人,而不必赶时髦,重新营造一种理念,这样做会危及企业的声誉和形象。

(3)必须强调企业的个性。决定企业理念定位和构筑的三个主轴是:本企业是什么企业;本企业将是什么企业;本企业应是什么企业。企业还要考虑提高的理念是否能反映出企业个性?是否能反映行业特色?是否能反映企业特色?是否能反映社会、政治、经济、文化要求?是否反映消费者的需求?是否高度概括、简明扼要?是否具有可操作性?在考虑以上问题的时候,领导者尤其要认真思考企业理念识别语汇是否个性化,具有企业个性,企业理念才能在对手如林的竞争中脱颖而出。

(4)必须注意企业的行业特色。企业总是处于不同的行业中,不同行业所处的客观环境、历史传统、人员素质、生产经营过程、消费者等各种因素不同以及企业社会使命不同,因此企业理念定位时,必须注意行业的特色。

不同行业具有不同的特点和使命,各企业为企业理念定位时一定要突出行业的特点,从而构筑企业的理念识别。

(5)必须符合国情,具有中国的特色。中国的企业家在为企业理念定位或重构企业理念时，必须以国情为背景，顺应市场的需求，明确符合自己国情的企业理念。在学习国外的成功经验时，应该既不排外又不自卑，敢于拿来又不照抄照搬，实事求是地总结我们的历史经验，按照不同的出发点恰如其分地为企业理念定位。

3.企业理念定位的原则

(1)目标原则。企业固然要追求投资回报率，但更应满足人类的自我追求和发挥自我的理想。

(2)卓越原则。创新前进应成为支配个人或公司生命和灵魂的精神力量。

(3)一致同意原则。决策有命令、共商和一致同意三种形式。管理者要充分利用群众智慧，才能做出有效决定，获得一致支持。

(4)一体原则。企业应鼓励员工参与管理，使其对公司产生归属感，与公司休戚与共、祸福同当，这种一体精神是鼓舞员工的原动力。

(5)绩效原则。赏罚分明，除物质奖励外，精神上的支持和肯定也是鼓励员工向上的动力。

(6)亲密原则。个人与公司结合亲密关系才能互相信赖。公司除生产外，还应负起教育、提高、关怀员工的责任。

(7)操守原则。领导者必须行正言端，有操守，才能获得属下信赖并愿为其效劳。有操守的领导者不短视，并能言行一致地依诚信原则行事。

(8)实证原则。管理者的首要任务是思考，公司的成败取决于管理者是否有清醒、严密、富于革新意识的思考和勇于实践。

4.企业理念定位的模式

(1)目标导向型。用精炼概括的用语反映企业追求的精神境界和经营战略目标。如美国劳斯公司："为人类创造最佳环境"，它着眼于企业存在的社会价值能使企业形象得到升华。

(2)团结创新型。用简洁精炼概括的用语反映企业团结奋斗的优良传统以及拼搏开拓创新的团体精神和群体意识。它的主要目标是企业的内部公众，如上海大众汽车有限公司的"十年创业、十年树人、十年奉献"。

(3)产品质量、技术开发型。用简洁精炼概括的用语突出强调企业名牌产品的质量，或强调尖端技术的开发意识来代表企业精神，展示企业形象，有效传达企业对社会的贡献。

(4)市场营销型。它的目标是企业的外部公众，强调市场的覆盖和开拓，争取最佳的经济效益，如美国麦当劳公司："顾客永远是最重要的，服务是无价的，公司是大家的"。

(5)优质服务型。它的主要目标也是企业的外部公众。它着重强调的是"顾客是上帝"，优化为顾客为社会服务的群体意识，如美国 IBM 公司："IBM 就是服务"。

(四)企业理念的实施

理念只有贯彻、落实、渗透于员工行为和企业标志之中，才有可能转化成共同的价值及共同的行动，才能塑造出良好的企业形象，否则再好的企业理念也是一纸空文或者一句空洞的口号，没有任何实际意义。要使企业理念渗透到组织和员工行为以及体现在视觉传达之中，使之成为员工的共同价值观并落实在行动上，这需要经过一个了解、领悟、实践的过程，需要构筑企业理念。

1.对员工进行企业理念的教育

例如采用唱公司歌、升公司旗、讲公司的创业史等方式，深入广泛地进行企业理念的教育活动。

2.将企业理念体现在企业环境之中

以图案、书法来象征企业理念，做成匾额、条幅，或做成海报、巨幅壁画把抽象的理念用形象化的方式体现出来，在公司的办公室、工厂或工作场所悬挂张贴，这可以说是一种形象教育，可以达到直观的教育效果。

3.把企业理念贯穿于企业经营管理活动的各个环节之中

通过各种小组讨论、大会报告、演讲比赛、组织与理念有关的征文活动等各种活动方式，对企业理念进行具体、生动、深入的解释，特别是结合企业的经营活动、先进事迹进行教育，使之与企业员工的职责联系起来，从而形成各部门、每个员工的行为规范和约束机制，使理念溶化于思想里，落实在行动中。

4.通过庆典仪式和娱乐游戏表达企业文化并构筑企业理念

象征仪式是企业理念的戏剧化。它既是传播理念的场所，又为员工提供对理念增强理解的蓝本，它帮助公司赞颂英雄、传奇、神话和神圣的象征。它能使无序变有序，成为公司日常运营的一部分。

庆典则是超凡的令人瞩目的。它能使员工的亲身经历难以忘怀，并能将企业的价值观、信仰和英雄人物形象深深印入脑海之中。

游戏是企业理念有创造力的一个方面，它能够把大家维系在一起，并能缓和紧张气氛减少矛盾冲突，改善人际关系创造新观念和文化价值。

任务2　企业活动识别设计

◈ 任务目标

掌握企业活动识别的内容，可以进行企业活动策划。

◈ 任务内容

1.学生按5～8人进行分组，每组组建一个模拟农业企业。

2.每组为模拟企业依据任务1的企业理念，进行企业活动识别设计。

3.完成设计方案，派代表在全班宣读，评价。

◈ 成果检验

每个小组上交一份设计方案，由老师进行总结、点评并给出成绩。

◈ 相关知识链接

企业理念确定之后，就要通过各种传播媒介，运用多种传播方式和手段把信息传递出去，使社会公众认识企业，了解企业，对企业产生认同感，从而逐步在公众心目中树立企业的良好形象。企业理念信息的传播主要通过两种媒介：一种是静态的视觉识别系统，一种是动态的行为识别系统。视觉识别是通过企业的名称、标志、品牌、标准字、标准色等的设计组合，建立和体现企业的形象个性。而行为识别的基本意义则在于将企业的内部组织机构、教育、管理、制度、行为等以及对外的新闻宣传、公关、广告及回馈社会的公益赞助活动等都理解为一种传播符号，通过这些活动的因素传达企业信息、塑造形象。行为识别可以分为企业对内与对外的行为识别。对内行为识别是对外行为识别的基础；对外行为识别则是对内行为识别的延伸和扩展。

一、企业对内的行为识别

(一)企业内部组织传播

1. 价值认同与共享

活动识别的核心在于企业理念的推行。对企业来说，这是场意识革命和全新价值的创造。这样，启蒙与价值认同，价值共享就显得更为重要。它与一般的教育不同，在这里教育者与受教育者都是以主体形式出现，教育者不仅是教育某种知识价值，还要身体力行成为一种活的典范，示范或榜样的意义比知识灌输更为重要。

2. 企业文化的对内传播和员工教育

贯彻企业文化理念，建立行为识别制度，关键的一环是企业文化意识的传播，即所谓内部的传播与交流。谁也不能低估传播舆论的力量，所以，大小企业，不管是内部通信、公告栏、板报、标语，还是广播、简报、企业报，都会有一个正规的传播媒介。除此之外，非正式的员工之间的私下小道消息传播是不可忽略的。

安内才能攘外，在企业向外传播企业文化计划之前，首先要对企业内部的员工作一次完整的说明，使他们了解企业文化的主旨。对内部员工传播教育的主要方式有如下几种：CI说明书；内部员工教育幻灯片；充分利用公司内部传播媒体来传递；员工手册；公司内部的宣传海报；企业内部的沟通；公司的公关活动；提高服务质量，改善服务态度。

企业文化的传播要善于利用非正式传播网络中的关键人物：一是所谓的“包打听”与“小广播”；二是“老师傅”或“元老”；三是小集团到小集团的头头；四是领导的“红人”或朋友；五是秘书。传播企业文化的要旨在于通过这些人物了解广大员工的反应与执行过程中存在的问题。非正式传播的随机性使它可以随时随地进行，并且借助真情感交流的特征，沟通方便，影响力大。非正式传播是非控制性的，但并非不可利用，有意识地引导和间接地调控，都能使这些私下交谈、小道消息、马路新闻传播正面的、有利于企业文化推行的信息。

(二)行为规范管理

企业文化的塑造需要企业员工的共同努力，员工的一举一动、一言一行都体现企业的整体素质。没有良好的员工行为就不可能有良好的企业形象。

企业员工是将企业形象传递给外界的重要媒体，如果企业员工态度散漫、行为举止不端将给企业带来很大的伤害。所以企业需要有一个大家共同遵守的行为规范。规范是员工必须接受和执行的基本行为准则，它对员工行为具有约束、引导和指导的效力。规范的约束会使人们的行为趋于一致，并与企业总体目标相一致。

良好的企业形象的基础在于企业为顾客提供的优质商品和出色的服务。商品的质量是硬件，而为顾客服务的技巧、质量、态度都构成行为识别的重要内容。要塑造一个良好的企业形象除了要培育好优秀的组织素质，更需要在此基础上全方位塑造组织和员工的良好行为，这是赢得公众的最直接最广泛的领域。将企业的理念、价值观贯彻在企业的日常运作中、员工行为中。最重要的问题便是规范的确立以及通过管理机制实施这些规范。从人际行为、语言规范到个人仪表、穿着,从上班时间到下班以后,员工行为管理的最好的办法是启发诱导,从精神入手,融会贯通,自然地接受合理的规范,将企业理念树立的价值观体现在行动中。

二、企业对外的行为识别

企业对外的行为识别主要包括企业作为一个行为组织的整体向外有计划地举行企业文化系统化的公关活动。它的传播范围有社区性的,亦有通过传媒广及国内外的。对外行为识别又常称为"活动识别",这样对整体组织活动的描述更为贴切。

(一)对外活动识别与媒体策略

1.对外活动识别的媒体公关

企业对外的活动识别是在整个社会背景下的广义的传播。现代企业的营销市场是广泛的,它不局限于一个社区甚至一个国家。因此,企业识别活动也应是广泛的,它必须借助广播、电视、报纸、杂志等新闻媒介,传播自己的企业形象。一方面是企业有意识地利用现代传播手段,巧妙地宣传自己,树立良好的影响广泛的企业形象;另一方面在市场经济的宏观背景下,新闻界已成为消费者利益的维护者,而有时这种关注与自觉就能决定一个企业的盛衰存亡。企业处理好与新闻媒介的关系,必须注重以下几点:

(1)要充分认识新闻媒介的地位和作用。

(2)要充分了解媒介的特点,了解新闻传播工作特殊规律。

(3)要处理好与新闻界的关系,须注意遵循以礼相待、以诚相待、平等相待、认真对待的"四要"原则及不要干扰采访活动、不要以利相交、不要变相交换、不要临时抱佛脚的"四不要"原则。

企业遇到一些对自己不利的报道,企业领导人和公关人员必须保持镇定沉着,不能乱了方寸,举止无措,而应将报纸所登载的新闻报道仔细阅读,在进行冷静分析之后做出应变对策。

新闻媒介发表不利于企业的报道一般有两种情形:一种是报道本身不正确或歪曲事实;另一种情况是报道内容准确无误,但却使企业处于被动局面。如果是属于第一种情况,企业的领导人和公关人员要立即行动起来,主动说明事实真相,指出报道的差错所在,要求获得更正。如果无法得到很快更正,企业可以利用"读者来信"栏指出该报道的谬误,向读者说明事实真相,还可以在各种媒体上刊登广告,以纠正不利报道给企业带来的不利影响。如果对企业不利的报道属于第二种,即报道的事实准确无误,是属于企业本身的错误造成的,企业应该虚心接受批评,最终通过该媒体向广大客户道歉,说明造成这种后果的原因,并且采取有力措施,整顿企业经营管理,提高产品质量。

2.媒体策划:"新闻事件"新闻发布会与记者招待会

活动识别就是借助种种有计划、有效的活动,广泛传播企业统一理念、价值观、精神风貌、品牌特色。"新闻事件"作为一种媒介具有集中、深广的传播效果。企业不仅要出奇取巧,因时因地因人制宜,还要考虑到有关政策法规的许可范围、接受者的文化习俗、社会心理、个人素质、消费心理以及当前社会的主导情绪、热点热门话题,时髦时尚。另外,企业的行业特征、固有形象基础、产品性能、品牌特色等方面的问题,亦不可忽略。

从内容上看,策划"新闻事件"必须扣紧特定时期社会公众最最关注的热门话题来策划和制造新闻事件。随着时代的变迁、社会的发展,不同历史时期会有不同的热门话题,形成公众最关注的热点和焦点，企业应当站在一定的高度从不同的视点和层次去寻找和挖掘公众共同的主题，成功地制造新闻事件。

从形式上看，策划“新闻事件”必须充分利用“新、奇、特”来策划和制造与企业有关的新闻事件。别出心裁的公关活动不仅能够吸引公众的注意，也是新闻记者采访报道的动力。企业要围绕一些特殊事件或节日来策划制造与企业有关的新闻事件，有意识地向公众灌输企业思想，树立企业形象。企业还要善于把企业与某些权威人士和社会名流结合在一起以提高企业声誉，塑造企业形象。

新闻事件的策划和制造，一定要有个很好的创意，要精心构思，善于抓住时机，做到天衣无缝、恰到好处，使之在内容、形式和手段上做到有机和完善的结合。

企业的经济政策、经营方针、新技术新产品面市、庆典等重大活动、知名人士的来访、面向社会的文化活动、经济交流、社会福利的赞助活动等都具有一定的新闻价值。企业应当学会随时寻觅和抓住有新闻价值的活动时机，适时地组织和召开新闻发布会和记者招待会，而且把新闻发布会和记者招待会搞成提高企业知名度、美誉度，展示企业形象的良好机会。

(二)对外活动识别的公关策划

企业对外行为识别在很大程度上与企业经营管理中普遍应用的公共关系活动相联系。公共关系将企业有计划、有组织的活动传达给社会公众，获得社会公众对企业的好评，这一点不论在内容上还是方式上，都与对外行动识别的组织活动一致。

1. 对外行为识别中的公关要义

在市场经济大潮中，企业如果要不在优胜劣汰中被淹没、淘汰，而期望在这种生存竞争中成为强者，那么企业就要在抓好产品(服务)质量的同时时刻关注自己的知名度，千方百计、不惜代价地建立企业的知名度和公众的识别度。

作为一行动的整体，企业生存在特定的社会环境中。这个环境有间接的，如异地市场、社区、国家，企业必须通过特定的传播媒介才能达到；还有直接的，那就是企业所在的社区。在这个直接具体的环境中，对外行为识别具有更重要的意义。除了每一位员工的行为表现外，企业整体的仪表也是识别的有效根据，于是有些企业对社区环境治理、公害处理、娱乐设施的建设、联谊活动纷纷投入资金，做了有益尝试。

任何企业都生活在一定的社区之中，必须了解自己是社区里的一部分，企业是社区中的一个成员，社区是企业赖以生存、发展的沃土。因此，企业的生存和发展需要与社区建立一个和睦相处的睦邻关系。

企业搞好社区关系必须做好如下工作：①及时与社区进行信息沟通；②开放企业，让社区公众参观；③积极参与或赞助社区的公益事业；④为社区创造一个良好的生态环境。

2. 策划专题公关活动

个体的行为识别是规范化的、非组织性的、每时每刻进行的，而与公共关系相关的种种识别活动却是有策划、有组织、间接进行的。企业总是寻找各种机会，利用各种媒介，别出心裁地开展一些活动，提高企业的知名度，塑造企业一体化的识别形象。

专题活动是指为达到一定的目的，在某个特定的时期、特定的场合下，使成为对象的每个人都能亲自体会到直接针对性的某种“刺激”的媒介。因此，举办富有特色的专题活动是提高知名度，树立企业形象的有效途径之一。

开放企业、举办参观活动是企业公共关系专题活动中的一个重要方式和手段，还可以采用专题公关活动。

举办专题公关活动,应注意以下问题:要有一个突出、明确的主题;调动各部门的积极性,充分利用各方面的力量;要富有特色才能吸引人;运用传播媒介,扩大专题活动的影响力。

3.赞助社会公益事业

活动识别策略需要因时因地制宜,机动灵活。只要把握统一性原则,企业就可以利用社会上一些有影响力的事件,乘东风、树形象、宣传自己。企业慷慨解囊出资赞助各种公益活动都是为了沟通信息,促进理解,提高声誉,树立良好的企业形象。具体地说:通过赞助做广告,增强广告的说服力和感召力;树立企业关心社会公益事业的良好形象;证明企业的经济实力,赢得公众的信任,谋求社会公众的好感;追求企业的社会效益和企业承担的社会责任。

企业赞助活动的主要形式有:赞助体育活动;赞助教育事业;赞助文化艺术活动;赞助各种社会福利事业等。

4.公关活动在企业营销中

公共关系促销是企业通过各部传播媒介提供有说服力的材料,使其与公众之间互相了解,双向沟通,以塑造企业的良好形象,唤起公众的认同、好感、兴趣与信赖,赢得公众的信任和支持,从而为企业销售提供一个良好的舆论环境和生存环境。企业在开展公关促销的过程中,必须注意市场调查,否则销售就是盲目的。在瞬息万变的信息时代,企业能够掌握信息就是掌握命运,失去信息就失去主动权,信息成为企业存续的血液。

企业家除了注意市场细分之外,也要通过市场调查了解竞争对手的目标市场,避免大家都挤在一个甬道上,找到企业占领目标市场的最佳位置。

市场不是一成不变的,它总是随着人口、经济、科技、文化的发展变化而发展变化并制约着市场营销行为。如果企业忽视人口、经济、科技、文化环境的变化,可能失去一次腾飞的机遇;如果企业无视政治和法律环境的变化,则迟早将会遇到致命的打击。

任务3　企业视觉识别设计

◆ 任务目标

了解企业视觉识别的内容,可以进行企业视觉识别设计。

◆ 任务内容

1.学生按5～8人进行分组,每组组建一个模拟农业企业。

2.每组为模拟企业依据任务1的企业理念,进行企业视觉识别设计。

3.完成设计方案,在全班进行展示、评价。

◆ 成果检验

每个小组上交一份设计方案,由老师进行总结、点评并给出成绩。

◆相关知识链接

企业的视觉识别系统就是要将企业理念和企业价值观，通过静态的具体化的视觉化的传播系统，有组织、有计划、正确地、准确地、快捷地传达出来，也就是使企业的精神、思想、经营方针、经营策略等主体性内容通过视觉的方式得到外化，使社会公众能一目了然地掌握企业的信息，并产生认同感，达到企业识别的目的。企业识别系统应以建立企业的理念识别为基础，也就是说，视觉识别的内容必须反映企业经营思想、经营方针、价值观念和文化特征，并广泛应用在企业的经营活动和社会活动中，进行统一的传播。视觉识别系统是企业理念的形象体现，是静态的识别系统。

一、企业视觉识别的结构模式

企业识别的结构模式是企业机制对外界的一种展示，通过企业各种视觉要素之间的关系和组成情况，经过企业各机构的传达，以表明企业的内部关系和组织形态。总的来说，企业的结构模式主要有三种基本类型：一元化结构模式、商标结构模式和多元化结构模式。

(一)一元化结构模式

一元化的结构模式是指企业使用统一的名称、统一的标志、统一的商标。一般新建立的企业或经营范围比较单一的企业大都采用一元化结构模式。一元化结构模式的企业具有集中、统一，容易使消费者识别，宣传比较经济的特点。欧美的零售业和日本许多企业都是一元化视觉结构，金融业、商业服务业也大多采用一元化的视觉结构模式，这与行业的经营特点有关。统一的视觉形象，强有力的传播战略，使企业具有很高的知名度和广泛的市场。集中而单一的结构模式，企业使用统一的商标虽有其显著的优点，但往往对获得较大的市场份额、产品的市场形象有其不利的方面，甚至会面对重大的风险。一旦营销的某个环节出现问题，可能会涉及整个企业的命运和前途。因此，企业采用一元化结构模式会给企业的经营提出更高的要求。

(二)商标结构模式

一个企业同时拥有多个商标，通过一系列似乎毫不相关的产品商标进行经营，就是商标结构模式。采用这种结构模式的企业一般是生产和经营日用品、食品、服装、鞋帽或百货用品的企业。此外还有另外一种情况，同一种产品在不同的市场中采用不同的商标。如日本松下电器公司，在世界不同的市场采用三个商标 National、Panasonic 和 Technics。企业的优势是将具有竞争优势的商标随同优势商品投放市场上形成单个商标形象，而消费者不一定意识到整个企业的实际情况。因此企业能够运用各个商标的优势分割市场，从而争取最大限度的市场份额。

只采用商标结构模式的企业形象传播，由于消费者不能将企业的一个产品和另外一个产品联系在一起，也就不能为新产品推出带来良好的形象。没有强有力的集中统一的企业形象，广告宣传便是散兵游勇，各自为政，因此就没有经济的传播。但是，可以将企业的信息与不同的商标一起传播，尽力使分散的传播取得统一的效果，以利建立企业的形象。

(三)多元化结构模式

多元化结构模式常见于多种经营的股份制企业或是企业集团公司。这类企业有多个分公司或多个联合企业，各分支机构具有自己的经营范围和独立的经营权，并以各种形式对总公司负责。分支机构之间即保持着独立的地位，又通过总公司保持某种联系。企业多元化的结构模式是以各分支机构具有独立的名称和商标为特点的，分支机构有自己的产品、市场并独立经营，同时又以各种方式对总公司负责。因而整个企业复杂的组织关系使对外传播也变得复杂起来，协调传播成为企业的艰巨的任务。

多元化结构模式表现了企业成长的生命力，但如果没有统一的传播作为保证是难以形成统一的企业形象的。对多元化的企业来说，视觉传播的统一无疑是一项非常艰巨的工作，必须有组织地保证机制，否则统一的传播是不可能的。

确定正确的企业结构模式的方法是通过评价一个企业竞争优势的资源，进而对每个分支机构和商标进行调查分析以确定其能否通过企业的整体传播以及其他分支机构的联系中得益。如果这种结构是合理的，企业的传播将会形成强大的内聚力。无论一个企业内部的关系如何，都必须建立一个有助于创造企业竞争优势的结构模式。如果这种结构是合理的，企业的传播将会形成强大的内聚力。无论一个企业内部的关系如何，都必须建立一个有助于创造企业竞争优势的结构模式。如果这种优势基本上来自各分公司的商标，那么公司就更倾向于多元化或商标结构。如果一个大的公司与其所属分公司具有统一的战略系统，那么他将更倾向于一元化结构模式。如果一个公司同时进行许多不同的战略，那么它就有可能选择多元化或商标结构模式。从事金融服务的公司几乎总是倾向于一元化企业结构。这是由于信任感和安全感的重要性，只有坚实的、一元化的企业结构方能胜任。

企业的结构模式是企业按照自身的经营战略的需要相传播的需要而确定的。企业结构也不是一成不变的，企业的经营事业发展了，原有的组织机构不适应了，又会重新定位，重新选择。

二、企业视觉识别传播系统的分类和特点

视觉识别的信息传递系统包括两大部分和四个阶段。两大部分是基本要素系统和应用要素系统与辅助系统；四个阶段是信息资源、设计符码、传播媒体和接受群。

(一)视觉识别系统的基本要素

1.企业名称

企业名称是用文字来表现的识别要素，是企业的第一人称，要表现出企业的本质特征。企业名称是企业个性借助文字表现使之形象化，对企业的经营活动以及员工纪律、士气都会产生影响。

2.企业标志

企业标志(或称商号)是从事生产或经营活动的经营者的标志。企业标志通过造型单纯、图文明确、统一标准的视觉符号将企业的理念、公司的规模、经营内容、产品的性质等因素传达给消费公众，以资认同识别。

3.标准字

标准字是企业识别系统中基本要素之一，因为种类繁多，运用广泛，几乎涵盖了视觉识别体系中的各种应用设计要素，其出现的频率较之企业标志有过之而无不及。由于文字本身具有明确的说明性，可直接将企业、品牌的名称传达出来，通过视觉、听觉同步传达，强化企业形象与品牌形象的诉求力，字体标志应运而生，广泛受到设计界的重视。因此，企业标准字的设计在企业识别系统视觉传达中有着举足轻重的作用。

4. 标准色

标准色是指企业指定某一特定的色彩或一组色彩系统，运用在所有视觉传达设计的媒体上，通过色彩的知觉刺激与心理反应，以反映企业的经营理念或产品的内容特质。标准色即所谓的"公司色"，象征着新生的企业形象。标准色在企业形象视觉传达的整体设计系统中具有强烈的识别效应，也是经营战略的有力工具。

5. 企业造型角色

企业造型角色是企业视觉识别的基本要素之一，是为了强化企业性格、诉求产品特征，而设计漫画式的人物、动物、植物以及非生命物的角色，以其亲切、可爱、生动的形象成为视觉传达上的目光捕捉物，通过反复在多种媒体上使用，产生强烈的印象。这是塑造企业形象的造型符号。

6. 企业象征图案

企业象征图案对于标志、标准字、企业造型具有的特征的造型要素而言，是具有线或面的造型特征的视觉要素。特别是在多种传播媒体的应用设计中，它与其他基本视觉要素产生强烈、宾主的对比效果，加强了基本要素的诉求力。因此可以说，企业象征图案是为了增强整个视觉识别系统的适应性与力动感，强化基本视觉要素的基本视觉特征而开发的一种设计要素。

7. 企业版面编排模式

版面编排的统一设计主要是针对企业方面印刷媒体而编排的。只有通过统一特征、统一风格而适应多种内容的编排设计，才能使分散的视觉得到集中。版面编排上的统一设计还能使广告公司给企业设计和制作广告有据可依，避免随意编排。

(二)视觉识别系统的应用要素

1. 企业证件类

徽章、名片、名牌、臂章、企业旗帜、企业专用笔记本。

2. 办公用品类

企业主管专用便笺纸、企业专用便笺纸、业务往来专用原稿用纸、商业谈判专用便笺纸、企业专用信封、企业专用文件袋、介绍信用纸、其他各种用途的文具和办公用品。

3. 对外账票类

各种订单、采购单、估价单、通知书、确认书、明细表、申请表、送货单、票据、支票、各种事务性账票、收据、合同契约等。

4. 符号类

企业名称招牌，如企业建筑物外观及招牌、外灯箱、霓虹灯等招牌，大门、入口指示，室内参观指示、活动式招牌、各种标示板、路标招牌、指示用的各种标识、商业用标准招牌，经销商用各种标识物、旗帜标识等。

5. 交通工具类

企业业务用车、运输用车、大小巴士、各类货车、吉普车、特殊车辆、生产场所用运载车辆。

6. 促销(SP)广告类

广告宣传单、商品目录、商品介绍、业务明细表、展览会摊位指示、展示会用的各种显示装置、销售促销企划书、广告海报等促销宣传物、展览手册、技术资料、DM 广告、各种促销视听软件、资料袋、包装袋、各部 POP 广告、季节问候卡。

7. 大众传播广告类

一般报纸广告、一般杂志广告、专业报纸广告、专业杂志广告、电视广告、广播广告、网络广告以及各种不同对象的媒体广告。

8. 商品及包装类

商品包装、各种类型组合包装、包装用封缄、粘胶带、粘贴标志、各种商品容器、包装纸、各种商品标签、外观和各种商品设计标牌徽章等。

9. 制服、服装类

职员制服、男性制服、女性制服、各工种员工制服；有企业标志的外套、伞、臂章、工作帽、领带、手帕、领带别针以及其他便服(如运动服、T恤等)。

10. 其他出版物、印刷品类

企业办的各种内部报刊、行业间交流PR刊物或印刷品、企业股票、年度报告书、企业出版物、调查报告、奖状、感谢信、奖杯等。

11. 其他用品类

会客洽谈用品(如家具、用具、室内装饰画)、礼物等。

以上传播媒体几乎涉及企业的所有方面，可以说企业的视觉传播无时不在、无处不有。以其传播的对象来说，有的是对内的，如办公用品、用具、内部报刊读物等；有的是对外的，如票据类、符号类、交通工具类、促销广告类、大众传播广告类、商品包装类、出版物和印刷品等；有的既对内又对外，如证件类、服装和制服类等。此外，企业的性质和服务项目不同，其媒体的差异也是很大的，它们的视觉媒体策略理应有所不同。

三、企业视觉识别要素设计原则

1. 以企业理念为灵魂的导向原则

视觉识别设计不是一般的平面的静态的符号设计，作为传达企业经营理念、企业精神、企业文化的重要媒体，它应当从多视角、多层次、立体化、全方位来传达企业的经营理念。脱离了企业理念、企业精神的设计符号只能作为普通的商标，而不是视觉识别设计。

2. 民族化和国际化相统一的原则

“最民族的也就是最世界的”。现代企业要在世界市场上树立良好形象，提高企业的国际竞争力，最有效的经营战略就是要汲取民族文化的优秀传统，与现代的经营管理战略相结合。

由于各个民族文化、价值观念、生活方式、思维模式、宗教信仰、风俗习惯不同，在美感、素材、语言、色彩沟通上也存在着差异，在视觉识别设计上强调民族化，才能被本民族的公众所接受，从而赢得世界的认同。每个民族都有自己独特的颜色偏好，摸准这种偏好，设计出与之相适应的标准色，才能实现标准色的积极功能。不同国家不同民族不同信仰和习俗有一些不同的禁忌，在设计上要尽量不与之冲突，才能获得国际上的认同和接纳并取得最佳效果。

可口可乐没有把“Cocacola”译成“克寇科勒”，公司用重金征求美好译名，结果是以朗朗上口的“可口可乐”上市，以“挡不住的诱惑”征服消费者。

3. 设计风格的统一性原则

在视觉识别要素的设计中，基本要素和应用要素的设计在设计风格上应保持高度的一致性、统一性。因为设计风格上的一致性、统一性是充分体现企业理念、强化公众视觉感受的有效手段。

这里强调的设计风格统一性并不是千篇一律没有任何变化，而是一种有变化的统一，能应付各种市场挑战的统一，这就是统一和变化的辩证关系。统一不等于没有变化，有变化也并非不统一，即是一种变化基础上的统一和一种统一基础上的变化。统一既不是盲目的统一，变化也并非无目的的变化。这是设计风格上一种既统一又变化的高度统一。在企业形象的塑造和管理上，企业应当以一贯统一的视觉识别设计，并通过广告和一切视觉传播的媒体传达出去，有计划、有目的地形成一种个性化的统一的企业视觉形象。例如可口可乐公司长期形成一套独特风俗的识别系统，每年以数亿美元的费用对这套视觉识别系统进行广泛宣传，在广大公众的脑子里留下可口可乐的强烈印象，其红白强劲对比的标准色 Coca-cola 的宽体标准字甚至成为美国文化的一个象征。

4.视觉识别设计的美学原则

视觉识别是通过视觉传达完成的，从一定意义上来讲，视觉识别符号是一种视觉艺术，艺术是追求内容美与形式美的完整统一，而公众进行识别的过程实际上是一个审美的过程。因此视觉识别（VI）的设计者应当根据艺术形式美的规律，在 VI 设计上充分运用美学原则，才能更好地有创意地从事 VI 设计和形式美的创造。

5.简化、抽象化、动态化的设计原则

视觉识别的设计有着多种变化，由繁至简，由具体符号到抽象符号，由静态到动态等。

简化是指在一定的范围内对设计内容进行压缩删减，使之满足设计的需要，其目的是对客观系统的结构加以调整使之更加优化。在情报泛滥的今天，情报的传递尽可能愈精简愈直接愈好，因此字体标志倍受重视。各种情报的传达讲求立即、快速的效益，繁复的图形则难以辨识，因此简洁的图形、抽象化的图案，便成为企业标志设计上的趋势之一。

抽象化是将企业抽出来的基本特征用一定的图案来加以展示，而这种展示不是一种直观的可辨的，它仅展示思想，而不展示形象。抽象派摒弃客观实体，以纯几何及色彩来表现非现实的奇特的艺术形象和灵感的影响，使得企业标识的设计倾向于优美的几何图案、美术字体以及变形、正圆形、特写、蒙太奇的字和形结合发展，力求在打破人们的视觉习惯中突显其新鲜的形象，为人们所容易识记。如“雪碧”、“芬达”的标准字就将字体的比例、形状、弯曲等处理得精致美观，尤其是雪碧中的“碧”字一点，是柠檬形象的高度抽象，芬达的“达”字一点，是苹果叶子的高度象征，非常传神。动态化是要求视觉设计尽量做到化静为动，使之更具体生动感人，获得最佳传达效果。

项目 12　农业企业扩张与发展

任务 1　制订企业扩张计划

◈ 任务目标

了解企业扩张的途径与方法。

◈ 任务内容

1. 学生按 5～8 人进行分组，每组组建一个模拟公司。
2. 每组为模拟企业制订一个企业扩张计划。
3. 派代表在全班宣读，评价。

◈ 成果检验

每个小组上交一份企业扩张计划书，由老师进行总结、点评并给出成绩。

◈相关知识链接

一、企业扩张的途径

企业扩张就是人们通常所说的企业的成长、发育，是企业由小到大、由弱变强、由低级到高级发展的动态过程。企业扩张包含着以下基本内涵：

第一，企业扩张包含了企业发展变化的不同层面。一是企业群体的扩张；二是单个企业的扩张；三是企业内部要素资源、结构的发展变化。

第二，企业扩张是一个过程。这个过程可以在一个较短的时期内，也可在一个较长的历史进程中完成。

第三，企业扩张本身表现为企业内部化扩张和企业外部化扩张向两种形式。企业内部化扩张是指企业依赖自身盈利的再投入及在此基础上通过企业内部其他因素条件的改善而实现的企业扩张。其主要特点是：企业扩张过程表现为单个企业的独立运动，企业扩张是不改变企业产权、股权结构前提下进行的，企业还是原来的企业。企业内部化扩张的主要途径包含提高产品质量与科技含量，扩大企业经营规模与经营范围等。企业外部化扩张主要包括吸股、购并、联合、外向投资等形式。

第四,企业扩张是企业发展的量与质的统一。企业扩张是在企业规模的扩大与企业素质提高的相互依赖、互为条件和相互作用中实现的。只有将企业规模的扩大和企业素质的提高纳入一个互为依托、互为促进的进程的企业扩张,才可以保持企业扩张的持续,才可称得上是真正的企业扩张。

(一)提高产品质量与科技含量

1.提高产品质量的途径

(1)做好质量管理的基础工作。质量管理的基础工作是企业质量体系有效运行的前提和保证。它通常包括:质量教育培训工作、质量责任制、标准化工作、计量管理工作和质量信息管理工作等内容。

(2)加强市场研究与产品开发的质量管理。加强市场研究,开发设计优质产品是提高产品质量的重要途径。所谓优质产品是指产品的性能、可信性、安全性、环境、经济性和美学等方面使顾客满意的产品。

(3)加强生产制造过程的质量管理。生产过程质量管理是以经济的方法,按质、按量、按期、按工艺要求,生产出符合设计规范的产品并能稳定控制其符合质量的过程。生产过程的质量管理是实现设计意图、形成产品质量的主要环节,也是实现企业质量目标的重要保证。生产制造过程质量管理的内容包括工艺装备的质量控制、制造过程的质量控制和辅助服务过程的质量控制。

(4)加强产品销售与使用过程的质量管理。①加强产品销售的质量管理。产品销售的质量管理是企业质量管理从生产过程向市场、顾客以及流通领域和使用过程的延伸。加强产品销售的质量管理工作主要包括做好产品的包装,做好产品的识别标志;做好产品的搬运、储存和防护;做好产品的安装和调试;完成交付使用;加强产品的广告宣传等。②开展为用户服务活动。为用户服务是指从了解用户购买产品的意向开始,经签订合同直至交付使用的全过程中,企业对用户履行产品质量责任并提供售前、售中、售后服务的一系列活动过程。

为用户服务活动项目主要包括帮用户正确选择产品;为用户培训人员;答复用户的有关咨询;向用户提供应有的文件资料;履行产品质量责任;开展安装、调试、维修服务;组织产品维修配件的生产与供应;满足特殊用户的紧急需求;访问用户、征询意见;做好质量信息的收集、整理、分析与利用。

2.提高科技含量的途径

(1)技术创新。技术创新是企业家对生产要素、生产条件和生产组织进行重组,以建立效能更好、效率更高的生产体系,获得更大利润的过程。实行技术创新,主要有两种战略:一种是自主创新战略,是指依靠自身力量独立进行研究开发和创新活动;另一种是模仿创新战略,是指企业通过学习模仿率先创新者的创新思路和创新行为,吸收成功的经验和失败的教训,引进购买或破译率先者的核心技术,并在此基础上改进完善的创造性活动。

(2)技术开发。技术开发就是把科学研究的成果应用于生产实践,把科学发明变为现实的生产力。技术开发的表现是用新技术代替旧技术。所谓新技术,一般是指以下三种情况:①全新新技术,是运用新的科学原理,实现了新的技术突破,创造了新材料、新设备、新工艺或未曾有过的新产品。②换代新技术,是指科学原理虽然相同,但是技术水平发展到了一个新的阶段,同原有技术有着重大的差异。③改进新技术,即在生产过程中使用了改进的工艺方法和效率更高的劳动手段。以上三种情况,都表现为技术进步,只不过技术进步的程度不同而已。

(3)技术改造。企业技术改造是指在坚持技术进步的前提下,把科学技术成果应用于企业生产,用先进的技术改造落后的技术,用先进的工艺装备代替落后的工艺装备,以改变企业生产技术的落后面貌,实现以内涵为主的企业成长方式。开展技术改造的内容主要有产品改革、机器设备和工具的更新改造、工艺改革、原材料、燃料的综合利用和“三废”治理、厂房、生产性建筑物和公用工程的翻新、改造。

(4)技术引进。企业技术引进是企业从国外引进先进技术,促进自身发展的决策过程和实施活动。科技的发展在不同地区、不同国家之间存在较大差异,科技的迅速发展使任何一个国家都难以在诸项高科技领域中都保持优势。企业完全依靠自身力量开发各项技术既不可能也没必要,因为通过技术引进可以使企业在短时间内实现技术水平的飞跃,只有通过引进技术与自身开发相结合的途径,才能迅速提高本企业的技术水平。技术引进主要包括以下几种形式:①许可证贸易,是国际技术贸易的基本形式,即被许可方从许可方取得某种使用权利或许可,以便能按许可方拥有的技术加以实施,并制造、销售利用该项技术所生产的产品。②承包工程,委托工程承包人按规定条件完成特定的工程项目,包括项目的工程设计、土建施工、设备供应、安装调试、材料供应、技术服务、人员培训、投产运行以及生产管理、质量管理等整个过程所涉及的全部设施和技术。③技术协作,是借助其他国家的技术优势,采用协作方式引进技术,包括工程咨询服务、销售和商业服务、人员培训等协作方式。④通过中外合资合作、国际学术交流和情报交流、政府间及民间的技术援助等形式,引进技术,并应注重对引进技术的消化、吸收和创新。

(二)扩大企业经营规模

1.内部开发

内部开发就是依赖增加企业内的劳动力、资本、土地等资源的投入,或提高企业技术水平与管理水平,促使企业产量或销售额的增加。可以采取以下措施:充分利用劳动力资源,注重人力资本投资;增加资本投入,注重资本效率提高;利用高新技术,注重技术进步;加强内部管理,注重企业制度创新。

2.购并

企业购并是企业间的收购与兼并。它是社会资源在不同部门之间转移流动的一种方式,是一个自然的经济过程。通过企业购并,能达到资本的积聚和集中,实现社会资源的流动与重组。企业购并是现代企业扩大经营规模的重要途径之一。

3.组建企业集团

企业集团是以母公司为核心,通过控股方式,运用资本纽带把若干企业联合在一起,并形成多层的内部组织结构。这样的企业组织表现为在社会化大生产及专业化分工基础上的企业联合,通过这种联合聚集起来的庞大的生产力,能产出单个企业难以实现的组合效应,具有强大的辐射能力和凝聚力,能迅速满足现代企业规模经济的要求。组建企业集团,是扩大企业经营规模的快速列车。

(三)扩大企业经营范围

1.扩大企业经营范围的类型

(1)横向多元化。横向多元化是以现有的产品市场为中心,向水平方向扩展事业领域。具体有三种类型:①市场开发型,即以现有产品为基础,开发新市场;②产品开发型,即以现有市场为主要对象，开发与现有产品的同类产品；③产品、市场开发型，即以新开拓的市场为主要对象，开发新产品。

(2)多向多元化。多向多元化是指虽然与现有的产品、市场领域有些关系，但是通过开发完全异质的产品、市场使事业领域多元化。具体有三种类型：①技术关系多元化，即以现有事业领域中的研究技术或生产技术为基础，以异质的市场为对象，开发异质产品；②市场营销关系多元化，即以现有事业领域的市场营销活动为基础，打入完全不同的产品市场；③资源多元化，即以现有企业所拥有的物质资源为基础，打入异质的产品、市场领域，求得资源的充分利用。

(3)复向多元化。即企业所开拓的新事业与原有的产品、市场毫无相关之处，所需要的技术、经营方法、销售渠道必须重新取得。具体有四种类型：①资金关系多元化，是指一般关系往来单位随着新资和融资的发展，上升为协作单位；②人才关系多元化，当发现企业内具有专利或特殊技术人才时，就利用这种专利或技术向新的事业发展；③信用关系多元，是指接受金融机关的委托，重建由于亏本、濒临破产的企业或其他经营不力的企业；④联合多元化，是指为了从现在的事业领域中撤退或者为了发展为大型的事业，采用联合的方式进行多元化经营。

2.扩大企业经营范围的途径

(1)内部开发。内部开发是指主要依靠企业所拥有的资源和能力进入新的行业领域来开展多元化经营。它的具体形式主要有：垂直链裂变，即垂直一体化企业将其价值链环节中的某些环节面向市场，为市场提供不同于最终产品的诸种产品；独资新建企业和工厂，即利用企业拥有的资源和能力新建企业和工厂，进入到新的行业领域经营，技术“副产品”的充分利用，即研究与开发有时会产生技术“副产品”，它不属于企业现拥有的生产技术体系，可独立出来生产不同于企业现有产品的产品，人才的充分利用，即企业有时拥有其事业奋斗方向与本企业现经营领域不相吻合的人力，当这类人才开发出有商业前景的产品时，企业可以以这类人才为核心，去从事新行业的开拓。

(2)合并和收购。合并有两种形式：一是吸收合并，指参与合并的两个企业中取消一个法人地位，另一个则存续下来；二是新设合并，指参与合并的两个企业都取消，而诞生一个新企业。

收购也有两种形式：一是资产购买(包括营业权)，指买方从卖方企业购入部分资产或营业权；二是股份收购，指买方直接或间接收购卖方部分或全部的股票之后，目标公司便成为买主一部分或全部投资的一个经营单位。

采取合并和收购途径进行多元化经营的企业可获下列优势：快速地进入新的行业市场，并且遭到竞争性对抗的风险较小；如果双方企业的经营领域存在相关互补结构时，合并和收购将导致“相乘”效果的发挥，极大地促进企业成长；可以获得外部资源和能力，但这需要企业拥有较雄厚的财力。这种途径也有不少困难，其中主要是双方企业文化之间的冲突、管理人员的职位安排及奖励制度，从而对管理能力提出了较高的要求。

(3)战略联盟。战略联盟是指两个或多个企业为了实现特定的战略目标而采取的任何股权或非股权形式的共担风险、共享利益的联合行动。这是20世纪80年代才大量出现的一种企业发展途径。

战略联盟的具体形式可分为三类：一是松散(市场)关系，包括网络组织、机会性联盟等；二是契约关系，包括分包经营、许可证经营和特许权经营等；三是正式的所有关系，包括联营、合资合作企业等。

采取战略联盟途径来进行多元化经营的优势主要表现在:通过合作弥补自身在进入新行业时的资源和能力不足(任何企业进入新行业均存在资源和能力不足问题,只是程度不同而已,通过合作可获得"相乘"效果和可持续性竞争优势。但是战略联盟也存在不少问题,主要是联盟各方的动机并不相同,追求利益不尽一致,更重要的是有时缺乏信任。此外,联盟有可能培育出比自己强大的竞争对手。

二、企业扩张的形式

(一)吸股

吸股是企业扩张的基本形式,它包括直接吸股和发行股票吸股两种形式。直接吸股也称吸收直接投资,是指企业以协议形式吸收国家、其他企业、个人等直接投入资金,形成企业股东的一种吸股方式,它不以股票为媒介,适用于非股份制企业。发行股票吸股是指企业以发行股票形式吸收资本,从而达到扩张目的的一种吸股方式,它适用于股份公司。

1.直接吸股

(1)直接吸股的方式。直接吸股从出资者的出资形式看,主要有两种类型:①吸收现金投资。吸收现金投资是企业吸收直接投资最为主要的形式之一。这是因为,现金具有比其他出资方式所筹资本在使用上的更大灵活性的特点,它既可用于购置资产,也可用于费用支付。②吸收非现金投资。它分为两类:一是吸收实物资产投资,即投资者以房屋、建筑物、设备等固定资产和材料、商品等流动资产作价出资;二是吸收无形资产投资,即投资者以专利权、商标权、非专有技术、土地使用权等无形资产投资。与现金出资方式比较,非现金投资直接形成经营所需资产,因此有利于缩短企业经营筹备期,提高效率。

(2)直接吸股的优缺点。

直接吸股的优点主要表现在:①直接吸股所筹资本属于主权资本,与债务资本相比,它能提高企业对外负债的能力;②直接吸股能够直接取得所需的先进设备和技术,因此能尽快地形成企业的生产经营能力;③与发行股票吸股方式相比,直接吸股操作方便,筹资速度较快;④直接吸股有利于资产组合与资产结构调整。

直接吸股的缺点主要表现在:①成本较高;②由于不以证券为媒介,从而在产权关系不明确的情况下吸收投资,易产生产权纠纷;③由于产权交易能力差,不利于吸股。

2.发行股票吸股

股份有限公司在设立时要发行股票。此后,为了扩大经营、改善资本结构,也会增资发行新股。股票的发行,实行公开、公正、公平的原则,必须同股同权,同股同利。

(1)股票发行的程序。

设立时发行股票的程序:提出募集股份申请;公告招股说明,制作认股书,签订承销协议和代收股款协议;招认股份,缴纳股款;召开创立大会,选举董事会、监事会;办理设立登记、交割股票。

增发新股的程序:股东大会做出发行新股的决议;由董事会向国务院授权的部门或省级人民政府申请并经批准;公告新股招股说明书、财务会计报表及附属明细表;并制作认股书;招认股份、缴纳股款;改组董事会、监事会,办理变更登记并向社会公告。

(2)股票上市的目的:①资本大众化,分散风险。股票上市后会有更多的投资者认购公司股份,公司可将部分股份转售给这些投资者,再将得到的资金用于其他方面,这就分散了公司的风险。②提高股票的变现力。股票上市后便于投资者购买,自然提高了股票的流动性和变现力。③便于筹措新资金。股票上市必须经过有关机构的审查批准并接受相应的管理,执行各种信息披露和股票上市的规定,这就大大增强了社会公众对公司的信赖,乐于购买公司的股票。同时,由于一般人认为上市公司实力雄厚,也便于公司采用其他方式(如负债)筹措资金。④提高公司知名度,吸引更多顾客。股票上市公司为社会所知,并被认为经营优良,会带来良好声誉,吸引更多顾客,从而扩大销售。⑤便于确定公司价值。股票上市后,公司股价有市价可循,便于确定公司的价值,有利于促进公司财富最大化。

(二)购并

1.企业兼并的程序

在我国企业兼并的程序大体上有三种形式:直接洽谈完成兼并的程序;通过产权市场或中介服务机构完成的兼并程序;通过证券市场完成的兼并程序。本书就直接洽谈完成兼并的程序进行阐述。

(1)确定兼并主体。具有兼并意愿的企业可以通过有关机构或部门,寻找目标企业,也可以自己直接洽谈,寻找目标企业。

(2)提交兼并报告。兼并方和被兼并方初步确定之后,双方各自拟就兼并报告。确定兼并的目的和意向,并经过有关部门发布兼并信息,告知被兼并企业的债权人、债务人、合同关系人。

(3)资产评估。这是企业兼并实施过程的核心环节。兼并的目的和意向明确了,才能进一步明确资产的评估,形成资产转让的底价。同时,还要全面地、及时地进行被兼并企业的债权、债务、各种合同关系的审查、清理,以确定处理债务合同的办法。

(4)洽谈确定成交价。兼并双方通过资产评估确定资产整体价值,据此进行平等谈判协商,最后形成成交价格。

(5)签订兼并协议书(合同书)。兼并价格一经确定,兼并程序便进入实质阶段,双方协商达成一致意见,并签订正式兼并协议书(或兼并合同书)。协议书中应明确双方享受的权利和承担的义务,其主要内容如下:兼并双方的名称、住所、法人代表;企业兼并的性质和法律形式;兼并完成后,被兼并企业的法律地位和体制归属;兼并价格和折算标准;兼并涉及的所有资产、债务的总金额;兼并者交付转让费的资金来源、性质、方式和支付期限;被兼并方的债权、债务及各类合同的处理方式;被兼并方人员的安置及福利待遇;兼并实现后的经营管理的改造方案和劳动人事管理方案;违约责任;合同生效期限;其他事项。协议经双方法人代表签字后,报有关机构备案或审批。

(6)审批和公正。协议签订后,经双方法人代表签字,报国有资产管理部门、工商、税务、土地局等部门审批,然后申请公正,使兼并协议具有法律约束力。

(7)办理手续。企业兼并意味着企业的法人资格发生了变化。协议书(合同书)生效后,兼并双方要向工商等有关部门申请办理企业登记、企业注销、房产等变更及土地使用权转让手续。

(8)产权交接。兼并双方的资产移交须在国有资产管理局、银行等有关部门的监督下,按照协议(合同)办理手续,经过验收、造册,双方签证后,会计据此入账。被兼并企业未了的债权、债务,按协议进行清理,并据此调整账户,办理更换合同、债据等手续。

(9)发布兼并公告。这是兼并过程的最后一道程序。把兼并的事实公诸社会,可以在公开报刊上刊登,也可以由有关机构发布,使社会各方面知道兼并事实,并调整与之相关的业务。

2.企业收购的程序

企业收购的作业程序,可根据目标公司是否为上市公司而分成两种方式,本书就目标公司为非上市公司的收购程序进行阐述。

(1)试探阶段。①意向书。这是一个有用但不是必须的步骤(法律上对此无强制规定),它能表达双方的诚意,并在以后的谈判中相互信任,以便节约时间和金钱。因此,意向书应该尽可能地简短,只要对每一方总的意向予以肯定即可。②调查。买方通常指派一名注册会计师对被收购方财务、商业和行政事务进行调查,买方律师应对收购方的账册(例如关键借贷情况的摘要)和地方特许权(如果土地和建筑物是关键资产)作一次特别调查,并且检查所有的原始合同、保证书和许可证等等。③董事会批准。收购双方在签订正式协议之前,需要报董事会批准。④政府部门批准。

(2)谈判阶段。①谈判。很明显,谈判主要涉及交易的方式(股权或资产),补偿的方式和数额(在企业转手的情况下补偿金如何在资产中分配)。然而与其他事情相比,谈判更需花费时间来统一意见的是:明确买方能够提供的特许条款和税收抵免的范围。②收购协议。收购双方的公司董事会,应各自通过有关收购的决议,其决议内容包括:拟进行收购公司的名称;收购的条款和条件;把每个公司股份转换为存续公司或任何其他公司的股份、债务或其他证券,全部地或部分地转换为现款或其他财产的方式和基础;关于因收款而引起存续公司的公司章程的任何更改的声明,有关收购所必需的或合适的其他条款。③交换合同。

(3)交接阶段。①声明。在交换合同的时候,收购双方通常会向新闻界发表声明。②核准。合同交换以后,买主的律师一般先提出调查卖方土地的产权,或者卖方的律师也会提供买方所能信赖的产权证明书或报告。③特别股东大会。当需要股东核准的时候,收购方公司将举行特别股东大会,对赞成还是反对交易进行投票表决。④董事会改组。⑤正式手续。改组完成后,应在限定时间内到政府部门登记,只有在有关政府部门登记注册后,收购才正式生效。

(4)一体化阶段重整。收购完毕后,买方要向被收购公司的全体高级管理人员解释目前的打算和管理企业的常用方法,向谁报告,职权要界定清楚,新的银行委托书要填完。收购方的会计人员应解释买方将来所需的财务报告的要求。只有完成了所有这些正式步骤以后,一体化的工作才正式开始。

(三)联合

1.企业联合的类型

(1)纵向联合。纵向联合是指以某种或某几种主导产品为中心,把原材料供应、科研、技术开发、产品制造、销售等企业结合在一起的联合行为。

原材料生产供应部门同生产部门结合在一起,为生产企业所需的原材料提供了可靠的保证,同时由于供需的直接联系与结合,使生产企业和原材料供应企业的流通获得一定的节约。把科研、技术开发同生产部门结合在一起有利于企业提高新技术、新产品的开发能力,有利于把科研成果转化为现实的生产力。销售部门与生产部门的联合,不仅可以更好地及时推销产品、节约销售费用,而且可以使联合企业更好地面向市场、了解市场变化,以适应市场需要、提高市场竞争能力。

(2)横向联合。横向联合是由生产企业与生产企业,或由生产企业与金融企业等结合一起的联合行为。

生产企业的联合有利于迅速发展产品产量，扩大产品市场覆盖率；有利于开展多种经营，从而降低经营风险，金融部门加入企业，沟通了产业与金融之间的联系，有利于企业资金的筹集和融通，使企业的经营更加活跃和富有活力。

(3)混合型联合。混合型联合是指横向联合和纵向联合相互结合形成多层次的联合形式。

2.企业联合的程序

企业之间进行联合是一项复杂的工作，政策性比较强，必须按照一定的程序进行，才能少走弯路，取得较好的效果。企业联合的程序，一般可分为调查研究、方案设计、可行性研究和组织实施四个阶段。

(1)调查研究阶段。这一阶段要达到的主要目标是，确定企业联合是否必要，是否可能。调查研究的内容包括以下六个方面：①了解有关的政策、法律、法规及地区与部门的发展战略。②对主体企业的生产、技术和财务状况进行考察分析，包括生产规模、技术水平、名优产品、工业产权、管理基础、经营者的素质等。③对联合的依据进行调研，包括政府的产业政策导向、规模经济效益、专业化协作水平、国内外营销状况、竞争能力评价、原辅材料和能源供应状况、交通运输和公司设施情况等。④对联合的模式进行调研，包括联合企业的名称，联合的层次及范围，管理机构的设置，内部职能的分工，企业的领导体制及分配制度等。⑤对联合后若干年内的经济技术目标进行预测，包括规模、品种、产值、利税、设备、利用率、劳动生产率等。⑥联合的方式与步骤，政府有关部门在企业联合时所发挥的作用，根据有关企业和企业经营者的情况和意愿，初步选择联合的对象。

(2)方案设计阶段。这一阶段要达到的目的是设计企业联合的具体方案，供进一步研究论证。方案设计阶段主要做好以下几项工作：①企业联合具体模式的设计。②对联合与紧密程度的设计。从联合内容看，有技术的联合、科研的联合、产供销的联合；从联合的紧密程度看，有紧密联合、非紧密联合和松散联合。③确定联合的范围和对象。④设计拟联合企业的领导机制与组织机构，并起草联合企业的章程与协议。

(3)可行性研究阶段。企业进行联合搞好可行性研究十分重要，如果对联合的条件与基础没有弄清楚，没有从经济、技术上进行充分的论证，没有一个科学的合理的详细设计方案，便匆忙拍板，草草签约，结果往往是“先天不足，后患无穷”。可行性研究的内容主要包括以下几个方面：①产业政策、市场潜力和联合的规模。拟联合的企业生产的产品和所属行业是否符合国家和地区的产业政策；国内外市场供求情况预测；同类产品近几年在国内市场的销售情况及发展趋势预测；新产品进入市场的可能性；价格分析和销售战略；拟联合的规模及今后扩大规模的设想；联合企业的经营范围和生产能力，产品方案和发展方向，等等。②资源、原材料、燃料、动力、运输及公用实施情况。资源的储量、质量及开采、利用的条件，原材料、燃料的种类、数最、来源、价格和供应的可能；电力供应条件；运输总量、方式和运输费用在产品成本所占的比重；公用设施方面所需门类、供应方式和供应条件等。③技术状况和环境保护。联合后技术、产品、设备水平提高的潜力分析；可转让技术是否成熟，引进、消化、创新的可能性；环境保护状况等。④资金构成、资金筹措和经济效益评价。联合企业注册资金数额，固定资金和流动资金的估算，共同投资项目所需投资额；成员单位出资方式、数额；经济效益分析。⑤联合企业组织机构和管理体制的设计。成员单位的组成及其相互关系；管理机构的设置；领导机构的产生、形式和职权，决策的程序与方法；领导人的确定与任期等。⑥利润的测算和分配。

(4)完善实施阶段。这一阶段主要是依据可行性研究报告在修改、完善设计方案的基础上组织具体实施。主要工作有以下几方面:①由方案起草人综合各方的论证意见修改、完善方案。②以方案为基础制订企业章程草案。③召开成员企业协商会,研究成员企业在联合企业中的权利与义务。④正式签署章程和协议,并向有关部门提交企业联合的申请书进行报批。⑤聘请注册会计事务所、审计事务所对成员企业资产进行评估,清理债权、债务,并出具资信证明。⑥办理注册登记手续。⑦联合企业向税务机关办理税务登记手续。⑧联合企业向银行申请开户,并办理开户手续。

(四)外向投资

1.外向投资的特点

外向投资是指企业把资金投向企业外部,以谋求投资收益的活动。企业的外向投资种类繁多,形式多样这就使得企业外向投资与内部投资相比,在投资收益、投资风险、投资的变现能力等各方面都有很大差异。

(1)外向投资的对象比较复杂。外向投资包括直接投资和间接投资两大类。直接投资又可分为对外合作投资、对外合资投资、对外合并投资等。间接投资又可分为国库券投资、企业股票投资、企业债券投资、短期融资投资等。

(2)外向投资的回收时间长短不一。企业的外向投资,有的属长期性投资,需几年甚至几十年才能收回,如外向直接投资中的合资投资,对外证券投资中的股票长期投资等。有的属于短期性投资,只需几个月甚至几天就能收回,如短期融资投资。

(3)外向投资的变现能力差别很大。企业的外向投资,有的变现能力极强,随时都能变现,如国库券投资,公开上市的股票投资等;有的变现能力却比较差,如外向直接投资的变现能力一般都比较差。

(4)外向投资的风险较大、收益较高。从总体上看,企业进行外向投资的风险要大于内部投资的风险。因为企业对自己的情况比较熟悉,而把资金投向外部,存在的不确定性因素较多。与较大的风险相联系,企业外向投资的报酬一般较高,这符合风险与报酬同增的规律。

2.企业外向投资的一般程序

外向投资十分复杂,为了保证外向投资决策的正确无误,必须按科学的程序进行。

(1)分析企业生产经营情况,明确投资目的企业的投资是为了控制供销渠道,还是为了分散经营风险,或是单纯地为了取得报酬。目标不同,企业寻找投资对象和判断投资效果的具体标准也不完全一样。因此,首先必须明确投资的目的。

(2)认真进行可行性分析,科学选择投资对象,投资对象的选择,就是根据投资分析的结果,遵照已确定的投资原则,从众多的投资项目或有价证券中,选择符合企业要求的投资项目,购买适当的有价证券。选择投资对象不仅要考虑有关投资项目和有价证券本身的发展前景和盈利能力,而且在要全盘考虑各种投资项目和有价证券在投资期限上的配合情况和在投资风险方面的抵消能力,以达到整体上的配合。

(3)根据投资对象的特点,正确选择出资方式企业外向投资,可以用货币资产出资,也可以用实物资产出资,还可以用无形资产出资。出资方式中的资产应是投资对象所需的,但不能影响本企业的正常生产经营。在利用无形资产进行投资时,应特别注意它是否会给本企业造成不必要的竞争,损害本企业利益。

(4)根据国家有关规定,合理确定投资资产的价值企业以各种资产对外进行投资,应按下列原则计价：①以现金、存款等货币资产方式向其他单位投资的，按照实际支付的金额计价；②以实物、无形资产方式向其他单位投资的，按照评估确认或者合同、协议约定的价值计价。

(5)加强对被投资企业的监控，不断提高投资效益企业的外向投资，很多都属所有权性投资，有权对被投资企业进行监控，参与其重大生产经营决策。企业应在积极参与管理的基础上，发现被投资企业生产经营中存在的问题，及时提出改进措施，不断提高投资效益。

(6)认真评价投资业绩，及时反馈各种信息。当投资项目完成或在投资项目执行中，要按科学的方法，对投资业绩进行评价。在评价时，通常要考虑以下几方面问题：①投资的盈利能力；②投资的风险状况；③投资的变现能力；④投资的发展前景。在具体评价时，可采用实际投资效果与预期效果相比较，或采用实际投资效果与替代项目的投资效果相比较的方法来评价投资业绩的好坏。

通过对投资业绩的评价，可以总结经验教训，分析利弊得失，及时反馈各种信息，为以后投资决策提供依据；同时，还可根据业绩评价的结果，适时调整原有投资对象，以趋利除弊，较好地实现投资目标。

3.对外直接投资

对外直接投资是指企业以货币资产、实物资产、无形资产直接投向某一企业，并参与其经营管理的投资。企业对外直接投资，有利于充分利用企业资产，提高企业发展速度，增加企业投资报酬，降低企业经营风险。

企业对外直接投资具有时间长、风险大、投资数额多、不能任意抽回等特点。投资的成败对企业当前及未来的财务状况影响很大，因此，投资时必须认真考虑企业资产的利用情况、企业经营的需要情况及投资项目的获利水平等因素。

对外直接投资方式是企业进行对外投资时采用的具体形式。通常有以下三种：对外合资投资、对外合作投资和对外合并投资。

对外合资投资是指投资者通过与其他企业组建合资经营企业所进行的投资。这里的合资经营企业通常是指由投资者按共同投资、共同经营、共享利润、共担风险的原则而设立的企业。

对外合作投资是指投资者通过与其他企业组建合作经营企业所进行的投资。这里的合作经营企业又称契约式的合营企业，是指投资者与其他投资者通过签订合同、协议等形式来规定各方面的责任、权利、义务而组建的企业。

对外合并投资是指通过合并一家企业而进行的投资。随着我国经济体制改革的深化，产权转让越来越多，进行对外合并性投资已成为企业的一种重要的对外投资方式。

4.证券投资

证券投资是指通过购买各种证券所进行的投资。一个完整的证券投资过程，主要包括开户、买卖委托与指令传递、成交、交割和过户等几个阶段。

证券投资可分为国库券投资、企业股票投资、企业债券投资、短期融资投资等，这里介绍债券投资和股票投资的优缺点。

(1)债券投资的优缺点。企业进行债券投资的优点主要表现在以下三个方面：①本金安全性高。与股票相比，债券投资风险比较小。国家发行的债券有国家财产作后盾，企业债券的拥有者拥有优先求偿权。因此，其本金安全性高。②收入比较稳定。债券票面一般都标有固定利息率，债券的发行人有按时支付利息的法定义务。③许多债券都有较好的流动性。政府及大企业发行的债券都可在市场上迅速出售，流动性很好。

企业进行债券投资的缺点主要表现在以下两个方面:①购买力风险比较大。债券的面值和利息率在发行时就已确定,如果投资期间的通货膨胀率比较高,则本金和利息的购买力将不同程度地受到侵蚀。②没有经营管理权。投资于债券只是获得收益的一种手段,无权对债券发行单位施以影响。

(2)股票投资的优缺点。企业进行股票投资的优点主要表现在以下三个方面:①能获得比较高的报酬。②能适当降低购买力风险。③拥有一定的经营控制权。

股票投资的缺点主要是风险大。这是因为:①普通股对企业的资产和盈利的求偿权均居于最后。②普通股的价格受众多因素影响,很不稳定。③普通股的收入不稳定。普通股股利的多少,视企业经营状况和财务状况而定,其有无、多寡均无法律上的保证,其收入风险远远大于固定收益证券。

任务2　农业企业跨国经营

◈ 任务目标

了解农业企业跨国经营的方法。

◈ 任务内容

1.学生选择一个跨国经营的农业企业,查阅资料。

2.写一份农业企业跨国经营案例分析。

◈ 成果检验

每名学生上交一份案例分析,由老师进行总结、点评并给出成绩。

◈相关知识链接

一、农业企业跨国经营的作用

跨国经营是指企业以国际市场为活动场所,在国外设立机构,从事跨国生产、销售、服务等国际化经营活动。跨国经营对企业发展起着重要的促进作用。

1.有利于顺应世界经济发展的潮流

由于科学技术的发展,任何国家的社会化生产都不可能只局限于国内,而必须参与国际分工。加上国际政治形势趋于缓和,经营全球化已成为一种世界经济发展的潮流。有些行业的产品在国内市场上已相对饱和,企业可在国外找到出路。在国外还可以找到更为有利的生产同样产品的条件,如某国人工费用低、居民购买力强、技术人才多、投资条件优惠等。我国农业企业应力求现代化和搞好跨国经营,才能顺应这种世界经济发展的潮流。

2.有利于保护外销市场和保证原材料的供应

一些实行贸易保护主义的国家会对进口产品实行高关税或紧缩进口限额。这样再往那里出口产品已困难重重,不如改在当地设厂,生产和销售原产品,以保护和扩大原有的外销市场。

也有企业去国外投资办厂，不是为了销售其产品，而是为了确保原材料的供应。

3.有利于引进技术和利用外资

通过出口产品、对外直接投资等跨国经营活动换回外汇，可用于支付从国外引进先进技术所需的款项，可用于支付利用外资所需归还的本息。

4.有利于促进企业提高生产技术和经营管理水平

国际市场上强手林立，不少都是跨国公司。企业产品要打入国际市场，就需采用国际标准，使产品的品牌、质量、包装、服务等都能达到国际水平。企业到国外去投资办厂，还得派出一批高素质的管理人员。这些都要求企业不断提高其生产技术和经营管理水平。

二、农业企业跨国经营的形式和方法

(一)产品出口

产品出口是企业跨国经营的初级形式，这种形式风险小、成本低、简便易行。产品出口具体有以下三种形式：

1.直接出口

这是指生产企业直接把产品卖给国外商人。这种形式可直接向外商宣传本企业产品并能用长期观点看待出口外销问题。但进行外销活动往往需要更多的人力、时间和经费。直接出口有以下五种做法：

(1)通过交易会、展销会等直接接受外国商人的订货。

(2)直接与外商进行合作生产，按照外方要求组织生产，产品由外商拿到国际市场上去销售。这种做法有来样加工、来料加工、来件装配三种方式。

(3)参与外国政府或企业对某一工程项目招标的投标，如被选中，即可按合同规定的要求出口所需要的有关设备等产品。

(4)利用外国的经销商和代理商。利用外国经销就是生产企业把产品卖给他，由他把产品再销往国外。外国代理商只负责把生产企业的产品介绍到国外，找到买主后，拿走一定的佣金。

(5)在国外设立自己的销售机构。

2.间接出口

这是指生产企业不直接对外，其产品是卖给或交给国内的出口贸易机构，由他们负责销往国外。间接出口有三种做法：

(1)企业把自己的产品卖给国内外贸公司，由他们负责外销。这种做法，生产企业不必考虑贸易风险，可专心抓好生产。

(2)企业把产品委托给国内外贸公司代理，由他们代表生产企业将产品推向国外。这种做法外贸公司只收取佣金，所得价款全部交付生产企业，盈亏由生产企业承担。

(3)企业委托某一家已在国外设立销售机构的生产企业代销，付给一定的佣金。这种做法在这两家生产企业的外销产品之间无竞争性，甚至能相互补充时，就易于采用。

3.补偿贸易

补偿贸易是国际贸易中以产品偿付进口设备、技术等费用的贸易方式。先是买方以贷款形式向卖方购进设备、技术等，投产后在商定的期限内，逐年以所生产的产品或其他商品偿还贷款本息。采用这种方式，买方在外汇资金短缺的情况下，可不付或少付外汇去引进较先进的设备和技术，而且由于补偿贸易中的回销产品是建立在长期合同基础上的，对方有义务购置这一部分产品，这就保证了买方产品出口的稳定性。这对缺乏外汇和外销渠道的发展中国家更为可行。按照支付办法的不同，补偿贸易还可分为直接补偿、间接补偿和部分补偿。

(二)许可证贸易

许可证贸易是国际技术贸易最常见的一种方式。这是指通过与国外一方签订许可证协议，允许对方使用本企业的专利技术、专有技术、商标等进行生产，然后从对方收取许可费。一般可给对方三种许可：

1. 专利技术的许可

这是将拥有专利权的技术，通过签订许可证协议，在收取一定报酬的情况下允许对方使用。

2. 专有技术的许可

这是将本企业拥有的未申请专利的技术诀窍和专门知识等，在对方支付一定使用费的情况下，允许其使用。

3. 商标许可

这是将经过注册，并在国际市场上较有影响的商标，允许对方使用并收取一定的使用费。

(三)合同安排

这是20世纪70年代以来被广泛采用的一种新的国际市场进入方式。进入企业通过对技术、管理、销售渠道等各种资源的控制，并通过签订一系列合同为东道国提供各种服务，与东道国企业建立起密切联系，并从中获得各种利益。合同安排具体有以下四种：

1. 制造合同

制造合同即跨国企业与国外生产企业签订合同，由前者向后者提供订单和生产技术并由后者进行生产活动。这种形式的优点是对外投资少、风险小，但在国外不易找到合适的合作伙伴，而且一旦合同终止，其合作伙伴也可能成为有力的竞争对手。

2. 管理合同

管理合同即跨国企业以向东道国企业提供管理服务的方式介入该企业的经营活动并收取管理费的一种合同安排。通过管理合同安排，东道国企业可以获得先进的管理经验和管理技术，提高经营效益，跨国经营企业则可利用其对东道国企业在经营管理方面的实际控制，将其纳入自己的全球战略。

3. 工程项目合同

工程项目合同即跨国企业为外国政府或企业从事道路交通、水利等工程建设，在提供设备、材料的同时，还提供设计、工程管理等项服务。在工程建设期间，项目管理由跨国经营企业负责，工程完工后，管理权即交付给东道国政府或企业。

4. 交钥匙项目合同

交钥匙项目合同即跨国企业与东道国有关方面签订合同，由其为东道国建造一个完整的项目或工厂体系，承担从设计、施工、安装、调试到验收的全部建设内容，项目成功后，整个工程或工厂体系移交东道国管理。这种合同利润丰厚，而且有利于带动成套设备的出口，其主要缺陷是在合同执行过程中遇到东道国的干涉和阻力较多。

(四)独资经营

独资经营意味在跨国企业在国外市场上唯独控制着一个企业的生产和营销。独资经营可以使跨国企业获得百分之百的所有权,全部利润归其所有。由于它拥有对子公司经营活动的全部决策权和控制权,有利于贯彻母公司的全球发展战略,有利于技术与经营方针的保密,保证产品质量和信誉,有利于更直接、更全面地积累国际营销经验。独资经营的缺点是企业投入的资金最多,风险也最大,且往往不受东道国政府和公众的欢迎。一般当公司拥有技术优势时或在当地难以找到理想的合作伙伴时采用独资经营的较多。

(五)合资经营

合资经营是指跨国企业在管辖范围内共同投资组建某企业,并且共同管理、共享利润、共负亏损及风险的一种经营形式。它具有下列的特征:

(1)企业的投资者至少来自两个或更多的国家或地区。

(2)组建的合资企业具有东道国国籍的法人地位,是一个独立的经济实体。

(3)各方提供资金、设备和知识产权以建立合资经营企业的独立资产。各方提供的任何资产都折算成一定股份,并按股权份额分享利润、分担风险。

(4)根据协议、合同、章程,建立合资经营企业的管理组织机构,共同管理企业。

三、农业企业跨国经营的国际惯例

(一)国际惯例的一般情况

国际惯例指在长期的国际或区域交往实践中,人们逐渐形成的一种被普遍承认和接受的习惯做法。而国际经济活动惯例,就是在国际经济交往的长期实践中约定俗成并被反复使用的习惯做法、著名先例以及公认原则。随着国际交往和国际贸易的发展,用普遍接受的国际惯例作为确定权利和义务的规范,对于众多从事国际经济活动的人们来说,不失为最佳选择。在长期的国际经济实践活动中,不断趋于系统化、合理化、公平化,并逐渐形成相对成熟的体系。

在国际经济活动中,国际惯例有各种各样的表现形式,有成文的,也有不成文的。其表现形式主要有:①成文的文件、通则、先例。这是某些国际经济组织或商业团体将涉及某一行业的习惯性做法整理、归纳编纂而成的文件或某些国家或组织处理某件事情形成的文字记录,因影响国际社会而被各国经常依照从而成为习惯性做法。②国际公约、条约。许多国际公约中的某些规则、原则或某条约或条约中的某些条文,被国际经贸活动当事人经常援引采用,从而成为国际惯例。③司法判例及国际法学家的学说。当许多国家对某一方面的司法判例或裁决案例都表达相同的观点时,该司法判例或裁决案例便会形成国际上的规范和准则,也就发展成为国际惯例。权威的国际法学家的著名观点经常被援引而成为国际通用的原则,这些观点也会发展为国际惯例。此外,许多国家的国内经济立法(非政治性或不涉及主权问题)、商业团体或国际经济组织制定的某些商品交易规则也会发展成为国际惯例。

国际惯例与其他类型的原则、做法和法律规范相比较,具有普遍接受性、适度强制性、相对稳定性等特征。国际惯例对促进国际经贸活动的发展、维护贸易当事人的权益、解决国际经济纠纷以及谋求国际经济新秩序的建立等方面,具有重要作用。当然,国际惯例也有不利于国际经济活动的消极作用。

(二)国际贸易活动惯例

国际贸易活动惯例是国际经济活动中最经常最大量的也是最主要的活动,国际经济活动惯例就是在国际贸易活动惯例的基础上形成和发展起来的。这里主要介绍国际贸易活动中发盘、接受、签订合同和履行合同等几个方面的国际惯例。

1.货物贸易发盘国际惯例

(1)发盘,又称报价或发价,是指交易一方以口头或书面表达的方式向另一方提出买卖某种商品的交易条件,并表示愿按所提条件达成交易的行为。发盘在法律上称之为“要约”。是合同成立的二要素之一。发盘一般由卖方发出,但也可以由买方发出;可以主动向对方发出,也可以应对方询盘要求而发出。

(2)发盘的撤回与撤销。发盘的撤回是指发盘人阻止发盘生效的行为。撤回的条件是发盘人的撤回通知在发盘到达受盘人之前或同时到达受盘人。发盘的撤销是指发盘已生效后,发盘人以一定方式解除其发盘的效力的行为。发盘撤销的条件是发盘人的撤销通知必须在受盘人发出接受通知之前传达到受盘人。

(3)发盘的生效。发盘于送达受盘人时开始生效,即从那时起发盘人要承担责任,一旦受盘人在发盘有效期内表示接受其发盘,合同即告成立,双方都要受其约束。

(4)发盘的失效,是指发盘的内容在一定条件下失去对发盘人的约束。发盘失效的条件是:发盘的有效期已过;受盘人对发盘的拒绝;受盘人的还盘;发盘人在受盘人接受这前撤销发盘;政府禁令或限制措施等。

(5)还盘。受盘人接到发盘后,对发盘中所报交易条件提出修改意见的书面或口头表示。还盘是对发盘的拒绝。一项还盘等于是受盘人对发盘人提出的一项新的发盘。在交易洽谈中,根据需要双方时进行往复的还盘。

(6)接受。受盘人在发盘有效期内无条件地同意发盘中所提出的全部交易条件的书面或口头表示。发盘一经接受,交易即告达成,合同即告成立。在法律上接受称作“承诺”,是合同成立的二要素之一。

2.货物贸易接受国际惯例

(1)接受。接受是指受盘人在有效期内以声明或行为方式,表示无条件同意发盘人在发盘中所提出的交易条件的行为。但发盘只有有效的接受,才能产生交易双方的合同关系。所谓有效的接受,必须具备以下条件:接受必须是由特定的受盘人做出;接受必须是无条件地全部同意发盘的内容;接受必须在发盘的有关期限内做出;接受的传递方式必须符合发盘所提出的要求。

(2)接受生效的时间。对发盘所做的接受,应于接受的通知到达发盘人时才生效。如果由于邮递失误,致使接受在途中遗失或未能在发盘规定的期限内或未能在合理的期限内送达发盘人,该项接受即属无效,合同不能成立。如果根据发盘的要求,可依据当事人之间已经确立的习惯做法或惯例,受盘人可以通过做出某种行为,例如,以发运货物的行为对发盘表示接受,而无须向发盘人发出接受通知,当受盘人做出这种行为时、接受即告生效,而不要求等到货物运达发盘人时才生效。

3.货物贸易签约国际惯例

合同是一种当事人对于权利义务关系经洽商达成一致的协议,是共有法律约束力的文件。合同三种形式:口头合同、要式合同和书面合同。

4.合同履行国际惯例

合同履行有两个原则:一是诚实信用原则;二是严格履行原则。合同一经订立,即具有约束力,合同规定的每项义务都必须严格执行。在合同履行中,可能会出现各种违约行为,此时要求违约方采取补救措施以减少所受损失。通常采用的补救措施有:要求解除合同、请求赔偿损失、要求继续履行合同。

(三)商品包装国际惯例

商品包装虽然因各国各地区经济、思想文化、风俗习惯等的不同呈现出各自的特色,但因全球经济一体化的发展,逐渐形成了商品包装的国际惯例。

1.包装图案

包装图案包括:商标图案、产品形象、使用场面、产地景色、象征性标记等。包装图案的发展趋势是:图案与装饰成分由繁到简,注重产品形象的表现;以文字作为商标图像。其主要表现形式有:有音无义的文字、以单词自首组成的文字、表示商品系列的文字、象征性符号和标记增加,产品质量标志、环保回收标志、玩具安全标志、服装洗涤保养标记、条形码等作为商品信息的图案在不断增加。

(1)各国居民喜爱的图案。图案大致分动物、植物、几何图形等。各国居民喜爱的图案可从各国的国旗、运动会吉祥物、发行的金币、邮票等所选取的图案中表现出来。

(2)各国居民禁忌的图案。禁忌的动物图案:狐狸——日本,猪——伊斯兰教国家,大象——英、美,山羊、鸡——英国;禁忌的植物图案:荷花——日本,菊花——法国、比利时、西班牙、日本,百合花——英国,核桃——法国;禁忌的人体图案:人体——英国,女性人体——伊斯兰教国家,穆罕默德像——伊斯兰教,修女图案——意大利;禁忌的几何图案:六角形——伊斯兰教国家,黑桃——法国,十字架——伊斯兰教国家,等等。

(3)附加标记,主要有辐照标记、国际纯羊毛标志、安全保证标志。

2.包装色彩

不同性别、年龄、文化修养、宗教信仰的人,对色彩的感情千差万别,反映在包装色彩方面的主要有宗教色、流行色和象征性色等。

(1)宗教色。宗教色是宗教教徒代代相传的传统用色和习惯色。黄色——佛教徒崇尚的色彩,绿色——伊斯兰教徒喜爱的色彩,蓝色——基督教徒视为高贵的色彩。

(2)流行色。流行色是根据人们爱好的变化,在某一时期产生的令人注目、新奇,并广泛使用的颜色。20世纪80年代以来,国际上影响较大的流行色主要有回归自然色和黑色两大潮流。

(3)象征色。历史上,中外各国都以色彩象征方位、月份、日期、星辰、性别、香气、滋味等或产品。

3.包装容量

国际贸易中,除了外国客户指定的容量尽量予以满足外,厂商按进出口国的法定容量确定进出口商品的包装容量,某些商品的包装容量在国际市场上已约定俗成,则应按习惯容量包装。国际贸易中的商品包装可分为运输包装和销售包装。

(1)运输包装。运输包装又称大包装或外包装,它的作用在于保护商品的品质和数量,便于运输、储存、检验、记数,有利于节省运输成本。它又可分为单件运输包装和集合运输包装,集合运输包装有集装箱、集装包装和托盘。

(2)销售包装。销售包装又称小包装或内包装。确定销售包装容量应从以下三方面考虑:一是法定容量。进口国法定容量为强制性规定,包装容量与法定容量不符的商品,不能上市销售。二是推荐容量。澳大利亚除对部分消费品规定了法定容量外,对许多商品的包装提出了若干推荐容量。三是习惯容量,即国际市场上通行的包装容量,一般是按照计量和流通方便的要求约定俗成的。

参 考 文 献

[1]王栓军.企业管理模拟指导教程.北京:北京邮电大学出版社,2011.

[2]李玉明.农业企业经营管理.哈尔滨:哈尔滨工程大学出版社,2012.

[3]何忠伟.农业企业经营管理学.北京:中国农业出版社,2011.

[4]马维国.农村企业经营管理.北京:中国农业出版社,2011.

[5]朱天高,沈正榜.企业管理理实一体教程.北京:清华大学出版社,2012.

[6]张强.农业市场经营与农业企业管理.沈阳:东北大学出版社,2010.

[7]王钊.农业企业经营管理学.北京:中国农业出版社,2011.

[8]姚丽娜.新编现代企业管理.北京:北京大学出版社,2012.

[9]叶萍,宫恩田.企业经营管理模拟训练.北京:北京大学出版社,2012.

[10]杨金德.CI 教程——CI 基本原理.北京:中国经济出版社,1996.